住房和城乡建设领域专业人员岗位培训考核系列用书

城建档案管理员专业基础知识

江苏省建设教育协会 组织编写

中国建筑工业出版社

图书在版编目(CIP)数据

城建档案管理员专业基础知识/江苏省建设教育协会组织编写. —北京：中国建筑工业出版社，2014.4
住房和城乡建设领域专业人员岗位培训考核系列用书
ISBN 978-7-112-16616-9

Ⅰ.①城… Ⅱ.①江… Ⅲ.①城市建设-档案管理学-岗位培训-教材 Ⅳ.①G275.9

中国版本图书馆 CIP 数据核字(2014)第 056770 号

本书是《住房和城乡建设领域专业人员岗位培训考核系列用书》中的一本，供城建档案员学习专业基础知识使用。全书共分 13 章，内容包括：城建档案概述，城建档案工作，城建档案法制，城建档案的管理，城建档案编研，城建声像档案，城建电子文件与电子档案管理，识图基础，识读建筑施工图，识读结构施工图，识读设备施工图，识读市政工程图，编制竣工图。本书可作为城建档案员岗位考试的指导用书，又可作为施工现场相关专业人员的实用手册，也可供职业院校师生和相关专业技术人员参考使用。

责任编辑：刘 江 岳建光 杨 杰
责任设计：李志立
责任校对：李美娜 党 蕾

住房和城乡建设领域专业人员岗位培训考核系列用书
城建档案管理员专业基础知识
江苏省建设教育协会 组织编写
*
中国建筑工业出版社出版、发行(北京西郊百万庄)
各地新华书店、建筑书店经销
北京科地亚盟排版公司制版
北京市安泰印刷厂印刷
*
开本：787×1092毫米 1/16 印张：27½ 字数：666千字
2014 年 9 月第一版 2015 年 3 月第四次印刷
定价：**68.00 元**
ISBN 978-7-112-16616-9
(25358)

版权所有 翻印必究
如有印装质量问题，可寄本社退换
(邮政编码 100037)

住房和城乡建设领域专业人员岗位培训考核系列用书

编审委员会

主　任：杜学伦

副主任：章小刚　陈　曦　曹达双　漆贯学
　　　　金少军　高　枫　陈文志

委　员：王宇旻　成　宁　金孝权　郭清平
　　　　马　记　金广谦　陈从建　杨　志
　　　　魏德燕　惠文荣　刘建忠　冯汉国
　　　　金　强　王　飞

出版说明

为加强住房城乡建设领域人才队伍建设，住房和城乡建设部组织编制了住房城乡建设领域专业人员职业标准。实施新颁职业标准，有利于进一步完善建设领域生产一线岗位培训考核工作，不断提高建设从业人员队伍素质，更好地保障施工质量和安全生产。第一部职业标准——《建筑与市政工程施工现场专业人员职业标准》（以下简称《职业标准》），已于 2012 年 1 月 1 日实施，其余职业标准也在制定中，并将陆续发布实施。

为贯彻落实《职业标准》，受江苏省住房和城乡建设厅委托，江苏省建设教育协会组织了具有较高理论水平和丰富实践经验的专家和学者，以职业标准为指导，结合一线专业人员的岗位工作实际，按照综合性、实用性、科学性和前瞻性的要求，编写了这套《住房和城乡建设领域专业人员岗位培训考核系列用书》（以下简称《考核系列用书》）。

本套《考核系列用书》覆盖施工员、质量员、资料员、机械员、材料员、劳务员等《职业标准》涉及的岗位（其中，施工员、质量员分为土建施工、装饰装修、设备安装和市政工程四个子专业），并根据实际需求增加了试验员、城建档案管理员岗位；每个岗位结合其职业特点以及培训考核的要求，包括《专业基础知识》、《专业管理实务》和《考试大纲·习题集》三个分册。随着住房城乡建设领域专业人员职业标准的陆续发布实施和岗位的需求，本套《考核系列用书》还将不断补充和完善。

本套《考核系列用书》系统性、针对性较强，通俗易懂，图文并茂，深入浅出，配以考试大纲和习题集，力求做到易学、易懂、易记、易操作。既是相关岗位培训考核的指导用书，又是一线专业人员的实用手册；既可供建设单位、施工单位及相关高、中等职业院校教学培训使用，又可供相关专业技术人员自学参考使用。

本套《考核系列用书》在编写过程中，虽经多次推敲修改，但由于时间仓促，加之编者水平有限，如有疏漏之处，恳请广大读者批评指正（相关意见和建议请发送至 JYXH05@163.com），以便我们认真加以修改，不断完善。

本书编写委员会

主　　编：张大虞　陈兰英

副 主 编：周小明　张振强

编写人员：李继红　毕　宁　李　春
　　　　　徐海晔　邹　平　赵　平

前　言

为贯彻落实住房城乡建设领域专业人员新颁职业标准，受江苏省住房和城乡建设厅委托，江苏省建设教育协会组织编写了《住房和城乡建设领域专业人员岗位培训考核系列用书》，本书为其中的一本。

城建档案工作是城乡建设事业的组成部分，是城乡建设的基础性工作；城建档案管理业务性、专业性很强，从业人员需要掌握相应的档案专业知识和一定的工程管理实践经验等。《建筑与市政工程施工现场专业人员职业标准》中虽没有纳入城建档案管理员，但考虑到其岗位的重要性，为适应城建档案工作及从业人员的实际需求，在原《城建档案从业人员岗位培训教材》的基础上调整、修编了城建档案管理员培训考核用书。

城建档案管理员培训考核用书包括《城建档案管理员专业基础知识》、《城建档案管理员专业管理实务》、《城建档案管理员考试大纲·习题集》三本，依据国家现行城建档案法规和业务标准、规范，结合当前城乡建设工作的实际，从城建档案管理、工程文件与工程档案管理、工程识图与竣工图编制等方面系统阐述了城建档案的基本理论、基础知识和基本技能，具有较强的针对性和实用性。

本书为《城建档案管理员专业基础知识》分册，供城建档案管理员学习专业基础知识使用，全书共分13章，内容包括：城建档案概述、城建档案工作、城建档案法制、城建档案的管理、城建档案的编研；城建声像档案；城建电子文件与电子档案管理；识图基础；识读建筑施工图；识读结构施工图；识读设备工程图；识读市政工程图；编制竣工图。

本书的编写和出版得到了江苏省住房和城乡建设厅建设档案办公室的大力支持，在此表示衷心感谢！

本书既可作为城建档案管理员岗位培训考核的指导用书，又可作为一线专业人员的实用手册，也可供职业院校师生和相关专业技术人员参考使用。

目 录

第一部分 城建档案管理

第1章 城建档案概述 3
1.1 城建档案的定义 3
1.1.1 城市的起源与城建档案的产生 3
1.1.2 城建档案定义的演变 4
1.1.3 城建档案定义的含义 6
1.2 城建档案的属性 7
1.2.1 城建档案的原始记录属性 7
1.2.2 城建档案的知识属性 7
1.2.3 城建档案的信息属性 8
1.2.4 城建档案的社会属性 8
1.2.5 城建档案的价值属性 8
1.3 城建档案的特点 8
1.3.1 综合性 9
1.3.2 成套性 9
1.3.3 动态性 9
1.3.4 权威性 9
1.3.5 专业性 10
1.3.6 地方性 10
1.4 城建档案的范围和主要种类 10
1.4.1 城建档案的范围 10
1.4.2 城建档案的主要种类 11
1.5 城建档案的作用 20
1.5.1 城建档案的作用 20
1.5.2 城建档案作用的性质 22
思考题 23

第2章 城建档案工作 24
2.1 我国城建档案事业的发展回顾 24
2.1.1 城建档案事业的创建时期（20世纪50年代末～20世纪60年代初） 24
2.1.2 城建档案事业的初步发展时期 26

  2.1.3 城建档案事业的恢复整顿阶段（20世纪70年代末～20世纪80年代初）……… 26
  2.1.4 城建档案事业的全面发展阶段（20世纪80年代初～20世纪90年代初）……… 28
  2.1.5 城建档案事业的加快发展阶段（20世纪90年代初～至今）……………………… 30
 2.2 城建档案工作的内容、任务和性质 ……………………………………………………… 32
  2.2.1 城建档案工作的内容 …………………………………………………………… 32
  2.2.2 城建档案工作的基本任务 ……………………………………………………… 33
  2.2.3 城建档案工作的性质 …………………………………………………………… 33
 2.3 城建档案工作的基本原则和管理体制 ………………………………………………… 34
  2.3.1 城建档案工作的基本原则 ……………………………………………………… 34
  2.3.2 城建档案工作的管理体制 ……………………………………………………… 35
 2.4 城建档案监督和指导 …………………………………………………………………… 36
  2.4.1 城建档案监督 …………………………………………………………………… 36
  2.4.2 城建档案业务指导 ……………………………………………………………… 38
 2.5 城建档案馆工作和城建档案室工作 …………………………………………………… 42
  2.5.1 城建档案馆工作 ………………………………………………………………… 42
  2.5.2 城建档案室工作 ………………………………………………………………… 43
 2.6 城建档案专业人员队伍建设 …………………………………………………………… 43
  2.6.1 城建档案专业人员的配备要求 ………………………………………………… 44
  2.6.2 城建档案专业人员的素质要求 ………………………………………………… 44
  2.6.3 城建档案从业人员在职教育 …………………………………………………… 44
 思考题 ………………………………………………………………………………………… 45

第3章 城建档案法制 ……………………………………………………………………… 46

 3.1 城建档案法制建设 ……………………………………………………………………… 46
  3.1.1 建立健全城建档案法制的根本目的 …………………………………………… 47
  3.1.2 建立健全城建档案法制的作用和意义 ………………………………………… 47
 3.2 城建档案法律、法规及其主要内容 …………………………………………………… 48
  3.2.1 规定了城建档案工作参与各方的地位、权利和义务 ………………………… 49
  3.2.2 规定了建设工程档案工作的管理程序及法律责任 …………………………… 51
  3.2.3 明确了城建档案管理机构的工作要求 ………………………………………… 53
 3.3 城建档案工作的法律责任和行政执法工作 …………………………………………… 54
  3.3.1 城建档案工作的法律责任 ……………………………………………………… 54
  3.3.2 城建档案行政执法工作 ………………………………………………………… 56
 思考题 ………………………………………………………………………………………… 57

第4章 城建档案的管理 …………………………………………………………………… 58

 4.1 城建档案的收集 ………………………………………………………………………… 58
  4.1.1 城建档案收集工作的意义、内容和要求 ……………………………………… 58
  4.1.2 城建档案馆收集档案的范围 …………………………………………………… 60

4.1.3 城建档案接收工作 …………………………………………… 63
　　4.1.4 城建档案征集工作 …………………………………………… 65
4.2 城建档案的整理 ……………………………………………………… 66
　　4.2.1 城建档案整理的内容和意义 ………………………………… 66
　　4.2.2 城建档案整理工作的原则 …………………………………… 67
　　4.2.3 城建档案的分类 ……………………………………………… 69
　　4.2.4 城建文件的立卷 ……………………………………………… 75
　　4.2.5 城建档案的案卷排列 ………………………………………… 75
　　4.2.6 非建设工程类档案整理 ……………………………………… 76
4.3 城建档案的编目 ……………………………………………………… 79
　　4.3.1 城建档案编目工作的含义和内容 …………………………… 79
　　4.3.2 城建档案著录 ………………………………………………… 80
　　4.3.3 城建档案标引 ………………………………………………… 87
　　4.3.4 城建档案目录的编制与组织 ………………………………… 89
4.4 城建档案的统计 ……………………………………………………… 92
　　4.4.1 统计工作的内容 ……………………………………………… 92
　　4.4.2 统计工作的基本任务 ………………………………………… 92
　　4.4.3 统计工作的要求 ……………………………………………… 92
　　4.4.4 统计工作的步骤和方法 ……………………………………… 93
　　4.4.5 主要统计报表 ………………………………………………… 93
4.5 城建档案的鉴定 ……………………………………………………… 99
　　4.5.1 城建档案鉴定的内容、任务和意义 ………………………… 99
　　4.5.2 城建档案鉴定的原则和标准 ………………………………… 99
　　4.5.3 城建档案鉴定工作的类型 …………………………………… 101
　　4.5.4 城建档案鉴定的基本工作方法 ……………………………… 101
　　4.5.5 城建档案管理机构的鉴定工作 ……………………………… 101
　　4.5.6 城建档案室的鉴定工作 ……………………………………… 102
　　4.5.7 城建档案保管期限和密级 …………………………………… 102
　　4.5.8 城建档案的降密、解密与销毁 ……………………………… 103
4.6 城建档案的保管与保护 ……………………………………………… 105
　　4.6.1 城建档案保管与保护工作的含义和内容 …………………… 105
　　4.6.2 城建档案保管与保护工作的任务和意义 …………………… 105
　　4.6.3 城建档案保管与保护工作的要求和原则 …………………… 106
　　4.6.4 城建档案的异地安全保管 …………………………………… 107
　　4.6.5 档案室库房要求 ……………………………………………… 107
　　4.6.6 城建档案馆库房管理 ………………………………………… 107
　　4.6.7 城建档案保护工作 …………………………………………… 108
4.7 城建档案的缩微 ……………………………………………………… 111
　　4.7.1 档案缩微的优点 ……………………………………………… 111

         4.7.2 城建档案缩微工作的基本要求 ·· 112
　　4.8 城建档案的修复 ·· 112
         4.8.1 档案修复应遵循的原则 ·· 113
         4.8.2 档案修复前应做的准备工作 ·· 113
         4.8.3 档案的去污 ··· 113
         4.8.4 档案的去酸 ··· 114
         4.8.5 纸质档案加固的几种常用方式 ·· 116
         4.8.6 档案的修裱 ··· 116
         4.8.7 档案字迹的恢复 ··· 117
         4.8.8 清除磁带上的污斑 ··· 117
　　4.9 城建档案的开放与利用服务 ·· 117
         4.9.1 城建档案利用工作概述 ·· 117
         4.9.2 城建档案利用服务工作的内容和地位 ·· 117
         4.9.3 城建档案的开放与控制利用 ·· 118
         4.9.4 城建档案利用服务工作的方式与要求 ·· 118
         4.9.5 城建档案开放利用的规定 ··· 120
　　思考题 ·· 121

第5章 城建档案编研 ·· 122

　　5.1 城建档案编研工作的意义和作用 ·· 122
         5.1.1 城建档案编研能够满足社会日益增长的利用需要 ························· 122
         5.1.2 城建档案编研继承了我国文献编纂的优良传统 ···························· 123
         5.1.3 城建档案编研有助于城建档案工作的发展 ··································· 123
　　5.2 城建档案编研工作的特点和内容 ·· 123
         5.2.1 城建档案编研工作的特点 ··· 123
         5.2.2 城建档案编研工作的内容 ··· 124
　　5.3 城建档案编研工作的基本原则和要求 ·· 126
         5.3.1 城建档案编研工作的基本原则 ·· 126
         5.3.2 城建档案编研工作的要求 ··· 127
　　5.4 城建档案编研成果的结构和主要类型 ·· 128
         5.4.1 结构 ··· 128
         5.4.2 城建档案编研成果的主要类型 ·· 129
         5.4.3 几种常见的城建档案编研成果 ·· 131
　　5.5 城建档案编研工作的组织和程序 ·· 135
         5.5.1 城建档案编研工作的组织 ··· 135
         5.5.2 城建档案编研工作的基本程序和方法 ·· 139
         5.5.3 编研工作中应注意的问题 ··· 153
　　思考题 ·· 154

第6章 城建声像档案 ... 155

6.1 城建照片档案 ... 155
- 6.1.1 照片的产生及种类 ... 155
- 6.1.2 城建照片档案的构成及特点 ... 156
- 6.1.3 城建存档照片的拍摄 ... 157
- 6.1.4 城建照片档案的管理 ... 159
- 6.1.5 城建照片档案的利用 ... 171

6.2 城建录像档案 ... 172
- 6.2.1 城建录像档案的产生及种类 ... 172
- 6.2.2 城建录像档案的特点 ... 174
- 6.2.3 城建存档录像的摄制 ... 175
- 6.2.4 城建录像档案的管理 ... 179

6.3 城建录音档案 ... 182
- 6.3.1 城建录音档案的形成及种类 ... 182
- 6.3.2 城建存档录音的录制 ... 184
- 6.3.3 城建录音档案的管理 ... 185
- 6.3.4 城建录音档案的利用 ... 187

6.4 建设工程声像档案的收集和归档 ... 188
- 6.4.1 建设工程声像档案的报送要求 ... 188
- 6.4.2 建设工程声像档案的收集范围 ... 188
- 6.4.3 建设工程声像档案的收集内容 ... 188
- 6.4.4 建设工程声像档案的归档要求 ... 189
- 6.4.5 某市建设工程项目声像档案拍摄整理工作案例 ... 190

思考题 ... 192

第7章 城建电子文件与电子档案管理 ... 193

7.1 电子文件的定义与基本特征 ... 193
- 7.1.1 电子文件的定义 ... 193
- 7.1.2 电子文件的基本特征 ... 194
- 7.1.3 电子文件发展的不同阶段 ... 195

7.2 电子文件的作用与类型 ... 196
- 7.2.1 电子文件的作用 ... 196
- 7.2.2 电子文件的类型 ... 198

7.3 电子档案概述 ... 199
- 7.3.1 电子档案的定义 ... 199
- 7.3.2 电子文件与电子档案 ... 199
- 7.3.3 电子档案的标准化 ... 199

7.4 城建电子文件的收集与鉴定 ... 200

  7.4.1 城建电子文件的范围 ················· 200
  7.4.2 城建电子文件的收集要求 ··············· 201
  7.4.3 电子文件的鉴定 ··················· 202
  7.4.4 鉴定程序与鉴定组织 ················· 202
  7.4.5 电子文件鉴定的方法 ················· 203
 7.5 城建电子文件的整理与归档 ················ 204
  7.5.1 城建电子文件的整理 ················· 204
  7.5.2 城建电子文件的归档 ················· 206
 7.6 城建电子档案的验收与移交 ················ 207
  7.6.1 城建电子档案验收与移交的要求 ············ 207
  7.6.2 城建电子档案移交的意义 ··············· 208
  7.6.3 城建电子档案的验收 ················· 208
 7.7 城建电子档案的安全管理 ················· 210
  7.7.1 电子档案安全概述 ·················· 210
  7.7.2 电子档案管理系统的安全 ··············· 212
  7.7.3 载体的安全 ····················· 212
  7.7.4 内容的安全 ····················· 213
  7.7.5 电子档案安全管理体系 ················ 214
 7.8 城建电子档案的利用 ··················· 215
  7.8.1 电子档案的利用概念与特点 ·············· 215
  7.8.2 电子档案的利用方式 ················· 216
  7.8.3 城建电子档案利用中的法律问题 ············ 217
  7.8.4 电子档案利用中的安全防范问题 ············ 218
 7.9 电子文件时代的人员素质 ················· 219
  7.9.1 电子文件管理对档案人员的新要求 ··········· 219
  7.9.2 培养电子档案管理人员的途径 ············· 219
  7.9.3 电子档案管理人员必备的知识结构 ··········· 220
  7.9.4 电子档案的用户教育 ················· 220
思考题 ······························ 222

第二部分　工程识图与竣工图编制

第8章　识图基础 ······················· 225

 8.1 房屋建筑的构造 ····················· 225
  8.1.1 房屋建筑概述 ···················· 225
  8.1.2 房屋建筑的基本构成 ················· 229
  8.1.3 水电安装等在房屋建筑中的构造 ············ 240
  8.1.4 建筑节能 ······················ 242
 8.2 投影的基本知识 ····················· 245

  8.2.1 投影的基本概念 ··· 245
  8.2.2 工程中常用的投影图 ··· 246
  8.2.3 三面视图及其对应关系 ··· 249
 8.3 形体的常见图示方法 ··· 251
  8.3.1 视图 ·· 251
  8.3.2 剖面图 ·· 256
  8.3.3 断面图 ·· 262
思考题 ··· 264

第9章 识读建筑施工图 ·· 266

 9.1 工程图概述 ·· 266
  9.1.1 工程制图的一般规定 ··· 266
  9.1.2 建筑工程图的基本规定 ··· 271
 9.2 识读建筑总平面图及首页图 ·· 275
  9.2.1 建筑总平面图的形成和内容 ······································ 275
  9.2.2 识读建筑总平面图 ··· 277
  9.2.3 首页图 ·· 279
 9.3 识读建筑平面图 ··· 279
  9.3.1 建筑平面图的形成 ··· 279
  9.3.2 建筑平面图的内容 ··· 279
  9.3.3 识读建筑平面图 ··· 282
 9.4 识读建筑立面图 ··· 286
  9.4.1 建筑立面图的形成 ··· 286
  9.4.2 建筑立面图的内容 ··· 286
  9.4.3 识读建筑立面图 ··· 289
 9.5 识读建筑剖面图 ··· 289
  9.5.1 建筑剖面图的形成 ··· 289
  9.5.2 建筑剖面图主要内容 ··· 289
  9.5.3 识读建筑剖面图 ··· 290
 9.6 识读建筑详图 ·· 291
  9.6.1 识读外墙身详图 ··· 291
  9.6.2 识读楼梯详图 ··· 293
  9.6.3 识读其他详图 ··· 297
思考题 ··· 299

第10章 识读结构施工图 ··· 301

 10.1 结构施工图概述 ·· 301
  10.1.1 结构施工图的基本知识 ·· 301
  10.1.2 钢筋混凝土构件图 ·· 302

- 10.1.3 钢筋混凝土构件的平面整体表示法 …… 306
- 10.2 识读基础图 …… 312
  - 10.2.1 识读基础平面图 …… 312
  - 10.2.2 识读基础详图 …… 314
- 10.3 识读楼层结构平面图和构件详图 …… 315
  - 10.3.1 楼层结构平面图概述 …… 315
  - 10.3.2 识读楼层结构平面图 …… 318
  - 10.3.3 识读屋顶结构平面图 …… 318
  - 10.3.4 识读楼梯结构详图 …… 319
- 10.4 识读钢结构施工图 …… 322
  - 10.4.1 钢结构施工图概述 …… 322
  - 10.4.2 识读钢屋架结构详图 …… 323
- 10.5 建筑构配件及识读其他施工图 …… 328
  - 10.5.1 建筑配件和构件标准图及查阅方法 …… 328
  - 10.5.2 识读地质勘探图 …… 329
  - 10.5.3 识读构筑物施工图 …… 331
- 思考题 …… 334

第11章 识读设备施工图 …… 335

- 11.1 识读给排水和煤气管道施工图 …… 335
  - 11.1.1 识读室内给水施工图 …… 335
  - 11.1.2 识读室内排水施工图 …… 340
  - 11.1.3 识读煤气管道施工图 …… 343
- 11.2 识读建筑电气施工图 …… 346
  - 11.2.1 建筑电气施工图概述 …… 346
  - 11.2.2 识读室内电气照明施工图 …… 348
- 11.3 识读供暖、通风工程图 …… 352
  - 11.3.1 识读供暖工程图 …… 352
  - 11.3.2 识读通风工程图 …… 357
- 思考题 …… 362

第12章 识读市政工程图 …… 363

- 12.1 市政工程图概述 …… 363
  - 12.1.1 市政工程的分类和作用 …… 363
  - 12.1.2 市政工程图的基本知识 …… 363
  - 12.1.3 识读市政工程图注意事项 …… 366
- 12.2 识读道路工程施工图 …… 366
  - 12.2.1 识读公路路线工程图 …… 366
  - 12.2.2 识读城市道路路线工程图 …… 374

12.3 识读桥梁工程施工图 ································· 382
12.3.1 桥梁工程施工图概述 ···························· 382
12.3.2 识读桥梁工程施工图 ···························· 383
思考题 ··· 403

第13章 编制竣工图 ······································· 404
13.1 竣工图概述 ·· 404
13.1.1 竣工图的概念 ·· 404
13.1.2 竣工图与施工图 ······································ 404
13.1.3 编制竣工图的意义 ·································· 405
13.1.4 编制竣工图的现状及问题 ······················ 406
13.2 编制竣工图的要求和方法 ···························· 407
13.2.1 编制竣工图的要求 ·································· 407
13.2.2 竣工图的编制方法 ·································· 408
13.2.3 计算机编制竣工图 ·································· 409
13.3 编制竣工图原则、依据和步骤 ···················· 409
13.3.1 编制原则 ·· 409
13.3.2 竣工图的编制依据 ·································· 410
13.3.3 编制竣工图的步骤 ·································· 410
13.4 编制竣工图的范围、内容和审核 ················ 411
13.4.1 编制竣工图的范围 ·································· 411
13.4.2 竣工图编制内容 ······································ 411
13.4.3 竣工图的审核 ·· 412
13.5 编制竣工图注意事项和竣工图折叠要求 ····· 414
13.5.1 编制竣工图注意事项 ······························ 414
13.5.2 竣工图的折叠 ·· 416
思考题 ··· 418

附录A 城市建设档案管理规定 ·················· 419

附录B 规范性文件 ·· 421

主要参考文献 ·· 423

第一部分

城建档案管理

第一部分

城建档案管理

第1章 城建档案概述

内 容 提 要

本章重点包括：(1) 城建档案的定义，主要讲述城建档案的历史由来，城建档案概念的演变及其定义的形成，城建档案定义所包含的含义。(2) 城建档案的基本属性。(3) 城建档案的主要特点。(4) 城建档案的范围及主要种类。(5) 城建档案的作用及其性质等。

城建档案是在城市规划、建设、管理工作等活动中形成的，是城市规划、建设、管理的依据和必要条件，又是城建档案工作的对象。充分认识和利用城建档案，对科学地建设城市和管理城市；提高城市建设的经济效益、社会效益；维护国家利益；保障人民的合法权益等，都具有十分重要的现实意义和深远的历史意义。城建档案工作是城市建设的一项基础性工作，是城建事业不可或缺的组成部分。城建档案工作者要做好城建档案工作，必须学习、了解、掌握城建档案工作的基本理论知识和相关的专业技术知识。

1.1 城建档案的定义

1.1.1 城市的起源与城建档案的产生

城市，作为人类文明产生的一个重要因素，是社会经济发展到一定阶段的必然产物。由于各个国家和地区经济发展水平的不同，城市出现的时间也各有不同。关于中国城市出现的时间，目前学术界仍有争议。但一般认为，当生产力发展到一定水平，人类出现第三次社会大分工，就具备了形成城市的基本条件。

我国是世界上最早产生城市的国家之一。早在新石器时代，原始农业和畜牧业的出现，使各地普遍存有许多公社，形成原始群，如仰韶文化、马家窑文化时期，以关中、豫西、晋中一带为中心，形成了母系氏族公社的村落分布群。而长江流域也存在许多以农业为主的原始村落。到新石器时代晚期，进入父系氏族公社时期后，农业生产有了很大的发展，农业与牧业分离，为产品的交换提供了可能，传说中的"日中为市"，出现原始的市集。进入文明社会后，手工业从农业中分离出来，生产力有了更为显著的提高，交换的需求也更加强烈，交易的场所由原始市集逐渐形成固定的集市。此时，原始村落的居民点进一步分化，形成以农业为主的乡村和以商业、手工业为主的集镇。实际上这个时期与"城郭沟池以为固"的时代也是基本一致的。所以，我国早期的城市是原始社会末向奴隶社会过渡时期逐步发展而来的。

到了夏朝，我国出现了早期城市的雏形。如河南登封县王城岗的西墙长92m，南墙长82.4m。到了商代，商业从手工业中分离，更促进了早期城市的形成，以河南偃师二里头、湖北黄陂盘龙城、早期商城、晚期商城殷、三星堆蜀王城为主要代表。这个时期出现了宗庙、宫室、城墙、城壕、手工作坊等。据统计到商代末期，我国已有早期城市26座。到了周代实行分封制后，出现了我国历史上第一次城市建设高潮。

有城建活动，便有了图样、图纸之类的图件，从而也形成了相关的档案。中国城建图件的起源很早，而且，城市的形成与城建图件的产生不可分割。在古代城建活动中，往往是先有规划图才建成城市，城市建设几乎无不依图而建。相传黄帝时代就有"方制万里，画野分州"，来划分疆界。现有文字记载可证最早的地图就是西周初年的洛邑图。当初周成王派周、召两公营建洛邑，绘制成图，上报成王，即《尚书·洛诰》记载有"伻来以图及献卜"。这就是中国最早的城市图。因此，洛邑的营建就是个很好的例证。而中国最早的实物图证据，即长沙汉墓出土的绘制在帛上的《城邑图》，更是详细地标注了城的范围、城门堡、城墙楼阁、城区道路等，并用象形符号标出宫殿的位置。从《周礼·考工记》的记载和东周王城的考古发掘，完全可以得到证实，西周的城市已进行过规划，而且，最早使用了平面设计图，也就是我们所说的城市建设蓝图。因此，从《尚书·洛诰》记载的洛邑图，以及长沙马王堆汉墓出土的《城邑图》，都可以充分证明中国城市规划最早使用的平面图。也就是说，城市规划必须有平面图，而平面图正是框定城市范围和分区划界、合理布局的主要标志，是用于指导城市建设和发展的重要依据。

从西周的丰镐起，直至明清的北京城，都是依据规划图兴建的著名都城。都城如此，地方城市也不例外。由于古代城建都是严格按图施工，因此，以规划图而建之城，其图实际上就相当于竣工图。我们还可以从《平江图》和《静江府城池图》等得到验证，这两种城图虽然都不是当初的规划图，但它的详细度和准确性都跟现实是完全一致的。尤其是《静江府城池图》，实际就是该城竣工时的总平面图。由此可见，城市图件作为城建档案的前身，在中国历史上已经具有数千年的历史，城建档案的产生与城市的建设密不可分，古来如此，今时亦然。

1.1.2 城建档案定义的演变

对城建档案概念及其含义的系统认识和专门阐述，是随着城建档案工作的开展而不断发展演变的。特别是20世纪60年代初和20世纪80年代以来，随着城建档案工作的兴起和发展，对于城建档案及其定义的理解和认识越来越清晰，对城建档案内涵的揭示也日益深入。

从新中国建国初直到20世纪50年代末，在城市建设中形成的图纸和文件，人们习惯上把它称为"技术资料"，直到20世纪60年代初，档案界和城建部门才开始把在城市建设中所产生的文件材料（包括城市规划文件材料）称为"基本建设档案"（简称基建档案）。这一提法一直沿用到20世纪80年代中期，此后才正式提出"城市建设档案"的概念。城建档案在称法上的变化，也反映出人们对城建档案含义的认识和理解逐步趋于成熟，从而更准确地揭示了城市建设工作的基本内涵。

在这一时期，通行的城建档案定义中，较有代表性的有以下几种：

1961年1月，国务院转发国家档案局《关于加强管理城市基本建设档案的意见》中指出:"城市基本建设档案是城市建筑物、构建物、地上和地下管线等各项基本建设的真实记录和实际反映。"

1986年,刘巨普同志所著《城建档案管理概要》(档案出版社)写道:"城建档案属于科学技术档案的组成部分,是在城市行政辖区范围内进行城市建设的规划、设计、施工、管理和科学研究等活动中形成的应当归档保存的图纸、图表、文字材料、模型、样品、照片、影片、录音、录像等技术文件材料的总称。"

1987年11月,城乡建设环境保护部与国家档案局联合颁发的《城市建设档案管理暂行规定》给城建档案的定义是:"城建档案是指在城市规划、建设及其管理工作中形成的应当归档保存的文字、图表、声像等各种载体的文件材料。"

1990年12月,山东省城建档案学会编著的《城市建设档案工作基础知识》给城建档案的定义是:"城市建设档案是城市中过去和现在的国家机构、社会组织和个人从事城市建设活动直接形成的对国家和社会有保存价值的各种文字、图表、声像等不同形式的历史记录。"

1993年王淑珍、周正德同志编著的《城建档案工作概论》(中国建筑工业出版社)和1994年刘巨普同志编著的《城建档案管理的理论与实践》(中国档案出版社)相继出版。书中对城建档案的定义作了进一步阐述,城建档案定义的基本含义的理解也进一步清晰和明确。城建档案管理工作的理论、原理、原则和方法技术也初步形成。

《城建档案工作概论》一书中城建档案定义为:是指过去和现在的国家机构、社会组织和个人在进行城市建设的规划、设计、施工、管理和科学研究等活动中形成的具有保存价值的文字、图表、声像等不同形式和载体的历史记录。

《城建档案管理的理论与实践》一书中城建档案定义为:城建档案是在城市行政辖区范围内进行城市建设的规划、设计、施工、管理和科学研究等活动中直接形成的归档保存的文字、图表、数据、声像等各种载体的真实历史记录。

1997年12月建设部第61号令《城市建设档案管理规定》以及2001年7月建设部第90号令第2条:"本规定所称城建档案是指在城市规划、建设及其管理活动中直接形成的对国家和社会具有保存价值的文字、图纸、图表、声像等各种载体的文件材料。"

2011年1月《城建档案业务管理规范》CJJ/T 158—2011对城乡建设档案的术语表述是:"在住房和城乡规划、建设和管理活动中直接形成的对国家和社会具有保存价值的文字、图纸、图表、声像、电子文件、实物等各种形式和载体的历史记录,简称城建档案。"

从以上城建档案的定义来看,城建档案的属概念(也就是档案的上位概念)主要有两种,即文件说和记录说。但是城建档案学术界开始倾向于记录说,主要是《中华人民共和国档案法》中的档案定义的属概念是记录说,即档案是指过去和现在的国家机构、社会组织以及个人从事政治、军事、经济、科学、技术、文化、宗教等活动直接形成的对国家和社会有保存价值的各种文字、图表、声像等不同形式的历史记录。

文件说,就是以文件或文件材料作为城建档案的属概念。如《城建档案管理概要》、《城市建设档案管理规定》。

记录说,就是以历史记录作为城建档案的属概念。如《关于加强管理城市基本建设档案的意见》、《城市建设档案工作基础知识》、《城建档案工作概论》、《城建档案管理的理论与实践》、《城建档案业务管理规范》。

上述城建档案定义尽管表述不尽一致，但都包含了三个基本要素：形成者、具有保存价值以及载体形式的多样性。

1.1.3 城建档案定义的含义

我们认为，城建档案是人们在城乡规划、建设、管理、科研工作等活动中形成的，对国家和社会具有保存价值的文字、图纸、图表、声像以及特定实物等各种形式和载体的历史记录。

这一定义的基本含义有以下三个方面：

1.1.3.1 城建档案是人们在有关城乡建设的社会实践活动中形成积累的

这一含义说明了城建档案的来源和性质。城建档案是人们从事城建活动的产物，是一种社会现象，而不是自然现象。在纷繁复杂的社会里，档案总是依附人类社会实践活动形成的文件为来源有规律地形成。城建档案来源于城乡规划、设计、施工、管理和科研等城乡建设的具体实践活动，产生于从事城乡规划、设计、施工、管理和科研等各个领域的组织和个人。这就是说，城建档案的形成必须以人们的城建活动为前提，并且是由城建活动的具体内容所决定的。

1.1.3.2 城建档案是对国家和社会具有保存价值的历史记录

这实际是对城建档案保存范围的确定。是城建文件转化为城建档案的重要前提。档案与文件既有联系，又有区别。文件是形成档案的基础，档案是文件的精华，档案是人们按照文件的运动规律，自觉地从已形成的文件中鉴别挑选后才保存下来的。文件作为档案保存是有条件的。首先，城建档案是有保存价值的。当城建文件材料在办理完毕之后，其中一部分随着现行效用的完成，已失去存在的社会价值和生命力。而另一部分文件，由于对国家和社会仍具有使用价值，被保留下来转化为城建档案。因此，保存价值是城建档案存在的内在依据，也是文件转化为档案的前提条件。其次，城建档案是城市建设实践活动的直接记录。一方面，它是当时、当事的原始记录，具有历史性；另一方面，它是建设活动的产物，具有记录性。

1.1.3.3 城建档案的载体形式多样

城建档案是城建实践活动的产物，是对城建事物的意识记录，这种记录必须附着在一定的物质材料上才能得以体现，这就是所谓的载体。从城建档案的形式来看有直接载体和间接载体两种。直接载体也可以理解为内在形式，它分为二个层面：一是记录人们认识的具有一定意义的符号信息，如文字、图形、音频、视频、数码等；二是载体承载内容的方式，如人工书写、人工绘制、机器打印、印刷、晒制、摄影、洗印、录像、录音、磁性记录、激光记录等。间接载体也可以理解为外在形式，也就是承载和传递符号的客体，如纸张、胶片、磁带、磁盘光盘、硬盘以及特定的实物材料等。城建档案形式的多样性，是随着社会科技的发展而不断增多。不同的时代具有不同的特征，但无论怎样，内容和形式是构成城建档案的基本要素，只有内容和形式的统一，才构成城建档案这一事物。

以上三方面含义基本上包含了城建档案的特征和其概念的内涵和外延。片面地强调其中的一点，便可能导致对城建档案完整概念的误解。因此，正确了解城建档案的定义及其含义，有利于城建档案工作者正确认识和掌握城建档案的特点及其形成规律，明确城建档案的性质和范围，为科学地管理城建档案，充分发挥城建档案的社会作用奠定基础。

1.2 城建档案的属性

属性，是事物本身所固有的不可缺少的性质。是物质必然的、基本的、不可分离的特性，又是事物某个方面质的表现。一定质的事物常表现出多种属性，有本质属性和一般属性的区别。

城建档案的属性，是指城建档案这一事物本身所固有的性质。城建档案有与其他文献资料共有的特性，又有与其他文献资料不同的个性。城建档案的属性主要有以下几个方面。

1.2.1 城建档案的原始记录属性

原始记录性是城建档案的本质属性，它决定了城建档案与其他文献资料有着明显的区别。

从城建档案的产生和形成来看，城建档案有其固有的本质属性。在城市建设活动中，需要进行勘察、规划、设计、施工、安装、检测、管理等一系列工作，必然会形成和使用许多文件材料，而这些文件材料有的日后需要查考，具有很好的保存价值，就整理保存下来，转化为城建档案。不管城市怎样发展，人们怎样建设城市，城建档案就会有怎样的记录。因此，无论从形式和内容特征上，城建档案都具有很强的原始性，即人们通常所说的第一手材料。城建档案又是一种历史记录，它是随着城建活动的客观需要而形成的。城市建设成果有两个方面：一是物质成果，即以建筑（构筑）物为形式的物质产品；另一是技术成果，即以图纸、图表、文字、数据为形式的城建档案。城建档案属于城市建设实践活动的真实记录。一方面，它是当时、当事直接形成的；另一方面，它是建设活动的产物，是以具体内容反映其形成单位或个人特定活动的历史记录物，具有很强的历史记录性。在永无终止的城市建设活动中，城建档案作为见证城市建设的原始记录，被保存下来。后人要建设城市、管理城市，就要了解过去的历史。历史上的记载虽然有图书、资料等许多种，唯独档案才是原始记录的第一手材料。这是城建档案不同于其他文献资料的最大特点，也是档案最真实、最可靠、最为宝贵的根本所在。

1.2.2 城建档案的知识属性

城建档案是积累和传播知识的一种形式。城建档案产生于城市建设活动中，承载着城市建设实践活动的大量事实、数据、经验、成果和理论等知识，反映了人们对城市建设、管理的客观事物、现象的认识，是人类认识自然、改造世界的智慧和结晶。档案之所以能世代流传，就是因为其记录的知识可供人们借鉴参考。城建档案记载着城市建设、管理的经验与知识，能为当代和今后的工作借鉴和利用，从城建档案中获取有价值的知识信息，可以帮助人们更好地规划、建设、管理和研究城市。所以城建档案作为记录知识的一种载体，对人类知识的积累、传播和发展有着重要的作用，也是人们认识历史，学习知识，借鉴前人智慧的重要途径之一。

1.2.3 城建档案的信息属性

城建档案是城市的重要信息。城建档案信息作为社会信息家庭中的一员，不仅具有其他信息一样的共性：可以收集、发布、传递、存贮、检索、处理、交换和利用，而且还有其自身的特点。城建档案是城市建设活动的直接记录，是用文字、数字、图表、声像等方式存贮在一定载体上的固定信息，是能让人、物、事的历史原貌得到重现的原始信息。因此，城建档案为人们提供的是不同于其他的依据性、凭证性信息。城建档案在城市的建设发展中形成，是一种丰富而广泛的城市信息源。它与城市建设同步产生，与城市发展紧密相连，经不断地积累和存贮，其数量浩瀚，内容丰富，地面、地下，无所不包。从而帮助人们在城市规划、建设、管理和科研工作中更好地了解过去、研究历史、总结经验、探求规律，把握未来提供必须的信息支持。

正确地认识城建档案的信息属性，将城建档案部门纳入城建信息系统，对于开发城建档案信息资源，实现信息共享，更好地发挥城建档案作用，具有极为重要的现实意义。

1.2.4 城建档案的社会属性

城建档案是人们在建设城市和改造城市的大环境中形成的，并非只局限于城建部门一家。城建档案产生的主体是社会性的组织和人，而城市建设本身涉及社会的方方面面，有关千家万户的切身利益，具有广泛的社会性。所以，城建档案的形成是以社会为基础，需要社会其他各部门的配合和支持。由于城建文件材料转化为城建档案后，它所含有的信息比原文件时的价值更为扩大，使用也不再局限于形成者原先的狭小范围，而是面向社会和广大公众，可以提供社会各方面的相互利用，从而发挥出更好的利用效益。因此，城建档案是具有社会作用和社会价值的重要财富，具有广阔的利用空间。

1.2.5 城建档案的价值属性

城建档案的价值属性主要体现在有益的实用性。城建档案在城建活动中产生，是在办理完毕的城建文件中挑选出的，对于日后城市规划、建设、管理和城市研究等工作有查考价值的，集中保存起来的文件材料。尽管它只是城建文件材料中的一部分，但却是具有历史保存价值的文件精华。它所包含的信息是富有查考价值的，对城市的建设发展具有重要的凭证作用和广泛的参考作用，是开展城建工作不可缺少的重要依据。因此，价值是城建文件转化为城建档案的重要条件，也是决定城建档案如何保存和保存多久的主要因素。价值重要的城建档案就需要永久保存，传世后人，失去保存价值的档案就该剔除销毁。所以价值是客观存在的，价值属性影响着城建档案的形成和管理过程，也决定了城建档案的存与毁。

1.3 城建档案的特点

城建档案是国家档案的重要组成部分，属于国家专门档案的一种。同其他档案相比，有其自身的特点：如综合性、成套性、动态性、权威性、专业性、地方性等。认识和研究这些特点，对于掌握城建档案的运动规律，组织城建档案工作的开展，科学管理和开发利用城建档案，都具有十分重要的指导意义。

1.3.1 综合性

城市是一个地区政治、经济和文化的中心，是一个相互依存，相互助益的多功能、高效率的综合体。因此，城市建设并非是某一部门的单一性的工作，而是一项综合复杂的系统工程。从城市的规划、建设和管理工作来看，本身相互之间就有着千丝万缕的联系。这就决定了城建档案形成内容的广泛性和城建档案形成类型的多样性。尽管城建档案仅属于科技档案中的一个门类，但它涉及建设领域30多个专业，关系到城市建设发展的各个方面。由此可见，城建档案是由不同部门、不同专业、不同内容、不同形式、不同环节在不同阶段形成的多种文件材料组合在一起的结合体。具有很强的综合性特点。而城建档案机构必须将分散在各个部门和单位的城建档案归集起来，由城建档案馆实行集中统一管理，便于档案信息资源得到更好的综合开发和利用。

1.3.2 成套性

维护城建档案的完整、系统是城建档案管理的基本要求，也是衡量城建档案质量的重要指标。城建档案一般是以项目成套。一个项目内的档案材料是有机联系的整体。无论项目大小，尤其是工程档案，都是以项目为单位进行收集、整理、归档的，而利用也往往是按项目查找，成套使用。围绕一个项目所开展的各项活动，其形成的各种文件材料相互之间必然有着密切的联系。每项工程都有一定的建设程序，每道工序都会产生一定数量的，在内容上和程序上前后衔接、左右关联的文件材料，只有完整、系统，才能使档案正确反映项目建设的全过程，揭示事物内在的因果关系。可见，城建档案的成套性完全由它的性质特点所决定。因此，我们应当切实维护城建档案的完整、系统，以便更好地实现城建档案价值。

1.3.3 动态性

城市本身是一个延续不断，永无终止的动态变化体系。城市的建设和发展也不会停息，永远处于动态变化之中。城市功能的不断完善，使城市面貌日新月异。城建档案是城建活动的历史记录，必须真实反映城市建设的历史和现状。因此，随着城乡建设事业的不断发展，工程的建设、管理、维修、改造、扩建等变化，城建档案工作必须与时俱进，跟上城建发展的步伐，进行必要的动态跟踪管理，根据现实变化状况，对原存档案进行及时的补充、更新，使城建档案随时能全面、准确、系统地反映出地上、地下建筑物、构筑物以及管线、隐蔽工程等真实状况，以满足城市规划、建设、管理和科研工作的需要服务。

1.3.4 权威性

城建档案是城市建设活动直接的原始记录，是自始至终完整反映城建活动过程的第一手材料。与其他科技文献相比，城建档案一旦形成，就具有法律效力。因此，当工程发生质量纠纷，需要查找问题，分析原因，明辨是非，追究责任，或评定工程质量等级时，都需要查阅城建档案的原始记录，依据档案材料的真凭实据来作出科学的分析和判定。因此，在同一事物有不同记载的情况下，一般都以档案材料的记录为准。可见，城建档案的权威性主要体现在它的凭证依据作用较其他记录更为可靠。

1.3.5 专业性

城建档案的专业性特点集中表现在形成单位、形成过程、内容性质三个方面。首先，从形成单位方面来说，城建档案大多产生于专业性较强的，如规划、交通、园林、建筑、市政、管线等部门。其次，从形成过程方面来说，城建档案形成于城市规划、建设、管理、科研等各种专业活动过程中，是各类专业活动的真实历史记录，能真实反映专业活动的开展过程和结果。其三，从内容性质上看，城建档案的内容涉及很多专业，一般涉及的专业有10多个，大的建设项目会涉及30多个专业。因此，专业性也决定了城建档案必须按不同专业的特点和要求，分别进行科学的管理。

1.3.6 地方性

城建档案是在不同地方的城市中产生的，不同的城市又各有其不同的历史背景。我国地大物博，幅员辽阔，各地因地理位置、自然环境、历史文化、社会经济、民族传统等诸多因素，造就了城市各自浓郁的地方特色。这些特色有的反映在城市的性质和功能上，有的反映在城市的格局和规模上，有的则反映在建筑风格和景观形态上。就如大城市与小城市不同；北方城市与南方城市不同；历史文化名城与新兴城市不同；内陆城市与滨海城市不同；工业城市与风景旅游城市不同；经济发达地区的城市与欠发达地区的城市不同等等。有些地方的建筑特色和城市风貌被列为世界文化遗产，必然建立相应档案，以便更好地保护和利用。因此，作为记录和反映城市建设状况的城建档案，由于地方因素，无论是城建档案的收集门类或特色方面，还是工程项目的内容或数量方面都存在着一定的差异和地方性特征。城建档案馆应该根据当地的实际情况，因地制宜地做好城建档案的收集和管理。

1.4 城建档案的范围和主要种类

1.4.1 城建档案的范围

城建档案的范围是由城建档案定义的外延所决定的。根据城建档案的定义，在城市规划、建设和管理工作中形成的各种业务和专业技术档案都属于城建档案。因此，城建档案的内容范围比较广泛，可从以下不同角度进行划分。

（1）从城建档案的来源，即城建档案形成单位的性质分：①党政机关建筑档案。②学校建筑档案。③医院建筑档案。④商业建筑档案。⑤住宅建筑档案。⑥工矿企业建筑档案等。

（2）从城建档案的内容分：①建筑工程档案。②市政基础设施工程档案。③公用基础设施工程档案。④交通基础设施工程档案。⑤园林建设档案。⑥风景名胜建设工程档案。⑦市容环境卫生设施档案。⑧城市防洪、抗震、人防工程档案。⑨城乡规划档案。⑩城市勘测档案。⑪房屋拆迁管理档案。⑫勘察设计管理档案。⑬施工管理档案。⑭竣工验收管理档案。⑮房地产管理档案。⑯园林绿化管理档案。⑰环境保护管理档案等。

(3) 从城建档案的形成时间分：①古代城建档案。②近代城建档案。③现代城建档案。

(4) 从城建档案的所有权分：①国家所有。②集体所有。③个人所有。

(5) 从城建档案的载体形式分：①纸质档案。②胶片档案。③磁带档案。④光盘档案。⑤缩微档案。⑥电子档案。⑦实物档案等。

1.4.2 城建档案的主要种类

1.4.2.1 城乡规划档案

城乡规划是一定时期内城乡建设发展的总计划，是城乡建设工程设计和城乡建设管理的依据。城乡规划，包括城镇体系规划、城市规划、镇规划、乡规划和村庄规划。城市规划、镇规划分为总体规划和详细规划。详细规划分为控制性详细规划和修建性详细规划。大、中城市根据需要可以在总体规划的基础上编制分区规划。

城乡规划档案一般包括城市（镇）总体规划档案、城市分区规划档案、城市（镇）详细规划档案、乡和村庄规划档案、城乡规划基础资料等几类。

1. 城市（镇）总体规划档案

总体规划是城乡建设发展的总蓝图，是城市、镇宏观管理的主要依据。城市总体规划的主要内容包括：城市的发展布局，功能分区，用地布局，综合交通体系，禁止、限制和适宜建设的地域范围，各类专项规划等。

总体规划的规划期限一般为 20 年。

凡在总体规划过程中形成的，并作为历史记录保存下来的总体规划文件材料，称为城市总体规划档案，其内容主要有：

(1) 总体规划文本。

(2) 总体规划说明。

(3) 总体规划基础资料。

(4) 总体规划批复文件。

(5) 总体规划附图。

2. 分区规划档案

分区规划是指在城市总体规划的基础上，对局部地区的土地利用、人口分布、公共设施、城市基础设施的配置等方面所作的进一步安排。在城市总体规划完成后，大、中城市可根据需要编制分区规划。分区规划宜在市区范围内同步开展，各分区在编制过程中应及时综合协调。分区范围的界线划分，宜根据总体规划的组团布局，结合城市的区、街道等行政区划，以及河流、道路等自然地物确定。编制分区规划的主要任务是：在总体规划的基础上，对城市土地利用、人口分布和公共设施、城市基础设施的配置作出进一步的安排，以便与详细规划更好地衔接。

分区规划的规划期限应和总体规划一致。

凡在城市分区规划过程中形成的，并作为历史记录保存下来的城市分区规划文件材料，称为城市总体规划档案，其内容主要有：

(1) 城市分区规划文本。

(2) 城市分区规划说明。

(3) 城市分区规划基础资料。
(4) 城市分区规划批复文件。
(5) 城市分区规划附图。

3. 城市（镇）详细规划档案

详细规划是在城市总体规划的基础上，依据总体规划所确定的原则，对需要进行开发建设地区的土地使用性质、开发强度、绿化建设、基础设施建设、历史文化保护等作出具体规定。详细规划分为控制性详细规划和修建性详细规划。

凡在详细规划过程中形成的，并作为历史记录保存下来的详细规划文件材料，称为详细规划档案，其内容主要有：

(1) 详细规划文本。
(2) 详细规划说明。
(3) 详细规划基础资料。
(4) 详细规划批复文件。
(5) 详细规划附图。

4. 乡和村庄规划档案

乡规划、村庄规划，是由乡、镇人民政府从农村实际出发，尊重村民意愿，组织编制的体现地方和农村特色的建设规划。乡规划、村庄规划的内容应当包括：规划区范围，住宅、道路、供水、排水、供电、垃圾收集、畜禽养殖场所等农村生产、生活服务设施、公益事业等各项建设的用地布局、建设要求，以及对耕地等自然资源和历史文化遗产保护、防灾减灾等的具体安排。乡规划还应当包括本行政区域内的村庄发展布局。

凡在乡和村庄规划过程中形成的，并作为历史记录保存下来的乡和村庄规划文件材料，称为乡和村庄规划档案，其内容主要有：

(1) 乡和村庄规划文本。
(2) 乡和村庄规划说明。
(3) 乡和村庄规划基础资料。
(4) 乡和村庄规划批复文件。
(5) 乡和村庄规划附图。

5. 城乡规划基础资料

根据《中华人民共和国城乡规划法》（以下简称《城乡规划法》）规定，编制城乡规划，应当具备国家规定的勘察、测绘、气象、地震、水文、环境等基础资料。为了使城乡规划能够满足城乡建设发展的需要，使规划内容具有较高的科学性和现实性，在编制规划前要对城市或区域的自然、社会和现实条件等方面的资料进行收集、整理和综合分析，以便全面了解、掌握城市或区域的基本情况和发展条件，为规划编制提供科学的依据。城乡规划基础资料是城建档案的重要补充，主要包括城市历史沿革、经济、人口、资源、地形、地质、地震、水文、地名等方面的历史、现状、统计材料。

1.4.2.2 城市勘测档案

城市勘测档案是对城市范围内的地质、地物、地貌进行勘察测量中形成的文件材料，是进行城市规划、建设和管理的重要依据。城市勘测档案包括城市勘察和城市测绘两大部分。勘测档案是城市建设规划、工程设计和施工的基本前提和依据。勘察档案又包括工程地质勘察和水文地质勘察档案两种。

1. 工程地质勘察档案

工程地质勘察是为研究、评价建设场地的工程地质条件所进行的地质勘探、室内实验、原位测试等工作的统称。为工程建设的规划、设计、施工提供必要的依据及参数。工程地质条件通常是指建设场地的地形、地貌、地质构造、地层岩性、不良地质现象以及水文地质条件等。

按工程建设的阶段，工程地质勘察一般分为规划选点至选址的工程地质勘察、初步设计工程地质勘察和施工图设计工程地质勘察。

凡在工程地质勘察过程中形成的，并作为历史记录保存下来的工程勘察文件材料，称为工程地质勘察档案，其内容主要有：

（1）工程地质勘察任务书、委托书及批复文件。
（2）地质勘察方案或工作计划、重要会议记录、纪要。
（3）地质勘察协议书、合同。
（4）地质调查材料。
（5）地质勘察成果的分析、研究、评价材料。
（6）地质勘察成果鉴定、验收材料。
（7）地质勘探分区图。
（8）工程地质图。
（9）地质测绘、勘探、室内土工试验、水分析和现场测试等原始材料。
（10）不良地质现象整治工程方案。
（11）地质勘察成果及原始材料。

2. 水文地质勘察档案

水文地质勘察是为查明水文地质条件、开发利用地下水资源或其他专门目的，运用各种勘探手段而进行的水文地质工作。根据目的、任务、要求和比例尺的不同，水文地质勘察可分为综合性的水文地质普查和专门性的水文地质勘探两类。水文地质勘察一般分为初步勘察和详细勘察两个阶段。

凡在水文地质勘察过程中形成的，并作为历史记录保存下来的水文勘察文件材料，称为水文地质勘察档案，其内容主要有：

（1）水文地质勘察计划任务书及各项决策材料。
（2）水文地质调查材料。
（3）水文地质勘察规划、方案。
（4）水文地质测绘材料。
（5）水文地质试验材料。
（6）地下水资源评价材料。
（7）水文地质勘察成果及原始材料。
（8）地下水动态长期观测资料。
（9）水文地质勘察成果的分析、研究、评价材料。
（10）水文地质勘察成果鉴定、验收材料。

3. 城市测绘档案

测绘是以计算机技术、光电技术、网络通信技术、空间科学、信息科学为基础，以全球定位系统（GPS）、遥感（RS）、地理信息系统（GIS）为技术核心，将地面已有的特征点和界线通过测量手段获得反映地面现状的图形和位置信息，提供工程建设的规划设计和行政管理使用。城市测绘的主要任务是为城市建设、规划及其管理提供各种基础测绘资料。城市测绘分为控制测量、地形测量和工程测量三部分。

城市测绘工作贯穿于城市规划、设计、施工、竣工的全过程，是城市建设的重要基础工作。城市测绘工作各个阶段形成的，并作为历史记录保存下来的城市测绘文件材料，称为城市测绘档案，其内容主要有：

（1）测绘项目计划任务书与批复文件。
（2）测绘项目方案、计划。
（3）测绘项目委托书、协议书、合同。
（4）控制测量形成的文件材料。
（5）地形测量形成的文件材料。
（6）工程测量形成的文件材料。
（7）城市测绘成果的分析、研究、评价材料。
（8）城市测绘成果鉴定、验收材料。
（9）有关城市测绘方面的总结、会议纪要等。

1.4.2.3 建设工程档案

建设工程档案是在工程建设活动中形成的具有保存价值的文字、图纸、图表、声像、电子文件、实物等各种形式和载体的历史记录。建设工程档案是城建档案的核心和主体，在整个城建档案中量大面广。主要有以下方面：

1. 工业建筑工程档案（含工业厂房、车间、仓库、综合用房等建筑档案）。
2. 民用建筑工程档案（含住宅、办公、文化、教育、体育、商业、金融、卫生等建筑档案）。
3. 市政基础设施工程档案（含道路、广场、桥梁、涵洞、隧道、排水、环卫、城市照明等工程档案）。
4. 公用设施工程档案（含给水、供电、供热、燃气、公共交通、地铁、电信、广电等工程档案）。
5. 交通基础设施工程档案（含公路、铁路、水运、航运等工程档案）。
6. 园林建设和风景名胜建设工程档案（含公园、绿化、纪念性建筑、名人故居、名胜古迹等工程档案）。
7. 环境保护工程档案（含污水处理、环境治理、垃圾处理等工程档案）。
8. 城市防洪、抗震、人防工程档案（含水利、防洪、防汛、防灾、抗震、人防、民防等工程档案）等。

建设工程档案形成于一个建设工程项目的全过程，它的内容可以归纳为以下五个方面：

（1）工程准备阶段的文件。
（2）监理文件。
（3）施工文件。

(4) 竣工图。
(5) 竣工验收文件。

1.4.2.4 规划管理档案

城市规划管理是城市人民政府对城市各项土地利用和建设活动进行控制、引导，它是城市规划实施的关键。城市规划管理的主要内容包括核发《建设项目选址意见书》、核发《建设用地规划许可证》和《建设工程规划许可证》、监督检查和建设工程竣工验收等。

规划管理档案是城市规划部门实施城乡规划管理过程中产生的文件材料的总称。城市规划管理档案主要分以下几个方面。

1. 建设项目选址规划管理档案

《城乡规划法》规定，按照国家规定需要有关部门批准或者核准的建设项目，以划拨方式提供国有土地使用权的，建设单位在报送有关部门批准或者核准前，应当向城乡规划主管部门申请核发《建设项目选址意见书》。城乡规划主管部门在进行核发《建设项目选址意见书》过程中形成的需要归档保存的文件材料，称为建设项目选址规划管理档案。主要内容有：

(1) 建设项目报建申请表。
(2) 申请选址说明报告。
(3) 现势性地形图（含规划道路红线、地下管线和测量标志等）。
(4) 审批类项目的建设项目的建议书批复、核准类项目的同意开展前期准备工作的意见、备案文件。
(5) 如涉及文物古迹、风景园林、河道等方面的项目附文管、园林绿化、河道管理等部门书面意见。
(6) 《建设项目选址意见书》。
(7) 规划条件。
(8) 选址红线图。

2. 建设用地规划管理档案

建设用地规划管理是城市规划主管部门依据城市规划确定用地面积和范围、提出土地使用规划要求，并核发《建设用地规划许可证》的行政管理工作。

《城乡规划法》规定，在城市、镇规划区内以划拨方式提供国有土地使用权的建设项目，经有关部门批准、核准、备案后，建设单位应当向城市、县人民政府城乡规划主管部门提出建设用地规划许可申请，由城市、县人民政府城乡规划主管部门依据控制性详细规划核定建设用地的位置、面积、允许建设的范围，核发《建设用地规划许可证》。以出让方式取得国有土地使用权的建设项目，在签订国有土地使用权出让合同后，建设单位应当持建设项目的批准、核准、备案文件和国有土地使用权出让合同，向城市、县人民政府城乡规划主管部门领取《建设用地规划许可证》。

城乡规划主管部门在进行核发《建设用地规划许可证》过程中形成的需要归档保存的文件材料，称为建设用地规划管理档案。主要内容有：

(1) 建设项目报建申请表。
(2) 项目批准（核准、备案）文件。
(3) 环境影响评价的审批意见。

（4）《建设项目选址意见书》附图及规划条件（以划拨方式供地的项目）。
（5）国有土地使用权出让合同及规划条件（以出让方式供地的项目）。
（6）《建设用地规划许可证》。
（7）规划条件。
（8）规划用地红线图。

3. 建设工程规划管理档案

《城乡规划法》规定，在城市、镇规划区内进行建筑物、构筑物、道路、管线和其他工程建设的，建设单位或者个人应当向城市、县人民政府城乡规划主管部门或者省、自治区、直辖市人民政府确定的镇人民政府申请办理《建设工程规划许可证》。

申请办理《建设工程规划许可证》，应当提交使用土地的有关证明文件、建设工程设计方案等材料。需要建设单位编制修建性详细规划的建设项目，还应当提交修建性详细规划。对符合控制性详细规划和规划条件的，由城市、县人民政府城乡规划主管部门或者省、自治区、直辖市人民政府确定的镇人民政府核发《建设工程规划许可证》。

城乡规划主管部门在进行核发《建设工程规划许可证》过程中形成的需要归档保存的文件材料，称为建设工程规划管理档案。主要内容有：

（1）建设项目报建申请表。
（2）《建设工程技术审查意见书》。
（3）《国有土地使用权证》或《建设用地规划许可证》。
（4）建设项目批准、核准、备案文件。
（5）方案审定意见书中要求的其他文件。
（6）《民用建筑设计方案建筑节能审查回复意见书》。
（7）规划放线成果。
（8）《建设工程规划许可证》。
（9）建筑施工图。

4. 城乡规划监督检查档案

《城乡规划法》规定，县级以上人民政府及其城乡规划主管部门应当加强对城乡规划编制、审批、实施、修改的监督检查。

城乡规划主管部门在进行监督检查过程中形成的需要归档保存的文件材料，称为城市规划监督检查档案。主要内容有：监督检查档案和查处违章建筑档案等。

5. 建设工程规划验收档案

《城乡规划法》规定，县级以上地方人民政府城乡规划主管部门按照国务院规定对建设工程是否符合规划条件予以核实。未经核实或者经核实不符合规划条件的，建设单位不得组织竣工验收。

城乡规划主管部门在进行建设工程规划验收过程中形成的需要归档保存的文件材料，称为建设工程规划验收档案。主要内容有：

（1）建设工程规划验收申请表。
（2）建设工程竣工测量报告及竣工测量图。
（3）《建设工程规划许可证》。
（4）《绿地指标踏勘审查意见书》。

(5)《建设工程规划验收合格证》。

1.4.2.5 房地产管理档案

建设行政管理部门负责房地产开发、经营、交易活动的监督管理和房地产权属登记管理工作。房地产业管理档案就是建设行政主管部门对房地产开发、经营、交易活动的监督管理和房地产权属登记管理工作过程中形成的文件材料的总称。它主要包括：

1. 房地产开发管理档案，包括房地产企业资质、房地产建设、房地产交付使用备案等档案。

2. 房地产经营管理档案，包括房地产开发项目转让、商品房预售、商品房销售、房地产销售价格等档案。

3. 房地产交易档案，包括房地产转让、房屋租赁、房地产抵押、房地产中介服务等档案。

4. 房地产权属档案，包括房地产权属登记、调查、测绘、权属转移、变更等档案。

5. 物业管理档案，包括物业公司资质、物业管理招标、房屋维修资金使用等档案。

6. 房屋安全管理档案，包括房屋安全鉴定、白蚁防治等档案。

1.4.2.6 房屋征收补偿档案

市、县级人民政府负责本行政区域的房屋征收与补偿工作。市、县级人民政府确定的房屋征收部门组织实施本行政区域的房屋征收与补偿工作。房屋征收部门应当依法建立房屋征收补偿档案。

房屋征收补偿档案就是房屋征收部门在组织实施房屋征收与补偿工作中形成的应该归档的文件材料。主要内容有：

（1）房屋征收补偿综合文件材料，包括房屋征收决定形成的文件和房屋征收补偿形成的文件。

（2）被征收人补偿安置文件材料。

1.4.2.7 建设工程勘察、设计管理档案

勘察设计管理是指建设行政主管部门为保证勘察设计的质量，保护人民生命和财产安全，依据有关法律法规对勘察设计活动进行指导、监督、规范化管理的过程。

勘察设计管理档案是指在该活动过程中产生的应该归档的文件材料的总称。勘察设计管理档案，主要包括：

1. 勘察设计资质资格管理档案

（1）单位资质管理档案。国家对从事建设工程勘察、设计活动的单位，实行资质管理制度。建设工程勘察、设计只有在获得相应的资质等级后，才能在资质证书规定的业务范围内从事相应的勘察、设计业务。为此，建设行政主管部门必须加强对勘察设计单位资质的动态管理，实行资质年度检查制度并公布检查结果。

单位资质管理档案，就是建设行政主管部门对勘察、设计单位在资质申请、审批、年检、监督管理过程中形成的应该归档的文件材料。

（2）人员资格管理档案。国家对从事建设工程勘察、设计活动的专业技术人员，实行执业资格注册管理制度、个人执业资格准入管理、人员资格动态管理制度。如注册建筑师等。

人员资格档案，就是建设行政主管部门对建设工程勘察、设计人员在考试、注册、执业、动态管理、备案过程中形成的应该归档的文件材料。

2. 勘察设计文件审查档案

建设行政主管部门或委托的勘察设计文件审查机构应当对勘察设计文件中涉及公共利益、公众安全、工程建设强制性标准的内容进行审查。施工图设计文件未经审查批准的，不得使用。

勘察设计文件审查档案，就是建设行政主管部门或勘察设计文件审查机构在审查工程勘察设计文件过程中形成的应该归档的文件材料。包括：勘察设计文件审批、施工图设计文件审查等。

3. 勘察设计行政执法档案

勘察设计单位和个人违反有关法律法规，由建设行政主管部门依据法定职权进行行政执法。

勘察设计行政执法档案就是建设行政主管部门在进行行政执法过程中形成的应该归档的文件材料。

1.4.2.8 工程建设管理档案

1. 施工许可证档案

工程开工前，建设单位应当按照国家有关规定向工程所在地建设行政主管部门申请领取《施工许可证》。建设行政主管部门应当在规定期限内，对符合条件的申请单位颁发《施工许可证》。

施工许可证档案，就是建设行政主管部门在审核发放《施工许可证》过程中形成的应该归档的文件材料。主要内容包括建设用地批准文件、建设工程规划审批文件、拆迁文件、工程承包发包合同、施工图审查文件、施工许可证申请和批准文件等。

2. 施工、监理企业资质资格管理档案

（1）施工、监理企业资质资格管理档案。建设行政主管部门对工程施工、监理企业资质实行归口管理。工程施工企业资质分施工总承包、专业承包和劳务分包三个序列。工程监理企业资质等级分甲级、乙级和丙级。

企业资质资格管理档案，就是建设行政主管部门对施工、监理企业在资质申请、审批、监督管理过程中形成的应该归档的文件材料。主要内容包括企业资质申请和批准文件等。

（2）施工、监理人员资格管理档案。国家对从事建设工程施工、监理活动的专业技术人员，实行执业资格注册管理制度、个人执业资格准入管理、人员资格动态管理制度。如注册监理工程师、注册建造师等。

施工、监理人员资格档案，就是建设行政主管部门对建设工程施工、监理人员在考试、注册、执业、动态管理、备案过程中形成的应该归档的文件材料。

3. 工程招标投标管理档案

工程项目的勘察、设计、施工、监理、材料设备供应等任务和工程总承包，必须按照国家和省有关规定进行招标投标。招标投标接受建设行政主管部门的统一归口管理和监督。

工程招标投标管理档案，就是建设行政主管部门在归口管理和监督工程项目招标投标过程中形成的应该归档的文件材料。包括招标代理机构资格管理、工程项目招标投标管理、建设工程合同等。

4. 工程质量监督管理档案

国家实行建设工程质量监督管理制度。建设行政主管部门对建设工程质量实行统一监督管理。建设行政主管部门可以委托建设工程质量监督机构具体实施建设工程质量监督管理。

工程质量监督管理档案，就是建设行政主管部门或建设工程质量监督机构在建设工程质量监督管理过程中形成的应该归档的文件材料。

5. 工程安全生产管理档案

建设行政主管部门对全国建设工程安全生产实施监督管理。在审核发放《施工许可证》时，应当对建设工程是否具有安全施工措施进行审查。建设行政主管部门可委托建设工程安全监督机构采取措施具体实施安全监督检查。

工程安全生产管理档案，就是建设行政主管部门或建设工程安全监督机构在进行安全审查、监督检查过程中形成的应该归档的文件材料。主要包括施工企业安全生产许可管理、施工措施审查、安全监督检查、安全事故应急救援和调查处理等。

6. 工程竣工验收备案档案

建设行政主管部门负责工程的竣工验收备案工作。建设单位应当自工程竣工验收合格之日起15日内，依据有关规定，向工程所在地建设行政主管部门备案。

工程竣工验收备案档案，就是建设行政主管部门在办理工程竣工验收备案过程中形成的应该归档的文件材料。主要包括：《工程竣工验收备案表》、《工程竣工验收报告》、规划环保等部门出具的认可文件或者准许使用文件、公安消防部门出具的对大型的人员密集场所和其他特殊建设工程验收合格的证明文件、施工单位签署的《工程质量保修书》等。

1.4.2.9 园林绿化、名胜古迹档案

城市园林绿化是城市建设的一个重要组成部分，它主要包括公园、植物园、动物园、游乐园、街心花园、行道树、苗圃、绿化隔离带、防风林等。

名胜古迹就是指自然景观、人文景观和古代、近代遗迹的著名地方，包括名胜古迹、名人故居、纪念性建筑等。名胜古迹是我国悠久历史的见证和珍贵的文化遗产。

园林绿化、名胜古迹档案，就是建设行政管理部门在城市园林绿化、名胜古迹的规划、管理、保护过程中形成的应该归档的文件材料。

园林绿化、名胜古迹档案主要包括以下方面：

1. 各类绿地的保护与管理档案。
2. 各种公园的保护与管理档案。
3. 树木管理和古树名木保护与管理档案。
4. 风景名胜区保护和管理档案。
5. 历史古迹、名人故居保护与管理档案。
6. 绿化、风景名胜区等规划档案。

1.4.2.10 城市抗震防灾档案

城市抗震防灾档案是指城市抗震防灾主管部门在抗震、人防、防洪、防汛等规划、建设和管理工作中形成的应该归档的文件材料的总称，主要包括以下方面：

1. 建设工程抗震设计审查档案。
2. 重大建设工程场地地震安全性评价核准档案。

3. 城市人防、应急避难场所工程档案。
4. 城市防洪、防汛工程档案。
5. 城市抗震防灾历史资料。
6. 城市抗震、人防、防洪防汛规划档案。
7. 建设工程抗震鉴定与加固档案。

1.4.2.11 城市市容和环境卫生管理档案

1. 城市市容管理档案

城市市容管理是城市管理的重要组成部分。城市市容管理档案是市容管理部门在对城市市容市貌管理过程中形成的应该归档的文件材料。主要包括以下部分：

（1）城市建筑物和设施管理档案，包括城市各种建筑物、城市基础设施、公共设施等的新建、改建、装修等审批、管理，各种基础设施的养护等。

（2）城市户外广告管理档案，包括广告设置、审批、维护和管理等。

（3）车辆停放管理档案，包括停车场、车辆清洗站、车辆占道等审批、管理。

2. 城市环境卫生管理档案

城市环境卫生管理档案，是城市环境卫生管理部门在对城市环境卫生管理过程中形成的应该归档的文件材料。主要包括以下部分：

1. 生活废弃物处理。
2. 建筑垃圾管理。
3. 环境卫生设施管理。

1.4.2.12 城建声像档案

城建声像档案是城建档案的重要组成部分，是在城乡规划、建设和管理活动中直接形成的、具有保存价值的，应归档保存的照片、影片、录音、录像等声像材料。它真实、直观地反映城乡规划、建设和管理活动的客观进程及变化，具有其他载体（如图纸、文字材料）无法比拟的优越性和不可替代性。常见的城建声像档案主要有：

（1）城建照片档案。
（2）城建录像档案。
（3）城建录音档案。

1.5 城建档案的作用

1.5.1 城建档案的作用

城建档案是城市建设的真实记录，是城市建设的信息源。从宏观来说，城建档案贯穿了城市建设的各个历史阶段，涵盖了社会的各个领域。从微观来说，城建档案记录了人们规划、建设、管理城市的具体过程，积聚了丰富的技术经验和知识信息。因此，城建档案具有广泛的社会作用和社会价值。

城建档案的社会作用和其价值的体现，主要表现在以下几个方面：

1.5.1.1 城建档案是积累城建经验，储备城建技术的手段

城建档案是人们从事城建活动的产物。城建活动的成果不外乎两个方面：一是物质成

果，即建设工程产品；一是技术成果，即城建档案。城建档案是城建生产活动的直接记录和实际反映，它客观地记述了城建生产活动的过程和成果，记载了人们的城建思想、城建技术、城建经验。城建档案的这种作为城建成果直接载体的特点，赋予了它储备城建技术的作用，成为积累、储备城建技术、城建经验的工具和手段。由于人们认识自然、改造自然的能力是逐步提高的，城建技术也需要不断提高和发展。所以对于一个国家、一个城市、一个单位来说，如果它拥有质量较高、数量较多的城建档案库藏，就在一定程度上标志着它有比较雄厚的城建技术基础。反之，没有城建档案的积累，或者数量少，质量差，那么势必会在城建活动中遇到更多的困难。

1.5.1.2 城建档案是进行城市规划工作的基础

城市规划是指导城市合理建设、完善城市功能、促进城市经济社会协调发展的重要依据。要做好城市规划工作，首先要研究城市的建设发展史，了解城市和城市中的各种要素，包括自然环境、资源条件、历史情况、现状条件、发展趋势以及基础、特点和各方面的动态变化因素等，在充分掌握城市各种基本信息的前提下，进行全面的、综合的、科学的、长远的预测和设想，并结合国民经济和社会发展计划，统筹兼顾，综合布置，科学制定。然而，城建档案蕴涵着丰富的城建信息，在城市规划工作中不仅具有重要的参考价值，而且又是编制城市规划的重要依据。假若没有城建档案为基础，没有丰富的城建信息作参考，城市规划将无从着手。

1.5.1.3 城建档案是城市建设管理工作的重要依据

城市是一个动态的、庞大而复杂的综合体。随着城市现代化进程的加快，城市规模不断扩大，城市功能不断增强，城市的架构因此变得越来越复杂。地上高楼林立，鳞次栉比，地下管线纵横，交叉密集。而这些支撑着城市功能发挥的各种设施，必须进行科学有效的管理，才能使其正常运作。城建档案来自于城市建设，又服务于城市建设。是城市建设科学技术资源储备的宝库。它真实记录和反映了城市中各种物质对象从无到有、从小到大、从落后到先进的运动过程与发展规律，是人们建设城市、管理城市的智慧结晶。只有以城建档案为依据，才能进行科学的城市规划、建设和管理，克服工作上的盲目性，避免国家财产的浪费和损失。因此，城建档案管理水平的提高是城市建设科学管理的标志之一。

1.5.1.4 城建档案是城市一切建筑物、构筑物维护、管理、改建、扩建的依据，是提高城市建设经济效益的最佳途径

城建档案是由一个城市的各有关单位应该长期和永久保存的同城市建设有关的基本建设中形成的档案所组成，这些档案正因为是城市发展过程的真实记录，所以它是城市建筑物、构筑物改建、扩建和维修工作不可缺少的重要依据。没有城建档案，城市建设就会造成混乱，维修、改造、扩建就难以进行。尤其是地下管线和隐蔽工程，如果没有竣工档案，只凭人的大脑记忆、仅靠所谓某些人的"活档案"显然是不科学的，也是靠不住的。实践证明，合理利用城建档案，可以避免不必要的重复劳动，为国家节省大量资金、人力、物力，促进城市建设的良性发展；如果忽略城建档案的作用，就会给工程的建设和管理带来麻烦，甚至给城市留下隐患，造成重大损失。因此，城建档案管理是城市维护、管理、改建、扩建等重要的基础工作。

1.5.1.5 城建档案是城市防灾、抗灾、减灾和灾后应急管理、恢复重建的重要依据

由于城市是人口高度集中的地方，一旦发生破坏性灾害，其影响程度相对要严重得多。因此，做好城市的防灾、抗灾以及灾后的处理是每个城市都必须认真对待，不可掉以轻心的大事。无数事实证明，城市不能没有城建档案，它是城市防灾、抗灾、减灾和灾后应急抢修、恢复重建的重要依据。近些年来，各地通过建立应对突发事件预案、开展城建档案数字化工作，建立档案数据备份以及异地备份等工作，城建档案在应对各种灾害和处理突发事件、抗灾抢修、恢复重建等方面发挥了积极的作用。因此，设立专门机构，对城建档案实行集中统一管理是我国档案事业的一大特点。我们一定要发挥这一优势，把一个城市中重要的、具有全局意义的城建档案集中收集到城建档案馆统一保存，并建立安全高效的城建档案信息系统，只有这样，才能使城建档案在城市防灾、抗灾、减灾和灾后应急管理、恢复重建等工作中，发挥其更好的作用。

1.5.1.6　城建档案是征用土地、房地产权产籍的法律凭证

在城市建设中的各种建筑，都会形成相应的土地征拨、审批文件、规划红线图、"一书两证"、建筑执照、产权所有证等档案材料。这是城市房地产管理的历史凭证，也是解决产权纠纷以及其他相关问题的法律证据。特别是随着房屋商品化、私有化的发展，城建档案的法律依据作用，将会越来越充分地显示出来。

1.5.1.7　城建档案是城市科学研究的重要资源

城建档案是城市建设发展的真实记录，是一个城市的完整缩影和真实写照。以城市为对象的科学研究，离不开城建档案这一重要的城市信息资源。城建档案能作为一个城市科学研究的重要资源，是因为城建档案的作用不仅仅局限于城市建设的单方面，而是在政治、历史、城市科学研究等方面都有着重要作用。因此，城建档案管理已成为一项事业迅速在我国崛起和发展。随着城市化进程的加快和城市现代化水平的提高，城建档案将显得越来越重要。因此，对于城建档案的社会作用和社会价值，要从历史的、全面的、发展的角度去认识。

1.5.2　城建档案作用的性质

城建档案作为城市规划、建设、管理等活动的历史记录，其作用是多方面的。从其作用的性质来说，可概括为以下三个方面。

1.5.2.1　依据性

城建档案记录了城市规划、建设和管理活动的真实情况和历史过程，是历史活动的真实写照和真实反映。城建档案可以为城市规划的修订，建设工程改造、扩建、维修，城市的规范化管理等多方面，提供重要、准确、系统的依据材料。因此，城建档案对城市规划、建设和管理等各项活动都具有重要的依据作用。如建设工程勘察报告、建设工程竣工图等都是建设工程改造、改建、扩建、维修的重要依据材料，可以为档案利用者节省时间、提高工作效率、节约经费，创造出更好的经济效益。

1.5.2.2　参考性

城建档案记录了城市规划、建设和管理者在活动中的思维发展、工作经验、技术创新和成果，可以为人们今后进行城市规划、建设和管理活动等各方面提供借鉴和帮助。因此，城建档案对于人们查考既往情况，掌握历史资料，总结历史经验，研究城市规划、建设和管理活动的发展规律，创新工作方法、提高工作效率，以及编史修志等具有广泛的参考作用。尽管一切文献都具有参考作用，而城建档案参考作用的特点在于它具有高度的原

始性和最大的可靠性。如，规划档案、工程档案、业务管理档案等，能为专业理论学者、历史研究者、编史修志人员以及社会各界研究人员提供原始性强、可靠性高的历史参考。

1.5.2.3 凭证性

城建档案的凭证性，是城建档案不同于其他城建资料的最基本的区别。城建档案的凭证作用，完全是由城建档案的形成规律和城建档案自身的特点所决定的。

首先，从城建档案的形成来看，它是由当时当事直接形成并使用的文件材料转化而来的，它客观地记录了城市建设、工程项目施工、重要业务活动、重要过程及其结果，完全是一种原始形态的记录，是未经任何人改动的原稿本。这种客观记录以往历史情况的文件材料，是令人信服的历史证据。如房屋权属证书、《建设工程规划许可证》、《土地出让（转让）合同》等，均系法律信证，都是有一定的法律效力的，具有无可置疑的证据作用。

其次，从城建档案本身的物质形态上看，文件上保留着真切的历史标记。所以城建档案是确凿的原始材料和历史凭证，可以成为调查、取证和处理问题解决矛盾的证据。如工程变更单、旁站监理记录、分项工程施工质量验收报验单等，都是在工程施工、监理等工作中直接形成的原始记录，其凭证性是辨析和处理问题最有效的证据。

思 考 题

(1) 城建档案的定义是什么？城建档案的含义包括哪些方面？
(2) 什么是城建档案的本质属性？城建档案属性主要有哪些？
(3) 城建档案有什么特点？如何理解城建档案具有"动态性"和"专业性"的特点？
(4) 城建档案的范围主要包括哪些方面？
(5) 城建档案有什么作用？
(6) 论述城建档案作用的性质。

第 2 章 城建档案工作

内 容 提 要

本章重点包括：(1) 我国城建档案事业的发展历史，主要讲述社会主义建设时期，城建档案工作创建、发展的几个重要阶段。(2) 城建档案工作的内容、任务及其性质。(3) 城建档案工作的基本原则和管理体制。(4) 城建档案的监督和指导。(5) 城建档案馆工作和城建档案室工作。(6) 城建档案专业人员队伍建设等。

自 20 世纪的 50 年代中期，随着我国经济建设热潮的兴起，技术档案开始受到社会的关注和重视，其中包括在城市建设中产生的大量技术档案。为了使技术档案工作适应国家建设发展的需要，1959 年 12 月，在大连召开的技术档案工作会议上，城市基本建设档案作为国家科技档案的一部分被正式提上议事日程。经过 20 多年实践和发展，至 20 世纪 80 年代，我国进入改革开放的新时期，人们对城建档案有了更全面的认识。在新的城市建设热潮中，城建档案工作在全国各地普遍展开。城建档案产生于城市建设，服务于城市建设，已成为我国城建事业不可缺少的重要组成部分。在各级政府的重视下，全国普遍建立了城建档案工作管理机构，形成了以城建档案馆为主体，以城建档案室、建设系统基层档案室和建设单位档案室为基础的城建档案工作网络。按照城建档案工作的基本原则和方法，认真履行职责，不断拓展服务，有效地推动了城建档案事业的持续健康发展。

2.1 我国城建档案事业的发展回顾

城建档案事业是整个城建事业的重要组成部分，它是随着我国社会经济和城市建设的发展逐步开展起来的。新中国建立以来，我国的城建档案事业经历了创建、初步发展、恢复整顿、全面发展、快速发展等几个重要阶段。

2.1.1 城建档案事业的创建时期（20 世纪 50 年代末～20 世纪 60 年代初）

创建时期，提出和初步确定了城市基本建设档案工作的概念定义、范围作用、管理办法等一系列基础理论问题，形成了一系列的文件，并在全国进行贯彻试行。

2.1.1.1 大连、哈尔滨会议的召开，城建档案初步理论的提出

1959 年 12 月，国家档案局在大连主持召开了"华东、东北协作区技术档案工作扩大会议"。在这次会议上，国家档案局局长曾三多次提到了城市基本建设档案工作，并阐述了基本建设档案在国家经济建设和防卫中的重要作用。城建档案工作作为科技档案工作的一个组成部分被正式提上了议事日程。

1960年10月，国家档案局在哈尔滨召开了"东北、华北协作区城市基本建设档案工作会议"。国家建委和九个省、市、自治区档案管理局负责人参加。会议着重讨论了城市基本建设档案的定义、范围、作用、管理办法等一系列问题，研究制定了《关于加强管理城市基本建设档案的意见（草案）》。

这两次会议为城市基本建设档案工作的创建和初步发展做了充分的理论和组织准备，奠定了工作基础，其中一些原则和办法为以后40年城建档案工作所继承与沿用。两次会议是城建档案工作从探索试验、调查研究的准备阶段进入初创阶段的重要转折。

2.1.1.2 加强管理城市基本建设档案文件的颁布，城市基本建设档案试行工作的开展和总结

1961年1月27日，国务院批转了国家档案局《关于加强管理城市基本建设档案的意见》和《关于如何加强管理城市基本建设档案的报告》，并指出：城市基本建设档案的管理工作是很重要的，但是它涉及的范围很广（包括工业建筑工程、交通运输工程、市政工程、民用建筑工程、城市规划等五个方面的档案），又是一项新的工作，经验还不足。除直辖市试行以外，各省、自治区可先选择一、二个城市试行，等到取得经验后，再逐步推广。城市基本建设档案如何管理还是一个新问题，各级档案管理部门都应该加强对城市基本建设档案工作的研究、监督、检查和指导。城市基本建设档案工作的专业性很强，只靠档案管理部门是很不够的。因此，城市规划、城市建设管理部门和各专业主管机关，也都应该加强对于这一工作的领导或指导，把城市基本建设档案管理好。文件批转后，引起了有关方面对城市基本建设档案的重视。国家档案局确定了全国42个试点城市进行试行。通过一年的试行工作，取得了一些初步的经验，形成了《试行情况报告和意见》（以下简称《报告》），上报国务院。《报告》中指出：一年来的试行工作进一步说明，加强管理城市基本建设档案是必要的。把城市基本建设档案管理好，是管理城市的必要条件之一。各城市已开始重视和加强基本建设档案的管理工作，许多部门加强了对基本建设档案工作的领导，建立和健全了管理基本建设档案的工作机构，充实和调配了干部，对基本建设档案进行了收集和整理，对于无法收集到而当前又迫切需要的档案，则根据实际可能进行了测绘和补充。

1962年6月22日，国务院批转了国家档案局《关于加强管理城市基本建设档案试行情况的报告》，并指出：除各市继续试行外，还应该注意加强大城市和重要的工厂、矿井、市政工程、车站、港口、码头、机场、桥梁和其他重要建筑物等方面的基本建设档案的检查。把这些档案清理、归档，逐步集中到档案室统一管理起来，并应做到每一个重要工程都有一、二份档案保存在安全的地方。文件下发后，各地加快了工作进度，大部分城市到1962年底基本完成了试点工作和经验总结，只有少数城市试行工作一直延续到1965年。在此期间，有少数城市建立了城市基建档案馆。如1960年，株洲市在基建局内设立"株洲市基建技术档案馆"。到1963年上半年，历时两年半在部分重点城市开展的城市基本建设档案试行工作告一段落。这是我国城建档案事业发展史上一个重要时期。通过试行，基本达到了国务院和国家档案局预期的目标。城建档案工作进一步引起更多的单位和工程技术人员的关注。试点城市普遍建立起了基建档案机构或配备了专职人员，开展了对新中国成立后（有的还对成立前）形成的档案，尤其是重要工程的收集、清理、立卷、归档工作，使积存档案基本达到了档案管理的基本要求，为利用服务提供了方便。全国许多城市，特别是大中城市的基建档案工作出现了前所未有的发展局面，为后来城建档案工作在全国范围的蓬勃兴起奠定了良好基础。

2.1.2 城建档案事业的初步发展时期

这一时期，主要是全国城市基本建设档案工作机构的设置，管理体制的确立，管理规章制度的初步建立等。城市基本建设档案工作得到初步发展。

全国城市基本建设档案工作试行任务完成后，根据国务院有关文件的要求，主管全国城市基建档案工作的建筑工程部办公厅档案处，对全国城市基建档案工作实行按专业归口管理。各省、自治区、直辖市、各试点城市建设主管部门也加强对各辖区城市基建档案工作实行专业归口管理。各地相继成立了城市基建档案工作机构（基建档案馆、室、科）。

1964年3月，国务院在批转国家档案局《关于进一步加强技术档案工作的报告》中指出：中央各专业主管机关根据本专业的需要，着手考虑建立专业技术档案资料馆，收集和保管本专业系统的重要技术档案和技术资料。由于技术档案的主要特点是专业性强、数量大，与生产建设和科学研究工作的联系很紧密，因此，必须实行按专业统一管理的办法。地方专业主管机关也应该设置适当的机构或配备一定的人员，加强对所属单位技术档案工作的领导。

1964年4月，国务院批转北京市人民委员会《关于人民大会堂基建工程档案整理工作情况和加强基建工程档案工作意见的报告》，并明确指出：各大、中城市都要指定一个城市建设管理部门或城市规划管理部门，统一收集和管理全市重要工程的基建档案（包括竣工图）。城市基建工程档案工作，应由建筑工程部负责按专业统一管理。同时，国家档案局和各级档案业务管理部门应该加强对城市基建工程档案工作的检查、监督和业务指导。这一文件不仅初步确立了城市基本建设档案工作管理体制的框架，推动了当时基建档案工作的开展，也为后来形成城建档案工作按专业统一管理，建设主管部门和档案管理部门齐抓共管的管理体制奠定了重要基础。

1962～1965年，全国各省、自治区、直辖市及许多大中城市认真贯彻国务院有关技术档案、基建档案工作的文件精神，结合各地实际情况，相继制定了有关基建档案工作的规定、办法。如1962年，郑州市人民委员会颁发了《郑州市城市基本建设档案管理试行办法》；1965年4月，江苏省建设厅、江苏省档案管理局颁发了《江苏省管理城市基建技术档案的暂行规定》等。

随着全国城市基本建设档案工作机构的建立，有关规章制度的颁布实施，全国重点试点城市、大中城市的基本建设档案工作有了一个较快的发展过程。在建设主管部门和档案管理部门的领导和指导下，各地基建档案的收集、整理、归档工作进展顺利，部分城市的档案库房也得到了较大改善，基建档案工作出现了良好的发展势头。由于1966年发起的"文化大革命"，城建部门和其他行业一样，受到很大冲击，刚刚兴起的基建档案工作因此而中断，城建工作和档案管理处于极其混乱的无政府状态。

2.1.3 城建档案事业的恢复整顿阶段（20世纪70年代末～20世纪80年代初）

1978年，党的十一届三中全会召开以后，党中央、国务院作出了有关恢复档案工作的决定，全国的城建档案工作开始逐步恢复与整顿，全国大中城市开始建立城市基本建设档案馆，对城市基本建设档案实行统一管理。

2.1.3.1 国家档案局恢复工作

1979年4月，国家档案局恢复工作，结束了长达10多年档案工作无人过问，档案资料任意销毁的历史。

2.1.3.2 召开全国档案工作会议

1979年8月，全国档案工作会议在北京召开，这是国家档案局恢复工作后召开的第一次全国性会议。会上明确提出，各级档案部门要在近两三年内抓紧"恢复、整顿、总结、提高"。会后，党中央、国务院转发了这次会议的报告。

2.1.3.3 召开全国科学技术档案工作会议和颁布《科学技术档案工作暂行条例》

1980年7月，国家经委、建委、科委、档案局在北京联合召开了全国科学技术档案工作会议。会议讨论通过了《科学技术档案工作暂行条例》。9月，国务院转发了国家经委、建委、科委、档案局《关于全国科学技术档案工作会议的报告》（以下简称《报告》），《报告》重申了科学技术档案工作必须按专业实行统一管理。《报告》还从城市管理、应对突发事件、城市恢复与建设的高度，阐述了城市基建档案工作的重要地位，第一次提出"大中城市要以城市为单位，由市人民政府主管城建工作的领导人主持，由市建委或城建、规划部门，成立城市基建档案馆，集中统一管理城市基建档案。"正式提出了建立市级城建档案馆的要求。12月，国务院批准了《科学技术档案工作条例》，正式在国家法规中明确提出"大中城市应当建立城市基本建设档案馆，收集和保管本城市应当长期和永久保存的基本建设档案。"

2.1.3.4 颁发加强城市基建档案工作的通知，城建档案馆的建立和管理体制的明确

1980年12月，为加快全国基建档案工作的恢复整顿和筹建基本建设档案馆的步伐，国家基本建设委员会和国家城建总局颁发了《关于加强城市基建档案工作的通知》，对全国基建档案工作的恢复整顿作了重要部署，要求各级建委和城建部门重视基建档案工作，要求大中城市根据各市情况建馆，并将机构设置、人员编制、库房建设等列入政府计划，各地要研究确定今后一个时期恢复整顿工作的计划。1982年1月，国家基本建设委员会、国家城建总局、国家档案局颁发了《关于进一步加强城市基本建设档案工作的通知》（以下简称《通知》），对一年多来，全国城市基本建设档案工作的恢复整顿和基本建设档案馆建设工作进行了经验总结。至1981年底，全国110个中等以上城市中已有49个城市建立了城市基建档案馆，形势虽好，但发展不平衡。《通知》还更为明确地提出，各市应在市人民政府主管城市基本建设的市长、副市长主持下，尽快地把城市基建档案馆建立起来。城建档案工作，由市建委归口领导，城建档案馆的日常工作由哪个部门负责管理，各市可根据实际情况自行确定。城市基建档案馆全称："××市城市基本建设档案馆"，属科学技术事业单位。有条件的城市基本建设档案馆可以开始逐步接收有关的城建档案。各级建委、城建、规划部门应当加强城建档案工作的领导。

2.1.3.5 召开三次城建档案工作座谈会

1981年12月，国家基本建设委员会、国家城建总局、国家档案局在长沙召开了第一次城建档案工作座谈会，讨论城市基本建设档案馆的基本任务，城建档案的范围和内容等业务工作，还讨论了《城建档案管理暂行办法（草稿）》、《城建档案分类方案（草稿）》。1982年8月，城乡建设环境保护部和国家档案局在青岛召开第二次城建档案工作座谈会。

会议着重研究了城市建设档案馆的建馆方针和任务，城市建设档案馆接收档案的范围，城建档案馆自身建设等问题。会议认为，城建档案馆应当成为全市重要城建档案资料集中保管与检索、咨询服务中心。会议对《城市建设档案馆暂行通则（征求意见稿）》进行了讨论修改，首次在起草的正式文件中将"城市基本建设档案馆"改为"城市建设档案馆"。1983年的开封会议后，各地陆续将馆名更改为"××市城市建设档案馆"，标志着城建档案的范围和为城市建设服务的功能进一步加强和完善。开封会议重点讨论修改了《城市建设档案管理条例（征求意见稿）》（以下简称《条例》）和《城市建设档案分类大纲（草案）》。通过讨论，会议对《条例》中的城建档案工作管理体制、城建档案的范围、竣工图的编制报送要求、经济和行政制约措施等几个主要问题统一了认识，第一次提出用经济制约手段来管理城建档案。长沙、青岛、开封三次会议，在我国城建档案事业的发展史上，具有重要和深远的意义，对我国的城建档案工作产生重大的影响。

从1979年8月～1982年底的三年多时间中，各省、市认真贯彻党中央、国务院、国家建设主管部门、国家档案管理部门的文件要求，陆续开展了城市基建档案的恢复整顿工作。通过恢复整顿，全国基建档案工作发展迅速，主要表现在以下几个方面：

（1）多数大中城市建立了城建档案管理机构。到1982年底，全国直（省）辖市中，已有65个城市建立了城市基建档案馆，占大、中城市总数的59%。

（2）初步建立了城市基建档案的管理制度。湖南、河北、江苏等省和承德、株洲等市相继颁发了《城市基本建设档案管理暂行办法》（或规定、条例）。城市基本建设档案工作逐步向法规化、制度化迈进。

（3）清理了"文革"中各项基建工程档案和全部积存档案。

（4）积极开展档案利用服务。

2.1.4　城建档案事业的全面发展阶段（20世纪80年代初～20世纪90年代初）

自1982年城建档案工作恢复整顿基本结束后，全国城建档案工作开始进入了全面发展的阶段。1981年，全国110个中等以上城市，建馆总数为49个，占总数的44%。到1986年，全国中等以上城市增至146个，建馆数为112个，占总数的77%。全国还有20个小城市建立了城建档案馆。有131个城市以市政府名义颁发了《城市建设档案管理暂行规定》。至1990年底，全国467个城市中，建馆总数达332个，178个大中城市已全部建馆，小城市中已有154个建馆，还有787个县、区建立了城建档案室。

2.1.4.1　印发《城市建设档案分类大纲》等三个业务规范

1984年4月，城乡建设环境保护部办公厅印发《城市建设档案分类大纲》（以下简称《分类大纲》）。设15个大类，65个属类，统一了全国城建档案的类别划分标准和名称。小类由各省、自治区、直辖市根据实际情况设置。1993年8月，建设部办公厅对《分类大纲》进行修订。修订后的《分类大纲》设18大类，102个属类，普遍适用于全国各类城市。小类由各省、自治区、直辖市及各市、县根据实际情况设置。

1988年1月，城乡建设环境保护部专门印发了《城乡建设档案密级划分暂行规定》和《城乡建设档案保管期限暂行规定》。

2.1.4.2　开展城建档案人员的教育和培训

1985年，城乡建设环境保护部办公厅为加强各地城建档案人员学习和培训的需要，编印了《城市建设档案工作基础知识》、《城市建设档案工作文件选编》、《城市建设档案工作经验选编》等三部培训教材。1989年，建设部办公厅成立城建档案教材编委会，着手编写《城市建设与城建文件材料》、《城建档案管理学》。1993年，出版了《城建档案工作概论》和《城建档案管理的理论与实践》。1994年，出版了《城市建设与城建文件材料》。1992年5月，建设部办公厅委托中国人民大学档案学院举办了第一期全国城建档案人员培训班。1996年3月，建设部办公厅委托中国人民大学档案学院举办首届城建档案专业证书班，学制一年半，采用集中面授和分散函授相结合的教学形式，学员系统学习了18门课程。1997年底，参加培训的47人，通过全面考试考核，并取得城建档案专业证书。

2.1.4.3 召开第一次全国城建档案工作会议

1986年9月，城乡建设环境保护部在呼和浩特召开了新中国成立以来第一次全国城建档案工作会议。会议总结了《科学技术档案工作条例》1980年12月颁布以来，各地城市建设档案工作开展的情况。各地政府相继出台了城市建设档案管理的规章，使得城市建设档案馆的工作有了政策支持，同时，各地建馆工作快速发展。以大中城市为主体的城建档案管理体系正在逐步建立，并初步形成了一支城建档案专业队伍。城建档案馆藏日益丰富，同时在为城市建设服务中，产生了显著的经济效益和社会效益。会议讨论了《城乡建设档案工作"七五"计划》（于1987年3月由城乡建设环境保护部印发），对"七五"期间城建档案事业的发展设想、主要任务和实施措施三个部分提出了详细的意见。会议还讨论修改了《城市建设档案管理暂行规定》、《城乡建设档案保管期限暂行规定》和《城乡建设档案密级划分暂行规定》。

全国第一次城建档案工作会议，是城建档案工作由恢复整顿转向全面发展时期召开的一次重要会议，对城建档案事业的后续发展具有深远影响，在我国城建档案发展史上是一个重要的里程碑。

2.1.4.4 颁布第一部全国性城市建设档案管理规章

1987年9月5日，《中华人民共和国档案法》（以下简称《档案法》）颁布，自此档案工作有了第一部法律，为依法治档依法管档提供了法律依据。

1987年11月8日，城乡建设环境保护部和国家档案局正式印发《城市建设档案管理暂行规定》，这是我国第一部城市建设档案管理规章，是城建档案工作的一个纲领性文件，为全国城建档案工作全面发展提供了有力的法律保障和依据。《城市建设档案管理暂行规定》中，第一次由法规明确城建档案管理的原则，"城建档案工作要按照统一领导、分级管理的原则，建立以市城建档案馆（室）为中心，以各城市建设单位档案室为基础的城建档案管理网络"；明确城建档案管理体制，"全国城建档案工作，由国家城市建设行政主管部门管理，业务上受国家档案行政管理部门的监督、指导。各省、自治区、直辖市和各城市的城建档案工作，由各级城建主管部门管理，业务上受同级档案管理部门的监督、指导"；确定城建档案的范围为十一大类；明确竣工档案的移交时间为工程竣工验收合格后六个月；提出了各城市可采用适当经济制约措施来保证城建档案的完整、准确；明确了城建档案馆的性质为市人民政府所属的科学技术事业单位，并兼有政府职能部门的性质；确认城建档案馆的五大基本任务，包括对城市建设单位的城建档案工作进行指导、检查，参加城市建设工程的竣工验收等。

2.1.4.5　成立中国城科会城建档案信息研究会

1990年2月，中国城市科学研究会批准成立"中国城科会城建档案信息研究会"，是中国城科会的专业学术组织。同年12月，建设部办公厅在西安召开中国城科会城建档案信息研究会成立大会，全国第一个城建档案学术团体正式诞生。全国城建档案学术研究、业务规范建设工作进入了全面发展阶段。中国城科会城建档案信息研究会下设办公室、宣传组、档案管理学组、法规建设学组、现代化管理学组、理论研究学组、声像档案学组。1991年12月，城建档案信息研究会会刊——《城建档案》试刊，它标志着城建档案学术研究发展到了一个新阶段。1992年8月，建设部批准同意创办《城建档案》，为建设部内部发行的综合性正式刊物。同年9月，由城建档案信息研究会编制的大型画册《中国城建档案事业》正式出版。1993年2月，《城建档案》正式创刊，主编王淑珍。9月中旬，第一次全国城建档案学术论文评审会在北京举行。

2.1.5　城建档案事业的加快发展阶段（20世纪90年代初～至今）

1992年，邓小平南巡讲话，以及党的十四大、十四届三中全会的召开，提出了建立社会主义市场经济体制。各行各业进一步解放思想，国民经济和社会各项事业进入了一个新的发展阶段。

2.1.5.1　建设部设立城建档案工作办公室

1992年6月，建设部根据国务院批准的"三定方案"，决定在建设部办公厅设立城建档案工作办公室，履行"管理城市建设档案工作"的职能。建设部城建档案工作办公室的主要职能为：制定全国城建档案工作发展规划、计划、管理规章、业务标准和技术规范；指导全国城建档案工作的开展；负责档案人员的培训和开展学术研究与交流活动。建设部城建档案工作办公室的成立，使全国城建档案工作的管理体系得到进一步完善和加强，对我国城建档案事业的推动和快速发展，具有深远意义。至1993年底的全国第二次城建档案工作会议召开时，已经形成从主管全国城建工作的建设部城建档案工作办公室到各省、自治区、直辖市城建档案馆和省级主管部门专职人员构成的省级城建档案管理机构，各城市城建档案馆（城建档案管理处）和县、区城建档案室组成的全国四级城建档案管理机构。全国性的城建档案工作体系已基本建成。全国城建档案工作开始进入快速发展的阶段。

2.1.5.2　召开第二次全国城建档案工作会议

建设部为深化改革，应对社会主义市场经济挑战，加快城建档案事业发展，于1993年12月，在北京召开"第二次全国城建档案工作会议"。会议主要任务是研究和探讨新形势下发展城建档案事业的途径，部署今后几年的工作。这次会议是在一个重要历史时期召开的重要会议，它为20世纪90年代中后期乃至21世纪城建档案事业的快速发展奠定了基础。会议提出了"积极探索适应社会主义市场经济发展需要的城建档案管理体制和运行机制"的指导思想，对建立和形成具有中国特色的城建档案工作体系具有重要意义；对加快全国城建档案工作的改革步伐，加速城建档案工作的科学化、规范化、现代化管理，健全和完善城建档案管理的规章制度，大力丰富和优化馆藏，强化为城市建设的服务功能，不断改善和提高城建档案干部队伍素质起到了巨大的推动作用。

2.1.5.3 建立健全城建档案法规体系

1995年，建设部为加强开发区城建档案管理工作，印发了《关于做好开发区城建档案管理工作的通知》，要求开发区城建档案必须纳入所在城市城建档案主管部门的统一管理，开发区建设单位要认真按有关法律、法规和规定，向所在城市城建档案馆报送城建档案。

1997年，建设部为加强城市管线工程档案管理工作，印发《城市管线工程档案管理办法》。

1997年12月，建设部部长侯捷签发第61号部令，颁布《城市建设档案管理规定》，进一步明确了城建档案馆重点管理的档案范围，包括三大部分：各类城市建设工程档案，建设系统各专业管理部门形成的业务管理和业务技术档案，有关城市规划、建设及其管理的方针、政策、法规、计划方面的文件、科学研究成果和城市历史、自然、经济等方面的基础资料；进一步明确列入城建档案馆档案接收范围的工程，以及竣工验收应当有城建档案馆参加等规定；第一次在全国性法规中提出了表彰、奖励和处罚条款。

1998年，城建档案保证金制度停止执行后，建设部提出各地要抓住新一轮修订地方法规的有利时机，建立健全地方法规，城建档案管理从以前靠经济制约手段逐步向强化建设管理和法制建设过渡。1998年10月，重庆市以第38号市长令发布《重庆市城市建设档案管理办法》，这是城建档案保证金制度取消后全国最早颁布的地方政府规章。到2000年底，在短短两年内，全国已有半数以上的省、自治区、直辖市修订了规章，重新颁布了适应新情况下的地方性规章和规范性文件。在这些文件中，强化以法管档，提出要求，明确措施，内容具体、针对性强，便于操作。2000年10月，西安市人大常委会审议通过了《西安市城建档案管理条例》，这是全国第一部关于城建档案管理的地方性法规。各地在开展新一轮法规规章修订的同时，也加大了对城建档案工作执法力度，开展了形式多样的执法检查。1998年7月，昆明市成立了城建监察总队城建档案监察大队，负责对违反城建档案收集归档规定的行为进行监察处罚。

2001年，国务院颁发《建设工程质量管理条例》，其中将工程档案管理纳入整个建设工程管理程序之中，再一次表明，城建档案管理是建设行业管理的组成部分。同年7月，建设部依据《建设工程质量管理条例》修改了《城市建设档案管理规定》，以90号部长令发布。修改内容中，第一次提出了竣工验收前工程档案预验收制度和工程档案认可文件制度，明确了工程档案认可文件的法律地位，和建设工程档案管理在建设工程管理程序中的位置和要求。

为了加强城市地下管线工程档案的管理，建设部将原有的规范性文件上升为部门规章，并于2004年12月15日，正式发布了《城市地下管线工程档案管理办法》（第136号部长令），自2005年5月1日起施行。2007年3月，建设部为促进中小城市城建档案工作健康协调发展，还专门印发了《关于加强中小城市城乡建设档案工作的意见》。

2.1.5.4 加强城建档案业务标准和规范建设

为规范城建档案主题标引和检索，1995年，建设部城建档案工作办公室印发了专业标准《城市建设档案主题词表》。

为建立健全全国统一的城建档案检索体系，提高全国城建档案的管理水平，建设部于2001年3月发布了国家标准《城市建设档案著录规范》GB/T 50323—2001。为加强建设工程文件的归档整理工作，统一建设工程档案的验收标准，建立完整、准确的工程档案，建设部又于2002年1月发布了国家标准《建设工程文件归档整理规范》GB/T 50328—2001。

为加强建设电子文件的归档与管理，建立真实、准确、完整、有效的建设电子档案，保障建设电子文件和电子档案的安全保管与有效开发利用，建设部于2007年9月发布了国家行业标准《建设电子文件与电子档案管理规范》CJJ/T 117—2007。

为提高国家档案馆建设决策科学化与管理规范化水平，建设部于2008年2月批准了国家建设标准《档案馆建设标准》（建标103—2008）。

为加强城建档案工作的业务建设，提高城建档案工作的标准化、规范化、科学化管理水平，住房和城乡建设部于2011年1月发布了国家行业标准《城建档案业务管理规范》CJJ/T 158—2011。

2.1.5.5 城建档案馆目标管理考评工作

为促进城建档案事业的发展，提高城建档案现代化、标准化管理水平，1997年5月，建设部印发了《城市建设档案馆目标管理考评办法》。城建档案馆目标管理分为："国家一级"、"国家二级"、"省一级"、"省二级"四个等级。2001年，建设部对《城市建设档案馆目标管理考评办法》的部分内容进行了修改。

1998年9月8日，江苏省镇江市城建档案馆成为全国第一个通过国家考评的城建档案馆，率先通过了国家二级达标考核。随后，哈尔滨市等9个城建档案馆通过了国家一级达标考核，云南省曲靖市城建档案馆通过了国家二级达标考核。1998年12月，全国第一批11家国家级城建档案馆目标管理考评工作顺利结束。

1999年，全国共有23个城建档案馆通过了国家级城建档案馆的目标管理考评。截至2001年底，全国共有53个城市通过了国家级城建档案馆的考评。

《城市建设档案馆目标管理考评办法》在全国范围内的贯彻实施，为城建档案工作的持续发展注入了新的活力。各地以目标管理考评工作为契机，在创建国家级城建档案馆的过程中，提高了城建档案工作的地位，充实了城建档案馆的实力，切实解决了一些城建档案馆的实际问题，充分调动了城建档案工作人员的积极性，全面提升了城建档案工作的管理水平，使城建档案工作跨上了新台阶。

2.2 城建档案工作的内容、任务和性质

2.2.1 城建档案工作的内容

城建档案工作，从广义上说，是一项城建档案事业。主要内容包括：城建档案馆（室）工作、城建档案法规标准建设工作、城建档案行政管理工作、城建档案教育培训工作、城建档案科学研究工作、城建档案宣传出版工作、城建档案国内外合作交流工作等。

城建档案工作，从通常角度上说，是指城建档案馆（室）所从事的城建档案业务工作，就是用科学的原则和方法管理城建档案，为社会各项事业服务的工作。

（1）城建档案馆（室）工作。是指城建档案馆（室）所从事的各项日常业务工作，主要包括对城建档案进行接收、征集、补充、整理、鉴定、保管、保护、统计等基础工作；

开发城建档案信息资源，编制各种档案目录、检索工具，大力开展城建档案编研工作；开发城建档案信息化、数字化工作，建立各种档案信息、专题信息和全文数据库；积极开展城建档案对外利用和咨询服务等工作。

（2）城建档案法规标准建设工作。是指城建档案管理部门为规范城建档案工作，科学和有效地管理城建档案，保障城建档案事业的全面有序发展，依据相关法律、法规和法定程序，起草、制定、颁发、实施有关城建档案方面的规范性文件和业务标准。主要包括城建档案法规建设、标准化、规范化建设等工作。

（3）城建档案行政管理工作。是指城建档案管理部门运用行政手段对城建档案和城建档案工作进行管理的一项工作。主要包括城建档案业务指导、监督检查、验收认可等工作。

（4）城建档案教育培训工作。是指城建档案管理部门为加强和提高城建档案管理人员的业务理论水平和实际工作能力自己组织或委托专门教育机构开展的一项教育培训工作。主要包括城建档案学历教育、专业岗位培训、业务知识培训等。

（5）城建档案科学研究工作。主要包括城建档案基础理论研究、学术理论研究、业务工作研究、管理技术研究等。

（6）城建档案宣传出版工作。主要包括城建档案宣传、城建档案刊物和书籍出版工作。

（7）城建档案国内外合作交流工作。主要包括国内外城建档案工作的业务技术合作和学术等交流。

以上城建档案工作的七项内容之中，城建档案馆（室）工作是城建档案工作的主体。

2.2.2 城建档案工作的基本任务

城建档案工作的基本任务，就是按照一定的原则和方法，科学地管理城建档案，积极地开发城建档案信息资源，及时、准确地提供城建档案，为城市规划、建设、管理服务的工作。

城建档案工作的基本任务，归纳起来，就是"科学管理，开发利用"八个字。

科学管理，就是城建档案管理机构严格按照国家法律、法规、规章、规范、标准等要求，管理城建档案，维护城建档案的完整与安全。

开发利用，就是城建档案管理机构按照社会的需求，按照城市规划、建设和管理工作的要求，采取多种形式，主动、及时、准确地提供城建档案资料信息。

2.2.3 城建档案工作的性质

从城建档案工作的自身特点和城建档案工作同其他工作的关系来看，城建档案工作的性质具有管理性、服务性、专业性和政治性。

2.2.3.1 城建档案工作是一项管理性的工作

从城建档案工作自身的特点来说，城建档案工作是一项专门业务，是专门负责管理城市规划、建设、管理各部门和单位形成的城建文件材料的一种独立的专业，属于国家科技文化事业的组成部分。城建档案工作的基本原则，就是集中统一、分级管理，只有对城建档案进行有效的管理，才能维护城建档案的完整与安全。因此，城建档案工作也可以说是城建档案管理工作，城建档案人员必须具有一定的管理能力和管理知识。

2.2.3.2 城建档案工作是一项服务性的工作

就城建档案工作同其他工作的关系来说，城建档案工作是城市建设管理工作的组成部分，是城市建设管理中的辅助性、服务性工作。城建档案馆（室）管理档案的目的就是为了向城市规划、建设、管理部门和社会各界提供档案信息服务，满足他们对城建档案信息的利用需求。城建档案工作的服务性是城建档案工作赖以存在和发展的基础。城建档案人员应当具有良好的服务意识，专业的服务水准，积极的服务态度。

2.2.3.3 城建档案工作是一项专业性的工作

城建档案产生于城市规划、设计、施工、管理等专业活动中，它涉及30多个专业，具有专业性特点，这就决定了城建档案工作具有很强的专业性。组织和开展城建档案工作，必须根据城建档案各专业特点来进行，城建档案人员也必须具有相应的专业技术知识能力。

2.2.3.4 城建档案工作是一项政治性的工作

由于城建档案记录和反映了一个城市的重要建设工程，涉及广大人民群众的生命财产和社会功能等方方面面，甚至有关国家的安全利益，因此，在一定程度上，具有较强的保密性。如城市地形图、地下管线图、大型公共设施和人防工程等。同时，城建档案还记录了单位、个人的房产档案资料、拆迁档案资料，不少涉及个人信息。因此，城建档案人员必须具有政治意识，确立安全保密观念，采取各种措施，在维护国家机密、保护单位和个人信息的前提下，合理合法、积极开展城建档案的对外利用服务工作。

2.3 城建档案工作的基本原则和管理体制

2.3.1 城建档案工作的基本原则

城建档案工作的基本原则是：城建档案工作实行统一领导、分级管理的原则，维护城建档案的完整、准确、系统和安全，便于社会各方面的有效利用。这与国家整个档案工作的原则是基本一致的，也是符合当前客观实际需要的。

城建档案工作的基本原则，包含以下三个方面的内容。

2.3.1.1 统一领导、分级管理

国务院建设行政主管部门负责全国城建档案管理工作，业务上受国家档案部门的监督、指导。县级以上地方人民政府建设行政主管部门负责本行政区域内的城建档案管理工作，业务上受同级档案部门的监督、指导。全国各级建设行政主管部门分层负责实施管理城建档案工作。

一个城市的建设行政主管部门应当设置城建档案工作管理机构，配备相应的城建档案管理人员，负责全市城建档案工作。各级地方建设主管部门可按照国家统一制定的有关城建档案工作规定和要求，结合本地区具体情况，制定本地区城建档案工作规划、制度和办法，指导、监督和检查本地区的城建档案工作。

城市的建设行政主管部门也可以委托城建档案馆负责城建档案工作的日常管理工作。各级城建档案馆（室）集中保存本地区重要的城建档案，各单位档案室集中保存本单位范

围内形成的一般城建档案，与市级城建档案馆形成互为联系、相互协调的城建档案分级管理网络。

2.3.1.2 维护城建档案的完整、准确、系统和安全

维护城建档案的完整、准确、系统和安全是城建档案管理的基本要求。只有保证城建档案的完整、准确、系统和安全，才能为城建档案工作的开展提供必要的物质基础。

（1）维护城建档案的完整、准确、系统，就要求城建档案数量齐全成套，不是残缺不全；城建档案内容与其记录和反映的实物和过程保持完全一致，各种签字、盖章手续完整、真实；城建档案整理系统、排列有序，质量符合业务规范标准要求。

（2）维护城建档案的安全。就是既要保证城建档案载体的安全，又要保证城建档案内容的安全；既要防止城建档案的人为分散破坏，又要减少城建档案的自然损坏。必须加强城建档案的归档、保管、安全、利用等制度建设，严格禁止把城建档案据为己有或分散保存，严格按照保护技术标准加强库房管理，严格执行城建档案的安全保密规定和借阅利用制度，充分保障城建档案的安全保存，使之能长久发挥作用。

2.3.1.3 便于社会各方面的有效利用

开发城建档案信息资源，为社会各方面提供利用服务，是城建档案工作的根本目的。要实现城建档案的有效利用，必须扎实做好城建档案的分类、整理、编目、著录、信息化、鉴定等基础业务工作。同时，要正确处理好城建档案安全保密和开放利用的矛盾。只有这样，才能使城建档案信息更好地为社会发挥作用。

城建档案工作基本原则的三个方面内容，是辩证统一的有机整体。实行统一领导、分级管理，才能切实维护城建档案的完整、准确、系统和安全，从而便于社会各方面的利用。要做到城建档案的有效利用，就必须实行统一领导、分级管理，维护城建档案的完整、准确、系统和安全。而实行统一领导、分级管理，维护城建档案的完整、准确、系统、安全是为了实现有效利用的手段，是必要的前提。便于社会各方面的有效利用才是最终的根本目的。没有统一领导、分级管理，维护城建档案的完整、准确、系统和安全，就没有有效利用的组织保证和物质基础；离开了社会各方面的有效利用，实行统一领导、分级管理，维护城建档案的完整、准确、系统和安全就失去了意义和方向。所以我们要全面地理解和执行城建档案工作的基本原则。

2.3.2 城建档案工作的管理体制

2.3.2.1 城建档案管理体制

全国城建档案工作，由国家建设行政管理部门主管，业务上受国家档案行政管理部门的监督、指导。各省、自治区、直辖市和各城市的城建档案工作，由各级建设行政主管部门管理，业务上受同级档案行政管理部门的监督、指导。

国家、省（自治区、直辖市）、市、县建设行政主管部门应当设立专门的城建档案管理机构，统一协调管理各自范围内的城建档案工作。

市、县、建制镇应当设立城建档案馆（室），负责本地区城建档案的收集、整理、保管、编目、检索、提供利用与编研、信息开发等业务工作。

2.3.2.2 城建档案管理机构

城建档案管理机构一般有以下三类：

第一类是指城乡建设（或规划）行政主管部门设置的，负责管理本地区城建档案事业的内设行政机构，如部、厅、局城建档案处（办公室）。

第二类是指受城乡建设（或规划）行政主管部门委托，隶属城乡建设（或规划）行政主管部门的，负责管理本地区城建档案工作的事业机构，如部、厅城建档案办公室（或城建档案馆）。

第三类是法律法规授权成立的，负责集中统一收集、管理和提供利用本地区城建档案的事业单位。如市、县、区城建档案馆（室）、城建档案管理处（办公室、城建档案信息中心）。

这三种类型城建档案管理机构在全国各类地区都有不同程度的存在。有的是三种类型同时存在，有的只存在一种或两种类型。

第一、二类城建档案管理机构只进行宏观管理。其基本职责是：对本地区城建档案工作进行统筹规划，组织协调，统一制度，并进行监督、检查和指导。

第三类城建档案管理机构是既进行宏观管理，又进行日常微观管理。其基本职责是：

（1）指导和管理城建档案工作，拟定城建档案工作的发展规划与工作计划并指导实施。

（2）研究拟定城建档案工作的法规、规章和政策性文件，统一工作制度，组织拟定有关城建档案工作的业务标准和技术规范并指导实施。

（3）对贯彻落实和执行档案、城建档案方面的法律法规、部门规章及业务标准、技术规范等情况进行监督、检查和指导。

（4）负责城建档案工作的组织协调、监督、检查和指导，组织经验交流。

（5）对城建档案从业人员进行业务培训。

（6）组织建设工程档案的预验收，并检查、指导建设工程档案工作的开展。

（7）组织并指导城建档案理论、技术与信息利用的科学研究，及其成果的推广工作。

（8）指导城建档案协作组、学会、研究会开展城建档案理论研究与学术交流等活动。

（9）统一收集、保管和科学管理城乡规划、建设和管理活动中形成的重要城建档案及有关资料，维护档案的完整与安全。

（10）积极开发城建档案信息资源，为城市建设和社会发展提供服务与保障。

2.4 城建档案监督和指导

按照城建档案相关法规，各级城建档案管理机构对城建档案工作都有监督、指导和检查的职责。城建档案监督和指导是城建档案管理工作的一项重要内容。按照集中统一管理城建档案的原则，科学地管理国家的城建档案资源，必须建立健全城建档案的监督和指导工作。

2.4.1 城建档案监督

城建档案监督是随着城建档案法制化的进一步强化而赋予城建档案管理机构的一种行政管理职责，是当今城建档案管理的重要内容、主要手段和重要职责。

2.4.1.1 城建档案监督的含义

城建档案监督是指城建档案管理机构，依照法律、法规所赋予的权限，对单位档案部门、社会组织和个人贯彻实施城建档案法规情况的监督检查，依法对违反城建档案法规的行为进行指出、劝导和纠正。城建档案监督工作，具有以下几个方面的含义。

(1) 城建档案监督工作的承担者是城建档案管理机构，监督工作的对象是贯彻执行城建档案法规的单位和个人，包括城建档案形成者、管理者和利用者，以及其他与城建档案发生关系的社会组织和个人，具有广泛的社会性。其中，城建档案管理机构具有双重身份，它既是城建档案监督工作的承担者，对下级城建档案机构行使监督权，同时，又是被监督的对象，需接受上级城建档案管理机构的监督、检查。

(2) 城建档案监督工作，属于专业监督的范畴，具有独特的监督对象、范围和内容。城建档案监督，它只对城建档案形成者、管理者、利用者贯彻执行城建档案法规的行为进行监督检查，对不属于城建档案违法行为的其他违法行为，则不具有监督的效力。

(3) 城建档案监督工作具有行政监督的性质。城建档案管理机构是贯彻执行城建档案法规的日常管理部门，依法行使城建档案监督检查权。城建档案监督权力是法律、法规或其他规章赋予城建档案管理机构的，同时，城建档案监督工作的依据是法律、法规或其他规章。因此，城建档案监督具有一定的法律效力，具有行政监督的性质。

(4) 城建档案监督工作的根本目的和工作动机是为了实施城建档案法规，加强城建档案监督职能，促进城建档案事业在法律机制的保障下，健康、科学地发展。

长期以来，城建档案管理机构的行政职能主要是通过业务指导方式来体现的。对我国城建档案业务工作水平的提高，确实起到了一定的积极作用。但是，也存在一定的薄弱环节，特别是随着城建档案法制化建设步伐的加快，城建档案事业的依法管理，依法行政亟待进一步加强。如果缺乏必要的行政监督职能，不仅使城建档案法规的实施缺乏有效的监督，也会导致业务指导职能的削弱，从而影响城建档案法规的权威性，影响到城建档案管理机构实施行政职能的权威性。因此，当前应在强化城建档案法制化建设的同时，不断强化城建档案监督意识，改变"重指导、轻监督"或"只指导，不监督"的状况，应将城建档案监督工作与城建档案业务指导工作紧密结合，实现在指导中监督，在监督中指导，从而维护城建档案法规的权威性、严肃性，提高城建档案行政管理的工作效能。

2.4.1.2 城建档案监督的对象

城建档案监督的内容广泛，从一定意义上讲，凡一切与城建档案发生关系的社会档案现象与社会档案行为，均在城建档案行政监督的范围之内。具体有以下三个方面。

1. 以城建档案为监督对象

城建档案法规规定，一切单位和个人都有保护城建档案的义务，凡破坏国家城建档案的完整和安全，造成档案损毁者，均要依法追究其法律责任。因此，城建档案的形成和管理状况，就是城建档案行政监督的首要对象。

2. 以城建档案工作为监督对象

我国城建档案法规规定了城建档案的所有权、保管权、公布权、利用权；规定了城建档案组卷、归档、移交、鉴定、保管、统计、保密等具体管理工作制度和业务操作规范。因此，上述权力的合法行使和档案管理工作制度和业务操作规范的执行情况，就是城建档案行政监督的重要对象。

3. 以城建档案事业管理为对象

国家十分重视城建档案事业的建设和发展，明确规定了我国城建档案事业的管理体制、管理机构设置、管理制度、管理原则等。因此，对于上述方面的贯彻、落实和执行情况，就是城建档案行政监督的重要对象之一。

2.4.1.3 城建档案监督的原则

城建档案监督，作为执法性的专业行政监督，必须遵循以下原则。

1. 制度化

城建档案的形成、城建档案工作的开展、城建档案事业管理的进行，都相对具有时间和空间的连续性和稳定性。这也决定了城建档案行政监督工作必须经常性持续开展，必须形成城建档案行政监督工作的制度和规范，使之成为一项经常性的制度化工作。

2. 系统化

科学地开展城建档案行政监督工作，应将行政执法监督工作纳入城建档案行为和现象的发生、发展、结束的整个系统过程。也就是说具体实施监督时，应贯彻事前监督、事中监督、事后监督全过程的系统监督方法。如对建设工程档案行政监督要从工程立项就开始，对工程建设的全过程进行监督，监督工程档案的形成、积累，确保档案的完整、齐全。

3. 灵活性

由于城建档案行政监督对象的广泛性，违法行为类型的复杂性以及查处方式的多样性，使得在具体行政监督过程中，在坚持原则的同时，必须掌握一定的灵活性，根据不同的情况，分别采取不同的措施。

4. 联合性

为加强城建档案行政监督的权威性，取得更好的监督效果，城建档案管理机构可以和相关行政管理部门、事业单位进行联合执法监督。如与重点工程管理部门联合监督重点工程档案，与拆迁管理部门联合监督拆迁档案，与村镇建设管理部门联合监督村镇建设档案等。

2.4.1.4 城建档案监督的内容和形式

1. 城建档案监督的内容，主要有以下几个方面：
（1）宣传贯彻城建档案法规。
（2）监督检查城建档案法规的实施情况。
（3）调查处理管辖范围内的违反城建档案法规的案件。

2. 城建档案监督的形式，主要有以下几个方面：
（1）对城建档案规范性文件备案审查。
（2）建立城建档案行政执法情况报告制度。
（3）开展各种形式的城建档案执法检查。
（4）受理群众举报、申诉。
（5）法律、法规规定的其他形式。

2.4.2 城建档案业务指导

城建档案业务指导是城建档案行政管理的基本职能之一，也是城建档案行政管理的重要手段和必不可少的工作环节。对推动城建档案依法工作的开展和城建档案机构自身的业务建设都具有十分重要的作用。

2.4.2.1 城建档案业务指导的含义

城建档案业务指导是城建档案管理机构依据有关城建档案法律、法规、规章和业务标准，对下级城建档案机构、建设系统各行业管理部门、建设工程档案形成单位的档案形成、积累、整理、编目、归档、保管、移交等业务，进行登记、告知、督促、检查、验收以及提供技术咨询、培训和示范等。其基本含义有以下几个方面：

(1) 城建档案业务指导的实施主体是国家授权的城建档案管理机构。城建档案业务指导是城建档案行政管理的一种权力和职责，是由国家法律、法规、规章和有关规范性文件严格赋予的。只有被赋予业务指导职责的城建档案管理部门，才能在其辖区范围内开展城建档案业务指导工作。

(2) 城建档案业务指导的依据是国家法规、业务规范和技术标准。如《城市建设档案管理规定》、《城市地下管线工程档案管理办法》、《建设工程文件归档整理规范》GB/T 50328—2001、《建设电子文件与电子档案管理规范》CJJ/T 117—2007、《城建档案业务管理规范》CJJ/T 158—2011等。

(3) 城建档案业务指导的对象是所辖区范围内产生城建档案工作的单位和城建档案从业人员，以及城建档案业务工作的各个方面和环节。

(4) 城建档案业务指导的性质，主要是实施引导、示范和规范，以推动城建档案法规、业务规范和技术标准的贯彻执行，推动城建档案业务工作向法制化、规范化、标准化方向发展。

2.4.2.2 城建档案业务指导的作用

1. 引导作用

由于从事城建档案工作的单位类型、性质、基础不一，发展状况各有差异，因此，迫切需要加以统一引导。城建档案管理部门依据国家相关法规、规范、规划和工作目标，对所辖区范围内的城建档案工作，及时指明其建设发展目标，明确工作任务，提出规范要求，从而起到推动发展的引导作用。

2. 示范作用

城建档案业务工作的发展，是以先进的业务管理方法、经验和科学技术规范的普及和推行为手段和途径的。因此，城建档案管理部门必须对先进的业务管理方法、经验和科学的技术规范进行总结，建立示范点，予以普及和推广，积极发挥示范促进作用。

3. 规范作用

由于城建档案从业人员的文化程度、城建档案业务知识水平和实际工作能力等均各不相同，各单位的城建档案业务管理水平不一。因此，城建档案管理部门必须加强对城建档案工作人员的业务知识、业务规范、技术标准的培训、指导工作，对不符合业务规范、技术标准的做法及时纠正，从而确保城建档案业务工作符合国家的规范要求。

2.4.2.3 城建档案业务指导的原则

1. 统一指导原则

我国城建档案工作实行"统一领导、分级管理"的原则和管理体制，因此它直接决定了城建档案业务指导必须实行统一的指导。全国城建档案工作由国家建设行政主管部门进行统一业务指导，而各级城建档案管理部门和人员必须按照业务指导关系，在上一级城建档案管理部门的统一指导下开展工作，不得脱离指导，自行其是。

2. 分级指导原则

在统一指导的原则下，国家、省、市、县城建档案管理机构在各自辖区范围内进行从上而下逐级指导。并应结合本地区的实际情况，提出贯彻执行有关法律、法规、规章和标准规范、发展规划的指导性意见，制定地方性城建档案工作法规、规章和发展规划，并指导本地区、本系统的城建档案工作。

3. 分类指导原则

在分级指导的同时，遵循一切从实际出发，实事求是，针对不同情况，根据各种类别的城建档案工作的特殊规律，根据各种类型城建档案的业务要求、标准，提出相应的要求，采取不同的措施和方法，有针对性地进行业务指导。

4. 重点指导原则

在分级指导的同时，围绕国家和本地区的中心工作，以及城建档案事业发展的重点、热点问题、关键环节和城建档案的重要程度，进行有所侧重的业务指导。

2.4.2.4 城建档案业务指导的方法

城建档案业务指导，按照不同标准和方法，分为宏观指导与微观指导，具体包括文件指导、会议指导、专人指导等。

（1）按业务指导内容可分为宏观指导与微观指导。宏观指导，是从宏观、整体角度对全国或一个地区、一个系统的城建档案工作情况进行指导。微观指导，是指直接针对一个单位城建档案工作或城建档案工作一个或几个环节，以及一份或几份档案进行具体指导，侧重于技术、程序、方法等方面。

（2）按业务指导方式可分为文件指导、会议指导、远程指导、专人指导。文件指导，即通过制定有关城建档案业务工作的文件，指导业务工作的开展。会议指导，即通过召开专门、专题会议，对一个共性问题进行统一的业务贯彻。远程指导，即通过电话、网络等远程系统对城建档案人员进行业务指导。专人指导，即由城建档案管理机构派专人定点到一个单位或工作现场，或专门指导某项具体业务工作。

2.4.2.5 城建档案业务指导的类型与内容

1. 城建档案业务指导的类型

（1）上级建设行政主管部门或规划行政主管部门的城建档案管理机构对下级城建档案管理机构的指导。

（2）城建档案管理机构对建设系统各行业管理部门城建档案工作的指导。

（3）城建档案管理机构对建设工程档案形成单位的城建档案工作指导。

2. 城建档案业务指导的内容

（1）上级建设行政主管部门或规划行政主管部门的城建档案管理机构对下级城建档案管理机构的指导应包括下列内容。

1）指导、帮助下级城建档案管理机构了解、掌握国家有关档案工作、城建档案工作的法律、法规和规章，掌握业务监督、检查和指导的基本方法。

2）帮助下级城建档案管理机构理解和掌握各项业务标准、技术规范，指导建立、健全和组织实施城建档案工作的各项规章制度与业务标准、技术规范。

3）对下级城建档案管理机构的具体业务工作进行协调、监督、检查和指导。

4）对下级城建档案管理机构的工作开展情况进行综合评估，并对存在问题提出整改意见和建议。

5）对下级城建档案机构其他各项工作的指导，包括对城建档案理论与科学技术研究的指导；对城建档案工作人员培训和继续教育的指导；对城建档案宣传、出版工作的指导等。

（2）城建档案管理机构对建设系统各行业管理部门城建档案工作的指导应包括下列内容。

1）指导各部门、各单位全面理解和掌握国家有关城建档案工作的方针政策和法律法规。

2）帮助各部门、单位全面理解和掌握城建档案工作基本知识和业务标准、技术规范，开展对档案工作人员的业务培训。

3）指导制定城建文件材料管理工作的计划、制度、办法。

4）指导、检查文件材料的形成、积累和立卷工作。

5）指导案卷的归档与整理。

6）参加重要活动文件材料的收集和验收。

7）指导城建档案移交工作。

（3）城建档案管理机构对建设工程档案形成单位的城建档案工作指导，应包括下列内容。

1）帮助各单位全面理解和掌握国家有关城建档案工作的法律、法规和规章，使各单位了解和掌握应承担的相关责任与要求。

2）与工程档案形成单位签订建设工程档案移交责任书，并事先告知工程档案移交的有关要求。

3）帮助各单位理解和掌握城建档案工作基本知识和业务标准、技术规范，督促、指导各单位收集、汇总勘测、设计、施工、监理等过程中所形成的建设工程文件材料，并应符合国家现行标准《建设工程文件归档整理规范》GB/T 50328—2001 和《建设电子文件与电子档案管理规范》CJJ/T 117—2007 的规定要求。

4）指导建设、勘测、设计、施工、监理等单位落实档案管理人员，设置档案保管场所，建立健全档案工作制度，做好工程文件材料的形成、积累工作。

5）在建设工程竣工验收前，对建设工程档案进行预验收，审核其内在质量和外在质量，对预验收合格的，出具建设工程档案预验收认可文件（建设工程档案预验收意见书），作为建设工程规划验收、竣工验收和办理建设工程竣工备案手续的条件之一；对不符合要求的提出限期整改意见。

6）指导档案预验收合格的建设单位办理档案移交手续，并为其出具建设工程档案接收和移交证明书。

2.4.2.6　城建档案业务指导的要求

（1）执行国家的法律、法规和规章，贯彻有关的业务标准和规范。

（2）以服务基层、方便用户为导向，加强调查研究，改进工作方式。

（3）采用现代化先进手段，不断提高公共管理水平和效能，为社会提供广泛、优质和高效的服务。

2.5 城建档案馆工作和城建档案室工作

2.5.1 城建档案馆工作

2.5.1.1 城建档案馆的性质

城建档案馆是以城市为单位设立的国家专门档案馆,是国家法定的永久保管城建档案的专门机构,是人民政府所属的科学技术事业单位,由地方主管城市建设的行政主管部门直接领导。建立城建档案馆的目的,是为国家长远地积累重要城建档案资源,并为城市规划、建设和管理等提供良好的服务。为充分发挥城建档案信息资源的价值创造条件。

城建档案馆的科学技术事业性质,主要表现在以下几个方面:

(1) 从城建档案馆管理的对象来看,是城市规划、建设、管理业务和技术活动的文件材料。

(2) 从城建档案馆的工作方式和工作成果来看,城建档案工作仍是一种科学管理和科学研究性的工作。城建档案馆不仅是永久保管城建档案的基地,它还要承担对庞大的馆藏档案资源进行系统研究和开发利用的任务。通过一系列的科学管理,将潜在的档案信息以最优的方式提供给社会利用。同时,在为城市积累好历史资料的前提下,还要参与城市历史研究,参加编史修志等,是一项对历史负责,为现实服务的重要工作。

(3) 从城建档案馆的社会服务职能来看,城建档案馆并非是党政机关,也不是企业单位,而是具有一定政府职能的事业单位。它是以城市为单位设立的,收集储存的是与城建活动息息相关的重要信息,其主要服务对象是城市的规划、建设和管理,面向的是广大社会,是与城市活动有关的所有部门和单位,从这个意义上讲,城建档案馆工作是城市功能不可缺少的组成部分,其服务职能是其他任何部门都无法替代的。

2.5.1.2 城建档案馆的基本职责和主要任务

城建档案馆的基本职责是:集中统一管理对国家和社会具有长远保管价值的城建档案和有关资料,维护历史的真实面貌,确保城建档案的完整与安全,为国家和社会的需要提供服务。

城建档案馆的主要任务有以下几个方面:

(1) 负责集中统一管理和监督指导全市(县)的城建档案工作;起草、制定城建档案工作文件、规范;进行业务指导、培训;组织检查评比。

(2) 参加建设工程的竣工验收,进行工程档案的预验收,符合要求的,出具工程档案认可文件。

(3) 接收和保管所在城市重要的需永久和长期保管的城建档案。

(4) 对接收进馆的城建档案进行科学管理,积极开展利用工作,为城市各项工作服务。

(5) 根据城市规划、建设、管理和科研工作的需要,开展编研工作。

(6) 根据城市建设工作的需要,做好有关资料的收集、整理、保管、利用工作,使城建档案馆成为城建档案资料的储存、利用、咨询、交流、服务中心。

2.5.1.3 城建档案馆重点管理的档案范围

(1) 城乡建设工程档案，包括下列内容。
1) 工业、民用建筑工程档案。
2) 市政基础设施工程档案。
3) 公用基础设施工程档案。
4) 交通基础设施工程档案。
5) 园林建设、风景名胜建设工程档案。
6) 市容环境卫生设施建设工程档案。
7) 城市防洪、抗震、人防工程档案。
8) 军事工程中，除军事禁区和军事管理区以外的穿越城乡行政区域的地下管线走向和有关隐蔽工程的位置图。

(2) 建设系统各行业管理部门形成的建设系统业务管理档案和业务技术档案。包括：城市勘测、城市规划制定、城市规划管理、城乡建设管理、历史文化遗存保护与管理等档案。

(3) 有关城乡规划、建设和管理的方针、政策、法规、计划方面的文件、科学研究成果和城乡历史、自然、经济等方面的基础资料。包括有关志书、年鉴、大事记以及城市历史沿革、经济、人口、科技、文教、卫生、资源、地名、地形地貌、地震、水文、气象、灾害等方面的基础材料。

2.5.2 城建档案室工作

2.5.2.1 城建档案室的性质和基本职责

城建档案室是建设系统各单位和产生形成城建档案的单位统一保存和管理本单位城建档案的一个内部机构，它的基本职责有两个方面：一是收集保管本单位所产生的城建档案，为本单位领导和单位内各部门工作提供档案利用；二是定期向城建档案馆移交应长期和永久保存的重要城建档案。

2.5.2.2 城建档案室的主要任务

(1) 负责收集保管本单位的城建档案、资料，并进行系统整理、编目、科学排列，做到查找方便，为本单位生产建设、管理和科研提供服务。

(2) 检查、督促、指导单位各部门的城建档案归档工作，并参加本单位建设工程的竣工验收。

(3) 根据规定，按时向市城建档案馆移交档案，接受市城建档案管理机构的监督指导。

(4) 积极参加城建档案管理机构组织的各项活动。

2.6 城建档案专业人员队伍建设

由于城建档案工作是一项科学性、管理性、专业性、研究性的工作。因此城建档案工作人员的结构配置和数量、质量应当合理、优化，以适应快速发展的城建档案工作需要。加强城建档案专业人员队伍建设是一项十分重要的任务，各级建设行政主管部门和城建档案管理机构应当充分重视,要有发展的眼光,做好专业人员的引进和培养,有目标、有步骤、有计划地加以实施。

城建档案专业人员队伍建设是开展城建档案工作各项业务活动的主体,为了城建档案事业的健康发展和可持续发展,必须建立相应的具有一定战斗力的专业人员队伍。

2.6.1 城建档案专业人员的配备要求

由于城建档案工作涉及面广,专业性、技术性强,因此,城建档案管理机构的人员配备必须具备一定的专门要求。主要有以下方面:

(1) 城建档案、资料整理和保管工作,需要档案、文秘等相近专业的人员。

(2) 建设工程档案的审查、验收、业务指导等工作,需要城市建设有关专业的技术人员。

(3) 城建档案的信息化、数字化建设工作,需要计算机管理、信息技术、软件开发等专业技术人员。

(4) 城建档案信息资源开发利用工作,需要有一定研究能力和较强文字功底的编撰人员。

(5) 城建声像档案工作,需要熟悉档案工作,并具有声像拍摄、制作等技术知识的专业技术人员。

(6) 地下管线档案管理工作,需要地下管线专业管理人员。

2.6.2 城建档案专业人员的素质要求

(1) 要有良好的政治素质和职业道德。要遵守法律,有高度的法制观念,恪守工作纪律和职业道德,严守党和国家的秘密,热爱城建档案工作,有强烈的事业心和责任心。

(2) 要有与本职岗位相适应的专业基础知识和实际业务技术能力。熟悉城建档案的法律法规和规章制度。掌握城建档案理论知识和各项业务工作的基本原则和方法,了解城建档案各相关专业的基本知识。

(3) 要加强新技术、新知识及相关知识的学习,打造复合型人才。城建档案专业人员要学习相关的法律、城市建设、计算机等基本知识。城市建设专业技术人员,也要学习城建档案专业知识和相关的法律、计算机等基本知识。

2.6.3 城建档案从业人员在职教育

在职教育是对城建档案从业人员进行城建档案专业知识的提高性教育。主要包括两个方面:

2.6.3.1 继续教育

它是对取得专业技术职业资格或者初级以上专业技术职务任职资格的在职专业技术人员进行的"再教育",是对专业技术人员进行知识更新、补充、拓展和能力提高的一种更高层次的追加教育。继续教育由从事继续教育活动的专门培训机构进行。

随着现代科学技术的飞速发展,城建档案的新理论、新方法、新手段、新技术在不断涌现,为了防止城建档案从业人员的知识老化,有必要对已受过学校教育的城建档案从业人员进行适当的再次教育。以实现进一步完善城建档案知识结构,提高专业技术知识和实际业务水平。

继续教育的基本含义是：

第一，继续教育是一种非学历的成人教育；第二，受教育者在学历上和专业技术上已达到了一定的层次和水平；第三，继续教育的内容是新知识、新技术、新理论、新方法、新信息、新技能；第四，学习的目的是为了更新补充知识，扩大视野、改善知识结构、提高创新能力、提升综合素质，以适应科技发展、社会进步和本职工作的实际需要。

专业技术人员可以通过下列方式接受继续教育：

（1）参加培训班、研修班或者进修班。
（2）到学校、科研、企业单位进行相关的继续教育实践活动。
（3）参加学术会议、学术讲座、学术访问。
（4）接受远程教育。
（5）其他符合规定的继续教育方式。

专业技术人员接受继续教育应当有确定的专业科目和课程。专业技术人员可以选择进修。继续教育的时间，应当每年累计不少于12天或者72学时。用人单位、继续教育机构应当按照规定将专业技术人员接受继续教育的情况真实、准确地载入个人专业技术档案和继续教育证书。

2.6.3.2 岗位培训

是对未受过城建档案专业教育或不具有城建档案专业技术知识和能力的，刚从事城建档案岗位人员进行的专门培训。通过岗位培训，使城建档案从业人员基本掌握城建档案的基础理论知识、管理方法、业务技术，能符合城建档案工作的实际要求，独立开展工作。

城建档案机构应当加强对城建档案从业人员的继续教育和岗位培训，不断提高城建档案从业人员的知识水平和管理能力。同时，要引进和培养复合型专业人才，优化城建档案从业人员的知识结构，调配既懂理论又有实践经验的专业人才充实城建档案队伍，为城建档案事业的可持续发展提供保障。

思 考 题

（1）城建档案工作的内容有哪几个部分？
（2）城建档案工作的性质是什么？
（3）什么是城建档案工作的基本原则？
（4）城建档案工作的管理体制是什么？
（5）如何理解城建档案工作的监督和指导？
（6）简述城建档案业务监督、指导的原则、内容和形式。
（7）城建档案馆的性质、基本职责和主要任务是什么？
（8）简述城建档案人员队伍建设的基本要求。
（9）继续教育的基本含义有哪几个方面？

第 3 章 城建档案法制

内 容 提 要

本章重点包括：(1) 城建档案的法制建设，主要讲述建立健全城建档案法律法规的根本目的、作用和意义。(2) 城建档案法律法规及其主要内容。(3) 城建档案工作的法律责任和城建档案行政执法。

城建档案法制工作是我国城建档案事业的重要构成，是促进城建档案工作健康发展的重要基础保障。建立健全城建档案法律法规体系，对依法开展城建档案管理工作，维护和保障城建档案工作参与各方的权利和义务，全面提高城建档案管理水平具有十分重要的意义。近 30 年来，城建档案法制建设伴随着经济的发展和社会的进步扎实推进。目前，我国已初步形成以《中华人民共和国档案法》和《中华人民共和国建筑法》为核心，由若干有关城建档案工作的行政法规、地方法规、部门规章、政府规章以及行政规范性文件等组成的城建档案法律法规体系。这些体系的建立为加强城建档案法制宣传和行政执法，提高各级组织、单位和公民在城建档案事务方面的守法水平，创造城建档案工作有法可依，有法必依，执法必严，违法必究的法治环境，确保城建档案工作的依法运行提供了积极保障。

3.1 城建档案法制建设

"健全社会主义法制，依法治国，建立社会主义法治国家"是党的"十五大"提出的治国方略。城建档案工作与其他工作一样，也同样要纳入国家法制的轨道，加强城建档案法制建设，使城建档案部门职权更为制度化。近年来，城建档案法制的建立健全得到了党和国家以及各级地方政府的高度重视，受到了全社会的普遍关注。20 世纪 80 年代以来，国家先后制定和颁布了《中华人民共和国档案法》、《中华人民共和国建筑法》、《中华人民共和国城乡规划法》、《建设工程质量管理条例》等法律、法规。国家建设部先后颁布了《城市建设档案管理规定》、《城市地下管线工程档案管理办法》等部门规章。各省、市、自治区也根据各自实际情况，颁布了一系列地方性法规和规章。例如，江苏省先后颁布了《江苏省档案管理条例》、《江苏省工程建设管理条例》和《江苏省城建档案管理办法》等地方法规、规章。长沙市先后颁布了《长沙市城乡建设档案管理条例》和《长沙市城市地下管线工程档案管理条例》。天津市先后颁布了《天津市城市建设档案利用办法》、《天津市城市建设档案移交管理办法》等，形成了自上而下的城建档案法律法规体系，为城建档案工作的顺利开展提供了法律依据，使城建档案各项工作做到有法可依，有章可循。

3.1.1 建立健全城建档案法制的根本目的

3.1.1.1 保证城建档案集中统一管理

集中统一管理是我国档案管理的根本原则，城建档案作为国家档案的重要组成部分，也必须遵循这一基本原则。这一原则在《中华人民共和国档案法》第五条中予以了明确的表述。档案资料之所以要实行集中统一管理，这是由档案的性质所决定的。城建档案虽然由不同的单位和个人所产生，但究其根本，是属于一种公共资源，是属于全体公民共享的公共资源。根据《中华人民共和国行政许可法》第十二条规定，公共资源的配置应当由国家来实施。那么，公共资源的配置的前提就是这部分公共资源，即城建档案必须集中统一管理，只有实行了集中统一管理，保存了完整齐全的城建档案资料，才有可能有效、合理地配置城建档案资源，最大限度地发挥城建档案的作用。以2005年建设部下发的《城市地下管线工程档案管理办法》（建设部令第136号）为例，之所以颁布这样一个部令，其原因就在于地下管线档案远没有达到集中统一管理的要求，导致这部分公共资源管理不到位，利用者无法有效地利用这部分档案，而发生管线施工互相挖断、损坏等现象，不但影响施工进度、造成经济损失，严重的将影响到城市功能的正常发挥，给人民的生产生活带来不便，甚至造成生命财产的损失。因此，城建档案的集中统一管理对于政府、单位，甚至每个公民来说都息息相关。因此，必须要用法律、法规来巩固其原则，建立健全城建档案法律、法规，保证城建档案实行集中统一管理。

3.1.1.2 保证依法管档

依法管档是依法治国方略在城建档案部门的具体实践，是城建档案工作的工作原则和发展方向。确保城建档案事业的健康发展，依法管档是关键。而依法管档的前提是有法可依。要实现依法管档，首先要加强城建档案法制建设。建立健全城建档案法制是依法管档的前提条件，也是其必要的基础条件。

3.1.1.3 保证城建档案工作服务于政府和公众

城建档案工作肩负着"为党管档，为国存史"的神圣职责。为政府和社会公众提供满意的服务是城建档案工作的宗旨和根本目的。要实现这一宗旨和根本目的，建立、健全城建档案法制显然是其必由之路。只有在建立、健全城建档案法制的过程中，坚持服务理念，贯彻以人为本的科学发展观，将服务的理念内化为具体的城建档案法律法规，体现在具体的执法行动上，才能从制度上保证城建档案工作真正服务于社会。

3.1.2 建立健全城建档案法制的作用和意义

3.1.2.1 依法开展城建档案管理工作的需要

城建档案工作有别于综合档案馆的工作。最重要的区别在于城建档案实行规范化管理起步比较晚，绝大多数城建档案管理机构的建立都在20世纪80年代中期，至今只有20多年的发展历史，小城市则更晚。同时，城建档案产生源也不如综合档案馆那么集中，形成城建档案的单位分散，形成的规律性也较差，城建档案形成单位及相关工作人员缺乏档案意识，尤其是社会的城建档案意识相当薄弱，"重建设、轻档案"现象普遍存在。因此，相对于综合档案工作而言，城建档案接收渠道不畅始终是困扰城建档案工作的一大难题，需要用法律、法规的手段来规范城建档案工作行为,保证城建档案管理工作的顺利开展。随着国务院《建设工程质量管理条例》的颁布,尤其是《江苏省城建档案管理办法》的颁布实施,城建档案工作参与各方行为得到了有效的规范,城建档案接收工作的状况得到了较大的改观,接收渠道进一步畅通。实践证明,在全社会法律意识、档案意识相对薄弱的情况下,只有建立和健全城建档案法制体系,严格执行各项法律法规,坚持依法行政,做到有法必依、违法必究,才能保证城建档案事业快速健康地发展。因此,建立、健全城建档案法制体系是依法开展城建档案管理工作的需要。

3.1.2.2 维护和保障城建档案工作参与各方权利与义务的需要

城建档案被喻为建设工程的"身份证",建设成果的"说明书"。它记载了工程建设的重要信息。工程竣工后,建设成果有二:一是物质成果,即建设工程实体;另一是技术成果,即建设工程档案。两者相辅相成,缺一不可。因此,城建档案的重要性是不言而喻的。它是社会的重要财富,是重要的公共资源。只有实行集中统一管理,才能最大限度地发挥城建档案的作用。同时,城建档案因为其本身所具有的原始性和法律凭证性等作用,既是城市规划、建设和管理的重要依据,也是证明建设工程质量、解决法律纠纷的重要依据。它的这一特性也决定了城建档案必须集中统一管理。而集中统一管理的原则必须通过立法和完善法律、法规体系来实现。只有通过建立、健全城建档案法制体系,确保城建档案的集中统一管理,做到城建档案这一公共资源由国家配置,才能最大限度地维护城建档案工作参与各方的权利与义务。

3.1.2.3 全面提高城建档案管理水平的需要

城建档案法律、法规、规章中对城建档案管理机构的行政管理职能、城建档案工作的经费保障、城建档案工作人员的要求都有明确的规定。同时,对建设工程过程中城建档案的管理程度都加以明确。对于保障城建档案管理工作的健康有序发展、规范城建档案管理各项工作、提高城建档案从业人员的素质、提升城建档案管理工作的整体水平,都有着十分重要的意义。因此,建立、健全城建档案法制体系是法治社会的需要,也是全面提高城建档案管理水平的需要。

3.2 城建档案法律、法规及其主要内容

自20世纪80年代以来,经过30多年的不断发展完善,目前我国城建档案法律法规体系初步形成。这一体系由国家法律、行政法规、地方法规、部门规章、政府规章和规范性文件等六个层面的内容构成,以《中华人民共和国档案法》和《中华人民共和国建筑法》为核心,由若干有关城建档案工作的行政法规、地方性法规以及规章和规范性文件构成一个相互联系、相互协调的统一体,使城建档案工作各环节基本有法可依。

《江苏省城建档案管理办法》(江苏省人民政府令第196号)是江苏省城建档案工作开展的重要依据,本书在阐述城建档案法律、法规、规章的具体内容时,以《江苏省城建档案管理办法》为主线,结合《建设工程质量管理条例》、《江苏省工程建设管理条例》、《江苏省档案管理条例》以及建设部《城市建设档案管理规定》等法律、法规、规章,具体介绍城建档案法规的主要内容(图3-1)。

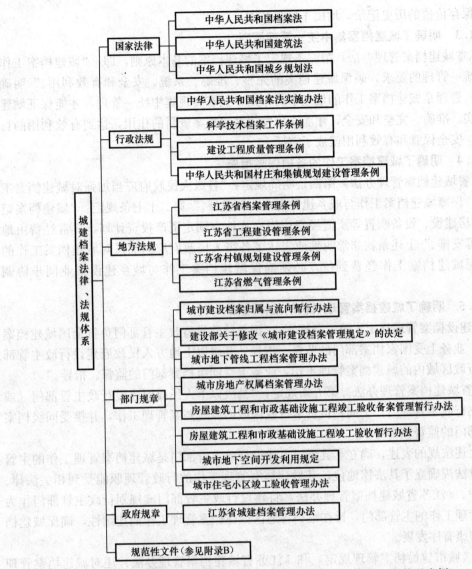

图 3-1 城建档案管理有关法律、法规体系图（以江苏省现行情况为例）

3.2.1 规定了城建档案工作参与各方的地位、权利和义务

3.2.1.1 明确了城建档案法规的适用范围

《江苏省城建档案管理办法》第二条第一款规定："在本省行政区域内形成、管理、利用城建档案的单位和个人，应当遵守本办法。"这一款就十分明确了城建档案法规的适用范围，即无论是城建档案的形成者、管理者还是利用者，都必须遵守城建档案法规。

3.2.1.2 明确了城建档案的本质

《江苏省城建档案管理办法》第二条第二款指出："本办法所称城建档案，是指在城市和乡镇规划、建设和管理活动中直接形成的，对国家和社会有保存价值的各种文字、图纸、图表、声像等不同载体形式的历史记录，以及相关资料。"这一款明确表述了城建档案的本质和范围，即不同载体形式、在城乡规划、建设和管理活动中直接形成的、对国家和社会有保存价值的历史记录，均属于城建档案。

3.2.1.3 明确了城建档案集中统一管理原则

《江苏省城建档案管理办法》第三条规定了城建档案的基本原则，即："城建档案工作按照集中统一管理的要求，确保城建档案的完整、准确、系统、安全和有效利用。"明确了集中统一管理是城建档案工作的最基本的原则，只有实现集中统一管理，才能保证城建档案的真实、准确、完整和安全，才能充分发挥城建档案资料的作用，达到有效利用的目的，否则，安全保管和有效利用就成了空话。

3.2.1.4 明确了城建档案工作的各项保障措施

《江苏省城建档案管理办法》第四条明确规定："各级人民政府应当加强对城建档案工作的领导，保障城建档案工作与城乡建设事业协调发展。"第二十七条规定："城建档案馆（室）的馆房建设、设备购置等所需经费应当列入地方固定资产投资计划，日常经费由地方财政统筹安排。"上述条款非常明确地表达了各级人民政府应当加强对城建档案工作的领导，确保城建档案工作经费到位，必须确保城建档案工作与城乡建设事业同步协调发展。

3.2.1.5 明确了城建档案管理机构的法律地位

《城市建设档案管理规定》第三条规定："国务院建设行政主管部门负责全国城建档案管理工作，业务上受国家档案部门的监督、指导。县级以上地方人民政府建设行政主管部门负责本行政区域内的城建档案管理工作，业务上受同级档案部门的监督、指导。"

《江苏省城建档案管理办法》第五条规定："县级以上人民政府建设行政主管部门（或者城市规划行政主管部门，下同）负责本行政区域内城建档案管理工作，并接受同级档案行政主管部门的监督和指导。"

通过上述法规的表述，确立了县级以上建设行政主管部门是城建档案管理工作的主管部门，通过法规确立了其法律地位，其城建档案管理工作的行政管理职能受到相关法律、法规的保护。《江苏省城建档案管理办法》将建设行政主管部门或规划行政主管部门作为城建档案管理工作的主管部门，旨在维护各地区城建档案管理工作的连续性，确保城建档案工作的健康有序发展。

同时，《城市建设档案管理规定》和《江苏省城建档案管理办法》还对城建档案管理机构的法律地位及工作职能予以明确：

《城市建设档案管理规定》第三条第三款规定："城市的建设行政主管部门应当设置城建档案工作管理机构或者配备城建档案管理人员，负责全市城建档案工作。城市的建设行政主管部门也可委托城建档案馆负责城建档案工作的日常管理工作。"

《江苏省城建档案管理办法》第六条规定："县级以上人民政府建设行政主管部门的城建档案馆（室），是集中管理城建档案的事业机构，负责本行政区域内城建档案的接收、收集、整理、保管和利用等业务工作，并对城建档案的形成、管理等工作进行技术业务指导。"

上述两个法规明确了各级人民政府的建设行政主管部门必须设置城建档案管理机构，负责城建档案工作的日常管理工作。《江苏省城建档案管理办法》则表述得更为明确，城建档案管理机构即城建档案馆（室）既担负集中统一保管本地区形成的城建档案的保管基地的职能，同时还具有对城建档案的形成、管理工作进行指导等行政管理职能，城建档案管理机构的性质及其行政管理职能受相关法律、法规保护。

3.2.1.6 明确了相关单位在城建档案活动中的职责和义务

《江苏省城建档案管理办法》第十三条规定："工程项目发包、承包和监理等单位在签订建设工程合同时，应当明确收集、编制、移交建设工程档案的责任、要求等内容。在工程实施过程中，建设单位、施工单位和监理单位应当明确专人负责档案管理工作。施工单位应当按照国家和省有关规定以及合同的约定，编制、移交建设工程竣工图及其他建设工程档案。承包单位向建设单位提交竣工报告时，应当附有建设工程竣工图及其他建设工程档案。监理单位应当及时收集、整理在工程建设监理过程中形成的档案，并在竣工验收前移交建设单位。"

法律、法规中对建设工程过程中建设单位、施工单位和监理单位等所应承担的义务和责任作了明确的规定。

3.2.1.7 明确了城建档案管理机构接收范围

《江苏省城建档案管理办法》第八条规定："城建档案馆（室）应当接收的城建档案的范围包括：

（1）建设工程档案，包括各类新建、改建、扩建和恢复建设的土木工程、建筑工程、线路管道和设备安装工程及装修工程（军事建设工程、农民自建低层住宅、抢险救灾及其他临时性房屋建筑除外）等档案。

（2）城乡规划、建设、管理过程中形成的业务管理档案和业务技术档案。

（3）有关城乡规划、建设、管理的基础资料和科学研究成果。

（4）其他具有保存价值的城建档案。"

《城市建设档案管理规定》第五条也对城建档案管理机构应当接收的城建档案范围作了界定，具体内容与《江苏省城建档案管理办法》基本一致。

《江苏省城建档案管理办法》还授权各地建设行政主管部门根据本地实际情况确定本地区城建档案馆（室）接收城建档案的具体内容，强化各地接收范围的实用性和可操作性。

3.2.1.8 明确了城建档案工作从业人员素质的要求

《江苏省城建档案管理办法》第七条规定："从事城建档案工作的人员应当忠于职守，遵守纪律，保守秘密，具备相应的专业知识，并按照国家和省有关规定，取得上岗资格。"

明确了城建档案工作人员两方面的要求：一是政治素养方面的要求，即敬业、遵纪、守密。二是专业技术知识方面的要求，即，要具备相关的专业技术知识，能胜任城建档案管理各项工作，并按照国家或地方要求持证上岗。

3.2.2 规定了建设工程档案工作的管理程序及法律责任

建设工程档案是城建档案的重要组成部分，由于建设单位广泛，城建档案的形成源较为分散，管理难度大，因此各项法律、法规对建设工程档案的程序也极为重视，用很大的篇幅来规范建设工程档案的程序，其根本目的就在于确保建设工程档案资料收集渠道的畅通和建设工程档案资料的真实、准确、完整，达到集中统一管理的目标。

建设工程档案的管理程序核心内容可以概括为三项制度，即开工建设前的报建登记制度、工程竣工验收前的专项验收制度及工程竣工3月内的移交制度。

3.2.2.1 建设工程档案的报建登记制度

建设工程在开工建设前,应当到当地城建档案管理机构报建并进行登记。其法律依据是:《江苏省档案管理条例》第十四条规定:"工程项目的建设单位,应当妥善管理在建设过程中形成的档案。城市规划区域内工程项目的建设单位,应当向所在地城市建设档案机构登记并接受其档案检查和验收。"

《江苏省城建档案管理办法》第十二条规定:"各类建设工程均应当编制建设工程档案并进行登记,实行建设工程档案责任制。"

为此,江苏省建设厅专门印制了《江苏省建设工程档案报送责任书》,要求建设单位在开工建设前到城建档案管理机构登记,并签订《江苏省建设工程档案报送责任书》,一些城市还把建设工程档案的报建登记作为一项行政审批事项。因此,在建设项目开工建设前,向所在地城建档案管理机构进行报建登记并签订《江苏省建设工程档案报送责任书》是建设单位依照法规应尽的责任和义务。同时,实行建设工程档案报建登记制度,也有利于各地城建档案管理机构及时了解建设工程的开工建设信息,及时开展业务培训、业务指导等工作,促进城建档案工作整体水平的提高。

3.2.2.2 建设工程档案专项验收制度

即建设工程在竣工验收前,必须提请所在地城建档案管理机构对建设工程档案资料进行预验收,验收合格后,由城建档案管理机构核发工程档案认可文件,取得认可文件后,建设单位方可组织正式竣工验收,否则不能进行正式验收,不得交付使用,建设行政主管部门不予办理竣工验收备案。其法律依据是:

《城市建设档案管理规定》第八条规定:"列入城建档案馆档案接收范围的工程,建设单位在组织竣工验收前,应当提请城建档案管理机构对工程档案进行预验收。预验收合格后,由城建档案管理机构出具工程档案认可文件。"第九条规定:"建设单位在取得工程档案认可文件后,方可组织工程竣工验收。建设行政主管部门在办理竣工验收备案时,应当查验工程档案认可文件。"

江苏省建设厅就贯彻落实《城市建设档案管理规定》中的预验收制度提出了明确的要求,并统一印制了《江苏省建设工程档案专项验收意见书》(以下简称《专项意见书》)。明确要求建设单位在建设项目竣工验收前,必须提请所在地城建档案管理机构对建设工程档案资料进行专项验收,验收合格后,由城建档案管理机构核发《专项意见书》,作为建设工程正式验收及竣工验收备案的重要前置条件之一。建设行政主管部门在办理竣工验收备案时,必须核验《专项意见书》,未取得《专项意见书》的建设工程项目不予办理竣工验收备案,不得交付使用。

建设工程档案专项验收制度的实施,其意义在于在工程竣工验收前,对已形成的工程档案资料由城建档案管理机构进行验收,确保档案资料的真实、准确和完整,确保日后移交的工程档案资料的质量,对提高建设工程档案资料质量起到了十分重要的作用。

3.2.2.3 建设工程档案移交制度

应当说,在这三项制度中,建设工程档案的移交制度是重中之重,无论是建设工程的档案报建登记还是建设工程档案专项验收制度,都是围绕建设工程档案移交而配套出台的,而建设工程档案的移交制度才是确保建设工程档案集中统一管理的最重要的制度,其具体内容是建设工程在竣工验收后的规定时间内,必须向所在地城建档案管理机构报送一套真实、准确和完整的建设工程档案资料。其主要法律、法规依据有：

国务院《建设工程质量管理条例》第十七条规定："建设单位应当严格按照国家有关档案管理的规定，及时收集、整理建设项目各环节的文件资料，建立、健全建设项目档案，并在建设工程竣工验收后，及时向建设行政主管部门或者其他有关部门移交建设项目档案。"

《江苏省工程建设管理条例》第九条规定："建设单位或者个人应当在工程项目竣工验收6个月内，向工程项目所在地市、县（市）城市建设档案馆（室），报送竣工图及其他工程建设档案资料。"

《江苏省档案管理条例》第十四条规定："城市规划区域内工程项目的建设单位……按照有关规定及时向城市建设档案机构报送工程建设档案。"

《江苏省城建档案管理办法》第九条规定："应当由城建档案馆（室）接收的城建档案，其形成单位按照下列时限移交：(1)建设工程档案在工程项目竣工验收后3个月内移交。(2)村镇建设工程档案在村镇建设工程竣工验收后3个月内移交。"

《江苏省城建档案管理办法》第十四条规定："建设单位应当在工程建设竣工验收后，按规定要求及时向城建档案馆（室）移交建设工程档案。"

《城市建设档案管理规定》第六条规定："建设单位应当在工程竣工验收后3个月内，向城建档案馆报送一套符合规定的建设工程档案。凡建设工程档案不齐全的，应当限期补充。"

法律、法规在要求建设单位及时移交建设工程档案的同时，对移交城建档案的质量要求、城建档案管理机构在接收工作中的职责也作了明确规定：

《江苏省城建档案管理办法》第十一条规定："向城建档案馆（室）移交的城建档案应当完整准确、图形清晰、字迹工整，有利于长久保存。案卷质量应符合《江苏省城建档案案卷质量标准》规定的要求。"

第十四条第二款规定："建设单位移交的建设工程档案符合要求的，由城建档案馆（室）出具建设工程档案接收证明。建设工程档案接收证明应当加盖城建档案接收专用章，并载明建设工程项目名称、移交单位、案卷总数、接收验讫、档案存管机构等内容。"

第十六条规定："新建、改建、扩建、迁建和恢复建设的房屋建筑，房产管理部门在审核颁发房屋权属证书时，应当核验建设工程档案接收证明，并列入房产产权产籍档案。"

综上所述，各类法律、法规在对规范建设工程档案管理程序上都用了较大的篇幅，足见对规范建设工程档案管理程序的重视，其核心就是在建设工程的各个环节，强化城建档案的管理，以达到建设工程档案真实、准确、完整和及时移交的目的。

3.2.3 明确了城建档案管理机构的工作要求

法律、法规对城建档案管理工作以及城建档案从业人员都提出了明确的要求，对规范和促进城建档案工作的开展起到了积极的作用。

《江苏省城建档案管理办法》中有关城建档案管理工作的要求主要有以下几条：

第二十条规定："城建档案馆（室）对接收或者收集的档案应当及时登记、整理、编制检索工具，做好档案的保管、鉴定、统计、编研、保护和利用工作；对破损或者变质的档案应当及时采取补救措施。"

第二十二条规定:"城建档案馆(室)及其他形成、保管城建档案的单位,应当建立健全档案管理制度,严格执行国家保密制度,严防档案散失和泄密。

任何单位和个人不得擅自销毁城建档案。"

第二十三条规定:"禁止出卖属于国家所有的城建档案。城建档案复制件的交换、转让和出卖,应当按照国家有关规定办理。"

第二十五条规定:"保管城建档案应当有专用库房。库房内应当保持适当的温度和湿度,有防盗、防火、防水、防强光、防潮、防尘、防污染、防有害气体和有害生物等措施,并具有相应的抗震和抵御其他自然灾害的能力。库房面积应当符合省建设行政主管部门制定的城建档案工作业务规范的要求。

新建或者改建档案库房,应当执行《档案馆建筑设计规范》。"

第二十六条规定:"城建档案馆(室)应当使用符合国家标准的档案用品和装具,逐步配备温湿度自动控制、监控、计算机、声像等设备,实现城建档案管理的规范化、标准化和现代化。"

第二十八条规定:"城建档案馆(室)应当定期向社会公布可以开放的档案目录,并根据城乡规划、建设、管理工作的需要,编制必要的检索资料和参考资料,向社会提供服务。"

可以说,各级法律、法规对城建档案的馆房建设、保管、鉴定、保密、统计、利用等各环节工作以及现代化管理方面都提出了明确的要求,有利于城建档案工作逐步走上了规范化、标准化和现代化的轨道。

3.3 城建档案工作的法律责任和行政执法工作

维护城建档案法律、法规的严肃性,必须通过严格执法来实现。只有严格执行各项城建档案法律、法规,做到有法必依、违法必究,才能使城建档案管理工作真正走上法制化的轨道。

3.3.1 城建档案工作的法律责任

3.3.1.1 城建档案法律责任的概念

城建档案法律责任是指行为主体由于违反城建档案法律、法规的相关条款,按照城建档案法律、法规必须承担的法律后果。它主要包含以下内容:一是主体,即在城建档案活动中,主体包括法人、公民,即谁违反城建档案法律、法规,谁承担相应的法律后果。二是主体违反城建档案法律、法规,一旦形成违法、违规行为,其法律责任也就产生。三是违反了城建档案法律、法规,必须承担相应的法律后果。

3.3.1.2 城建档案法律责任的特点

城建档案法律、法规是由国家、各级人大、地方政府为保证城建档案这一公共资源集中统一管理,由国家来进行配置而设置的,用于规范城建档案工作参与各方行为。因此,它与其他法律、法规一样,具有强制性的特点。即违反城建档案法律、法规,或不履行城建档案法律、法规明文规定的义务,国家就要予以追究。也就是说,国家强制力是城建档案法律、法规实施的保障。国家通过司法机关、建设行政主管部门或其他部门来追究城建档案违法行为的法律责任。

3.3.1.3 城建档案法律责任的种类与内容

城建档案的法律责任可分为三种，即刑事法律责任、民事法律责任和行政法律责任。体现的主要形式是行政法律责任，即由县级以上建设行政主管部门为执法主体，对违反城建档案法律、法规的行为主体行使行政处罚。

行政法律责任：简称行政责任，是指公民、法人或者其他组织因其行政违法行为所应承担的法律后果。行政法律责任一般分为行政处分和行政处罚二种：

1. 行政处分

行政处分是指国家机关、企业、事业单位依据行政管理法规、规章、章程、纪律等，对其所属人员或者职工所作的处罚。它是一种内部处罚，按我国目前有关法律、法规规定，国家机关行政工作人员的行政处分有 6 种：警告、记过、记大过、降级、撤职、开除。情节特别严重构成犯罪的，还要追究其刑事责任。

《档案管理违法违纪行为处分规定》（国家监察部、人社部、档案局令 30 号），对违法违纪单位的负有责任的领导人员和直接责任人员，以及有违法违纪作为的个人，给予处分都作了明确的具体的规定。

档案法律、法规中有关行政处分的内容有：

《中华人民共和国档案法》第二十四条规定："有下列行为之一的，由县级以上人民政府档案管理部门、有关主管部门对直接负责的主管人员或者其他直接责任人员依法给予行政处分；构成犯罪的，依法追究刑事责任：（1）损毁、丢失属于国家所有的档案的。（2）擅自提供、抄录、公布、销毁属于国家所有档案的。（3）涂改、伪造档案的。（4）违反本办法第十六条、第十七条，擅自出卖或转让档案的。（5）倒卖档案牟利或者将档案卖给、赠送给外国人的。（6）违反本法第十条、第十一条规定，不按规定归档或者不按期移交档案的。（7）明知所保存的档案处于危险而不采取措施，造成档案损失的。（8）档案工作人员玩忽职守，造成档案损失的。"

《江苏省城建档案管理办法》第三十条规定："有下列行为之一的，由建设行政主管部门对直接负责的主管人员或者其他直接责任人员依法给予行政处分；构成犯罪的，依法追究刑事责任：（1）违反本办法第十二条规定，不办理建设工程档案登记手续的。（2）违反本办法第十五条规定，不按规定补测、补绘建设工程档案的。（3）违反本办法第二十一条规定，造成损失的。"

《城市建设档案管理规定》第十三条规定："违反本规定有下列行为之一的，由建设行政主管部门对直接负责的主管人员或者其他直接责任人员依法给予行政处分；构成犯罪的，由司法机关依法追究刑事责任。"

上述列举的相关法律、法规、规章内容就属于行政处分，同时，情节严重，构成犯罪，依法追究其刑事责任。

2. 行政处罚

行政处罚是指特定的国家行政机关对违反行政管理法规的单位和个人依法给予的制裁。行政处罚是行政法律责任的核心，是国家法律责任制度的重要组成部分，是国家行政机关依法管理的重要手段和途径之一，它还主要包括行政罚款和没收违法所得。下面着重介绍与城建档案法律法规关系较为密切的行政罚款。主要法律依据有：

《建设工程质量管理条例》第五十九条规定:"违反本条例规定,建设工程竣工验收后,建设单位未向建设行政主管部门或者其他有关部门移交建设项目档案的,责令改正,处1万元以上10万元以下的罚款。"

《江苏省工程建设管理条例》第三十条规定:"建设单位或个人违反本条例第九条规定,未报送工程建设档案资料的,由县级以上人民政府建设行政主管部门责令限期改正,并处以1万元以上10万元以下罚款。"

《城市建设档案管理规定》第十四条规定:"建设工程竣工验收后,建设单位未按本规定移交建设工程档案的,依照《建设工程质量管理条例》的规定处罚。"

《城市地下管线工程档案管理办法》第十七条规定:"建设单位违反本办法规定,未移交地下管线工程档案的,由建设主管部门责令改正,处1万元以上10万元以下的罚款;对单位直接负责的主管人员和基础直接负责人员,处单位罚款数额5%以上10%以下的罚款。"

3.3.2 城建档案行政执法工作

3.3.2.1 城建档案行政执法的概念

城建档案行政执法是指县级以上建设行政主管部门或被委托单位,依法对城建档案活动进行监督、检查,对违法行为行使行政处罚的行政行为。了解城建档案法律、法规的内容及城建档案行政执法的相关内容,对于严格执法和规范执法十分有益,对于城建档案管理工作真正做到有法可依、有法必依、违法必究也是十分必要的。

3.3.2.2 城建档案行政执法主体

城建档案执法主体,即城建档案行政执法机构,是指具有行政职能,可以独立承担行为后果,并以自己的名义从事城建档案行政管理活动的组织。根据相关法律、法规的规定,城建档案行政执法主体应当是县级以上建设行政主管部门(相对于我省实际,部分地区是县级以上规划行政主管部门)或是其委托的单位。

3.3.2.3 城建档案行政执法分类和效力

1. 分类

城建档案行政执法与其他行政执法相类似,可分为四类,即:①行政决定。主要包括行政许可、行政命令、行政处罚等。②行政检查。③行政强制执行。④行政处置。

2. 效力

效力包括确定力(行政行为的有效性)、拘束力(生效的行政行为必须履行)、执行力(相对人不履行义务时,行政机关可依法强制执行并加以处罚,或申请人民法院强制执行)。如,建设单位不按规定向所在地城建档案管理机构移交档案资料,行政执法机关立案调查,下达行政处罚文书,要求建设单位立即向城建档案管理机构移交档案,并处5万元罚款。这就是一种行政决定,它包含了确定力(即该决定的有效性)、拘束力(要求该建设单位按决定要求移交档案,并上缴罚款)及强制力(如建设单位拒不移交的,行政机关可强制执行或申请人民法院强制执行)。

3.3.2.4 城建档案行政执法程序

城建档案行政执法程序,就是行政执法机关在行政执法时必须遵循的法定方法和步骤。行政执法程序的合法和适当,是行政执法机关行为有效的前提条件之一。主要有以下程序:

1. 立案

具备下列三个条件可以立案：①属于其管辖范围。②存在违反城建档案法律、法规的事实。③该违法事实需要追究城建档案行政责任。

2. 调查

立案后，必须进行深入调查研究，重事实、重证据，并作出实事求是的调查结果，为案件处理提供依据。如需要进行听证的，必须召开听证会，以求做到事实清楚。

3. 处理

以调查结果为依据，以法律、法规为准绳，作出公正的处理意见。并向当事人说明，如不服处理意见，可向上级机关提出行政复议或向人民法院提起诉讼。

4. 执行

当事人接到处理文书后，于法定期限内，不申请复议也未向人民法院起诉，也未履行处理文书内容的，城建档案行政执法机构，可依法强制执行或申请人民法院强制执行。

3.3.2.5 城建档案行政处罚文书

城建档案行政处罚文书的格式按照《中华人民共和国行政处罚法》的要求制作，使用统一格式的处罚文书。

思 考 题

（1）建立健全城建档案法制的根本目的是什么？
（2）简述城建档案法制建设的作用和意义。
（3）城建档案法规的适用范围和城建档案的范围是什么？
（4）城建档案管理机构的法律地位和行政管理职能是什么？
（5）建设工程档案的管理程序核心内容是什么？
（6）什么是城建档案法律责任？可分为哪几种？
（7）城建档案法律责任体现的主要形式是什么？
（8）什么是城建档案行政执法？城建档案行政执法的主体是什么？分为哪几类？包括哪些效力？
（9）城建档案行政执法程序包括哪些内容？

第 4 章　城建档案的管理

内　容　提　要

本章重点包括：城建档案的收集、整理、编目、统计、鉴定、保管与保护、缩微、修复以及提供利用服务等城建档案的基本业务工作。

城建档案的管理是城建档案馆（室）业务工作的核心内容，是城建档案馆（室）基本业务建设的重要组成部分。它涵盖了从城建档案接收入库到提供利用的全过程，主要包括城建档案的收集、整理、编目、统计、鉴定、保管、保护、缩微、修复和提供利用服务等一系列业务活动。是城建档案工作中专业性强，技术要求高的具体业务工作。扎实的基础业务建设是实现城建档案科学管理的前提，也是档案信息资源得以及时开发利用的重要保证。因此，城建档案的管理是城建档案馆（室）的一项重要工作职能，应该贯彻统一管理城建档案的原则，严格按照相关的业务标准和规章制度，科学地管理城建档案资料，更好地为城市建设和经济建设服务。

4.1　城建档案的收集

4.1.1　城建档案收集工作的意义、内容和要求

4.1.1.1　城建档案收集工作的意义

城建档案收集是指城建档案机构按照国家有关法规、规范，通过接收和征集的手段，把分散的档案资料集中起来的一项专业性业务工作。

城建档案馆开展的档案收集工作必须按照法规、规范的要求进行。城建档案机构是一个城市集中保管重要城建档案的基地，城建档案的收集是以国家法律、法规为保障。各级城建档案馆应当按照国家法律、法规，在"统一领导、分级管理"的原则下，全力收集属于本地区收集范围内的城建档案和有关资料，不断丰富馆藏，完善馆藏结构。

城建档案收集工作的意义，主要体现在以下三个方面：

（1）城建档案收集工作是档案工作的基础。俗语说"巧妇难为无米之炊"。没有档案收集工作为前提，档案馆（室）就缺乏开展档案工作的基本条件，档案的整理、保管、鉴定、利用工作就无从谈起，档案工作就没有赖以存在的物质基础。因此，收集工作是档案工作诸环节中的首要环节，也是档案工作的起点。

（2）城建档案收集是实现档案集中统一管理的基本手段和具体措施。城建档案是国家重要的宝贵财富和重要的信息资源，对国家规定应该归档的各种重要城建档案，各单位不

得分散保存,任何个人都不能据为己有。只有通过行之有效的档案收集工作,才能将分散的档案材料集中到城建档案馆,形成统一的档案信息保管基地,实行科学规范的管理,才能便于社会各方面的有效利用。

(3) 城建档案收集是决定档案馆存在和发展的重要条件。收集工作的效果决定档案馆(室)藏档案的数量多少与质量高低。档案数量的多少决定档案工作规模的大小;档案质量的好坏决定档案业务工作水平的高低。收集工作的质量还直接影响到城建档案工作的其他业务环节,影响到整个档案馆的工作水平和质量。只有将档案收全、收好,才有条件为社会各界提供良好的城建档案信息利用服务,满足社会对城建档案信息的需要,才能使城建档案馆真正成为保存重要城建档案资料的基地和开发利用城建档案信息的中心。档案收集在整个档案工作中具有十分重要的地位。

4.1.1.2 城建档案收集工作的内容

从广义上讲,城建档案收集工作的内容主要包括三个方面:

(1) 对本单位形成的需要归档的各类档案进行接收归档。这是单位档案室收集档案工作的主要途径。

(2) 对列入进馆范围的各类城建档案进行接收。这是城建档案馆档案收集工作的主要来源,也是城建档案馆收集工作的经常性任务。

(3) 对城建历史档案、重要档案、珍贵档案等进行广泛征集。主要是采取有效措施,通过有关途径,将流散在社会上或个人手中的城建档案收集到城建档案馆来。

4.1.1.3 城建档案收集工作的要求

1. 加强城建档案形成单位的调查和指导

收集工作是解决档案的集中问题,就是因为收集的对象本来是分散的,这就要求收集工作必须事先做好调查,掌握应集中进馆(室)的档案分散、流动、管理和使用等方面的信息。同时,要协助和指导城建档案移交单位做好移交准备工作,使之符合接收的要求。并根据城建档案分散的情况、使用情况和城建档案馆(室)的条件,制定计划统筹安排。

2. 保证进馆档案的完整、齐全和准确

保证档案在收集进馆时的完整、齐全和准确是贯穿收集工作始终的基本要求。在收集档案过程中,必须把一个建设工程项目档案或一个单位年度业务管理档案全部集中起来,保证收集进馆的档案完整无缺,系统齐全。不允许把成套和系统的档案人为地分割、抽走,分散保存在几个地方。同时,在收集时还要注意档案内容信息的完整性。

3. 积极推行进馆(室)档案的标准化

在档案收集工作中推行标准化,是城建档案工作现代化的要求。标准化是现代化的基础,现代化的程度越高,就越要求标准化。档案工作标准化,应从收集工作做起。如果接收进来的档案不标准,将给科学管理和实现档案工作现代化带来困难。在收集工作中,应当认真执行《建设工程文件归档整理规范》GB/T 50328—2001、《城市建设档案著录规范》GB/T 50323—2001、《建设电子文件与电子档案管理规范》CJJ/T 117—2007 及其他建设工程管理和档案管理方面的规范与技术标准,推行城建档案分类、案卷质量与格式、编目等方面的具体规范要求,大力提高收集城建档案的质量。

4.1.1.4 城建档案收集工作的方式

城建档案馆和单位(部门)城建档案室在档案收集工作的方式上有所不同。

1. 城建档案馆的收集方式

按国家有关规定，各级城建档案馆属于国家专门档案机构，负责收集、保管具有本地方意义的与本馆专业对口的同类内容或同类载体形态的专门档案，工作内容是负责接收本城市规划区范围内有关城市建设档案，收集有关城市建设的基础资料。

城建档案馆在确定收集范围时，应通过调查研究，根据档案的实际价值，确定收集对象和时间，并编制被收集单位的名册，建立科学的进馆顺序。

城建档案馆收集方式是以接收和征集两种方法为主。

2. 单位（部门）档案室的收集方式

按国家有关规定，单位（部门）档案室负责收集管理本单位（部门）及其所属单位形成的有关城建档案。非本单位（部门）及其所属单位产生和形成的城建档案不是其收集范围。单位（部门）档案室收集工作的方式只以接收为主。

档案室的档案收集工作的主要途径，是建立和健全单位内部文件的归档制度，加强归档工作。单位各部门产生的文件，处理完毕后，经初步整理，定期移交给档案室集中保存。也称之为"归档"。

4.1.2 城建档案馆收集档案的范围

国家建设部《城市建设档案管理规定》中明确要求，城建档案馆重点管理下列档案资料：

（1）各类城市建设工程档案：

1）工业、民用建筑工程。

2）市政基础设施工程。

3）公用基础设施工程。

4）交通基础设施工程。

5）园林建设、风景名胜建设工程。

6）市容环境卫生设施建设工程。

7）城市防洪、抗震、人防工程。

8）军事工程档案资料中，除军事禁区和军事管理区以外的穿越市区的地下管线走向和有关隐蔽工程的位置图。

（2）建设系统各专业管理部门（包括城市规划、勘测、设计、施工、监理、园林、风景名胜、环卫、市政、公用、房地产管理、人防等部门）形成的业务管理和业务技术档案。

（3）有关城市规划、建设及其管理的方针、政策、法规、计划方面的文件、科学研究成果和城市历史、自然、经济等方面的基础资料。

城建档案机构应当根据当地实际，制定城建档案收集范围细则，集中统一收集保管需要长期或永久保存的城建档案。

[例]××市城建档案馆收集档案范围细则

1. 城市建设基础材料

（1）政策和技术文件：包括城市规划、建设、管理工作方面的方针、政策、指示、条例、办法及技术、设计、科研、施工等规程、规范材料。

(2) 历史资料：包括城市历史沿革、地名、各项建设事业和设施发展史。

(3) 技术经济资料：包括城市经济、人口、资源、文化教育、工矿企业统计年鉴、汇编资料等。

(4) 自然资源资料：包括气象、水文、地质、地震、河泊水系等资料。

(5) 勘察测绘资料：包括各种比例尺的地形图、编绘图、影像图、测绘成果资料、工程地质资料、全市综合管网图。

2. 城市规划档案

城市现状图，城市规划依据及说明材料；城市总体规划、分区规划、专业规划、详细规划的各种图纸、图表、计算材料、说明书、照片、录音、录像及有关审议、上报和上级批复过程形成的文字材料等；区域规划和典型的村镇规划所形成的各种图纸、图表、计算材料和说明书等。

3. 业务管理和业务技术档案

(1) 城市土地征用、拨用、土地转让等。

(2) 城市建设用地、建设工程等规划管理、违章处理等。

(3) 建筑、市政、公用、园林、绿化、环境保护等工程综合管理材料（包括技术、质量、定额等）及其行业管理材料（包括开发公司、施工企业、设计部门的资质审查、队伍管理等）。

(4) 房屋产权及其地产的管理等。

(5) 地名的命名、更名、普查等。

(6) 房屋拆迁和征收管理、拆迁户安置等。

4. 市政工程、公用设施档案

(1) 排水：污雨水管理（干线）、暗渠、泵站、闸门、污水处理厂等。

(2) 道路、桥涵：主要干道、永久性桥梁、大型涵洞、隧道工程等。

(3) 给水：水厂、水源、补压井工程（包括取水、净水、输配水建筑物、构筑物）、给水管道工程及消火栓、水门等。

(4) 煤气：煤气厂（包括土建、制气工艺、设备等）、储气罐、调压站、输气管道、液化气等。

(5) 供热：热力管道、调压站等。

(6) 发电：发电厂各项建筑物、构筑物（包括土建、水工、化学、热工、电气、汽机、锅炉）等。

(7) 供电：变电所、超高压以上输电线路、通信电缆、电力调度楼、城市照明等。

(8) 通信设施：电报、电话、邮政局、所舍、广播电台、电视台及地上地下重要工程设施（包括：发射台、电缆、通信机房、地下通道、线路、微波走廊）等。

(9) 环境卫生：公厕、粪便和垃圾处理厂（场）、垃圾填埋场等。

5. 城市交通运输工程档案

(1) 铁路：（包括地下铁路）站场、线路、桥梁、隧道、天桥、地道、通信、信号、给水、电力等设施及生产房舍、路局、分局办公楼等。

(2) 机场：场站、候机厅、机库、油库、电力通信等。

(3) 公路：线路、桥梁、隧道、站点等。

（4）公共交通：轨道交通、公交线路、站场、车库、油库等。
（5）水运：客货运站及道路防坡堤、码头、堆场、仓库、疏港通道、装卸及运输设备、航道、锚地、航舶导航等。

6. 民用、工业建筑档案
（1）行政办公建筑，包括各级机关、事业单位行政办公建筑。
（2）文教体育建筑，包括影剧院、文化宫、青少年宫、俱乐部、音乐厅、体育场、体育馆、游泳馆、学校、幼儿园、报社、通讯社、画报社、图书馆、博物馆、展览馆、档案馆、气象站、测震站、水文站、科学院、研究所等建筑。
（3）保健医疗建筑，包括医院、疾病控制中心、血站、职业病防治所、疗养院、敬老院、福利院、老年公寓等建筑。
（4）商业、服务性建筑，包括百货、副食商店、超市、贸易货栈、生产资料交易中心、宾馆、招待所、茶楼、饭店、金融服务等建筑。
（5）工业建筑，包括重要工业厂房、矿山、电站、粮库、冷藏、储运仓库等建筑。
（6）居住建筑，包括高层住宅（8层以上）、多层建筑及采用新技术、新结构修建的实验楼，或具有历史时期代表性的住宅建筑、小区建筑群等。
（7）各种类型的建筑标准图和定型设计图。

7. 名胜古迹、园林绿化档案
（1）具有纪念意义的雕塑、纪念碑、纪念塔、纪念馆的工程档案材料。
（2）列为国家、省、市重点保护的文物古迹建筑档案及修缮记录、现状图等。
（3）公园、植物园、风景区、苗圃、防护林、广场等现状规划图、公园内修建的大型公共建筑及具有特殊结构和造型艺术的建筑小品等建筑物、名木古树等档案材料。

8. 环境保护档案
城市环境管理、环境监测、环境治理、自然保护等方面形成的档案材料。主要包括：环境质量年鉴、历次城市环境污染源的调查和环境监测统计资料以及环境质量评价材料污染源监测报告，建设项目环保审批材料、环境治理工程审批材料等。环保规划，包括各历史时期形成的环境保护基础材料，定额指标，规划设计方案等重要文件材料。环保治理工程、资源、生态、自然景观的保护等内容。

9. 市级以上城市建设科研项目方面的档案材料
城建专业重大科研成果、专题报告、论著；不同时期建筑水平和建筑风格的重要专业设计、定型设计和建筑图集；施工新技术、新材料等的研究及其推广应用的技术经济报告等。

10. 人防建筑工程档案
（1）人防工程的总体布局现状、规划档案材料。
（2）人防地下通道、出入口、指挥所、隐蔽间以及平战结合两用的地下商店、工厂、学校、医院、旅馆等工程档案材料。
（3）城防设施：包括指挥部、要点工事、瞭望台、救护站、专用通信线路等设施档案材料。
（4）城市战备抢修工程方案等档案材料。

11. 水利、防灾方面档案
包括城市防汛、防洪、抗灾规划、城市水系图，防汛、防洪设施分布图。防汛、防洪设施工程竣工资料包括河（渠、湖）水系整治；堤、坝、闸、护岸工程；水库（含大型蓄水池）；排灌工程；山洪沟治理工程，汛期洪峰水位测试记录，洪水、暴雨灾害情况史料，防灾抗震工程档案材料，防灾抗震指挥图以及对山体滑坡的防治等档案材料。

12. 工程设计档案

包括反映各设计单位在不同历史时期的具有优良设计水平（在建筑造型、风格、艺术、结构类型、设备复杂程度等方面）和代表性的，以及采用新结构、新设备、新材料，具有一定水平和规模较大的工程设计项目的全套设计档案；历年产生的标准设计、通用构配件设计的全套设计档案；大型公共建筑工程、重要市政设施工程等，以及国家、省重点建设项目工程的全套设计档案。

13. 地下管线档案资料

包括综合管线、给水、排水、供气、供热、供电、邮电、军事、工业输送管线等专业管线、管线普查档案资料等。

14. 城市建设声像档案材料

包括各种会议、活动、现场、领导视察、重要工程等与城市建设有关的录音、录像、照片、影片、幻灯片等。

15. 城市建设电子文件

包括建设系统业务管理电子文件和建设工程电子文件。

4.1.3 城建档案接收工作

城建档案接收就是城建档案馆按照规定，收存有关单位移交的城建档案和有价值的历史资料的过程。接收是城建档案馆的一项平常性业务工作，是收集工作的主要方式。这种方式是城建档案馆按照国家有关规定的强制性的收集方式。接收工作是城建档案馆和档案形成单位（或个人）双方同时进行的，对于档案形成单位（或个人）来说这项工作称之为档案移交工作。

4.1.3.1 城建档案接收的原则和要求

虽然，城建档案馆和单位（部门）档案室的性质、任务、地域和所辖范围不同，馆藏档案的内容、成分、种类不同，接收档案的范围不同，但是接收档案的总原则和要求是一致的，就是遵循统一管理和分级、分类集中保管的原则。因此，凡是属于城建档案馆接收范围的一切档案均应该全部接收进馆，并妥善管理。接收工作应做到有计划、有步骤地进行，实行制度化管理。

接收进馆档案的质量要求应符合下列规定：

（1）归档文件的纸张应采用能够长期保存的韧性大、耐久性强的纸张。

（2）归档文件应采用耐久性强的书写材料，不得使用易褪色的书写材料。

（3）计算机输出文字和图件应使用激光打印机打印。不宜使用色带式打印机、水性墨打印机和热敏打印机。

（4）归档文件应字迹清楚，图样清晰，图表整洁，签字盖章手续完备。

（5）归档文件材料幅面尺寸规格宜为A4幅面，图纸宜采用国家标准图幅。

（6）归档文件必须经过分类整理，并组成符合要求的案卷（册、盒）。

同时，接收进馆的档案的时限要求应符合《城市建设档案管理规定》等国家有关法规。

4.1.3.2 城建档案接收的方式

城建档案的接收方式有定期接收和随时接收两种。

1. 定期接收

它是档案馆（室）按照国家有关规定和制度对档案移交单位（或部门）的档案在规定保存期满后的接收工作。如：城建档案馆对建设系统单位档案室保存的业务技术和管理档案 1～5 年后统一接收进馆；单位档案室对本单位和下属单位的档案按年度统一接收等。

2. 随时接收

它是档案馆（室）对档案移交单位（或部门）形成的文件材料在完成现行使用价值后的及时接收归档。这种方法一般针对项目档案。如：城建档案馆（室）对建设工程在竣工验收后及时接收档案进馆，单位档案馆（室）对本单位进行的基建、科研、产品等项目结束后，对形成的档案及时接收归档。

4.1.3.3 城建档案接收的步骤

根据城建档案的类别不同，城建档案接收的步骤有所不同，具体情况如下。

1. 城建档案管理机构对建设系统业务管理档案的接收

可按下列步骤进行：

(1) 拟定年度接收工作任务目标。
(2) 确定接收工作的重点及对象。
(3) 组织实施人员分工。
(4) 对拟接收档案的单位开展接收前的业务指导和服务。
(5) 审核准备移交的档案内容。
(6) 审核档案的内、外在质量。
(7) 核对移交清单与实物，填写建设系统业务管理档案接收和移交证明书、目录。
(8) 双方在建设系统业务管理档案接收和移交证明书上签名盖章。

2. 城建档案管理机构对建设工程档案的接收

应按下列步骤进行：

(1) 核对档案移交目录和档案实物，填写建设工程档案接收和移交证明书。
(2) 办理接收手续，双方在建设工程档案接收和移交证明书上签名盖章。

3. 城建档案形成单位移交档案的时间

应符合下列规定：

(1) 建设工程的勘测、设计、施工、监理等单位应在本单位承担的工程任务完成后，将本工程形成的文件立卷后向建设单位和本单位的档案机构移交。
(2) 建设单位对列入城建档案管理机构接收范围的工程，应在工程竣工验收后 3 个月内向当地城建档案馆移交。
(3) 地下管线工程档案应在工程竣工验收备案前向城建档案馆移交。
(4) 建设系统各行业管理部门形成的各种业务管理档案，应及时向本单位档案机构移交，并应在本单位保存使用 1～5 年后，将需要永久和长期保管的档案全部向城建档案馆移交。
(5) 城市地下管线普查和测绘形成的地下管线档案，应在普查、探测结束后 3 个月内向城建档案馆移交。

（6）地下管线专业管理单位每年应向城建档案馆报送一次更改、报废、补测部分或修测的地下管线现状图和有关资料。

4. 双方交接手续

应符合下列规定：

（1）交接双方必须根据档案移交目录进行核对，经核对无误后方可在移交书上签名盖章。

（2）建设系统业务管理档案接收和移交证明书、工程档案接收和移交证明书一式两份，一份由移交单位保存，一份由接收单位保存。

4.1.4 城建档案征集工作

4.1.4.1 征集工作的含义

征集就是城建档案管理机构对散存、散失的具有永久保存价值的城建档案采取应征性收集的行为。征集实际上是一种协商性的征收方式，是档案馆的一项经常性档案收集工作。档案征集工作只能由国家档案馆（如城建档案馆等）来进行。单位档案室没有此项职能。

4.1.4.2 征集工作的重点范围

征集工作的重点，是对社会组织和个人形成和保存的对本地区具有重要历史研究、学术研究价值和反映地方城市建设历史和发展的档案史料。包括照片、影片、录音、录像、图纸、画册、笔记、史志以及相关的实物等。

征集范围可包含下列内容：

（1）历代形成的反映本城市（镇）自然面貌、发展变迁，记录各项工程建设的档案史料，包括图纸、图表、图书、报刊、画册、文件、报表、照片、录像带、电影拷贝、模型等。

（2）对国家和社会具有保存价值或者应保密的档案。

（3）城市历史、自然、经济等方面的基础资料。

4.1.4.3 征集工作的途径和对象

征集工作的途径主要从各个社会组织征集散存的历史档案；从个人手中征集珍贵的城建历史资料；从国内外图书馆、博物馆征集历史资料复制件等。

征集工作的对象可包括有关部门、大专院校、科研部门、图书馆、史志办等相关单位，以及长期从事城乡规划、建设和管理活动的领导、专家、工程技术人员等。

4.1.4.4 征集工作的方法

（1）无偿征集。就是档案馆经协商，与档案所有人达成一致，将档案资料无条件地征集进馆。无偿征集主要有捐赠、捐献等。

（2）有偿征集。就是档案馆经协商，与档案所有人达成一致，将档案资料有条件地征集进馆。有偿征集主要有补偿性、奖励性捐赠或捐献、过渡性寄存、复制副本、交换和交流等。

（3）购买。就是档案馆以货币的形式，直接向档案持有单位或个人征购。

（4）征收。就是档案馆或有关执法部门，依法采取强制手段将档案强行征集进馆的方法。

(5) 交换。就是各档案馆之间或档案馆与图书馆、博物馆、纪念馆等机构之间交换各自应当保存的属于本地的档案资料。

4.1.4.5 征集工作的要求

(1) 征集工作应有2名以上工作人员共同进行。

(2) 征集城建档案时，征集人员应主动出示表明身份和工作任务的证明文件。

(3) 征集人员应自征集完成之日起10日内将征集到的城建档案交城建档案管理机构。

(4) 城建档案管理机构应将征集的档案登记造册。

(5) 对征集到的档案真伪或者价值有异议的，城建档案管理机构或者档案所有人可以提请城建档案鉴定委员会鉴定、评估。

(6) 城建档案鉴定委员会由当地城建档案管理机构聘请有相关知识的专家组成。鉴定、评估档案应有3名以上相关专家共同进行。

4.1.4.6 城建档案征集工作的具体做法

1. 广泛宣传，增强意识，扩大影响

征集档案应通过电台、电视台、报纸、杂志、互联网等多种媒体以及会议、展览等场合，采取播放或刊登征集广告和发放文件的形式，向社会宣传征集工作的目的、范围和意义，宣传历史档案对编史修志、科学研究、学术研究中的作用，宣传捐赠历史档案就是保护国家历史文化财富的观念，宣传社会上捐赠历史档案的典型事例，从而使更多的人了解征集工作的意义，为征集工作提供更多的线索和支持。

2. 调查研究、摸清情况、有的放矢

征集工作应重视调查研究，要组织人员，有针对性地进行档案的征集。特别是对曾经在城市建设系统中工作过的老同志、老专家、老领导，要上门进行走访、了解。在基本摸清情况的基础上，进行有计划、有目的、有步骤地开展征集工作。

3. 健全组织、明确职责、注重实效

征集工作的开展涉及面广，政策性、专业性强，应注意方式方法。因此，必须建立一套征集工作的组织机构，配备合适的专业人员来进行。还可聘请熟悉档案工作、有责任心的社会人士担任义务征集员，建立起档案征集工作网络。并定期召集开会，了解情况，征求意见、掌握线索、明确分工，以便有效开展活动。

4. 依法收集、奖惩结合、长期打算

征集档案是《档案法》赋予档案馆的一项使命，城建档案馆应当积极采取措施，依法征集城建档案。同时，应采用精神鼓励和物质奖励相结合，实行国家接收、个人捐献或购买等多种方式，确保档案征集工作的效果，保证征集工作长期、稳定、有秩序地开展。城建档案馆应鼓励单位和个人捐赠城建档案。并对捐赠者颁发档案捐赠证明，明确捐赠者享有优先和无偿利用所捐赠档案的权利。如果捐赠者提出在一定的时间范围内限制他人利用的权利，城建档案馆应当给予尊重和保护。

4.2 城建档案的整理

4.2.1 城建档案整理的内容和意义

城建档案整理应遵循城建文件材料的自然形成规律，保持文件材料之间的有机联系，充分尊重和利用原有的整理基础，便于保管和提供利用。城建档案的整理就是对文件材料进行组卷、排列、编目、装订，使之有序化和系统化的过程。城建档案整理工作是城建档案归档工作的前提和基础，是城建档案馆（室）的一项基础业务工作之一，也是城建档案人员的基本专业技能。

4.2.1.1 城建档案整理的工作内容

从城建档案整理工作的步骤来看，它主要包括两个方面的内容：城建档案的系统整理和科学编目。

系统整理，是对城建档案进行合理分类、有序排列，使之条理化和系统化，从而反映城建档案的自然形成规律，保持城建档案内在的有机联系。其具体工作内容有：分类、组卷和排列。

科学编目，就是通过一定的形式，按照一定的要求，正确地固定系统整理的成果，准确地提示城建档案的内容和成分。其具体工作内容有：卷内文件编目、案卷编目和编制案卷目录。

整理和编目是城建档案整个整理工作相互联系、不可缺少的两个方面。

4.2.1.2 城建档案整理工作的意义

城建档案整理工作是城建档案业务工作的中心环节，在城建档案整个管理工作中具有十分重要的意义。

数量庞大的城建档案材料，如不进行科学规范的整理，查找一份文件便如同"大海捞针"一样困难。而且不把文件材料联系组合起来，就不能充分体现城建档案的特点，就会影响以至失去城建档案的利用价值。只有把城建档案组成合理化的体系，才能客观地反映各种城建活动的本来面貌，便于系统地查考研究。所以，做好整理工作是城建档案利用、开放，发挥城建档案作用的一项重要而必需的前提条件。同时，优化城建档案整理工作，可以促进城建档案工作各个环节的良性运行和协调发展。通过档案的整理可以进一步了解和检验档案收集工作的质量，促进其改善和提高。城建档案经过整理，为全面鉴定档案的价值和建立计算机检索系统奠定科学基础，还能为档案的保护、统计、检查工作提供基本的单位和完整的体系，便于维护城建档案的完整和安全。所以，城建档案整理工作是开发城建档案信息资源的重要基础，整理工作科学化、标准化水平的提高，对于城建档案管理工作的总体优化具有直接和广泛的影响。

4.2.2 城建档案整理工作的原则

整理工作的原则，就是应当遵循城建档案的自然形成规律，充分尊重和利用原有的整理结果，最大限度地保持城建档案文件之间的有机联系，便于城建档案保管和利用。

4.2.2.1 城建档案整理工作应当遵循城建档案的自然形成规律

城建档案是城市规划、建设和管理活动的伴生物，产生于城市规划、建设和管理活动的全过程，它伴随着城市规划、建设和管理活动的各个阶段、各个程序的运行而自然地、逐步地形成的。这就是城建档案的自然形成规律，这种规律表现为城建档案形成的过程性、阶段性、程序性的特点。城建档案的整理，必须遵循这个规律，这样才能保持城建档案内部固有的"过程性、阶段性、程序性"，才能真实反映城市建设的原貌，才是科学的整理。

4.2.2.2　城建档案整理工作应当充分尊重和利用原有的整理基础

城建档案整理工作要充分尊重历史和继承前人的劳动，充分地利用原有的整理基础，这样有利于提高整理工作的质量和效率，以适应提供利用的需要。

所谓"利用原基础"整理档案的含义和要求包括两个方面：

（1）充分地重视和利用先前的整理基础，以确定档案整理的任务和要求，不要轻易打乱重整，应力求保持其原有的整理体系。

（2）在档案整理过程中，应该充分研究和利用原来整理的成果，不要轻易破坏以往整理和保存的历史状况。

4.2.2.3　城建档案整理工作应当最大限度地保持城建文件之间的有机联系

所谓城建文件之间的有机联系，就是城建文件在产生和处理过程中所形成的内部相互关系。这种关系主要表现在城建文件的来源、时间、内容和形式几个方面。

城建文件的来源关系，是指城建文件的产生和形成单位的关系。如建设单位、施工单位、监理单位、管理审批部门等。形成城建文件的这些单位，使城建文件构成了来源方面不可分割的内在联系，整理时必须保持这种来源方面的固有联系。

城建文件的时间关系，是指城建文件产生的一个阶段或一个年度的关系。整理这种文件时，应该在保持来源联系的同时，注意保持城建文件之间的这种时间联系。

城建文件的内容关系，是指城建文件形成单位的同一活动或同一个项目的文件之间在内容上具有密切的联系。这种联系，是城建档案整理工作中要考虑的最重要的一个方面。

城建文件的形式关系，是指城建文件的载体和记录方式方面的联系。由于城建文件载体、记录方式不同，整理工作的要求也有所不同，因此在整理工作中也要充分考虑城建文件的形式关系。

对于保持城建文件之间的联系，我们应该辩证地看待和处理。不能只要一看到城建文件之间的某种联系，即随意整理，应该从整理工作的全过程看，从档案的来源、内容、时间和形式等各方面，全面地保持联系。同时，城建文件之间的内在联系是相对的，应该根据不同档案的特点及其不同的形成情况，而采取保持城建文件联系的不同方法。

总之，就是既要把握保持城建文件联系的客观限度，又要发挥主观能动性，从特定的整理对象出发，对整理方法进行优选，使城建文件之间的内在联系保持最合理的状态。

4.2.2.4　城建档案整理工作应当便于城建档案保管和利用

保持城建文件之间的内在联系，不是整理城建档案的主要目的，所以不能"为联系而联系"。便于城建档案保管和利用，才是城建档案整理工作的基本出发点和最终要求。

总的来说，整理档案时，恰当地保持城建文件之间的有机联系，应当是便于保管和利用的，所以它们基本上是一致的。但是，保持城建文件的联系和便于保管利用，有时也不尽一致。如同一项目的会议记录、照片和录音磁带，就其内容而言，无疑是有相互重要的内在联系。但是把这些形式不同的材料全部混同进来进行整理，则显然不便于保管和利用。在整理档案时，特别是在保持城建文件之间的联系和便于保管利用发生矛盾的时候，不能机械地运用保持文件联系的原则，要充分考虑档案保管和利用的方便。因此，对于不同种类的城建档案，或记录方式、载体材料、机密程度、保管价值等显然不同的文件，应当根据情况分别整理，恰当地组合，而在相应的范围内要求保持文件最优化的联系。

4.2.3 城建档案的分类

城建档案的分类，就是把一个单位或一个项目的全部档案，按其来源、时间、内容和形式的不同，分成若干层次和类别，使之构成一套有机的体系。

4.2.3.1 城建档案分类的意义

档案的分类，对于整个档案整理工作的组织和质量以及日常的档案管理，都有重要意义。首先，档案不进行分类，显然仍是一堆杂乱无章的材料。只有对档案进行科学合理的分类，才能揭示出它们之间的内在联系，才能使这些档案材料成为一个有机整体，便于系统地提供利用。其次，档案不分类，立卷、排列、编目等工作就难以进行。只有经过一定的分类，其后的一系列环节才易于着手进行和逐步深入。

4.2.3.2 城建档案分类的原则

(1) 符合城建档案形成单位及其专业活动的性质和特点。
(2) 根据文件材料的内容，选择和运用适当的分类方法。
(3) 遵循文件材料的形成规律，保持文件材料的有机联系。

4.2.3.3 城建档案分类的要求

1. 档案类目和档案材料的划分应该具有客观性

城建档案是城市建设各类活动的产物，有其自身的形成规律和内在联系，我们应该按照不同项目、不同专业档案的情况，科学地选择分类方法，合理地设置类目，准确地划分归类，客观地反映档案形成单位活动的面貌。

2. 档案分类体系应该具有逻辑性

档案分类体系的构成应该力求严密，必须遵循每次分类按照同一标准进行、子类外延之和等于母类外延、子类相互排斥等逻辑规则，尤其需要注意分类标准的一致性和类别体系中纵横关系的明确性。

3. 档案的分类应该注重实用性

在选择分类方法时，必须注重实用，尤其要考虑，档案的分类必须便于保管，便于检索和利用。

4.2.3.4 城建档案分类大纲和分类方案的编制

城建档案分类大纲是依据城建档案分类原则编制的对城建档案进行科学分类的依据性文件。1984年城乡建设环境保护部办公厅首次制定印发《城市建设档案分类大纲》（以下简称《分类大纲》），用于指导各地城建档案分类方案的编制。1993年国家建设部办公厅对原《分类大纲》进行修订，并印发了《城市建设档案分类大纲（修订稿）》（以下简称《分类大纲（修订稿）》），于1994年开始实行。城建档案馆（室）应根据全国统一的《分类大纲（修订稿）》，结合本馆（室）的具体情况，编制科学的、切实可行的城建档案分类方案。

城建档案分类方案不仅对指导城建档案分类工作具有实质性帮助，还可以借助它了解馆藏档案的内部结构和组织体系，便于对馆藏档案的利用和管理。因此，编制城建档案分类方案是城建档案分类工作的一项重要内容，也是城建档案业务建设的必要措施。

根据城建档案的特点、范围和形成过程等情况，《分类大纲（修订稿）》的编制可分两步进行。第一步可以根据城建档案的内容、形式特点等，将其划分为若干大类；第二步将每个大类的城建档案分成若干属类,在每个属类下再分成若干小类。根据目前城建档案与城建档案工作的实际情况,我们可以编制如下分类方案。以××市城建档案分类方案为例(表 4-1):

表 4-1

A 综合类	13. 行业性规划
1. 政策、法规	2. 总体规划
11. 国家级（部以上）	21. 现状图及规划依据资料（含规划用地示意图）
12. 省级	22. 总体规划
13. 市级	23. 总体规划调整
2. 会议	24. 近期建设规划
21. 全国性	25. 专项规划
22. 省级	3. 分区规划
23. 市级	按分区划分小类
3. 计划、统计	4. 详细规划
31. 长远期工作计划	41. 居住小区规划
32. 近期工作目标	42. 控制性详细规划
33. 综合性统计资料	43. 干道临街改建规划
34. 专业性统计资料	44. 广场规划
4. 外事	45. 综合市场步行商业街规划
41. 出访	46. 园林规划
42. 接待	47. 老街改建规划
5. 城建档案工作	48. 河道整治规划
51. 全市城建工作	49. 其他
52. 城建档案馆工作	5. 县镇规划
53. 城建档案学会工作	51. 县城规划
B 城市勘测类	52. 县城总体规划
	53. 建制镇规划（全镇域规划及镇区总体规划）
1. 工程地质	6. 规划基础资料
11. 工程地质勘察（岩土工程勘察）	61. 城市经济资料
12. 地质普查	62. 城市人口资料
2. 水文地质	63. 地形地貌资料
21. 供水工程水文地质	64. 水文地质资料及防洪资料
22. 水利工程水文地质	65. 城市资源
23. 特殊工程水文地质	66. 地震资料
3. 控制测量	67. 气象资料
31. 平面控制（三角测量）	68. 城市历史沿革
32. 高程控制（精密水准）	D 城市建设管理类
4. 地形测量	
41. 技术设计、总结	1. 土地管理
42. 地形图	11. 土地调查
5. 摄影测量	12. 土地登记
51. 航测	13. 土地统计
52. 遥感测量	2. 建设用地规划管理
53. 航摄	21. 土地征用
6. 地图	22. 土地划拨
61. 行政地图	23. 土地出让
62. 专业地图	24. 土地复垦开发
63. 地籍测量成果	25. 地籍管理
C 城市规划类	3. 建设工程规划管理
1. 国土规划	31. 工业建筑规划管理
11. 全国性规划	以下按工业建筑类复分
12. 地区性规划	如：化工企业建筑规划管理为 D31～H5

续表

32. 民用建筑规划管理 　　按民用建筑Ⅰ类复分 33. 私房 　331.1～4 划（姓氏笔画，下同） 　332.5～6 划 　333.7 划 　334.8 划 　335.9～10 划 　336.11～12 划 　337.13 划及以上 4. 房产管理 　41. 公有房产管理 　42. 私有房产管理 　43. 房屋拆迁 　44. 房屋普查 5. 地名管理 　51. 地名命名、更名 　52. 标志建设 　53. 地名沿革 　54. 地名成果（含图、手册、志、录）	4. 公共交通（含地铁） 　41. 各个时期运行线路图 　42. 公共交通站、场、厂（包括平面图及有关资料） 　43. 出租汽车站、厂 　44. 油库 　45. 公交、出租统计资料 5. 供电 　51. 发电厂 　52. 变电站（所） 　53. 10kV 以上线路（地上） 　54. 35kV 以上线路（地上） 　55. 其他 6. 电信（含邮政） 　61. 邮政 　62. 电信 　63. 其他 7. 广播、电视 　71. 广播 　72. 电视
E　市政工程类	G　交通运输工程类
1. 道路、广场 　11. 道路 　12. 广场 　13. 综合资料 2. 桥梁 　21. 普通桥梁 　22. 立交桥 　23. 桥梁综合性资料（含桥梁卡等） 3. 涵洞（非铁道涵洞） 4. 隧道 5. 排水 　51. 排水泵站、换水泵站、污水提升泵站 　52. 污水处理厂 　53. 其他 6. 环境卫生 　61. 公共厕所 　62. 垃圾中转站 　63. 垃圾处理厂 　64. 环境卫生综合资料	1. 铁路 　11. 客运站 　12. 货运站 　13. 铁路专用线（亦可归入各相关企业中） 　14. 信号枢纽 　15. 铁路桥涵 　16. 铁路通信 2. 公路 　21. 公路工程 　22. 桥涵工程 　23. 附属建筑工程（长途汽车站、收费站） 3. 水运 　31. 航道整治工程 　32. 港口、码头 　33. 船闸 　34. 航运航道图 4. 航运 　41. 机场 　42. 主要运行线路
F　公用设施类	H　工业建筑类
1. 给水 　11. 水厂 　12. 增压站 　13. 其他 2. 供气 　21. 制气工程（包括气源厂、调压站、储配站等） 　22. 液化气站 　23. 其他 3. 供热 　31. 供热厂、站 　32. 其他	1. 动力 2. 矿业 3. 冶金 4. 机械 5. 电子 6. 石油 7. 化工 8. 轻工 91. 纺织 92. 建材 93. 医药

续表

I　民用建筑类	5. 名人故居
1. 住宅	51. 古代
11. 小区住宅	52. 近代
12. 其他住宅	53. 现代
2. 办公用房	6. 名胜古迹、古建筑
21. 行政	61. 古建筑
22. 科研	62. 古遗址
23. 其他	63. 古墓葬
3. 文化	64. 其他古迹
31. 影剧院	7. 城市雕塑
32. 文化宫、青、少年宫	71. 纪念性雕塑
33. 各类公共文化设施（如博物馆、图书馆、档案馆、美术馆、展览馆、艺术馆等）	72. 装饰性雕塑
	K　环境保护类
34. 娱乐设施	1. 环境管理
35. 新闻出版机构	11. 环境法规
36. 其他	12. 各项环境技术政策
4. 教育	13. 环境规划
41. 大学（含大专院校）	14. 污染源管理
42. 中学	15. 环境统计
43. 小学	2. 环境监测
44. 幼托	21. 水质污染监测
45. 各类业余进修学校	22. 大气污染监测
5. 卫生	23. 噪声污染监测
51. 医院	24. 放射性污染监测
52. 防疫站	25. 生物生态污染监测
53. 疗养院	26. 其他
54. 养老、福利院	3. 环境治理
55. 殡仪馆	31. 环境保护规划
56. 其他	32. 环境保护治理工程
6. 体育	33. 环境保护科研
61. 体育馆	4. 自然保护
62. 体育场	41. 资源保护
63. 游泳池	42. 生态保护
64. 其他	43. 水资源保护
7. 商业、金融、保险	44. 自然景观保护
71. 商业（含服务业）	45. 其他
72. 金融机构及下属单位	L　城市建设科学研究类
73. 保险公司	1. 城市规划设计
8. 其他	2. 城市建设
81. 各类仓库	3. 城市建筑科学技术
82. 加油站	4. 城市现代化管理
J　名胜古迹、园林绿化类	M　县（村）镇建设类
1. 公园	1. 县区
11. 市属公园	11. 县城
12. 区属公园	12. 其他
2. 绿地、苗圃	2. 乡镇
21. 公共绿地	21. 乡
22. 苗圃	22. 镇
3. 名术古树（按植物科目分小类）	3. 村庄（含村镇建设统计年报）
4. 纪念性建筑	N　人防、军事工程类
41. 纪念堂（馆）	1. 人防工程
42. 烈士陵园	11. 城市防空总图
43. 名人墓地	

72

续表

12. 市区指挥中心
13. 防空地下室
14. 地道
2. 军事工程
  21. 驻军
  22. 军分区
  23. 武警
 	
O 水利、防灾类
 	
1. 水利工程
  11. 水库
  12. 河道
2. 防洪、防汛工程
  21. 堤坝工程
  22. 防洪泵站
  23. 排涝工程
3. 防灾、抗震工程
  31. 防火消防工程
  32. 防震抗灾工程
  33. 防地面沉降
  34. 防其他自然灾害（风、雷、雪等）
 	
P 工程设计类
 	
1. 工业建筑设计
2. 民用建筑设计
3. 市政工程设计
4. 军事工程设计
5. 交通运输设计
6. 环保环卫工程设计
7. 园林工程设计
8. 其他设计
 	
Q 地下管线类
 	
1. 地下管线综合
  11. 城市各类管线总图
  12. 地下管线综合普查资料
2. 给水管线
  21. 给水管网总图
  22. 历年管线长度汇总
	3. 排水管线
	  31. 排水管线总图
	  32. 污水管
	  33. 雨水管
	4. 供气管线
	  41. 综合管网图
	  42. 中压管道
	  43. 民用户管道
	  44. 工业用户管道
	  45. 公共用户管道
	5. 供热管线
	  城市供热管道总图
	6. 供电管线
	  61. 10kV 以上配电网络地理分布图
	  62. 35kV 以上配电网络地理分布图
	  63. 地下电缆线路图
	  64. 35kV 以上城市电力系统图
	  65. 电厂地下电缆总布置图
	7. 电讯管线
	  71. 电讯管线总图
	  72. 道路管线分布图及资料
	  73. 小区管线分布图
	  74. 过境管线分布图
	8. 军事管线
	9. 工业输送管线
	
	R 声像类
	
	1. 照片
	  11. 黑白
	  12. 彩色
	2. 缩微片（卷）
	  21. 16mm 胶片
	  22. 35mm 胶片
	3. 录像带
	  31. 大 1/2 录像带
	  32. 3/4 录像带
	  33. 其他规格录像带
	4. 录音带
	5. 光盘与磁盘
	  51. 光盘
	  52. 磁盘

    以上分类方案以国家建设部《分类大纲（修订稿）》设定的 18 个大类和 102 个属类为基础。小类应根据本城市的实际情况设置。在分类方案中，大类用英文字母表示，属类、小类、案卷号用阿拉伯数字表示。属类超过 10 个同位类目时，采用八分制，即同一级类目的号码由 1 用到 8，以后用"91"、"92"、"93"直到"98"。

4.2.3.5 档案编号举例

档案编号（图 4-1）。

4.2.3.6 城建档案分类的一般方法

    在实际的分类过程中，可以根据档案的属性和特点、档案的社会利用需要等方面的因素，确定所采用的分类标准及其运用的先后次序。分类方法一般有以下几种。

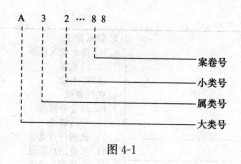

图 4-1

1. 年度分类法

年度分类法是档案分类时经常采用的分类方法。按照文件的形成年度进行分类。主要是业务管理类档案，如建设工程规划许可证、建设工程施工许可证、竣工备案等项目审批档案。

2. 来源分类法

来源分类法是按照文件的产生形成单位来分类。如按建设单位、施工单位、监理单位、管理部门等分类。

3. 专业分类法

专业分类法是根据城建档案内容所反映的不同专业性质来分类。如按非工程档案分为城市勘测、城市规划、城市建设管理、环境保护等大类，在属类和小类的划分中也可以根据档案的实际情况按专业设类。如建筑档案按工业建筑、民用建筑分类。按专业分类，能将同一专业性质的档案集中在一起，便于查找利用。

4. 载体分类法

载体分类法是按照文件的载体介质形式、记录方式来分类。如按照片、录音、录像、光盘、磁盘等非一般传统载体，这种分类有利于按载体的不同性质，便于科学保管。

5. 工程（项目）分类法

工程（项目）分类法是按建设工程项目的每个单项工程来进行分类。如一个学校的教学楼、实验楼、办公楼、体育馆、图书馆等。

6. 程序分类法

程序分类法是按工程准备（又分立项、用地拆迁、勘察设计、招投标、开工审批）、施工建设、竣工验收等工程建设程序分类。

7. 问题分类法

问题分类法是按文件的主题内容进行分类，如建设用地审批、拆迁许可、工程竣工备案、房屋权属登记等。

8. 权属分类法

权属分类法就是按照档案所阐述对象的权属进行分类。这种分类法一般适用于产权产籍管理、土地管理等档案的分类。

上述分类方法在实际应用时，应根据具体情况并结合其他特征综合运用。当文件材料较多时，应将年度、来源、专业、工程（项目）、程序等分类方法结合运用。可将年度、专业、工程相结合，形成"年度—专业—工程（项目）"分类法，也可将工程（项目）、程序、专业相结合，形成"工程（项目）—程序—专业"分类法。

业务管理档案宜采用"年度—专业—工程（项目）"分类法，或"年度—工程（项目）"、"年度—问题"分类法。

建设工程档案宜采用"工程（项目）—程序—专业"分类法。

4.2.4 城建文件的立卷

立卷，就是按照整理工作的原则和方法，将文件材料分门别类、排列有序、编制卷内文件目录，整理成案卷，也称组卷。

4.2.4.1 立卷应遵循下列原则

（1）遵循城建文件材料的形成规律，最大限度地保持卷内文件材料的完整、准确和系统。

（2）遵循案卷内文件材料保存价值及密级大体相同的原则。

（3）案卷不宜过厚，文字材料卷厚度不宜超过20mm，图纸卷厚度不宜超过50mm。

（4）案卷内不应有重份文件，不同载体的文件应分别组卷。

4.2.4.2 立卷应按下列程序进行

（1）根据立卷原则，确定归入案卷的文件材料。

（2）排列卷内文件材料。

（3）卷内文件编目。

（4）案卷编目。

4.2.4.3 卷内文件材料的排列可采用下列方法

（1）按重要程度排列。

（2）按时间先后顺序排列。

（3）按文件材料之间的逻辑关系排列。

（4）按文件材料的客观形成过程排列。

（5）按文件材料所反映的对象在工程程序上的衔接关系排列。

4.2.4.4 卷内图纸的排列可采用下列方法

（1）按专业排列，同专业图纸按图号顺序排列。

（2）按总体和局部的关系排列，反映总体、全局、系统的图纸在前，反映局部、单项的在后。

（3）按比例尺排列。

4.2.4.5 卷内材料排列顺序

一个保管单位内，文字图纸混合组成的，文字材料应排列在前，图纸应排列在后。

4.2.4.6 案卷编目

案卷的编目包括卷内文件页号、卷内目录、卷内备考表、案卷封面的编制等内容。具体编目方法应按现行国家标准《建设工程文件归档整理规范》GB/T 50328—2001的要求进行。

4.2.5 城建档案的案卷排列

案卷排列是指一套完整齐全的城建档案组成若干案卷后，每个案卷之间的按照一定的原则进行排序的过程。

案卷排列应遵循采用一定的方法确定顺序，保持案卷联系，构成具有内在联系的案卷序列的原则。案卷排列的具体方法有：

（1）一个建设工程项目的案卷，应当按照主体（或主要）工程、附属（次要）工程或工程编号进行案卷排列。

（2）单个工程的案卷，文件卷应排在前面，图纸卷排在后面；文件材料卷按问题、时间或重要程度排列；图纸卷按单位工程、分部工程和专业排列。

（3）业务管理案卷可按文号（项目号）、程序、时间等排列。

4.2.6 非建设工程类档案整理

[例] 征收拆迁文件排列和整理规范

4.2.6.1 分类

（1）拆迁文件资料以政府征收决定书（或拆迁许可证）文号为标准进行分类，不同征收决定书范围内征收拆迁形成的文件资料要分别整理立卷，不能混淆一起。

（2）同一征收决定书范围内征收拆迁形成的文件资料按拆迁综合资料、拆迁户资料、声像资料、电子文件分开立卷，组成案卷。不同载体的文件资料应当分开。

（3）拆迁户资料以户为单位进行立卷，一户一档。

4.2.6.2 排列

综合资料、户资料、声像资料、电子文件各自都按时间先后顺序将文件进行排列。文件具体排列如下：

1. 综合资料

（1）房屋征收决定形成的文件

市政府关于国有土地上房屋征收决定；

国有土地上房屋征收申请书（含具体门牌号清单）；

项目批准文件；

建设用地规划许可证（或规划意见）及规划红线图；

国有土地性质证明材料；

房屋征收范围查勘意见书；

房屋征收申请受理通知书；

关于房屋征收暂停办理相关手续的通知（含邮寄凭证）；

房屋委托征收合同；

未经登记的建筑认定和处理移送函（含汇总表）；

规划对未经登记建筑的认定和处理意见函；

房屋调查结果的公示（含房屋调查结果汇总表，附照片）；

委托采样评估合同；

采样评估报告；

定销商品房房源申请书；

定销房面积核定审批表及明细；

房屋征收项目安置房源计划供应方案；

政府关于项目房屋征收补偿方案论证会议纪要；
关于上报项目征收补偿方案的请示；
房屋征收补偿方案并征求意见通告（附照片）；
关于公布项目征收补偿方案并征求意见的请示；
对补偿方案举行听证会的资料；
房屋征收补偿方案征求意见情况及根据公众意见修改情况通告；
关于公布项目征收补偿方案征求意见及修改情况的请示；
风险评估报告（附风险评估会专题会议纪要）；
建设单位存款证明；
征收实施单位项目专户证明；
政府关于国有土地上房屋征收决定的公告（含报纸、现场照片）；
关于发布项目征收决定及公告的请示。
（2）房屋征收补偿形成的文件
被征收人选择房屋征收评估机构的公告；
关于公布项目房屋征收评估机构选定结果的公告（附投票或抽签的相关材料）；
房屋征收评估委托书和合同；
评估单位营业执照；
评估单位资质证书；
评估人员评估资格证；
初评结果公示的公告（含公示照片）；
委托拆房合同；
拆房企业营业执照；
建筑企业资质证书及安监证；
直管公房征收补偿协议；
直管公房拆除注销通知书；
征收项目人员变更审批表；
征收补偿方案变更审批表；
征收房屋安置补偿汇总表；
城市房屋征收项目完成验收单；
分户补偿情况公示；
项目审计报告；
审计公示。

2. 被征收人（户）补偿安置资料
房屋征收补偿安置协议书；
入户调查表；
房屋登记信息查询资料；
户籍证明；
身份证复印件；
私房有关房屋、土地证明资料；

公房有关房屋证明资料；
营业执照复印件；
税务登记证及纳税情况；
未经登记房屋性质认定书；
评估机构投票选择表；
房屋征收分户评估表；
房屋装修评估表；
复核评估报告；
房屋征收复核评估申请书；
房地产评估专家委员会鉴定结果；
申请评估鉴定申请书；
享受基本居住需求保障申请及公示；
住房调查表；
被征收人补助申报表；
房屋征收补偿方案变更情况审批表及相关材料；
有线电视、电话、燃气等各种凭证、单据；
公房退租回执；
验房单；
挂牌通知回执；
具结书、委托书；
征收告知书、评估表等相关材料送达回执；
补偿决定、法院判决、司法强拆相关材料；
信访材料。

3. 照片及录像资料
4. 电子文件

4.2.6.3 组卷

将排列好的文件资料，在保持文件之间的有机联系和完整性原则的前提下，按一个案卷 15～25mm 的厚度，组成若干的案卷。同一文件材料不能分别组合在不同的案卷中。不同载体的文件资料要严格区分，单独组卷，不能混合组卷。

4.2.6.4 编目

对每个案卷进行编目。包括编制文件页号、卷内目录、卷内备考表、案卷封面等内容。

（1）编制案卷内文件页号。案卷内文件材料均按有书写内容的页面编写页号，每卷页号从"1"开始，卷与卷之间页号不能连续。页号编写位置：单面书写的文件材料在右下角编写页号；两面书写的文件材料，正面在右下角，背面在左下角编写页号。案卷封面、卷内目录、备考表不编写页号。

（2）案卷封面。主要由案卷题名、编制单位、编制日期、保管期限、密级等组成。案卷封面排列在卷内目录之前。

案卷题名：应简明、准确地揭示卷内文件的内容。综合资料卷由建设项目名称、拆迁阶段名称、卷内文件材料名称三部分组成。例如：苏州市环古城风貌改造项目一期拆迁综合文件。拆迁户资料卷由建设项目名称、拆迁阶段名称、地址及姓名、卷内文件材料名称四部分组成。例如：苏州市环古城风貌改造项目一期南河路115号李小华拆迁户文件。

编制单位：填写拆迁实施单位名称。如：苏州市沧浪拆迁有限公司。
编制日期：案卷内全部文件形成的起止日期。如：2002年06月01日～2006年08月31日。
保管期限：填写"永久"。
密级：填写"内部"。

（3）卷内目录。由序号、文件编号、责任者、文件材料题名、日期、页次和备注组成。卷内目录排列在卷内文件材料的首页之前。

序号：以一份文件为单位，用阿拉伯数字从"1"依次标注。
文件编号：填写文件材料的文号。
责任者：填写文件材料的直接形成单位。如征收决定书，填写××市人民政府。
文件材料题名：填写文件材料标题的全称。
日期：填写文件材料的形成日期。
页次：填写文件在卷内所排的起始页号，最后一份文件填写起止页号。

（4）备考表。主要标明卷内文件的总页数、各类文件页数以及立卷单位对案卷情况的说明，立卷人、审核人签名。备考表排列在卷内文件的尾页之后。

4.2.6.5 装订

案卷装订应采用线绳三孔左侧装订法，要整齐、牢固，便于保管和利用。案卷装订时必须去除金属物件。也可以根据实际情况不装订放入档案盒内。

4.2.6.6 照片、录像、电子文件的整理

照片、录像、电子文件分别贮存在不同的只读式光盘内进行归档保存。每个光盘上标注建设项目名称、拆迁阶段名称、光盘内文件内容，如：苏州市环古城风貌改造项目一期拆迁照片，形成时间：2004年5月～2005年12月。

4.3 城建档案的编目

4.3.1 城建档案编目工作的含义和内容

城建档案的编目是指城建档案馆（室）对城建档案进行著录、标引和组织、制作目录的工作，是城建档案管理中的一项重要内容。

城建档案编目分为两个阶段：一是，在城建档案整理过程中进行的初步编目，包括案卷封面编目（拟定案卷标题、确定和填写卷内文件起止日期等），编制案卷目录和卷内文件目录，以固定整理工作的成果。二是，在初步编目的基础上编制案卷（文件）目录、总目录、分类目录、计算机机读目录、缩微目录、专题目录等，以提供各类档案检索工具和报道目录。

城建档案编目的内容主要包括城建档案著录、标引、目录组织等。

4.3.2 城建档案著录

4.3.2.1 城建档案著录的含义

城建档案著录是指在编制城建档案目录时,为提取城建档案信息,对城建档案内容和形式特征进行分析、选择和记录的过程。内容特征,就是对城建档案主题的揭示,包括城建档案的分类号、主题词、摘要等。形式特征,包括城建档案的题名、责任者、形成时间、地点、档案号、载体等。

4.3.2.2 城建档案著录的作用和意义

城建档案著录工作具有登记、介绍、报道、交流和检索的作用,其中最主要的是检索作用。

无论是组织手工检索工具体系,还是建立计算机数据库,都必须通过著录工作,对纳入检索系统的每一个文件给出检索标识。没有检索标识的文件不能存储在检索系统中,当然也就不可能对其进行检索。因此,城建档案著录是进行档案检索,尤其是计算机检索的必不可少的前处理工作。

同时,档案著录的质量对于档案的检索效率具有重大影响。如果著录中主题分析不准确,给出的主题与档案实际内容不相符合,就会造成漏检或误检。如果著录人员不熟悉检索语言,给出的检索标识与档案主题概念不符,也会造成漏检或误检。因此,档案著录工作是一项要求较高的工作,而且,工作量也相当大。档案著录工作的质量,直接影响到城建档案现代化管理的成效。

4.3.2.3 城建档案著录项目划分

城建档案著录项目,是揭示城建档案内容和形式特征的记录事项,分大项、小项和单元。大项主要包括题名与责任者、稿本与文种、密级与保管期限、时间、载体与数量、专业记载、附注与提要、排检与编号等8项。各大项下又分若干小项,小项下又分若干单元(表4-2)。

城建档案著录项目划分　　　　　　　表4-2

序 号	著录项目名称	
	大 项	小 项
1	题名与责任者	题名
		文件编号
		工程(项目)地址
		责任者
		附件
2	稿本与文种	稿本
		文种
3	密级与保管期限	密级
		保管期限
4	时间	
5	载体与数量	载体类型
		数量与单位
		规格

续表

序号	著录项目名称	
	大项	小项
6	专业记载	
7	附注与提要	附注
		提要
8	排检与编号	档号
		档案馆代号
		缩微号
		存放地址号
		电子文档号
		主题词

4.3.2.4 城建档案著录项目细则

城建档案著录（表4-3～表4-7）。

房屋建筑工程（项目）级著录单　　　　表4-3

工程名称									
工程地点									
责任者	建设单位		文号项	立项批准文号					
	立项批准单位			规划许可证号					
	设计单位			用地规划许可证号					
	勘察单位			用地许可证号					
	监理单位			施工许可证号					
专业记载									
单项工程名称	施工单位	建筑面积（m²）	高度（m）	层数（层）		结构类型	开工时间	竣工时间	
				地上	地上				
总用地面积			总建筑面积			幢数			
工程造价			工程结算						
档案状况									
总卷数	文字（卷）	图纸 卷张	底图（张）			照片（张）		底片（张）	
录音带（盒）	录像带（盒）	光盘（盘）	计算机	磁带（盘）		缩微片	盘	张	其他
				磁盘（盘）					
保管期限		密级				进馆日期			
移交单位									
排检与编号									
档号				缩微号					
存放位置起始号									
附注									

市政基础设施工程（项目）级著录单　　　　　表 4-4

工程名称					
工程地点					
责任者	建设单位		文号项	立项批准文号	
	立项批准单位			规划许可证号	
	设计单位			用地规划许可证号	
	勘察单位			用地许可证号	
	监理单位			施工许可证号	

专业记载

单项工程名称	施工单位	结构类型	长度（m）	宽度（m）	高度（m）	跨径	孔数	级别	荷载	净空

总用地面积		总建筑面积		总长度（m）	
开工时间		竣工时间		工程造价		工程结算	

档案状况

总卷数		文字（卷）		图纸卷张		底图（张）		照片（张）		底片（张）	
录音带（盒）		录像带（盒）		光盘（盘）		计算机	磁带（盘）		缩微片	盘张		其他	
							磁盘（盘）					
保管期限			密级		进馆日期	
移交单位						

排检与编号

档号		缩微号	
存放位置起始号			
附注			

城市管线工程（项目）级著录单　　　　　表 4-5

工程名称					
工程地点					
责任者	建设单位		文号项	立项批准文号	
	立项批准单位			规划许可证号	
	设计单位			用地规划许可证号	
	勘察单位			用地许可证号	
	监理单位			施工许可证号	

专业记载

单项工程名称	施工单位	地形图号	长度（m）	规格	材质	荷载

续表

起点		止点		总长度（m）	
开工时间		竣工时间		工程造价		工程结算	

档案状况

总卷数		文字（卷）		图纸	卷张	底图（张）		照片（张）		底片（张）	
录音带（盒）		录像带（盒）		光盘（盘）		计算机	磁带（盘） 磁盘（盘）	缩微片	盘张	其他	
保管期限			密级					进馆日期			
移交单位											

排检与编号

档号		缩微号	
存放位置起始号			
附注			

建设工程规划管理档案项目级著录单　　　　表 4-6

工程名称				
工程地点				
责任者	建设单位		文号项	立项批准文号	
	立项批准单位			规划许可证号	
	设计单位			用地规划许可证号	
	施工单位			用地许可证号	
				地形图号	

专业记载

建筑面积		幢数		长度		规格	
高度		层数		宽度		级别	
跨度		净空		荷载			
申请时间				工程造价			
批准时间				结构类型			

档案状况

文字（页）		图纸（张）		光盘		磁盘	
保管期限			密级		进馆日期		
移交单位							

排检与编号

档号		缩微号	
存放位置起始号			
附注			

建设用地规划管理档案项目级著录单					表 4-7	
用地项目名称						
征地位置						
责任者	用地单位		文号项	立项批准文号		
	立项批准单位			规划许可证号		
	被征单位			用地规划许可证号		
	规划批准单位			用地许可证号		
				地形图号		
专业记载						
用地分类			征拨分类			
原土地分类			批准时间		用地面积	
档案状况						
文字（页）		图纸（张）		光盘		磁盘
保管期限		密级			进馆日期	
移交单位						
排检与编号						
档号			缩微号			
存放位置起始号						
附注						

（1）题名。又称标题、题目。是直接表达档案中心内容、形式特征的名称，一般指单份文件文首的题目名称和案卷封面上的题目名称。工程（项目）级的题名指工程或项目的名称。

（2）文件编号。是文件制发机关、团体或个人编写的顺序号，包括发文字号、图号等，按照原文字和符号著录。

（3）工程（项目）地址。指工程项目的建设地点或征地地址。本市工程著录区（县）、街道（乡、路）、门牌号（村、队），外地工程著录省、市（县）、街道（路）名。

（4）责任者。指文件材料的形成单位或个人。

（5）附件。是指文件正文后的附加材料。

（6）稿本。是指档案的文稿、文本和版本。依实际情况著录为正本、副本、草稿、定稿、手稿、草图、原图、底图、蓝图、试行本、修订本、复印件等。

（7）文种。是指文件种类的名称，依实际情况著录为命令、决议、指示、通知、报告、批复、函、会议纪要、协议书、任务书、施工图、竣工图、鉴定书等。

（8）密级。是指文件保密程度的等级，一般按文件形成时所定密级著录，对已升、降、解密的，应著录新密级。密级分为秘密、机密、绝密三种。

（9）保管期限。是指根据档案价值确定的档案应该保存的时间，一般分为短期、长期、永久三种。

（10）时间项。对文件级著录，时间项著录文件形成时间；对案卷级著录，时间项著录案卷内文件起止时间；对工程级著录，时间项著录工程开、竣工时间或建设工程规划许可证及建设用地规划许可证的批准时间。

（11）载体类型项。是著录档案载体的物质形态特征。载体类型分为底图、缩微片、照片、底片、录音带、录像带、光盘、计算机磁盘、计算机磁带、电影胶片、唱片等。

（12）数量及单位。数量用阿拉伯数字，单位用档案物质形态的统计单位，如"页"、"张"、"卷"、"册"、"袋"、"盒"等。

（13）规格。是指档案载体的尺寸及型号。

（14）专业记载项。本项是城建档案的专业特征记载项，根据著录对象的不同分为房屋建筑工程专业记载项（含房屋建筑工程规划管理档案）、市政基础设施工程专业记载项（含市政基础设施规划管理档案）、城市管线工程专业记载项、建设用地规划管理专业记载项。主要著录：建筑面积、高度、层数、结构类型、开工时间、竣工时间、总用地面积、总建筑面积、幢数、工程预算、工程决算等。

（15）附注项。著录各个项目中需要解释和补充的事项。

（16）提要项。是对档案内容的简介和评述，应力求反映其主题内容、重要数据（包括技术参数）。

（17）档号。是档案馆（室）在档案整理过程中对档案的编号。档号包括分类号、项目号、案卷号、件号或页号。

（18）档案馆（室）代号。按照国家统一规定填写。尚无代号的，暂时不填，但应留出位置，以备将来填写。

（19）缩微号。是档案馆（室）赋予档案缩微品的编号。

（20）电子文档号。是档案馆、室管理电子文件的一组符号代码。

（21）存在地址号。是著录档案存放处的编号。一般包括库号、列（排）号、节（柜）号、层号。

（22）主题词。是揭示档案内容的规范化的词或词组。主题词按照《档案主题标引规则》、《中国档案主题词表》、《城建档案主题词表》等进行标引。

4.3.2.5 城建档案著录的基本规定

（1）著录级别。依据著录对象的不同，可将档案著录划分为工程（项目）级、案卷级、文件级三级。

工程（项目）级著录是对一个工程（项目）的所有档案的内容及形式特征进行分析、记录（表4-8）。

工程（项目）级通用著录单　　　　　　　　　表4-8

工程名称			
工程地点			
责任者		文号项	
专业记载			

续表

档案状况

总卷数		文字（卷）		图纸卷张		底图（张）		照片（张）		底片（张）	
录音带（盒）		录像带（盒）		光盘（盘）		计算机	磁带（盘）		缩微片	盘	其他
							磁盘（盘）			张	
保管期限				密级				进馆日期			
移交单位											

排检与编号

档号		缩微号	
存放位置起始号			
附注			

案卷级著录是对一个案卷的档案内容和形式特征进行分析、记录（表4-9）。

工程（项目）案卷级通用著录单　　表 4-9

档号			缩微号		
存放地址			库列节（柜）层		
案卷题名					
编制单位					
载体类型			数量/单位		规格
卷内文件起始时间			卷内文件终止时间		
保管期限			密级		
主题词					
附注					

文件级著录是对一份文件的内容和形式特征进行分析、记录（表 4-10）。

表 4-10 文件级通用著录单

档号		缩微号	
存放处		库　列　节（柜）　层	
文件题名			
责任者			
文（图）号		文本	
保管期限		密级	
形成时间		载体类型	
数量/单位		规格	
提要			
主题词			
附注			

（2）著录详简级次。著录详简级次指著录的详简程度，分为简要级次和详细级次。

条目仅著录必要项目的称简要级次。必要项目包括：正题名、文件编号、工程（项目）地址、第一责任者、时间、专业记载、档号、缩微号、存放地址号、主题词。

条目除著录必要项目外，还著录部分或全部选择项目的称详细级次。选择项目包括：并列题名、副题名及说明题名文字、其他责任者、附件、稿本与文种、密级、保管期限、载体与数量、附注、提要、档案馆代号、电子文档号。

（3）著录文字要求。著录用文字必须规范化。文件编号、时间项、载体与数量项、专业记载项、排检与编号项中的数字一律用阿拉伯数字。其他语种文字档案著录时必须依照其语种文字书写规则。

（4）著录信息源。著录信息来源于被著录的档案。单份文件著录时，主要依据文头、文尾。一个案卷著录时，主要依据案卷封面、卷内文件目录、备考表等。被著录的档案信息不足时，参考其他有关的档案、资料。

4.3.3 城建档案标引

4.3.3.1 档案标引的定义

在城建档案著录中，对档案内容进行分析和选择，并赋予其规范化检索标识的过程，称之为档案标引。其中赋予其分类号标识的过程称之为分类标引，赋予其主题词标识的过程称之为主题标引。

4.3.3.2 分类标引应遵循的原则

（1）以国家机构、社会组织从事社会实践活动的职能分工为基础，结合档案记述和反映的事物属性关系，并兼顾档案的其他特征。

（2）城建档案管理机构应以城市建设档案分类大纲为依据，编制科学、切实可行的分类法则。

（3）建设系统业务管理档案以及工程建设、勘测、设计、施工、监理等单位管理的城建档案分类由形成单位按照本单位制定的分类体系进行。

（4）档案分类标引应充分考虑实际的检索需求和检索方式，根据档案的具体内容和社会需求，选定适当的标引深度。

（5）档案分类标引必须按专指性的要求，分入恰当的类目，不得分入较宽的上位类或较窄的下位类。

（6）档案分类标引应保持一致性。

4.3.3.3 主题标引应遵循的规则

（1）应以现行国家标准《文献主题标引规则》GB/T 3860—2009 为依据，以《中国分类主题词表》为补充。

（2）标引深度不宜超过 10 个主题词。

（3）城建档案的主题标引对象应分为工程（项目）、案卷和文件三个层次。

（4）主题标引应客观地揭示出城建档案所记载或论述的对象的主题概念。

（5）城建档案的主题概念，是标引的主要概念和主要对象。

（6）应采取概括的整体标引和重点性的分析标引相结合的原则，进行适度标引。

（7）应尽可能保持中心主题标引与该档案主要分类标引的匹配。

（8）使用关键词标引应严格控制。

4.3.3.4 标引的步骤和方法

标引的步骤主要包括主题分析和概念转换两个方面。具体地说就是通过对档案内容进行分析，明确档案中所记述的主要内容，然后用检索语言将其充分、准确、简明地表达出来。档案分类标引和主题标引都离不开这两个步骤。在主题分析方面，分类标引和主题标引的方法大体一致，只是根据标引方针不同对主题的确认程度不同而已，但在概念转换方面二者有所不同。

1. 主题分析

主题分析是确定被标引档案主题概念的过程。主题分析的主要内容有两个方面：一是分析主题的类型；二是分析主题的构成因素，也称主题因素。

主题的类型依据档案内容可分为单主题和多主题。单主题是指一件（卷）档案只表达一个问题；多主题是指一件（卷）档案表达两个以上的问题。

主题因素分为五种：

（1）主体因素。即反映文件主题内容的关键性概念。

（2）通用因素。即对主体因素起补充和限定作用的通用概念。

（3）位置因素。即文件所记述对象的空间和地理位置概念。

（4）时间因素。即文件所论述对象存在的时间概念。

（5）文件类型因素。即文件类型和形式方面的概念。在档案标引中，主体因素是最重要的，必须标出。

主题分析时，可通过审读档案、阅读题名、浏览正文、查阅档案的外部特征等方法进行。

2. 概念转换

指将主题分析过程中获得的主题概念转换（翻译）成为检索语言中的检索标识的过程。它不是字面上的转换，而是根据概念的涵义来进行转换。正确的主题分析是概念转换的可靠基础。概念转换的正确与否，又直接关系到标引结果的正确性。

分类标引概念转换的基本方法：根据主题分析的结果，查找档案分类表，将其相应类目的分类号作为检索标识赋予被标引文件。

主题标引概念转换的基本方法：根据主题分析的结果，查找档案主题词表，将其相应的主题词作为检索标识赋予被标引文件。

对于单主题文件的概念转换，只要赋予相应的一个分类号或一个至若干个体主题标识即可；对多主题文件则需要分解为单主题，分别赋予其分类号和主题词。

4.3.4 城建档案目录的编制与组织

档案目录是档案检索工具的一种类型，与"索引"、"指南"相对。是指由城建档案馆（室）编制的，将档案的著录条目按照一定次序编排而成的检索工具。在计算机编目中，是指将一批记录按照一定次序组织排列而成的一种揭示、报道和检索档案信息的工具，即机读目录。

档案目录组织是将条目按一定的体系组织成目录，使之成为有密切联系的整体的过程。其主要工作是目录内各种条目的排列。

4.3.4.1 档案目录的种类

（1）按检索工具的载体形式分，档案目录可分为书本式目录、卡片式目录、缩微目录、机读目录。

（2）按检索工具的功能分，档案目录可分为馆藏类目录（如案卷目录）、查找类目录（如分类目录、主题目录、专题目录）。

（3）按检索工具的管理要求分，档案目录可分为公开目录、内部目录、必备目录、一般目录。

4.3.4.2 档案目录的编制方法

（1）案卷目录。它是以案卷为单位，依据档案整理顺序组织起来的，并按案卷号次序编排而成的一种馆藏类检索工具。其主要作用是固定档案的分类体系和案卷的排列次序，又是统计和检查案卷数量的依据和查找利用档案的基本工具，也是向档案馆（室）移交档案的交接凭证。

（2）分类目录。它是依据档案分类表，按照分类标识以一定次序编排而成的一种查找类检索工具。分类目录的主要特点是系统地揭示档案的主题内容，具有较强的族性检索功能。分类目录一般采用卡片式，即分类卡片。分类卡片就是将档案馆（室）永久和长期保存的文件或案卷，逐一制成卡片，按照档案分类体系进行分类排列。

（3）专题目录。它是揭示档案馆（室）内有关某一专门题目档案内容和成分编制的一种检索工具。如工程项目目录、责任者目录。一般采用卡片式和机读式。专题目录的编制主要是根据检索工作的需要，对馆藏档案内容中利用效率高的同一专题档案的内容和形式特征进行著录标引，以方便利用者的利用。编制方法是选题、制定计划、筛选专题档案、著录标引等。

4.3.4.3 必备目录

必备目录是为确保在脱离计算机状况下仍能查找、检索档案，是城建档案管理机构必须具备的档案目录。必备目录必须打印成册，妥善保管，并应及时更新。城建档案必备目录应包括城建档案总目录和城建档案分类目录。

（1）城建档案总目录应按档案接收进城建档案馆或城建档案室的先后顺序，以工程（项目）或案卷为单位进行编制。城建档案总目录包括工程（项目）级总目录和案卷总目录两种，编制单位可根据实际情况选择其中一种。工程（项目）级总目录应按《城建档案业务管理规范》CJJ/T 158—2011 的附录 F 编制（表 4-11）。

城建档案工程（项目）级总目录　　　　　　　　　　　　　表 4-11

第＿＿页

年		总登记号	档号	工程（项目）名称	档案数量			移交单位	移交日期	存放地址	备注
月	日				纸质（卷）	电子（M）	声像（盒）				

案卷总目录应按《城建档案业务管理规范》CJJ/T 158—2011 的附录 G 编制（表 4-12）。

城建档案案卷总目录　　　　　　　　　　　　　表 4-12

第＿＿页

年		总登记号	档号	案卷名称	卷内数量			编制单位	编制日期	保管期限	密级	备注
月	日				文字（页）	图纸（张）	声像（张）					

（2）城建档案分类目录应包括工程（项目）级分类目录和案卷级分类目录两种，编制单位可根据实际情况选择其中一种。工程（项目）级分类目录应按《城建档案业务管理规范》CJJ/T 158—2011 附录 H 编制（表 4-13）。

城建档案工程（项目）级分类目录　　　　　　　　　　　表 4-13

类别：　　　　　　　　　　　　　　　　　　　　　　　　　　　第___页

序号	档号	工程（项目）题名	档案数量			移交单位	移交日期	存放地址	备注
			纸质（卷）	电子（M）	声像（盒）				

案卷分类目录应按《城建档案业务管理规范》CJJ/T 158—2011 附录 J 编制（表 4-14）。

城建档案案卷分类目录　　　　　　　　　　　　　　　　表 4-14

类别：　　　　　　　　　　　　　　　　　　　　　　　　　　　第___页

序号	档号	案卷题名	卷内数量			编制单位	编制日期	保管期限	密级
			文字（页）	图纸（张）	声像（张）				

工程档案形成单位和建设系统各行业主管部门的分类目录应根据国家和本单位有关规定编制；城建档案管理机构的分类目录应按城市建设档案分类大纲编制。

4.4 城建档案的统计

4.4.1 统计工作的内容

城建档案统计工作，是以数字和报表的形式，揭示城建档案的库藏和城建档案管理状况的一项基础工作。统计工作是城建档案事业建设的一项重要的基础工作，是对城建档案业务和城建档案事业管理实行监督的有效手段，一般每年至少进行一次。统计工作包括下列主要内容：

（1）城建档案统计调查，即在确定城建档案统计任务和方案后，根据研究的目的，搜集各种城建档案统计资料。

（2）城建档案统计整理，即对调查取得的城建档案统计资料，进行汇总、整理、分组、计算，得出所需要的档案统计指标。

（3）城建档案统计分析，即对经过整理的城建档案统计资料，结合实际情况，进行分析研究，发现问题，提出意见。

（4）统计年报为了解城建档案工作的规模、结构和发展水平，全面、及时、准确地反映各地区城建档案工作基本情况，为制定发展规划和进行科学管理提供依据而制定的统计报表制度。

4.4.2 统计工作的基本任务

统计工作的基本任务是对城建档案和城建档案工作的开展情况进行及时的统计调查、整理、分析，提供准确的统计数据和全面的分析资料。

4.4.3 统计工作的要求

（1）城建档案统计要坚持实事求是，如实反映情况，确保统计数据的真实、准确，这是统计工作的基本要求。

（2）城建档案统计工作应建立健全工作制度，指派专人从事城建档案统计工作。

（3）统计时间要及时，数据和情况要按时更新，以确保统计数据的时效性。

（4）统计工作要持续不间断地进行，以获取连续性强的统计数字，这样才能比较客观地反映统计对象发展、变化的规律性。

（5）统计工作应按照上级部门规定的统一方法、计量单位、报表格式进行。

（6）统计报表应字迹工整、清晰，并应按上级部门规定的时间要求及时报送。

（7）填写统计报表应认真、严谨，不得伪造。

（8）各类档案统计报表及综合统计报表，除报上级部门外，本单位应自留一份存档备查。

4.4.4 统计工作的步骤和方法

统计工作应按照统计调查、统计资料整理、统计分析、汇总上报四个步骤进行。

（1）统计调查。统计调查既包括对原始资料的收集，也包括对已经加工的资料的搜集。按照收集档案统计资料的组织方式的不同，分为常规统计和专门组织的统计。专门组织的统计常用的方法有普查和抽样调查。

常规性统计，即对城建档案的构成数量、保管状况、鉴定情况、利用情况及机构队伍等基本情况进行的定期统计调查。

专门组织的统计，是为完成某种调查任务的需要而专门组织的一次性全面调查统计。

（2）统计资料整理。城建档案统计资料整理是对档案统计调查所获取的大量的、个别单位的统计资料加以系统化，使之成为能够反映城建档案工作整体现象的统计资料的工作。统计资料整理应包括下列内容：①城建档案统计分组，将被研究的城建档案工作现象总体按照一定的标志划分为若干个不同类型的组进行整理。②形成城建档案统计表。

（3）统计分析。城建档案统计分析是在大量统计资料、数字和数据的基础上，经过综合加工、分析而产生一种颇有说服力的档案统计信息，它融合数据、情况、问题、建议为一体，既有定量信息，又有定性信息，体现城建档案统计工作活动的最终成果，是实现城建档案统计工作对整个城建档案工作服务和监督的主要形式。

统计分析可采用专题分析、综合分析、对比分析、分组分析等方法。根据统计分析的结果撰写统计分析报告。

（4）统计材料的汇总上报。统计材料的汇总上报可根据要求采取下列方法：①逐级汇总上报。②集中汇总上报。③越级汇总上报。

4.4.5 主要统计报表

（1）统计报表应包括城建档案工作基本情况统计报表、馆藏档案分类统计表、城建档案接收、移出、销毁统计表、城建档案鉴定情况统计表、城建档案整理情况统计表、城建档案利用情况统计表等，各城建档案管理机构、建设工程档案形成单位档案室、建设系统行业（专业）管理部门档案室可根据工作需要选用。

（2）城建档案工作基本情况统计报表内容应包括组织机构、人员状况、馆库面积、馆藏等情况统计（表4-15～表4-18）。

（3）馆藏档案分类统计表内容应包括各类档案、资料的数量（表4-19）。

（4）城建档案接收、移出、销毁、现存情况统计表内容应包括各类城建档案的接收、移出、销毁、现存等数量的统计（表4-20）。

（5）城建档案鉴定情况统计表内容应包括各类城建档案的鉴定时间、划定的保管期限和密级、现有档案数量、已鉴定数量、未鉴定数量和销毁档案等（表4-21）。

（6）城建档案整理情况统计表内容应包括各类馆藏档案的数量及整理、鉴定情况（表4-22）。

（7）城建档案利用情况统计表内容应包括查档数量、查档单位分类、查档人员分类、查档用途分类等情况，以及出具证明、复制数量等情况（表4-23）。

表 4-15 城建档案工作基本情况统计报表（一）　　　年度

机构名称	机构行政类别								机构规模类别				机构性质	
	副省级以上城建档案馆	地级市城建档案馆	地级市城建档案室	县级市城建档案馆	县级市城建档案室	县城建档案馆	县城建档案室	区城建档案馆	区城建档案室	大城市城建档案馆	中等城市城建档案馆	中等城市城建档案室	小城市城建档案馆	小城市城建档案室	独立法人单位	非独立法人单位

94

表 4-16

城建档案工作基本情况统计报表（二）

机构名称	机构情况				现有人员情况											
	机构总数	处馆合一机构	有建设信息中心机构	直接归口情况			定编	现有人数	年龄		文化程度				专业结构	
				建设局（委）	规划局	其他										

（表头续）| 年龄 | | | 文化程度 | | | | 专业结构 | | | 专业技术职务 | | | 经费来源 | | |
| 女性 | 50岁以上 | 35岁至50岁 | 35岁以下 | 本科以上 | 大专 | 中专 | 高中 | 初中及以下 | 档案专业 | 工程专业 | 其他 | 高级 | 中级 | 初级 | 全额拨款 | 差额拨款 | 自收自支 |

表 4-17

城建档案工作基本情况统计报表（三）

机构名称	达标升级情况		举办培训情况		馆房面积		库藏档案与资料情况								
	国家级馆	省级馆（室）	期数	人数	库房	办公及技术用房	案卷总数	案卷排架长度	年增卷数	历史档案	底图	照片	录像带	录音带	电子文件	光盘	缩微V胶片	城建资料	其他
	个	个	次	人	m²	m²	卷	m	卷	卷	张	张	盘	盘		盘	张	册	

95

表 4-18

城建档案工作基本情况统计报表（四）

机构名称	现代化管理情况			本年度利用档案情况			本年度编研成果			
	已实现计算机目录检索的机构（个）	已实现档案数字化管理的机构（个）	已实现地下管线档案信息化管理的机构（个）	利用档案 卷次	利用资料 册次	产生经济效益 万元	公开出版		内部参考	
						人次	种	万字	种	万字

表 4-19

城建档案馆馆藏档案分类统计表

分类 数量 年度	A（卷）	B（卷）	C（卷）	D（卷）	E（卷）	F（卷）	G（卷）	H（卷）	I（卷）	J（卷）	K（卷）	L（卷）	M（卷）	N（卷）	O（卷）	P（卷）	Q（卷）	R				图书资料（册）	模型（个）	其他
																		照片（张）	缩微片（卷）	录音带（盒）	录像带（盒）	光盘（张）			

表 4-20 城建档案接收、移出、销毁、现存情况统计表

城建档案管理机构_____

时间	经办人	接收				移出				销毁				现存				备注
		案卷（卷）	电子文件	声像（盒）	其他	案卷（卷）	电子文件	声像（盒）	其他	案卷（卷）	电子文件	声像（盒）	其他	案卷（卷）	电子文件	声像（盒）	其他	

表 4-21 城建档案鉴定情况统计表

类别 数量 项目	总计					永久					长期					短期					备注
	案卷（卷）	底图（张）	照片（张）	录像片（盘）	电子文件	其他	案卷（卷）	底图（张）	照片（张）	录像片（盘）	电子文件	其他	案卷（卷）	底图（张）	照片（张）	录像片（盘）	电子文件	其他		

97

表 4-22
_____年度

城建档案整理情况统计表

分类\数量\状况	A(卷)	B(卷)	C(卷)	D(卷)	E(卷)	F(卷)	G(卷)	H(卷)	I(卷)	J(卷)	K(卷)	L(卷)	M(卷)	N(卷)	O(卷)	P(卷)	Q(卷)	照片(张)	缩微片(卷)	R 录音带(盒)	录像带(盒)	光盘(张)	电子文件	图书资料(册)	模型(个)	其他
总数																										
已整理数																										
未整理数																										

统计人：　　　　　审核人：

表 4-23
_____年度

城建档案馆档案利用情况统计表

季度	查档数量			查档单位分类（个）						查档人员分类（个）				
	查档人次	查档卷次	规划部门	建设部门	设计部门	施工部门	科研部门	管理部门	其他	工程人员	设计人员	科研人员	编史人员	管理人员	其他
一季度															
二季度															
三季度															
四季度															
总计															

季度	查档用途分类（卷）							出具证明				复制			备注
	规划设计	工程设计	施工	科研	编史修志	解决纠纷	工作查考	办理产权	份数	其中			合计(页)	图纸	文字材料	
										建筑面积(m²)	土地面积(m²)	管线长度(m)			
一季度																
二季度																
三季度																
四季度																
总计																

统计人：　　　　　审核人：　　　　　统计日期：

4.5 城建档案的鉴定

4.5.1 城建档案鉴定的内容、任务和意义

4.5.1.1 城建档案鉴定工作的内容

城建档案鉴定是城建档案机构按照一定的原则、标准和方法，根据城建档案的价值，来决定对其进行最后处置的档案工作职能。也称为评价、审查、选择、选留。是贯穿于档案工作全过程的一项工作。

城建档案鉴定工作的基本内容包括六个方面：
(1) 制定城建档案价值鉴定的统一标准及各类城建档案的保管期限表。
(2) 具体分析城建档案的价值，划分和确定不同档案的保管期限。
(3) 将无保存价值和保管期满的城建档案，按规定对其进行销毁或作相应的处理。
(4) 确定归档材料的密级。
(5) 定期对所保管的城建档案进行降密与解密。
(6) 围绕上述工作而开展的一系列鉴定组织工作。

4.5.1.2 城建档案鉴定工作的任务

(1) 通过鉴定城建档案的保存价值，划分保管期限，确定馆藏成分，优化馆藏城建档案的质量。
(2) 通过确定城建档案的保存价值，为城建档案馆的收集和保管工作奠定基础。

4.5.1.3 城建档案鉴定工作的意义

1. 城建档案鉴定是"去粗取精"，提高管理效益的科学措施

随着时间的推移，城市建设各项工作的快速发展，城建档案的数量不断增多，如果"玉石不分"地全部保存，致使库存城建档案显得庞杂而不精炼，同时也势必影响对有价值城建档案的管理和利用。城建档案的鉴定在某种意义上讲，就是解决庞杂与精炼的矛盾，是对城建档案材料进行"去粗取精"的工作。城建档案鉴定工作有助于集中人力、物力，使有价值城建档案能得到更妥善的保管，有利于城建档案信息价值的充分发挥。

2. 城建档案鉴定是关系"档案存亡"的一项非常严肃性的工作

鉴定实质上是对档案材料的命运选择，它决定了档案的"去留"、"存毁"。涉及城建档案馆藏的质量。如果错误地销毁了有价值的城建档案，会造成无可挽回的损失；反之，保存大量无价值的城建文件材料而使"档案膨胀"，也有碍于城建档案的科学管理和利用。因此，开展城建档案鉴定工作必须严肃认真，而且要求具备较高的专门知识和业务水平，以最大限度地保证鉴定的准确性。

4.5.2 城建档案鉴定的原则和标准

4.5.2.1 决定城建档案保存价值的因素

城建档案鉴定工作的主要着眼点，是挑选和确定哪些城建档案需要保存以及保存多长时间。因此，鉴定城建档案价值，更确切地说，是鉴定城建档案的保存价值。

鉴定城建档案是否具有保存价值和具有怎样的保存价值，取决于两个方面的因素：城

建档案自身的特点和社会利用的需要。

1. 城建档案自身的特点和状况是决定城建档案保存价值的基础

城建档案的内容、来源、形式以及其他各种情况，影响着城建档案是否具有保存价值，有什么样的保存价值。

2. 社会利用需要是决定城建档案保存价值的社会因素

城市规划、建设、管理工作和社会各界对城建档案的利用需要，影响着城建档案的保存价值。库藏的各种城建档案是否需要利用，怎样利用，都直接影响着城建档案是否具有保存价值，有什么样的保存价值。

上述决定城建档案保存价值的两个方面的因素，是相互作用、辩证统一的，两方面的因素都是客观存在的。为使分析和预测的档案保存价值符合或接近客观实际，必须以辩证唯物主义和历史唯物主义为指导，不能认为城建档案价值难以完全预测准确而随意进行。因此，制定和遵循鉴定城建档案价值的原则至关重要。

4.5.2.2 鉴定城建档案的原则

城建档案鉴定工作的原则，就是必须从国家和社会的整体利益出发，用全面的、历史的、发展的观点来判定档案的价值，城建档案的存、毁，应遵循谨慎、认真的原则。

全面的观点。就是全方位地、多层次地预测城建档案利用的需要，估计和判断城建档案的潜在价值，全面分析和衡量城建档案的作用，要多角度全面地审视城建档案的内部特征和外部特征，切忌孤立地、简单地判定城建档案的保存价值。

历史的观点。就是尊重历史，根据城建档案形成的时代背景、历史条件，具体分析城建档案的内容和形式，以及城建档案文件之间的相互关系，从而衡量、判定城建档案价值功能。

发展的观点。就是以发展的眼光去认识和估量城建档案的价值，预测城建档案的长远历史意义。既要分析城建档案在当代的现实作用，又要充分推测判断城建档案为后人发挥的历史作用。

4.5.2.3 鉴定城建档案价值的标准

城建档案价值鉴定标准主要有城建档案来源标准、城建档案内容标准、城建档案形式特征标准。

1. 城建档案来源标准

城建档案的来源是指城建档案的形成者。城建档案形成者在社会上的地位、作用和职能可影响和决定城建档案的价值。

2. 城建档案内容标准

城建档案内容是决定城建档案价值最重要、最本质的因素。当城建档案的内容能够为利用者解决疑难，满足利用者的信息需要，便体现出城建档案内容的潜在价值。对城建档案内容的分析可着眼于四个方面：

一是城建档案内容的重要性。城建档案是对历史活动的记载，而这些活动本身的重要程度直接影响城建档案的价值。同时，在维护国家、集体、个人利益，在科学研究、总结经验等方面具有证据性、查考性作用的城建档案都具有较高的价值。二是城建档案内容的独特性。城建档案形成是城建历史活动的原始记录，以孤本而稀有，其内容的"独一无二"等特点，是决定城建档案特有价值的重要因素。三是城建档案内容的时效性。城建文件作为处理城建事务、记录城建时事、传递城建信息的手段，在行政上、业务上、法律上具有一定的时效性。城建文件的时效性也对城建档案的价值发生直接影响。四是城建档案内容的真实性、完备性也要加以考察，以准确把握城建档案内容的价值。

3. 城建档案形式特征标准

城建档案的形式特征是指城建文件的名称、责任者、形成时间、载体形式、记录方式等。在某种情况下，这些形式特征也可能对城建档案的价值发生影响。

在根据上述标准分析城建档案价值时，要始终坚持辩证的思维方式，切忌机械、片面地强调某一方面而忽略其他。因此，必须综合地考察城建文件各方面的特点和作用，全面把握城建档案的内在价值。

4.5.3 城建档案鉴定工作的类型

城建档案鉴定工作的类型有两种：进馆鉴定和馆内鉴定。

（1）进馆鉴定，就是城建档案接收进城建档案馆前的鉴定，主要是对移交来的城建档案进行筛选，对原有的鉴定结果进行审核把关，按照馆藏建设的要求决定城建档案是否接收进馆，起到优化馆藏的作用。这项鉴定工作的内容一般包含在城建档案馆（室）的城建档案接收归档等前期工作中。

（2）馆内鉴定，就是在城建档案馆进行的，对保存在城建档案馆的城建档案进行的一种价值鉴定，包括定期鉴定、到期鉴定、开放鉴定和销毁鉴定等。

定期鉴定，就是定期对馆藏城建档案保存价值进行复查。

到期鉴定，就是对保管期限到期的城建档案进行再鉴定，将确无保存价值的城建档案剔除，仍需继续保存的城建档案重新划定保管期限。

开放鉴定，就是按照国家有关规定，对应当向社会开放的城建档案进行甄别，决定是否开放。

销毁鉴定，就是在准备销毁城建档案之前，对经鉴定后欲销毁的城建档案进行最后的复查，避免错误销毁城建档案。

4.5.4 城建档案鉴定的基本工作方法

（1）城建档案的鉴定宜采用直接鉴定法，即城建档案的鉴定人员通过直接审查城建档案材料的内容及各种特征来鉴定其保存价值和密级。

（2）城建档案鉴定应根据城建档案保管期限表、档案密级及控制利用范围的规定，结合城建档案自身特点和状况，以及社会利用的需要等进行。

（3）城建档案的价值可从下列方面进行分析。

①档案的内容。②档案的来源、时间和形式等。③档案的完整程度。

4.5.5 城建档案管理机构的鉴定工作

（1）城建档案管理机构的档案鉴定可包括对接收进馆档案的鉴定和对馆藏档案的鉴定两部分。

（2）城建档案管理机构在档案接收进馆时，应对档案的密级、保管期限等进行审核鉴定。

（3）城建档案馆的馆藏档案鉴定工作，应由专门的鉴定工作小组和鉴定委员会进行。

（4）鉴定工作小组应由城建档案馆工作人员组成，其主要任务应包括下列内容。

①根据城建档案保管期限表和有关法律、法规、规章和标准，制定详细的鉴定标准和工作方案。②对馆藏档案进行具体的鉴定工作。③列具拟降密、解密档案清册、拟销毁档案清册、拟开放档案目录、拟划控使用档案目录等。④撰写鉴定工作报告，写明鉴定工作过程、鉴定工作标准、拟降密解密档案内容分析、拟销毁档案内容分析、拟开放档案内容分析、拟划控使用档案内容分析，以及对重点、难点问题的处理意见等。

（5）鉴定委员会由城建档案馆馆长、馆内有关业务人员、相关专业管理部门的代表以及与被鉴定档案有关的单位负责人（或代表）、有关专家参加。

（6）鉴定委员会的工作应包括下列内容。

①讨论、审查鉴定工作标准和工作方案。②讨论、审查鉴定工作报告和拟降密、解密档案清册、拟销毁档案清册、拟开放档案目录、拟划控使用档案目录等，必要时还应直接审查或抽查有关档案。③形成鉴定委员会审查意见。

（7）城建档案管理机构应将鉴定委员会审查意见、鉴定工作报告、拟降密或解密档案清册、拟销毁档案清册、拟开放档案目录、拟划控使用档案目录等，送交档案形成单位征求意见。

（8）档案形成单位反馈意见后，形成鉴定结果。

（9）根据鉴定结果，对拟降密、解密、销毁的档案必须编制拟降密、解密、销毁档案报告和销毁清册，并应报有关部门审查。档案的降密、解密或销毁必须得到有关部门的批准。

4.5.6 城建档案室的鉴定工作

（1）建设系统各行业（专业）管理部门档案室、建设工程档案形成单位档案室的鉴定工作包括归档时对文件材料的鉴定和对所保管档案的鉴定两种工作。

（2）档案鉴定工作应由档案室会同本单位技术负责部门、业务部门共同进行。

（3）档案室应会同本单位技术负责部门、业务部门制定本单位文件材料归档范围、档案密级与保管期限表，经单位领导人批准后执行，并据此进行档案鉴定工作。

（4）归档的案卷封面上必须注明密级与保管期限。

（5）档案室在检查归档案卷质量时，应检查其密级与保管期限的准确性。

（6）档案室应根据保管期限规定，每年或按规定时间将保管期满的档案调出，经本单位技术负责部门、业务部门、主管领导审阅，认定无需继续保存的，方能销毁。

（7）档案室应根据保密规定，每3～5年对档案密级进行一次鉴定。根据经济社会和科技发展形势，将可解密或降低密级的档案拣出，经主管部门和保密部门审阅批准后，方可解密或降密。

4.5.7 城建档案保管期限和密级

4.5.7.1 城建档案的保管期限

为了保证城建档案鉴定工作的质量和提高鉴定工作的效率，便于鉴定工作的顺利进行，国家根据鉴定城建档案价值的原则制定指导性文件，来确定城建档案的保管期限。

1988年，国家城乡建设环境保护部颁布了《城乡建设档案保管期限暂行规定》，对城建档案的保管期限规定为永久、长期和短期三种。长期为20～60年，短期为20年以下。

确定城建档案保管期限应当遵循以下原则：

（1）凡是能够反映城乡建设发展历史面貌，在城乡规划、建设、管理及科学、历史研究等方面具有长久查考和利用价值的档案，均应永久保存。

（2）凡是在较长时间内对城乡建设及科学、历史研究具有查考和利用价值的档案，均应长期保存。

（3）凡是在短期时间内对城乡建设及科学、历史研究具有查考和利用价值的档案，均应短期保存。

（4）凡介于两种保管期限之间的档案其保管期限一律从长。

2002年，国家建设部发布的国家标准《建设工程文件归档整理规范》（建标［2002］8号），规定了建设工程文件保管期限分为永久、长期、短期三种。永久是指工程档案需永久保存；长期是指工程档案的保存期限等于该工程的使用寿命；短期是指工程档案保存20年以下。同一案卷内不同保管期限的文件，该案卷保管期限应从长。并对各类文件的保管期限作了具体规定。

4.5.7.2 城建档案的密级

按照党和国家有关保密的规定，凡涉及党和国家安危和利益的，尚未公布或不准公布的事项，都属于保密的范围。

1989年，国家建设部、国家保密局制定了《建设工作中国家秘密及其密级具体范围的规定》，对建设工作中有关文件资料列入国家秘密的具体范围、等级范围作了规定。

中华人民共和国国家标准《建设工程文件归档整理规范》GB/T 50328—2001，将建设工程文件的密级分为绝密、机密、秘密三种。同一案卷内不同密级的文件，应以高密级为本案卷密级。

绝密级是最重要的国家秘密，泄露会使国家安全和利益遭受特别严重的损害；机密级是重要的国家秘密，泄露会使国家安全和利益遭受严重的损害；秘密级是一般的国家秘密，泄露会使国家安全和利益遭受损害。

国家秘密的保密期限，除另有规定外，绝密级不超过30年，机密级不超过20年，秘密级不超过10年。

国家秘密的保密期限已满的，自行解密，但也可以根据需要提前或延后解密。

机关、单位应当定期审核所确定的国家秘密。对在保密期限内因保密事项范围调整不再作为国家秘密事项，或者公开后不会损害国家安全和利益，不需要继续保密的，应当及时解密；对需要延长保密期限的，应当在原保密期限届满前重新确定保密期限。提前解密或者延长保密期限的，由原定密机关、单位决定，也可以由其上级机关决定。

机关、单位应当根据工作需要，确定具体的保密期限、解密时间或者解密条件。

机关、单位对在决定和处理有关事项工作过程中确定需要保密的事项，根据工作需要决定公开的，正式公布时即视为解密。

4.5.8 城建档案的降密、解密与销毁

（1）降密、解密、销毁和保管期限变更档案清册批准后，应在相应的案卷封面上重新

标注新的保管期限和密级,并应更改相应的各种目录、数据库记录等,使其与鉴定结果相一致。对确定失去保存价值的城建档案,按规定程序报批后,可剔除销毁。

(2) 降密、解密、销毁和保管期限变更档案清册应一式两份,一份留在城建档案管理机构永久保存,一份报上级主管机关及业务主管机关。

(3) 销毁是指经过鉴定,对失去价值的城建档案作毁灭性处置的过程。销毁前,必须严格履行手续,编制销毁清册,做好登记台账。准备销毁的档案在未批准前,应单独保管,以便审批时检查。

(4) 销毁清册应包括清册名称、单位、鉴定小组负责人姓名、鉴定时间、销毁审批人姓名、销毁人姓名、监销人姓名、档案号、案卷题名、数量等。

(5) 城建档案馆对确定销毁的城建档案应设定1~2年的待销期,以免误销。

(6) 具体销毁工作由城建档案管理部门执行。销毁时应在2名及以上监销人监督下,送指定单位销毁。销毁工作应注意保密与安全。销毁完毕后,监销人应在销毁报告上签字。

(7) 城建档案销毁后,应将销毁的城建档案从各种目录及数据库中注销,包括撤掉有关的卡片。

城建档案鉴定、销毁清册表样式(表4-24、表4-25)。

城建档案鉴定表　　　　　　　　　　　表4-24

编号:_____

案卷名称				档号	
项目名称				归档时间	
原保管期限		原密级		张数	
鉴定意见	鉴定人:_____ 鉴定时间:_____					
鉴定小组意见	鉴定小组负责人:_____ 鉴定时间:_____					
备注							

```
                 城建档案销毁清册
    单位名称：
    鉴定小组负责人：            鉴定时间：
    销毁审批人：               监销人：
    销毁人：                  销毁时间：
```

图 4-2　城建档案销毁清册式样图

城建档案销毁清册　　　　　　　　　　　　　　　　表 4-25

序号	案卷或文件题名	形成时间	档案号	文号	数量	原期限	销毁原因	备注

4.6　城建档案的保管与保护

4.6.1　城建档案保管与保护工作的含义和内容

城建档案的保管与保护是指根据城建档案的成分和状况，所采取的存放和安全防护措施的一项经常性业务工作。维护城建档案的完整与安全是城建档案工作基本原则和基本要求，而城建档案保管和保护工作是实现维护档案的完整与安全的重要环节和直接手段。实现维护档案的完整与安全就是城建档案的保管与保护工作最基本的、经常的任务。

城建档案保管与保护工作是城建档案管理部门的一项经常性业务工作。主要包括三个方面的内容：

(1) 城建档案的库房管理，是指库房内城建档案科学管理的日常工作。

(2) 城建档案流动过程中的保护，是指城建档案在各个管理环节中一般的安全防护。

(3) 保护城建档案的专门措施，是指为延长城建档案的寿命而采取的诸如复制和修补等专门的技术处理。

这三方面的工作，有的要与收集、整理和利用等工作同时结合进行，有的则须单独组织进行。

4.6.2　城建档案保管与保护工作的任务和意义

4.6.2.1　城建档案保管与保护工作的任务

城建档案保管与保护工作是城建档案工作的重要环节，其基本任务是：了解和掌握城建档案损坏规律，通过经常性工作，采取专门的技术措施，最大限度地防止和减少对城建档案造成危害的不利因素，延长城建档案的寿命，维护城建档案的系统性和完整性，保证城建档案的安全。

城建档案损坏和遭受破坏的因素有两种：人为因素和自然因素。

人为因素，主要表现在以下三个方面：

（1）出于某种不良动机，故意对某些档案文件进行有目的、有意识地破坏。

（2）由于档案工作人员或整理、保管、利用档案时接触档案的有关人员麻痹大意，或玩忽职守，或不遵守规章制度，以及缺乏城建档案业务经验等，导致管理和使用上的不善而造成城建档案的丢失、损坏或档案系统的紊乱。

（3）在城建档案管理和利用过程中，难以避免地发生档案的老化。如频繁使用、复印等造成的磨损、老化等。

自然因素，主要有以下两个方面：

（1）内因，档案本身。主要是指档案文件的制成材料、字迹材料，如纸张、胶片、磁带等载体材料，墨水、油墨等书写、印刷及其他附着材料，这些材料本身的耐久性及其变化直接影响到档案本身的寿命。

（2）外因，档案所处的环境和保管档案的条件。如不适宜的温湿度、光线、灰尘、虫、鼠、水、火、机械磨损、腐蚀性气体、强磁场以及人为污损等因素对城建档案的损害。

因此，城建档案保管和保护工作的实质就是档案人员向一切可能损害档案的自然的、人为的因素进行科学的挑战。

4.6.2.2 城建档案保管与保护工作的意义

城建档案保管与保护工作在整个城建档案工作中具有重要意义。

（1）做好城建档案保管与保护工作是集中统一管理城建档案、维护城建档案的完整与安全的重要措施，也是不断丰富城建档案馆藏的重要条件。如果城建档案的完整与安全得不到保证，集中统一管理城建档案也就失去了意义，城建档案其他业务工作的开展也就失去了物质基础，丰富馆藏也就无从谈起。

（2）城建档案保管与保护工作质量的高低，对提高城建档案管理水平具有重大的影响，甚至在一定条件下具有决定性的影响。城建档案保管得好，就为整个城建档案工作的进行提供了物质对象，提供一个最起码、最基本的前提。反之，如果不能有效地延长其寿命，甚至损毁殆尽，那就会使整个城建档案工作丧失最起码、最基本的物质前提。如果保管马虎，杂乱无章，造成失密、泄密，都会严重影响整个城建档案工作的秩序。

4.6.3 城建档案保管与保护工作的要求和原则

（1）具备符合专门要求的库房和设备。这是做好城建档案保管工作的最基本的物质条件。

（2）城建档案保管人员一定要具备相应的专业知识，且具有强烈事业心和高度责任感。在同等条件下，人的因素往往比物质因素更重要。物质条件是基础，人的因素是关键。

（3）保管人员要经常性的分析和观察城建档案的安全情况以及造成城建档案损毁的因

素，及时采取合适的方法和措施，不断地改善保管条件，改进保管方法，针对性地解决好城建档案保管工作中出现的各种问题。

（4）保管与保护工作一定要贯彻"以防为主，以防为先，防治结合"的原则，确保档案的长久与安全。

4.6.4 城建档案的异地安全保管

4.6.4.1 异地安全保管的内容

异地安全保管，就是指对列入重点保管范围的重要城建档案实行多套留存或备份，分别保存在不同的相对安全的地方。

异地安全保管工作的主要内容有：制作副本、电子文件备份、异地存放。

制作副本，就是对重点保管的城建档案进行复制或数字化扫描，制作成副本，原件封闭式保存，副本留存供平时利用。

电子文件备份，就是对电子文件建立多文件夹，供平时查档利用和数据备份。

异地存放，就是指多套重要的城建档案存放在不同的地方。重要的电子档案必须在不同的载体（光盘、磁盘、硬盘、服务器等）上进行备份。

4.6.4.2 异地安全保管的作用

对重要的、价值较大的城建档案实行异地安全保管的作用有以下几个方面：

（1）可以延长重要城建档案的寿命，使其能够发挥更长更大的作用。

（2）可以避免由于管理不当或者意外突发事件对城建档案造成无法弥补的损害，从而更好地维护城建档案完整与安全。

（3）可以提高城建档案管理人员的防护意识，培养他们的社会历史责任感。

4.6.5 档案室库房要求

（1）建设系统各专业（档案）管理部门档案室应设有档案库房，库房面积满足档案存贮的需求。库房与办公、查阅等用房分置。

（2）库房应有良好的适宜保管档案的环境和条件，符合防火、防水、防盗、防震、防高温、防潮、防霉、防鼠、防虫、防尘、防光、防磁、防有害气体、防有害生物等要求。

（3）库房应配置足够数量的档案柜、档案架。档案装具符合现行国家规定标准《档案装具》DA/T 6—92 的相关规定。

（4）库房应配置必要的保管设备，如：吸尘器、温湿度测量仪、去湿机、空调、应急照明灯以及消防灭火设备等。

4.6.6 城建档案馆库房管理

4.6.6.1 库房管理一般要求

库房管理工作应有专人或设专职人员负责。

库房应采取防火、防盗、防潮、防高温、防虫、防光、防磁、防鼠、防有害气体等防护措施，应当配备如下设备：

（1）通风、去湿和空调设备。

（2）温湿度自动记录仪及相关的监控设备。

(3) 烟火传感报警装置、干粉灭火机或气体灭火机。
(4) 防盗报警装置、防盗门窗。
(5) 除尘器。
(6) 消毒机或消毒箱以及防虫防霉药剂。

城建档案馆应编制档案存放位置索引,把每个库房档案柜、档案架内档案存放的实际情况绘成平面示意图,供保管和调卷人员使用。

4.6.6.2 库内的排放与编号

库房内档案架、档案柜的排放与编号应符合下列规定:

(1) 应根据档案库房大小、形状、朝向合理排放和布置档案架、档案柜,并方便档案的存取、便于通风和自然采光。

(2) 档案架、档案柜排列应与窗户垂直,架侧、柜侧与墙壁间距应不小于60cm,架背、柜背与墙壁之间的距离应不小于10cm,前排与后排间距应保持在1~1.2m左右。

(3) 库内的档案架、档案柜应统一编号。编号宜自门口起从左至右流水编号,每个档案架、档案柜的栏也宜从左向右编号,每栏的格宜自上而下编号,并以标签的形式在架、柜上标出编号。

(4) 城建档案装入档案柜或密集架时均应采用分类排列法或顺序排列法进行。

(5) 有两个及以上库房的城建档案管理机构应进行库房编号,编号应采用流水号顺序编排。

(6) 绝密、重要以及珍贵的档案应与其他档案分开存放;不同载体形式的档案应分库存放;底图、地形图等应采用平放方式保存,板图可装在袋内或保护夹内,竖立放置或平放在柜架上;录音录像、磁盘等磁性载体的档案应放入专门的档案柜中保管。

(7) 档案的摆放可分别采用竖放、平放、卷放等方法。

4.6.7 城建档案保护工作

4.6.7.1 库房温湿度控制要求

(1) 不同载体档案的库房温湿度应符合下表的规定(表4-26)。

档案库房温湿度控制标准　　　　　表4-26

档案类型	温度(℃)	相对湿度(%)	昼夜温度变化(℃)	昼夜相对湿度变化(%)
纸质档案	14~24	45~60	±2	±5
底片档案	13~15	35~45	±3	±5
照片档案	14~24	45~60	±3	±5
磁性载体档案	17~20	35~45	±3	±5
光盘档案	14~24	45~60	±2	±5

(2) 库房应进行不间断的温湿度测量、记录,按规范记录温湿度情况。

(3) 控制档案库房温度、湿度,可分别采取下列措施。

① 当库内温度、湿度高于控制标准而库外温湿度较低时,应开窗通风,或使用通风机、风扇等进行通风。

② 当库内温度、湿度符合控制标准而库外温湿度较高时,应密闭窗门。

③ 当库内湿度大于控制标准时，应采取通风、开启去湿机等方式减湿。

④ 当库内湿度小于控制标准时，应使用加湿器、地面洒水等方式增湿。

⑤ 当库内温度高于控制标准时，应使用空调设备降温。

⑥ 当库内温度低于控制标准时，应使用空调设备增温。

(4) 库房温湿度调控的方法

① 密闭。档案库应严密封闭，以减少库外不良气候对库内的影响。库区或库房入口处应设缓冲间或安装气幕装置。每逢梅雨、高温、潮湿季节严禁随意开启库房门窗。

② 通风。档案库应根据空气流动规律，利用库外温、湿度的有利条件，合理地使库内外的空气进行自然交换，科学地进行通风。通风口应该设有一定的防护装置，以防灰尘和飞虫等进入。通风时要注意观察，防止产生结露现象。要避免有害气体进入库内。通风后应立即密闭有关设施。

③ 减湿。库房应采用空气冷冻去湿机或吸湿剂降低湿度。

④ 增湿。当库内湿度低于规定要求时，可采用蒸汽加湿或水蒸发加湿适当增加库内湿度。

⑤ 降温、增温。可采用空调措施增温或降温，也可采用暖气设备增温，且以汽暖为宜。

⑥ 通过库房温湿度测量、记录和分析，掌握档案库房温湿度的变化规律，在没有空调设备的情况下，可采取通风与密闭的措施达到改善库房温湿度的目的。

(5) 新建档案库房竣工后不宜立即投入使用，一般要经半年以上的通风干燥后方能使用。

4.6.7.2 库房防光要求及相关措施

(1) 在档案的整理、保管和利用过程中应采取防光措施，减小光辐射的强度和辐照时间，以避光保存为宜，严禁将档案放在阳光下曝晒。

(2) 档案库房宜使用乳白色的带防爆灯罩的白炽灯，照度一般在 30~50lx 为宜。阅览室照度一般在 75~100lx 为宜。当采用荧光灯时，应有过滤紫外线和安全防火措施。

(3) 库房的窗洞面积应符合现行行业标准《档案馆建筑设计规范》JGJ 25—2010 的要求，窗户应采取不透光的窗帘、遮阳板、防紫外线玻璃等遮阳措施。

(4) 不宜在强光下长时间利用档案，珍贵档案原件复印次数不宜过多。

4.6.7.3 库房防尘、防空气污染要求及相关措施

(1) 新建库房选址时，应远离锅炉房、厨房、有污染的车间等场所，并应提高档案库房周围的绿化覆盖率。档案库房所处地区及周围环境空气的质量，不应低于二级质量标准。

(2) 档案库房门窗应加装密封条，库房进风口处应设置净化空气装置和阻隔性质的微粒过滤器，净化和过滤库房空气。

(3) 库房维护结构的内层应选用质地坚硬耐磨的材料，或采用高分子涂料喷刷库房地面和墙面。

(4) 档案入库前应进行除尘和消毒处理。工作人员入库应更换工作服。

(5) 应制定卫生清洁制度。清洁库房卫生应使用吸尘器，先吸门窗、地板，后吸柜架。

4.6.7.4 库房防虫、防霉和防鼠害要求及相关措施

(1) 档案入库前应进行灭菌消毒，防止带菌的档案入库污染其他档案。库房内严禁堆放杂物，严禁把食物带入库房内。新库房和新柜架启用前，应先使用药物进行密闭消毒。

（2）加强库房温、湿度的控制和调节。库房温度、湿度应控制在档案《库房温湿度控制标准》规定的范围。

（3）库房和办公用房应分设，避免人为因素使档案感染，滋生虫害。

（4）库房应使用防霉剂等药剂防霉。

（5）库房应经常放置和定期更换防虫药物，防止害虫的发生。

（6）库房门窗应严密，并安装纱门、纱窗。

（7）应做好库房虫情、鼠情观察记录工作，并采取适当的消杀措施。特别是在害虫高发季节，应根据害虫活动规律翻检档案架的角落、缝隙处及案卷的角落、装订处有无微生物滋生及害虫活动的痕迹，记录虫种、虫态及危害情况，以便采取适当措施。

4.6.7.5　库房防火、防盗要求及相关措施

（1）应加强防火意识教育，使每一位工作人员熟练掌握防火、灭火的相关知识和技术。

（2）应制定防火、防盗制度，配备足够有效的灭火装置，安装防盗门和防盗栏，安装自动防火防盗报警监控系统。

（3）库房内外严禁堆放易燃易爆等危险物品与杂物，库房、整理室、阅档室以及相关的工作用房严禁吸烟，严禁无关人员进入库房。

（4）应定期检查库内电器和电线老化程度，防止电器、电线老化引起火灾。严禁超负荷使用电器设备。

（5）城建档案管理机构应对地震、水灾、火灾、偷盗、破坏等突发事件制定应急预案。应急预案应包括领导小组及其职责、应急队伍及任务、应变程序启动及组织、抢救档案的先后顺序、搬运路径、安全护运、转移存放地点、转移后在非常态情况下的管理及保护等内容。

档案库房温湿度记录表　　　　　　　表 4-27

_____号库房_____　　　　　　　　　　　　　　　_____年___月

日期	天气情况	上午		下午		措施	效果	备注
		温度	湿度	温度	湿度			

4.7 城建档案的缩微

城建档案缩微就是利用摄影原理,将档案原件上的信息按照一定的缩率拍摄记录在感光胶片上。缩微技术产生于20世纪20年代至20世纪后期,缩微摄影技术得到了快速发展,并随之被世界各国普遍采用。尤其是在图书、文献、档案等管理部门的应用更为广泛。

4.7.1 档案缩微的优点

(1) 缩小档案体积,减少存贮空间,便于收藏。缩微品体积很小,一般缩微比率范围为 (1/7)~(1/48),超高缩微比率范围可达 (1/90)~(1/250)。特超缩微甚至可以缩小到几万分之一。因此,缩微品的存储密度同目前的光盘的信息存储密度相近似。如果将一个馆藏几万卷的库房档案,缩微后只要1~2节档案柜就可以存放。因此,将档案拍摄成缩微胶片,就可以解决大量档案的空间占用问题。

(2) 延长档案寿命,有利于档案的超长期保存。采用缩微摄影技术,将纸质档案材料摄制成缩微胶片,是国际档案界普遍公认的最耐久的保存、保护手段。历史已经证明,缩微胶片可保存上百年,现在用安全片基银盐缩微胶片制成的缩微品预期寿命可超过800年。因此,同样在恒温恒湿的条件下,缩微胶片的保存期要比现代机制纸的保存期长得多。而且,缩微品还可以不断复制,随着胶片材料的更新换代,档案信息的永久保存完全可以成为现实。

(3) 复制档案容易,有利于更好地保护档案原件。档案缩微后,可以用缩微品直接替代原件提供利用,并根据利用者的需要,还可以将缩微品随图放大或者局部放大,复制成任意份数,从而减少了档案原件在频繁使用中的磨损,使档案原件能得到更好的保护。

(4) 便于档案信息的存储形式转换和快速传递。档案的纸质载体经缩微摄影,原载体信息不仅转换成了缩微影像胶片载体信息,而且还可以转成数字化信息。由于缩微后的档案解决了信息存储形式上的转换,使档案信息既可存贮在磁盘或光盘上,也可以通过网络,实现档案信息的快速传递。因此,它不但可以实现大容量的信息存贮,还可同其他现代化技术结合起来,实现信息的快速检索、传递、交换和管理,方便了档案文件的保管、保护及利用。

(5) 查找迅速,利用方便,可以提高办公效率。档案缩微不管原件幅面的大小,都可以缩摄在同一尺寸的胶片上,规格整齐划一,便于日常管理和快速检索、显示和复印。因此,缩微摄影技术与其他现代技术进一步结合,将会大大提高档案信息的处理能力和工作效率。

(6) 信息安全可靠,法律凭证性强。缩微胶片在使用中即使不小心受到损伤,如划痕、断裂等,也只是局部的有限范围,大部分信息都不受影响,这是现代数字产品无法替代的。而且,缩微就是对档案原样的拍摄,完全可以将原件的内容、图形、格式、字体等原原本本地忠实记录下来,形成与原件完全相同的缩小影像,不易更改。因此,许多国家(包括中国)规定,按一定标准拍摄的缩微胶片具有法律凭证作用。1990年11月,国家档案局发布的《中华人民共和国档案法实施办法》,其中第21条规定:"各级各类档案馆提供社会利用的档案，应当逐步实现以缩微品代替原件。档案缩微品和其他复制形式的档案载有档案收藏单位法定代表人的签名或者印章标记的，具有与档案原件同等的效力。"这就为档案原件的再生性保护提供了法律依据。

4.7.2 城建档案缩微工作的基本要求

（1）缩微拍摄的城建档案文件和图纸应为原件。通过数字胶片打印机制作缩微片时，应保证所用数据为原始数据。

（2）城建档案缩微宜采用35mm卷片拍摄。工程图纸原件和拍摄工作应符合现行国家标准《技术图样与技术文件的缩微摄影 第1部分：操作程序》GB/T 17739.1—2008第一部分的有关操作程序要求。

（3）缩微拍摄前应对原件的质量和数量进行审核。

（4）缩微拍摄前应编制缩微目录。

（5）缩微拍摄的影像排列顺序应分为片头区、原件区和片尾区。

（6）需补拍时应作出更正说明；接续片的片尾片头应做拍摄标识符号；接片应符合现行国家标准《缩微摄影技术 有影像缩微胶片的连接》GB/T 12355—2008的规定。

（7）缩微拍摄后应对缩微片进行质量检查。检查项目应包括密度值、解像力、硫代硫酸盐残留量和外观。其质量应符合现行国家标准《技术图样与技术文件的缩微摄影 第2部分：35mm银—明胶型缩微品的质量准则与检验》GB/T 17739.2—2006和《缩微摄影技术 源文件第一代银—明胶型缩微品密度规范与测量方法》GB/T 6160—2003的规定。

（8）向城建档案管理机构报送的城建档案缩微品应包含缩拍目录、补拍说明、更正说明、执行的技术标准。

（9）缩微片应保存两套，一套为用于长期保存的母片，另一套为用于复制和使用的二代拷贝片。

（10）缩微品的保管环境应保持恒温恒湿。其保存应符合现行国家标准《缩微摄影技术 银—明胶型缩微品的冲洗与保存》GB/T 15737—2005的要求，每年应抽取保管总量的20%，对缩微片的情况进行检查。

4.8 城建档案的修复

城建档案在形成、保管和利用过程中，由于受到各种因素的影响，而使档案载体受到不同程度的损坏，如撕裂、残缺、污损、霉变、虫蚀、纸张脆化、字迹褪变等。为了延长档案的使用寿命，更好地提供利用，必须对受损的档案采取相应的技术措施和方法，予以及时修复，恢复档案的本来面目。因此，档案的修复是档案管理工作中的一个重要组成部分。所谓修复，就是对已经损坏或存在着不利于永久保存的因素的档案进行技术处理，以增强档案载体材料的耐久性。

档案修复是一项技术性强、细致复杂的工作，要求档案修复人员必须具有高度的责任心、认真细致的工作态度和过硬的业务技能。档案修复应符合现行行业标准《档案修裱技术规范》DA/T 25—2000的规定要求。

4.8.1 档案修复应遵循的原则

（1）尽量恢复和保持档案原貌。
（2）修复方法一定要稳妥可靠，不得贸然行事，以免对档案原件造成再次损害。
（3）修复时所使用的材料和方法都要有利于档案制成材料的耐久性。

4.8.2 档案修复前应做的准备工作

（1）登记。
（2）检查。
（3）除尘。
（4）制定修复方案。

4.8.3 档案的去污

档案在长期保存和利用过程中，由于环境和人为等因素，难免会形成各种污痕、霉斑等。这些污斑不仅使档案的外观受影响，妨碍阅读和使用，而且还会损伤档案材质的耐久性，严重的还会进一步扩散遮盖字迹、数据，使档案无法利用。为了更好地保存和利用档案，必须及时除去这些污斑。

由于各种污斑的组成和性质不同，因而去污方法也有所不同，应该根据档案上污斑的具体情况，灵活运用不同的去污方法进行处理。常用的去污方法是溶剂去污法和氧化剂去污法。

4.8.3.1 溶剂去污法

溶剂去污是一种物理去污法，它是利用溶剂的溶解力实现污斑的清除。常见的有水洗法和有机溶剂去污法。

1. 水洗去污法

水是一种常用的溶剂。它是由两个氢原子和一个氧原子组成的极性分子，具有较强的溶解力。适宜用于去除泥斑、水斑等污斑。

泥斑主要含有黏土及杂质，是极性物质，通常是机械地粘附在档案表面。去污时将档案平铺在工作台上，用软毛排笔刷去污泥。对于较厚的泥斑可用小刀轻轻刮去。然后，把档案放在一块玻璃上，一起放入盛有70℃左右温水的容器中。由于水和黏土都是极性分子，二者异极相互吸引，使黏土溶解。水洗时，可用软毛刷轻轻刷洗污斑。水洗后，取出档案，放在吸水纸中压干。但此方法不宜用于字迹材料为水溶性的档案。

2. 有机溶剂去污法

有机溶剂可去除档案上的油斑。

油的主要成分是高级脂肪酸的甘油脂。是非极性分子，不溶于水，而能溶于非极性的有机溶剂中，如汽油、四氯化碳等。这些溶剂对纸张并无危害，但能溶解某些字迹材料中的色素，因此，在使用有机溶剂去污前必须先做试验。

去除油斑时，把档案反扣在滤纸上，用棉签蘸上溶剂，涂擦于油斑背部。油斑溶解后即被下面的滤纸吸收。擦除油斑时应不断更换滤纸和棉签。当用一种有机溶剂不易除去油斑时，可以使用1∶1混合的三氯甲烷和四氯化碳溶剂，以增强其溶解力。

由于有机溶剂易燃，且有一定的毒性，因此，必须谨慎操作，并保持良好的通风。

4.8.3.2 氧化剂去污法

氧化剂去污是使污斑与氧化剂发生化学反应，变成无色物质而被除去。是一种化学去污法。主要去除溶剂难于去除的霉斑、蓝黑墨水斑、铁锈斑等污斑。

氧化剂种类很多，分子结构各异，氧化能力也有不同。但须注意的是：氧化剂不仅能氧化污斑，而且还能在一定程度上氧化纸张中的纤维素以及字迹材料中的色素，从而导致纸张强度下降，字迹褪色等现象。因此，应根据纸张的种类和强度、字迹材料中的色素成分和污斑的性质，合理选择相应的氧化剂。常用的氧化剂有高锰酸钾、过氧化氢、亚氯酸钠、二氧化氯等。

1. 高锰酸钾去污法

首先把需要去污的档案浸在水中，使其湿润，把湿润的档案放入 0.5%～1% 的高锰酸钾溶液中约 5min 后取出，再放入 0.5%～1% 的亚硫酸氢钠溶液中，使之慢慢变为白色。然后，用清水冲洗档案，并将其放在吸水纸中压干。由于高锰酸钾的氧化性很强，因此，对于木素含量较高的新闻纸等，不宜用高锰酸钾去污。因为木素很容易氧化，纸张一旦氧化变色后，难于再恢复其原来的白度。

2. 过氧化氢去污法

过氧化氢是一种无色液体，漂白是它的主要用途之一。去污时，为了减弱对纸张强度的影响，可用过氧化氢与乙醚混合，形成一种较温和的氧化剂溶液。乙醚是有机溶剂，它可以溶解部分污斑。

配制混合液的方法是：将乙醚放入锥形瓶中，把等体积的过氧化氢放在分液漏斗中，然后将过氧化氢慢慢滴入锥形瓶中，边滴边摇动锥形瓶，使之充分混合后，盖上瓶塞，再用力摇动 5～10min。随后，静置片刻，此时，锥形瓶中的液体便会分为上下两层，用吸管吸出上层的混合液，按照有机溶剂去污的方法除去污斑。

3. 亚氯酸钠去污法

亚氯酸钠也是一种很和缓的氧化剂，因此，对纸张纤维没有损伤，而是有选择性地对污斑色素进行氧化漂白。

具体方法是：将受污档案放入每升含有 30g 亚氯酸钠的溶液中，浸泡约 10min，然后放进每升含 30g 亚氯酸钠的 2% 甲醛溶液中浸 15～60min，最后用流动水冲洗 15min，再用吸水纸压干。

4.8.4 档案的去酸

纸张的变质，其主要原因是造纸过程中的施胶以及大气污染等原因，使纸张带有酸性。酸能促使纤维素水解，纸张强度下降。根据大量科学试验证明，酸是纸张破损的主要原因。档案去酸就是根据中和原理，用碱性物质把纸张中的酸中和掉，使纸质文件的 pH 值提高到 7.0 左右，以有利于档案纸张的长久保存。

对档案纸张去酸，首先要测定纸张的含酸度。检测档案纸张的酸度可以用纸张快速测酸仪直接测定纸张的 pH 值。这种测酸方法的优点是：简便、快速，对档案纸张没有任何损伤。也可以用石蕊试剂在档案没有文字的不同部位各滴 1～2 滴，观察试剂颜色的变化。石蕊试剂在酸性中呈现为红色，在碱性中呈现为蓝色。纸色变红，就是微酸性；如果不变,可认为 pH 值在 7 左右,基本为中性;纸色变蓝,即为微碱性。另外,还可以用石蕊试纸检查 pH 值。先把试纸和要检查的纸张润湿后,相互贴紧压实片刻,观察石蕊试纸变色情况,来判断档案纸张 pH 值的大小。当纸张的 pH 值达到 5 或 5 以下,说明酸性程度不小,需要进行去酸处理。去酸可以分为液相去酸和气相去酸。

4.8.4.1 液相去酸

液相去酸是使用某些碱性溶液与纸张中的氢离子发生化学反应,来降低酸度的方法。根据溶剂的使用种类,可以分为碱性水溶液和碱性有机溶液。

1. 碱性水溶液去酸

(1) 氢氧化钙—碳酸氢钙溶液去酸。把配制好的 0.15%~0.2% 的氢氧化钙和 0.15%~0.2% 的碳酸氢钙溶液分别装在两个容器中,将需要去酸的档案放在清水中浸湿后,移入氢氧化钙溶液里中和去酸约 10~20min,然后拿出放入清水中漂洗一下,再放进碳酸氢钙溶液中中和去碱 10~20min。中和去碱后取出档案,在吸水纸中压干。这种去酸方法的优点是:档案纸张中的酸除去了,呈中性或微碱性,残留在纸上的细微颗粒状的碳酸钙会慢慢地渗入到纸纤维中,既能增加纸张白度,又能起到抗酸缓冲作用,防止纸张酸度提高。

(2) 碳酸氢镁溶液去酸。将需要去酸的档案浸在碳酸氢镁溶液中 20~30min,然后取出放在水中清洗。这种去酸方法的优点是:残留在纸上的碳酸氢镁会慢慢分解,生成对档案纸张起抗酸缓冲作用的碳酸镁。

碱性水溶液去酸的优点是:去酸溶液能渗透到纸张纤维中,去酸效果较好,而且去酸后的纸张上有碱性残留物,能防止纸张酸化。但缺点是只适合单张进行去酸,不能大批量处理,工作效率低。对于水溶性字迹材料的档案和纸张脆弱的档案,均不适合对其作浸湿处理。

2. 碱性有机溶液去酸

碱性有机溶液一般由去酸剂和有机溶剂组成。由于溶液中不含水分,因此,克服了水溶液去酸的缺点。

(1) 氢氧化钡—甲醇溶液去酸。先将 1.86g 的氢氧化钡溶解在 100mL 甲醇溶液中,配制成 1% 的氢氧化钡—甲醇溶液。然后,根据纸张的强度情况,用浸泡法或喷洒法对档案进行去酸处理。去酸后的档案纸张上的氢氧化钡能与空气中的二氧化碳作用,生成碱性化合物碳酸钡,碳酸钡具有抗酸作用。

由于氢氧化钡和甲醇均有毒性,因此,在操作时必须注意安全。

(2) 甲氧基甲基碳酸镁去酸。甲氧基甲基碳酸镁去酸法又称"韦陀法"。去酸时,先将档案装在金属丝筐里,置于真空干燥箱内干燥 24h,让纸张含水量减少到 0.5%。然后,将装有档案的金属筐放在处理罐中,用泵打入去酸溶液并加压,使去酸溶液完全渗透到纸内。反应约进行 1h 后,抽掉去酸液,进行真空干燥,最后,导入热空气至常压后,取出档案。这种去酸方法的优点是:档案纸张上残留有碳酸镁、氢氧化镁和氧化镁等碱性化合物,能起到抗酸缓冲作用。而且,干燥迅速无损纸张,处理量大,周期短,成本低。是目前比较理想的去酸方法。

4.8.4.2 气相去酸

气相去酸就是将档案置于碱性气体或碱性蒸气中进行去酸的方法。

1. 氨气去酸

将盛有 1∶10 稀氨水的容器放入处理罐内,把需要去酸的档案放入处理罐内约 24~36h。去酸后,纸张的 pH 值可达到 6.8~7.2。氨气去酸方法简单,成本低,适合大批量处理档案。缺点是,去酸后的档案上没有碱性残留物,纸张容易恢复酸度。

2. 二乙基锌去酸

去酸时,把档案装入处理罐内。为除去纸中水分,首先对其进行真空干燥。然后将二乙基锌放入罐内。在真空条件下,二乙基锌迅速气化,并渗透到纸张纤维内生成氧化锌。反应结束后,抽出乙烷,加入少量甲醇以消除残余的二乙基锌。然后,再通入二氧化碳。这样一方面有利于罐内压力回升,便于取出档案;另一方面还可以把具有光氧化催化作用的氧化锌转换成具有抗酸缓冲作用的碳酸锌。二乙基锌去酸的优点是:去酸档案的处理量大,去酸后的档案能均匀地沉积碱性残留物,增强抗酸作用。而且对纸张、字迹材料均无影响。是目前较好的气相去酸法。但这种去酸方法对仪器设备及操作人员的技术要求较高。尤其是二乙基锌的化学性质非常活泼,在空气中很不稳定,容易与水发生反应,并有易燃易爆的危险,因此,操作时必须严格注意安全。

4.8.5 纸质档案加固的几种常用方式

(1) 涂料加固。在档案纸张、字迹表面加一层涂料,使其免受各种介质的影响及机械磨损。是目前国内外档案部门用以巩固字迹、提高纸张强度的一种加固方式。其优点是涂料配制简易,涂刷方便。缺点是可逆性差。

(2) 丝网加固。丝网加固是用蚕丝织成网状,并喷上胶粘剂,在一定的热压力下,使丝网与档案粘合在一起的一种加固方式。其优点是透明度好,分量轻,耐老化。缺点是强度较低。适合纸张脆弱和两面有文字的档案加固。

(3) 塑料薄膜加固。塑料薄膜加固是在档案正反两面或一面加上一层透明的塑料薄膜,以提高纸张强度、保护字迹的一种加固方式。塑料薄膜加固又分为热压加膜、冷压加膜和溶剂加膜。热压加膜机有汽热平板式和电热压辊式。热压温度一般掌握在 80~150℃,压力在 5~30kg/cm²。冷压加膜是用压膜机把具有黏性的薄膜直接和档案压合在一起,不用通电加热,取材容易,操作简便。溶剂加膜是使用有机溶剂,把透明薄膜粘合在档案上,是一种不用高温高压的简易加膜方式。

4.8.6 档案的修裱

档案修裱就是使用粘合剂和选定的纸张,对破损档案进行"修补"或"托裱",使档案恢复原有的面貌,以增加强度,延长使用寿命。档案修裱材料和技术方法应符合下列规定:

(1) 修裱应使用黏性适中、化学性能稳定、中性或微碱性、不易生虫、不易长霉、色白或无色透明,具有可逆性的粘合剂。

(2) 修裱用纸应选择有害杂质少、有较好的耐久性、纤维交织均匀、纸张薄而柔软、有一定强度、纸张呈中性或弱碱性的接近档案原件颜色的纸张;宜使用宣纸、棉纸、云母原纸、卷烟纸等手工纸。此外,还可以用高丽纸、呈文纸、吸水纸等作为修补档案时的辅助用纸。

(3) 应针对档案残缺、破损情况采取合适的修裱方法，可选用补缺、溜口、加边、接后背、托裱等修裱方法。

(4) 修裱后的档案应经过干燥、修整。

总之，档案修裱设备、工具、材料的准备与选择、修裱前期准备工作，以及档案修补技术、揭补技术、托裱技术、丝网加固技术、地图托裱技术等，都应按现行行业标准《档案修裱技术规范》DA/T 25—2000 的有关要求执行。

4.8.7 档案字迹的恢复

档案在保管和利用过程中，特别是一些年代久远的档案，字迹会扩散、褪色或被污斑遮盖，轻则影响外观，重则有碍阅读利用，因而需要采取相应的措施使其恢复与显示。由于字迹种类繁多，性质各异，损坏程度不同，恢复和显示的方法也应有所不同。目前，档案字迹的恢复和显示有"化学法恢复"和"物理法显示"两种方法。物理法显示字迹主要是通过摄影法或数字图像处理技术来实现。而化学法恢复字迹是利用化学物质与褪色字迹、污斑等物发生反应，在原件上恢复字迹。由于此方法是化学物质直接与档案上微量字迹材料起反应，因此，使用化学法处理必须慎重。

4.8.8 清除磁带上的污斑

磁带上如有污斑，可用无毛的软布蘸上四氯化碳、氟利昂等有机溶剂，顺着磁带的运动方向，轻轻擦拭。注意，不能用力过猛，也不能用棉花或普通纸擦拭，以防掉落的绒毛或纸屑粘在磁带上。同时要避免灰尘，选择清洁的环境，掌握合适的温湿度，在通风橱中进行。

4.9 城建档案的开放与利用服务

4.9.1 城建档案利用工作概述

城建档案来自于城乡建设，也服务于城乡建设。城建档案工作的目的，就是要让潜在的、有价值的城建档案信息资源得以开发利用，为城乡建设提供积极有效的服务。因此，城建档案馆（室）必须要以广大利用者为服务对象，以丰富的馆（室）藏档案信息资源为手段，按照一定的原则和要求，采取各种有效的形式和方法，提供和开发城建档案信息资源，充分发挥城建档案的社会效益和经济效益，让城建档案工作的价值和城建档案的信息价值得到更好的体现。

4.9.2 城建档案利用服务工作的内容和地位

4.9.2.1 城建档案利用服务工作的内容

城建档案利用服务工作，就是城建档案馆（室）充分利用馆藏城建档案资源，通过一定的方式方法提供城建档案信息为社会服务的一项工作。城建档案利用工作的基本内容，就是介绍和报道馆藏档案的内容和成分，通过各种方式方法，满足社会对城建档案信息的需求。主要有以下三个方面的内容：

1. 构建城建档案数据库，编制城建档案检索工具

在城建档案整理工作的基础上，对城建档案信息数据进行提取、著录，构建多层次的城建档案信息数据库，建立多角度的计算机检索体系，为城建档案利用服务工作创造条件。这项工作做好了，将提高城建档案的利用率和查准率，提高城建档案利用服务工作的效率。

2. 通过各种方式，直接提供利用

城建档案利用服务工作的基本方式是采取多种形式，使城建档案信息，直接与利用者见面，为用户提供服务。

3. 对城建档案信息进行加工，汇编成各种参考资料

这是城建档案利用工作发展到一定阶段的一项工作内容，是城建档案开展利用工作的重要内容。

4.9.2.2 城建档案利用服务工作的地位

利用服务工作是城建档案工作的根本目的，是城建档案工作为社会服务的直接手段，是兼顾城建档案工作内外关系的一个重要环节，在城建档案工作中占有突出地位。主要表现在两个方面：

（1）利用工作代表整个城建档案工作的成果，直接与社会各界发生城建信息传递、城建档案资料供应和咨询服务关系，集中体现在城建档案工作的方向和作用。它是城建档案工作联系社会的一个窗口。利用工作做得如何，是衡量城建档案馆业务开展的程度、工作质量的主要标志。

（2）城建档案利用工作体现了社会对城建档案信息利用的需要，也是对整个城建档案工作的检验，对城建档案业务工作开展具有推动作用。

由于城建档案利用服务工作的开展，必然会向城建档案工作其他环节提出相应的要求，因而促进这些工作环节的开展和提高。同时，通过城建档案利用服务工作的实践，可以获得有关城建档案管理的反馈信息，能比较客观地发现城建档案其他环节工作的优劣，有利于扬长补短，不断提高城建档案管理水平。

总之，城建档案利用服务工作是城建档案工作中最富有活力的一个环节，只有搞好城建档案利用服务工作，才能使整个城建档案工作富有生机，才能使城建档案工作在城市化建设中作出自己应有的贡献。

4.9.3 城建档案的开放与控制利用

（1）城建档案管理机构应根据国家关于档案保密、信息公开的有关规定和公共安全等有关要求，合理划定城建档案的开放和控制利用范围。

（2）城建档案管理机构所藏档案，除未解密或需要控制使用的档案外，一般自形成之日起满30年应向社会开放，并公布开放档案目录。

（3）对城建档案管理机构保存的涉及国家秘密、商业秘密、个人隐私、国家安全、公共安全、经济安全的档案，以及与城建档案形成单位和个人另有约定的，应实行控制利用。

4.9.4 城建档案利用服务工作的方式与要求

4.9.4.1 城建档案利用服务工作的方式

城建档案馆（室）提供城建档案为社会利用服务，是通过各种方式进行的，一般有以下几种：

(1) 以城建档案原件提供利用。如城建档案馆（室）在阅览室提供城建档案原件给利用者查阅；在特殊情况下将城建档案原件暂时借出使用，如评审、验收、展览等，但必须经领导批准，并有专人负责，以确保安全。

(2) 以城建档案复制件提供利用。如制作各种形式的城建档案原件复本，代替原件在馆内阅览室阅览（如珍贵城建档案）或提供馆外使用；编辑出版城建档案汇编和在报刊上公布城建档案；在城建档案馆网站上提供复制件查阅、下载；举办城建档案展览和陈列等。

(3) 提供城建档案证明。就是城建档案馆（室）根据机关、团体或个人的询问和要求，证实有关事实在城建档案内有无记载和如何记载而出具的书面证明材料。

(4) 综合城建档案内容编写书面资料提供利用。如：编写各种参考资料，函复查询外调，依据城建档案资料撰写专业文章和著作，向社会提供经加工的城建档案信息。

(5) 网上发布城建档案信息。就是将馆藏城建档案信息在互联网上公开发布，网上发布的信息必须是可以公开的城建档案信息。

(6) 城建档案咨询。是指城建档案馆（室）针对城建档案用户的电话、网络、书面等咨询问题，分析、研究及时予以答复。以实现帮助、指导其获取所需的档案信息。

4.9.4.2 城建档案利用服务工作的要求

1. 端正服务态度，牢固树立服务城市建设、服务社会公众的思想

城建档案工作是一项服务性工作。做好城建档案服务工作，首先要树立为城市建设各项事业和广大人民群众服务的思想，端正服务态度。只有树立明确的服务思想，才会有高水平的服务工作，才能主动地、积极地做好利用工作，及时、准确地提供城建档案，满足利用者的需要。

树立正确的服务思想必须坚持"四个服务"，即服务各级领导、服务城市建设、服务社会各界、服务人民群众。城建档案产生于城市建设的各项工作中，因此，为城市建设各项工作服务是城建档案利用工作的首要任务。城建档案是重要的城建信息资源，是领导进行科学决策的依据，因此城建档案利用工作，也应该自觉地面向领导，主动为领导决策服务。城建档案同样还是社会各界、广大人民群众有关权益的法律凭证、依据材料。因此，城建档案利用工作，同样应该很好地为社会各界、广大人民群众做好相关城建档案信息的提供利用工作，切实维护广大人民群众的合法权益。

2. 加强基础工作，调整供求关系

随着城建档案利用需求的增多，利用要求的扩大，利用工作出现了供求之间的矛盾。需求方面，从少量城建档案，发展到全面系统的城建档案信息，到经过加工、提炼的参考资料；而供应方面，由于城建档案工作起步晚，基础工作薄弱，还不能满足越来越多、越来越高的利用需求。因此，必须切实加强基础工作，正确认识基础工作和提供利用工作之间的关系，缓和供求矛盾，不断提高城建档案利用工作的效率和水平。

3. 熟悉馆藏，了解需要，及时、准确地提供服务

熟悉馆藏是开展城建档案利用服务工作的基本功，也是搞好利用工作的重要条件。熟悉馆藏，就是熟悉城建档案馆保存档案的内容、成分、数量、范围及存放的位置、重要程度、价值大小、形成时间、形成单位、归档时间、保管状况和利用率等。

了解利用者的需求，掌握城建档案的利用规律性，就必须了解和掌握城市规划、建设和管理工作的形势和发展方向，了解城市规划、建设、管理工作的程序，掌握城市建设活动的规律。同时，城建档案利用服务工作人员要对利用服务定期进行定量统计，总结利用数量、利用效益，及时研究利用工作的特点和规律。通过日常利用工作，开展利用信息反馈，了解掌握利用者需求。知己知彼，心中有数，才能提供更加优质、高效的服务。

4. 强化服务功能，树立参与意识，向开放型、主动型的利用模式发展

城建档案利用服务工作，不应满足于利用者问答的利用需求，而是要研究总结城建档案利用工作的特点和规律，强化服务功能，树立参与意识，向开放型、主动型的利用工作模式发展。建立开放型、主动型的利用工作模式，它要求城建档案人员积极参与城市建设的有关活动，了解城建动态需求，不断开拓新的服务方式，多层次、全方位、主动、超前地为城市建设各项工作提供切合实际的信息服务。

5. 正确处理利用和保密的关系

对于属于密级的城建档案，在提供利用时必须加以严格区分，注意保密。正确处理提供利用和保密之间的关系，既要积极开发利用，又要合理维护档案信息的安全与保密。严防利用失控而造成失、泄密。

4.9.5 城建档案开放利用的规定

（1）城建档案馆（室）应设置独立部门和专职人员，配备阅览室和阅览设施，建立健全城建档案利用制度，编制必要的检索工具，为利用者利用档案提供便利。

（2）城建档案馆（室）提供社会利用的档案，应逐步实现以复制件代替原件。复制形式的档案载有档案收藏单位法定代表人签名或者印章标记的，具有与档案原件同等的法律效力。

（3）提供控制利用范围的档案，除查验个人身份证之外，还应查验相关证明材料，并报请领导批准：

① 建筑物所有权人，利用其取得所有权的建筑物档案，应持有建筑物权属证明。

② 司法机关、行政机关在法定职责范围内利用城建档案，应出具单位介绍信。

③ 建设单位、科研单位因工程建设、科学研究需利用建设项目及其周边或者沿线建筑物、构筑物、城市基础设施等未开放城建档案的，查阅人应出具单位介绍信和建设项目的审批文件。

④ 国家与地方对提供控制利用范围的档案利用有法律规定的，应服从其规定。

（4）城建档案管理机构对寄存档案的提供利用，应征得档案所有者的同意。

（5）港、澳、台同胞和海外华侨利用已开放的城建档案，应经市有关行政主管部门介绍，说明利用人身份、利用档案的目的和范围；外国组织和个人利用已开放的城建档案，应按照国家有关规定办理。

（6）提供利用档案，应按下列程序办理。

① 查验利用者身份证明和其他相关证明文件。

② 要求利用者填写《城建档案资料查阅登记表》。

③ 检索、调档。

④ 利用者阅览或复制。

⑤ 要求利用者对档案利用效果进行登记或反馈。

城建档案资料查阅登记表　　　　　　　　　　表 4-28

日期：_____　　　　　　　　　　　　　　　　　　　　编号：_____

查阅单位				查阅人		
证件编号		电话		职务		
查档目的						
查档内容						
调阅档案情况	档号		密级	批准人	复印（摘抄）内容与页数	
利用效果						
调档时间		接待人			批准人	
归卷时间		清点人			清点结果	
备注						

思 考 题

(1) 城建档案收集工作的内容、作用和方法有哪些？
(2) 城建档案接收工作的原则、方式是什么？
(3) 城建档案征集工作的意义、方法是什么？
(4) 城建档案整理的定义和整理的工作内容是什么？
(5) 何谓城建档案整理工作的原则？
(6) 简述城建档案分类的原则、要求和一般方法。
(7) 立卷的定义是什么？立卷的原则是什么？
(8) 简述城建档案统计工作的基本任务和步骤。
(9) 简述城建档案鉴定工作的原则、标准和基本方法。
(10) 城建档案保管期限的种类分哪几种？密级的种类分哪几种？
(11) 城建档案保管和保护工作的基本任务是什么？
(12) 档案缩微的优点有哪些？
(13) 城建档案修复工作的原则是什么？
(14) 城建档案利用服务工作的内容是什么？
(15) 简述城建档案利用服务工作的方式和要求。

第5章 城建档案编研

内 容 提 要

本章重点包括：(1) 城建档案编研工作的意义和作用。(2) 城建档案编研工作的特点和内容。(3) 城建档案编研工作的基本原则和要求。(4) 城建档案编研成果的结构和主要类型。(5) 城建档案编研工作的组织与程序以及应注意的问题。

随着城建事业的快速发展，城建档案数量日益增大，种类繁多。由于档案的保存在客观上存在一定的分散性，这就给人们利用城建档案或开展利用工作带来了不便。因此，城建档案馆（室）除了直接提供城建档案为利用者服务，还要根据城市建设和开展利用工作的实际需要，积极主动做好城建档案编研工作，最大限度地满足社会对城建档案信息的利用需求。

城建档案编研建立在对城建档案内容进行分析研究的基础上，没有对城建档案内容信息进行综合研究、对比分析、鉴别评述，就不可能产生切合实际的编研成果。编研包括"编"和"研"两个方面。编，就是把分散在各保管单位中的有关内容，进行加工、排列、组合，使其成为具有一定专题性的系统材料；研，则是对需要精选的档案内容进行分析研究，使之"升华"成为具有更高价值的文献材料。编中有研，研中有编，两者结合，相辅相成。如果只编不研，编出来的材料就不会有广度和深度；如果只研不编，那么其成果往往处于分散状态，成不了一个有机整体。因此，城建档案编研是一项研究性、技术性很强的工作，也是城建档案馆（室）开发城建档案信息资源，主动为城市建设，为社会服务的一项很重要的工作。

5.1 城建档案编研工作的意义和作用

城建档案编研是城建档案部门以满足社会对城建档案信息的需求为目的，以馆（室）藏城建档案为基础，通过对城建档案的分析研究，按照一定专题，对城建档案及其所包含的信息内容进行整理和加工，以编纂公布城建档案文献，编写城建档案参考资料，参加编史修志，以及利用馆藏城建档案资料撰写论文和专著等形式，提供给社会利用城建档案的一项专门工作。城建档案编研是城建档案工作的重要组成部分，是城建档案馆（室）业务水平的标志，是城建档案馆（室）主动提供服务利用的有效手段，在城建档案馆（室）工作中占有不可缺少的重要地位，其意义和作用不容忽视。

5.1.1 城建档案编研能够满足社会日益增长的利用需要

首先，城建档案编研提高了城建档案利用工作的效率。编研是较高层次和较高效能的城建档案提供利用方式，城建档案馆（室）根据利用需要把相关种类和相关内容的档案进行加工，编辑成各类编研成果供利用者使用，可以改变单纯的接待查档的被动服务方式，主动、系统地满足各方面需要。因此，城建档案编研提高了档案利用效率，是主动服务的有效形式。其次，编研扩大了城建档案的利用范围。编研改变传统依靠接待查档的利用方式，变被动为主动，主动向社会介绍和提供档案材料，系统满足各方面的需求，扩大了城建档案的利用范围，是一种较高形式的城建档案利用工作，是对城建档案利用的深化和拓展。再次，编研提高了城建档案信息的质量。编研以档案为基础，进行一次、二次或三次文献加工，不仅能将同类型档案集中起来，而且通过适当的加工编排，可以系统揭示城建档案材料及其所包含的信息之间的内在联系，提高了信息质量。

5.1.2 城建档案编研继承了我国文献编纂的优良传统

根据档案材料编纂文献，保存珍贵的档案史料，是我国档案工作的一个优良传统。编研有利于保存档案原件，有利于重要城建档案资料的保存与传播。对于一些历史较久远的城建历史档案，长时间地查找利用，不利于档案的保存。利用编研可以减少查找原件的机会，有利于保护原件。此外，随着时间的推移，各种因素对档案原件的损害难于避免。而编研能起到留存城建文化财富的作用。城建档案部门应当继承并发扬这一优良传统，通过编研的形式，把宝贵的城建文化财富留存下来，让其流传于世。

5.1.3 城建档案编研有助于城建档案工作的发展

首先，开展城建档案编研工作，有助于完善城建档案工作的职能。使城建档案工作从重视实体管理向实体管理与信息管理相结合的转化，变被动服务为主动服务，从而完善城建档案工作的信息管理职能。其次，开展城建档案编研工作，有利于城建档案其他相关业务的拓展。尤其对基础业务建设具有多方面的促进作用。通过编研不但可以促使城建档案工作人员熟悉馆（室）藏内容，发现收集、整理、分类、编目、排架等工作中存在的问题，及时加以调整和改进，提高档案工作者的实际工作能力，而且在编研过程中广泛向社会收集档案资料，可以进一步扩大档案门类，丰富馆藏内涵，有利于城建档案工作的全面发展。

5.2 城建档案编研工作的特点和内容

城建档案编研工作，是以城建档案馆（室）所藏档案为基础，开展相关的编纂与研究活动，并以最方便的形式提供给利用者阅读。从本质上来说，编研是以分析研究档案的编纂公布价值为前提，在普查的基础上，将零散的、孤立的、表面的档案，挑选组合成系统的、有机的、典型的档案信息的过程。

5.2.1 城建档案编研工作的特点

5.2.1.1 编研成果的创造性

编研成果的创造性主要体现在以下两个方面：一是编研成果是一种创造性的劳动产品。因为编研成果集中汇集的档案信息，是经过筛选、综合、归纳和提炼等整理加工的，在一定程度上提高了信息的密度，增加了信息量，甚至实现了信息的某种增值，这是档案部门工作人员创造性的劳动成果。二是编研成果的生产过程是创造性的劳动过程。开展编研工作之前，一般都要对社会进行需求预测，通过预测确定选题，并按照事先拟定的编研计划和方案进行编研工作。在编研工作中，选择档案材料和确定编研成果的体例结构，以及各项技术编排等工作，都要按照相应的要求来完成。是一项分析研究贯穿于始终的创造性工作。

5.2.1.2 服务方法的主动性

城建档案部门开展编研工作，从对用户需求的预测和为编研成果选题开始，到整理加工档案信息内容和及时传播，包括事后收集评价反馈信息等，不是单纯地等待利用者上门，而是处处体现了城建档案部门主动服务的精神，具有较强的主动性。

5.2.1.3 信息提供的系统性

提供信息的系统性，是指为编研成果选择的档案材料，一般都要按照一定的逻辑体系，进行编排、汇集，然后编印成编研成果。从而显示出编研成果档案信息的系统性。特别是某些编研成果，必须根据相应的需求，对档案中的数据、事实材料等内容，经过摘录、整理、加工，甚至采用制表、绘图等方式，以求得档案信息的表达更为直观醒目，便于揭示出档案信息内容的某种可比性，突显出编研成果中档案信息内容系统性的优点。尽管编研成果中编排的档案信息，仍为原始数据，但是，经过系统化后利用起来更为便利。

5.2.1.4 产生效果的广泛性

档案编研工作促使档案部门把服务重心由"主内"转为"内外结合"；把服务方法从被动转为主动；把服务方式由封闭、半封闭转向开放，适应了形势发展的需要，效果更为广泛。

5.2.1.5 编研成果的专业性和跨学科性

城建档案工作内容涉及30多个专业，如地质、测绘、规划、建筑、道路、桥梁、电力、煤气、园林、环保、给水排水等。因此，编研既可以针对性地围绕某一方面，根据专题需要编制专业性的编研成果，也可以从城市建设活动的整体需要考虑，形成跨学科的综合性编研成果。

5.2.1.6 编研成果的实用性

城建档案具有原始性、不可替代的凭证价值和参考作用。编研对于城建档案的查找和利用可以提供便利，因而，对于城市规划、建设、管理和科研，有着很强的实用性。

5.2.1.7 编研成果形式的多样性

城建档案编研成果形式多样，不仅有传统的纸质载体形式的，还出现了大量的录音带、录像带、光盘等新型载体材料形式的编研成果，此外，还有城建档案网站、展览、展厅，以及城建档案文化衍生产品等形式的城建档案编研成果，形式上具有多样性的特征。

5.2.2 城建档案编研工作的内容

城建档案编研工作的内容有广义与狭义之分。

5.2.2.1 广义城建档案编研

广义的城建档案编研工作是指围绕城建档案编研工作所进行的所有活动，即除了具体的业务工作环节以外，还包括城建档案编研的组织管理，即包括制定编研计划和工作方案,进行人员分工和组织协调、收集反馈信息等。

目前我国城建档案机构所开展的编研工作主要有编纂公布城建档案、编写城建档案参考资料、编史修志和撰写论著三个方面的内容。如果按照文献加工的深度来分析,这三个方面的内容分属不同的文献加工层次,分别对应于一次文献编研(编纂)、二次文献编研和三次文献编研。

(1) 编纂公布城建档案。即依照城建档案自身的各种相关特征,将城建档案的复制品或副本材料,在刊物上专题公布,或举办展览,或选编成册,在一定范围使用和公开出版。编纂公布属于一次文献编研,提供的是城建档案的原文,包括城建档案原件及其复制品。主要有两种形式:①书籍式。分为专题汇编和单行本两种形式。其中专题汇编是按照某一特定的专题,对有关城建档案材料进行收集,经过筛选、转录、校勘、编排和出版,成为某种城建档案的汇集。包括各类城建档案资料汇编、选编、文集、图册等。②报刊登载形式。即通过报刊公布一份或一组档案。一般有两种形式,一种是专门公布档案的专刊,另一种是在一般的学术刊物上设专栏公布。另外,对于不宜公开的档案,可以出版内部刊物,在限定范围内印发。

(2) 编写城建档案参考资料。编研工作中所指的城建档案参考资料,就含义和范围来说,与一般意义上的参考资料有所不同,档案界通常所说的参考资料,是档案馆(室)根据档案内容综合编写出的一种材料,它是档案提供利用的一种方式。城建档案参考资料是编研人员在熟悉和深入研究城建档案信息内容的基础上,根据城建档案内容加工而成的一种编研成果,它提供的不是档案原件或复制件,而是档案信息内容的加工品,是对分散的原始信息进行浓缩或提炼后形成的文献。城建档案参考资料属于二次文献编研成果,编写城建档案参考资料是一项研究性工作。它根据一定的题目需要,采撷、浓缩或提炼城建档案所载内容,用新的体例,编者自己的语言进行编写。向读者提供的不是城建档案原文或原文的复制品,而是以城建档案原文内容为依据,将其中包含的部分信息进行重新组合而形成的材料。例如"城建档案馆指南"、"重点工程简介"等。

(3) 编史修志和撰写论著。档案是编史修志的基础,撰写史志类著作必须以档案为资料基础。同时,档案工作者从事历史研究,也是我国档案工作的一个优良传统。古代的档案工作者,往往同时也是历史学者,许多历史名著出于档案工作者之手。现在档案工作和史学工作虽已形成了专门的分工,但作为档案材料基地的档案馆(室),应该充分利用占有丰富的档案资料这一优势,进行一定的编史修志和撰写论著的工作,进行具有城建档案馆特色的研究和著述。具体来说,在收集、整理、保管和研究城建档案的基础上,一方面可以编撰城市建设史志、城市建设大事记、历史沿革、城市建设年鉴等形式的史志类编研成果,以及参与或承担编修地方志;另一方面,可以以馆(室)藏城建档案为基础,通过对有关城建档案资料的研究分析、整理加工和公布出版,进行相应范围的专业问题的研究,撰写论著。编史修志和撰写论著属于三次文献编研,也是编研工作的最高形式。

5.2.2.2 狭义城建档案编研

狭义的城建档案编研是指围绕一定的题目范围,对城建档案材料进行收集、筛选、加工等一系列活动。其具体内容与编研的程序基本一致,主要有以下方面:

(1) 确定编研的选题和类型。编研题目的选定,即选题,是编研工作的首要环节,题目的价值和意义的大小,直接影响到编研成果的社会效益。

（2）编研素材的查选。即选材，是编研工作的关键性环节，直接关系到编研成果的质量，选材水平的高低是衡量编研成果质量优劣的重要标准。

（3）档案材料的转录、考订与加工。进行这一系列工作的目的，主要是保证提供的材料的真实性、准确性。

（4）总纂。确定编研成果的结构体例和技术编排，对编研成果结构进行完善，并进行辅助材料的编写。包括材料单元的排序；包括评述性材料——注释、按语、序言的编写，查考性材料——年表、插图、备考、编辑说明的编制，检索性材料——目录、索引的编制。排序实现编研材料（信息）的系统化，而评述性、查考性和检索性材料对于阅读、理解、查找和利用编研成果起到不同程度的指导和参考作用。

（5）编研成果的校核审定。校核审定对确保编研成果的质量具有重要意义，也是使编研成果达到基本定型的一项必要措施。

（6）编研成果的出版和传播。目的是使编研成果在较大的范围内发挥更大的效用，实现其使用价值。

5.3 城建档案编研工作的基本原则和要求

城建档案编研工作的性质，决定了从事这一工作时，应当遵循的基本原则是：在深入研究城建档案及其所包含的信息内容的基础上，坚持存真求是，坚持切合客观实际需要，坚持立足馆藏，坚持有所选择，坚持安全保密的原则。而编研工作的基本原则，则要求城建档案编研工作应达到存真性、实用性、优化性和正当性的要求。

5.3.1 城建档案编研工作的基本原则

5.3.1.1 存真求是原则

"存真求是"是档案编研工作的基本原则。这一原则包含着相互联系的两个方面的内容，即"忠于档案原文以存真，科学加工以求是"。

档案工作是维护党和国家历史真实面貌的重大事业，城建档案编研工作是档案工作的重要组成部分。坚持存真求是原则，维护历史的真实面貌，这是档案工作的共性要求。"存真"是档案编研工作最根本的原则。在编研工作过程中要忠于档案原文原意，不宜妄行增删改易，即通常所说的"保持历史文献原貌"。

由于种种原因，档案在形成、保管和流传过程中可能会出现失真、失序、失辨的现象以及一些不便阅读之处。因此，在编研过程中有必要进行一定的加工考订。如对档案进行转录、校勘、标点、标目、编排、翻译、综述、注释等处理，目的是为了保证档案的可据性与可读性。加工的基本原则是"求是"，即忠于客观事实，通过加工考订纠正档案原文中的种种差谬，以更准确地体现档案的原文原意。"求是"建立在分析研究的基础上，每辨识一个文字、每校正一处失误、每施加一个标点、每引用一则史料，都应经过严格的校勘考证。具体来说，档案材料的加工过程中，必须遵守以下原则：

（1）标注原则。即凡经编研人员加工改动之处，必须以符号或文字加以标示说明，必要时还应交待加工改动的原因和依据，不可径自改动。

（2）慎改原则。即凡改无确据及可改可不改者，不可强改。

5.3.1.2 切合客观实际需要原则，也可称为社会实用原则或社会需求原则

它是指开展城建档案的编研工作要符合城市规划、建设和管理，以及社会其他工作的客观实际需要，要求城建档案部门根据客观实际的需要，准确选择城建档案编研成果的主题内容，确定编研成果的类型。编研工作的目的是提供档案信息为社会服务，城建档案编研工作的根本目的是为了解决社会需要与提供利用之间的矛盾问题。因此，一定要注意社会需要，要根据实际需要编写适用的参考资料，以最大限度地发挥城建档案的作用。从确定编研选题、选材范围与标准、编研材料的加工方式和编排体例，到规定编研成果的印刷方式、印刷数量、机密等级及发放、交流范围等，都应当在广泛了解社会实际需要的基础上进行，才能使编研成果更具针对性，满足利用者的要求。社会需求是一项编研成果是否有价值，是否适用的前提。检验是否切合客观实际需要原则的标准有三个，第一，利用的范围和传播的效率；第二，利用取得的效益；第三，利用人员对其做出的评价。

5.3.1.3 立足馆藏原则

编研需要依据城建档案馆（室）藏档案的实际状况确定工作内容和选材范围。馆（室）藏档案是进行编研工作的物质基础。编研课题的选定，一方面要根据实际需要；另一方面要考虑馆（室）藏基础。只有在馆（室）藏档案所允许的情况下才是现实的。仅有对城建档案信息利用的实际需要，而不具备馆（室）藏档案的物质基础，是无法编出有一定质量和实际价值的编研成果的，编研工作也难以顺利进行。

立足馆藏，以馆（室）藏档案为基础，并不是否定收集馆（室）之外的有关材料。事实上，在编研工作中根据需要，通过调查、访问等方式广泛收集、补充那些已经形成、但仍然散存在各业务单位、部门以至个人手中尚未归档的文件材料，甚至是补制那些过去应当形成而没有形成的文件材料是十分必要的。实践表明，通过编研工作收集、选择材料的过程，不仅可以丰富编研成果的内容，提高编研成果的质量，而且可以进一步完善和提高城建档案馆（室）藏档案的质量，保证城建档案的齐全完整。

5.3.1.4 有所选择原则

指查找城建档案材料时应有所选择。一方面，要针对不同的服务目的和编研成果的选题和类型，有选择地查找城建档案材料；另一方面，要根据编研成果使用和发放的范围，谨慎地查找和挑选城建档案材料。

5.3.1.5 安全保密原则

城建档案是一种特殊文献，选编和公布受到一定条件的制约。首先是所存城建档案的限制。其次是城建档案使用范围和公布权限的问题，以及知识产权、保密规定、涉外政策的制约等。编研人员在向社会提供有价值的编研成果时，要坚持公开性和保密性相结合的原则，做到既向社会提供有利用价值的编研成果，又严格保守党和国家的重要机密，维护档案的安全。同时，还必须树立和强化法律意识，严格按照相关的法律要求和法律程序办事。

5.3.2 城建档案编研工作的要求

根据编研工作的基本原则，城建档案编研工作应达到如下要求。

5.3.2.1 存真性要求

存真性是档案工作总的原则和要求。城建档案编研工作是档案工作的组成部分，因

此，应当遵循档案工作总的要求和基本原则，坚持辩证唯物主义和历史唯物主义，保证编研素材的真实性和客观性。要做到这一点，在编研实践中首先要注意坚持实事求是的科学态度。编研实践过程中必须尊重历史、尊重事实、尊重城建档案资料实际，所谓"文如初，图如貌，数如样"。任何情况下不能以任何借口歪曲篡改档案原文。其次要有严肃认真、一丝不苟的工作作风。对史料的考证、文字的校正、加标点符号、作注释等等，都必须有根有据，避免主观上的随意性。

5.3.2.2 实用性要求

要兼顾当前与长远需要。城建档案编研工作要切合实际需要，要注意实用性，这既包括当前的实际需要，也包括长远的客观需要，应当正确处理好二者的关系，努力做到二者的有机结合，不可偏废。

5.3.2.3 优化性要求

城建档案编研过程中要对档案材料进行比较、筛选、精化和系统化，以保证编研成果的质量。这就要求编研要始终与城建档案内容的研究工作结合起来，要把编研工作建立在对城建档案内容分析研究的基础上，并将分析研究贯穿于整个编研工作的始终。

5.3.2.4 正当性要求

城建档案编研成果的内容来自于城建档案资料。城建档案是一种特殊文献，选编和公布受到一定条件的制约。编研必须遵守与处置、公布城建档案相关的法律法规的要求，也就是说要遵守公布档案文件的相关规定，坚持公开性和保密性相结合的原则，正确处理好信息公开与安全保密的关系。具体操作实践过程中，在出版传播环节，要选择和确定适当的传播方式和途径，可按不同密级编制编研成果。把能够向社会开放的城建档案资料汇编成"公开本"，公开出版发行；把机密档案资料汇编成"内部发行本"，少量印刷，控制使用；对绝密的档案资料，可编成"机密本"严加保管，严格控制查阅审批手续，仅供有特殊需要的利用者使用。

5.4 城建档案编研成果的结构和主要类型

5.4.1 结构

城建档案编研成果的结构，是指一个编研成果应该包括的必要组成部分。根据编研成果各构成部分的性质和作用，可分为主体部分和辅助部分两大部分。

5.4.1.1 主体部分

城建档案编研成果提供给利用者的城建档案信息，主要反映在主体部分，主要由题名、目录、正文、注释以及插图和附录等构成。

1. 题名

题名包括总题名和正文章节题名。总题名概括编研成果的主题，章节题名揭示其组成部分内容，具有方便利用以及为编排正文和目录提供依据等作用。

2. 目录

包括序号、题名和页次。一般在确定正文体例形式并编拟了各级题名以后编制，目的是方便利用者对编研成果的翻检使用。

3. 正文

正文是编研成果主体部分的主要内容，也是具体内容，是编研成果的主体。通常是将经过编研加工形成的城建档案材料（信息）单元，按照一定的体例编排而成的，具有一定逻辑关系的城建档案材料（信息）集合。一般按"目录"顺序排列、辑录。

4. 注释

注释是对编研成果的内容、背景等作介绍、评议以及补充说明的文字。注释在帮助利用者准确、客观地理解正文，体现编研成果加工的严肃性、内容的原始性方面具有重要作用，是编研成果主体部分不可缺少的内容，也是一种特殊的编研加工形式。注释的编制要注意编排形式的统一，便于利用者查考。

5. 插图和附录

插图是指安插在编研材料文字中间，用以说明文字内容的图样、图表、照片等。是对文字内容作形象说明或用图示的方式展示正文内容的比较直观的表达方式。不但减少文字叙述，使复杂问题简单化，还有助于利用者的阅读和理解。附录，是指为帮助利用者理解正文内容而配备的重要补充材料。

5.4.1.2 城建档案编研成果的辅助部分

1. 封面

封面包括编研成果完整、准确的题名（即标题），编辑单位、编辑或出版时间，以及使用要求等。封面不但能保护编研成果，而且醒目主题和漂亮的外观更能吸引利用者的注意。

2. 序言

序言是位于正文之前的评述性文字。作用主要是介绍编研成果的编辑目的和意义，客观评价编研成果的内容，为利用者阅读提供指导。

3. 编辑说明

编辑说明是编研成果中专门介绍编研工作总体情况的文字。包括编辑目的、编研成果包含的材料内容及其时间、空间段限、编辑体例、编辑人员、编辑时间、存在问题及其他需要说明的事项。对利用者使用编研成果具有间接引导和辅助作用。

4. 索引

索引是根据利用需要，针对编研成果中具有检索意义的信息而编制的检索工具。索引可以帮助利用者迅速查找编研成果的具体内容，有助于利用者多角度、多途径地在编研成果中迅速查找到所需的相关信息。

5.4.2 城建档案编研成果的主要类型

城建档案编研形式多样，具有多层次，多元化，多方位的格局特征，目前常见的编研成果有以下种类：

5.4.2.1 检索型编研成果

检索型编研成果通常汇集城建档案存放线索、位置信息等，是提供城建档案存放位置、线索，以便查找的工具式编研成果。如各类专题索引目录等。检索型编研成果主要有：

（1）目录型。即各类分类目录，是系统揭示城建档案内容与成分，标明档号、密级的一种检索工具。

(2) 索引型。即各类索引，如地形图索引、地下管网图索引等。是从档案存储系统中，指示档案的档号或位置的一种检索工具。

(3) 图表型。即各类工程分布图，是在市辖区域地形图上，直接用色纸把工程名称、档号标注出来。

5.4.2.2 汇编型编研成果

汇编型编研成果是根据社会需要，按照一定专题把相互关联的档案原件内容，加以复制、注释，分成专题进行编排，汇集成册的一种编研成果形式。具体有手册、汇集两种。按其内容涉及的范围，可分为综合性汇编和专题性汇编。按表达方式可分为文字、图形和表格三种。常见的文件汇编（选编）、汇集（基础数字汇集等）、利用实例等均属于汇编型编研成果。

5.4.2.3 文摘型编研成果

文摘型编研成果是按照一定的专题，把需要的与专题有关的档案内容或资料内容摘录出来，经过整理、编排，编辑成册的一种编研成果形式。包括节录式、全录式两种。文摘型编研成果不对城建档案原件进行说明，而仅对城建档案原文、原图的精华进行摘录、整理，并允许变换表达方式，以达到浓缩城建档案内容的目的。文摘型城建编研成果形式多样，可以是单一的文字、图形或数据形式的，也可以是复合的文字附图表或图表加文字说明的形式。常见的重点工程简介即属于文摘型编研成果。

5.4.2.4 编绘型编研成果

就是将补测的各种专业管网或地质勘测点，集中绘制在地形图或市区图上，成为综合图。在管网普查或地质勘测的基础上，可以进行这类编研，编绘城市地下综合管网图，或城市工程地质综合图表等。

5.4.2.5 视听型编研成果

是将照片、影片、录像带、录音带等按照一定的专题，进行选择、编辑、加工、组合，编制成画册或专题片等。

5.4.2.6 缩微型编研成果

指各类工程档案的缩编。是将工程档案中的建筑图按照一定的比例缩小，并标明一些技术参数，形成缩微型材料。如建筑工程档案缩编、道桥工程档案缩编、地下综合管网缩编等。

5.4.2.7 介绍型编研成果

是用简洁的文字或表格来介绍某一方面城建档案主要内容的一种编研形式，其成果主要有以下五种类型：

(1) 综合简介。根据馆藏城建档案，综合概述城市建设情况。如城市概况等。

(2) 专业简介。是以馆藏城市建设某一专业的档案为对象，简要介绍该专业领域的情况。如城市道桥简介、城市交通简介等。

(3) 工程简介。是以馆藏工程项目档案为对象，大多简要介绍某一工程或建筑的情况。如重点工程简介、优质工程简介、古建筑选录等。

(4) 专题简介。是以馆藏某一或某些专题范围内的城建档案为对象，简要地介绍相关城市建设专业领域内的内容。如自然灾害简介、自然地理概况等。

(5) 城建档案馆简介。是以城建档案馆为对象，进行简要介绍的编研成果。如城建档案馆概况、城建档案馆指南、城建档案馆展览等。

5.4.2.8 工程技术型编研成果

是从工程档案中提取出的工程技术人员日常工作需要的重要的技术参数并将其汇集成册，主要为工程技术人员服务，是二次文献型材料。例如城市地质勘察测量资料辑录等。

5.4.2.9 史志型编研成果

是利用城建档案进行编史修志工作所形成的编研成果，包括各种志书、年鉴、城市历史沿革、人物传记、回忆录等，主要有城市建设史（志）、城市建设大事记、历史沿革、城市建设年鉴4种形式。

5.4.2.10 译著型编研成果

译著型编研成果是从馆藏外文档案中选取有关城市规划、建设和管理等方面的内容进行翻译、加工，编辑而成的一种编研成果。

以上编研成果，按照加工层次，又可以划分为三种类型：

(1) 一次文献型编研成果。其内容原录档案原件的内容和外表特征，是城建档案原件的汇集。包括各类文件汇编、选编、图文集等。

(2) 二次文献型编研成果。主要是指撷取城建档案原件的某些成分编制而成的编研成果。一般根据一定题目的需要，采撷、浓缩或提炼城建档案所载内容，用新的体例、编者自己的语言编写而成。编述型编研成果向读者提供的不是档案原文或原文的复制品，而是以档案内容为依据，将档案原文中部分信息进行重新组合的材料。包括各类城建档案参考资料，如城市建设大事记、城市建设基础数字汇编、城建档案利用实例选编等。

(3) 三次文献型编研成果。主要是指编研成果的内容，既不是城建档案、资料原件的汇集，也不是浓缩或提炼城建档案资料原件中某些成分而成，而是对其内容特征进行评述和创造的编研成果。如各类编史修志的成果，以及专题著述等。

5.4.3 几种常见的城建档案编研成果

5.4.3.1 重点工程简介

重点工程简介是简要介绍某一地区一定时期内建成的重点工程项目情况的编研成果。其形式有文章式（通常为说明文体裁）、条款式和图表式等，也可以以上三种形式结合编写。属于文摘型编研成果，是以内容摘要的形式，不加任何评论地简要报道档案信息的二次加工撰述型编研成果。

1. 特点

简明扼要、突出特点。简介类编研成果的共同特点是简明扼要、突出特点。重点工程简介也不例外，一般力求用最简洁的文字，把工程档案中的关键内容反映出来，使读者在阅读后对有关的重点工程项目有一个基本的了解。

2. 主要内容

一般有：工程项目名称、批准机关及文号、建设单位、投资来源、投资额、预（决）算情况、工程所在地点、占地面积、建筑面积、使用面积、建筑结构、设计单位、施工单位、监理单位、工程负责人、开竣工日期、造价、建筑技术参数、工程质量情况、使用单位、附属设备（列清单）、档号等。

3. 编写要求

（1）全面。要根据工程档案中记载的内容，把有关工程项目的基本状况、技术参数等重点内容全面表达出来。

（2）客观。在叙述内容的过程中，尽量使用工程档案中的原有文字，不加任何修饰词语，也不需任何评价。

（3）简明。表达要简明扼要，重点工程的工程项目名称等主要内容一一载明即可。

5.4.3.2 专题汇编

专题汇编是将反映同一问题的一组档案材料汇集而形成一卷或多卷集编研成果，属一次加工抄纂型编研，是编纂公布档案文献的基本形式。

1. 适用范围

专题汇编适用于在某一问题方面形成上有一定的规律，并且材料系统、数量较多，在利用时检索途径比较模糊的馆（室）藏档案，对这类档案进行专题汇编，主要起到查考和套用、复用的作用。

2. 特点

（1）以问题为单位。专题汇编按照问题编制，以档案材料所反映的问题为单位，多角度、全方位地将涉及相同问题的有关档案全部汇集在一起。

（2）形式多样。可以根据不同的专题、不同的表达方式，编制形式多样的专题汇编，满足各方面的需要。如《重点工程简介》、《高层建筑实录》、《工程质量管理文件汇编》等。

3. 编写方法

（1）选题。可以针对在日常工作中经常被查阅利用的问题进行选题。

（2）选材。专题汇编属一次加工档案编研成果，其选材方式主要是选用重份原始文件或复制原始文件。这种选材方式，能保持档案原貌，保证编研成果的可靠性。

（3）加工。专题汇编的加工主要有内容删节、格式加工和文字校勘等。此外，如果选用的是档案复制件，需注明归档原件的档号，以方便利用。

（4）总纂。首先，要进行材料编排，即确定编纂材料之间的先后顺序。其次，要对结构进行加工完善，主要是完成编研成果的主体部分和辅助部分有关内容的编写，包括题名、注释、目录、附录、封面、序言、编辑说明和索引等。

（5）审校。主要审核发布形式和使用的控制范围。由于专题汇编是利用有关档案编制而成，涉及安全保密等方面的问题，因此，要进行审校，应控制使用范围的要控制使用。

5.4.3.3 城市建设大事记

城市建设大事记是按照时间顺序，扼要记载一定地域一定时期内发生的与城市建设有关的重大事件的一种编研成果。城市建设大事记从纵的方面提供城市建设史实梗概，可以为查找城建档案资料提供线索，并对回顾城建历史、总结经验教训具有重要参考价值。

1. 特点

大事记的特点是内容上记载大事，文体上记而不评，编写方法以时间为线索，并且比较简练。

（1）简洁性。首先，大事记的结构简单，只包含记时与记事两部分。其次，大事记记述文字简练，内容直截了当，一般不作评述。简洁是大事记的撰写特点。

（2）准确性。城市建设大事记的任务和特点是如实反映特定范围的城市建设活动，无论好事、坏事，只要是大事都要客观地记载下来。准确性强是城市建设大事记的内容特点。

（3）时序性。城市建设大事记的条目严格按照时间顺序编排。时间是大事记的排序依据，同时，也是大事记的查找线索。时序性是大事记的形式特点。

2. 体例结构和编写要求

（1）体例。按照体例来分，大事记可以分为编年记事体、分类编年体和本末记事体三种。城市建设大事记在大事记的分类中属于专题性大事记，一般按时序编写，使用编年记事体，一事一记，表述方法一般为叙述式，逐年、逐月、逐日以事件发生的时间先后为序记述，一日数事，则分条记述。即在相应的时间（年、月、日）之下，以文字叙述有关史实，形成大事条目。

（2）格式。编年记事体的格式有两种，一种为两段式：时间—大事内容。另一种为三段式：时间—大事内容—备注。备注起到注明材料出处的作用。

（3）记述范围。城市建设大事记的记述范围为：与城市规划、建设和管理有关的重大方针、政策、法律、法令、规章制度的制定、贯彻和实施；各种重要的决定、办法、通知等文件的颁布实施情况；各种重要的会议和活动情况；区域和隶属关系变化；机构建立和调整、名称更改；领导成员的任免情况和重要活动情况；建设系统内部机构的设置、调整和人员任免情况；奖励、处罚等情况；有关的重大项目建设、重大成果取得情况；获得的各种重大荣誉；上级领导视察、检查工作；重要外事活动；重大灾害、事故、案件的发生；以及其他大事、要事、新事。

（4）结构。城市建设大事记一般由题名、前言或说明、目录、正文、附注或附录五个部分组成。其中，题名包括大事记的总标题、记述事件的时间范围及编者。前言或说明主要包括编写的指导思想、编撰体例、编写原则、收集范围及材料来源。目录一般篇幅较小，内容简单的大事记可不设目录。正文包括大事时间和大事条目两部分。附注或附录主要起补充或说明未尽事宜的作用。正文是大事记的主体，由大事条目和大事时间组成。大事条目由时间、地点、主要人物、事件的前因、事件的后果五个要素构成，条目记述总体要求是文字简练、记述清楚，载明上述五个要素即可。大事时间一般以公元纪年为准，一般以年度为一个部分，每部分按时间顺序排列。

例如：二〇〇〇年

1月1日……

2月1日……

3. 编写流程

编写大事记的工作流程一般为：首先，明确大事记的时间界限和内容范围；其次，广泛收集与之相关的档案文件和其他相关材料；第三，摘录应该列入大事记的事实；第四，对摘录的事实进行审核；第五，按计划排列大事，组成完整的系统。

4. 编写要求

城市建设大事记的编写过程中应注意：

（1）合理确定选事标准。如何选择"大事"决定了大事记的质量和价值，是编写城市建设大事记的首要问题。记述对象若是"大事"，必须包含两大因素，即事件本身的绝对意义和事件的相对意义。即确定是否为"大事",还要考虑大事记的时间跨度和记录对象等具体情况。因此,在编研之初,首先要确定"城市建设大事"的标准,并且一定要有针对性。

(2) 记述要完整。每一个条目的记述必须完整、确切。完整指记述的每一个事件都要全面,地点或者范围、记录对象、起因、事实或过程、结果或影响等要素要齐全。确切则是指记载事件要实事求是,记载时间要准确,使用的名称术语要规范。

(3) 要建立大事记载制度。要使城市建设大事记的编研工作能够顺利进行,并且保证记载的质量,城建档案部门应该确定专人负责,平时注意记载与城市建设有关的活动和事件,以便为将来编写城市建设大事记提供可靠的素材和佐证。

此外,在城市建设大事记编研实践过程中,对于具体条目的编写,在大事时间记载方面,必须准确。大事时间应标示具体,尽量写全年、月、日,必要时甚至应写出时、分、秒,只有在不明具体时间时,才可写最接近的时间。在大事条目的编写方面,要明确大事选材要求,大事突出、要事不漏。取材要真实、准确。编排要系统有条理、简明完整。

5.4.3.4 档案馆指南

档案馆指南是全面而概要地介绍档案馆基本情况的工具书。它提供馆藏档案的基本信息和各项检索要素,是档案馆内业务人员和馆外利用者了解馆藏内容与成分,查检和阅览馆藏档案的向导。档案馆指南是为适应档案开放的需要而编制的。

1. 内容结构

根据《档案馆指南编制规范》,档案馆指南由三部分组成:提示部分、正文部分和补充部分。提示部分包括封面内容、扉页内容、前言和目次。正文部分包括档案馆概况、馆藏档案介绍和馆藏资料介绍。补充部分包括索引、附录和插图。

2. 编写要求

城建档案馆指南的编写除应依据《档案馆指南编制规范》的规定和要求外,由于城建档案馆的工作范围和馆藏情况与综合性档案馆有所不同,因此,城建档案馆指南的编制还应结合各馆机构、体制和工作以及馆藏的实际情况进行。

城建档案馆指南的正文部分由档案馆概况、馆藏档案介绍和馆藏资料介绍组成。其中馆藏档案介绍是城建档案馆指南的主体,多采取综合叙述方式,也有采取目录方式的。综合叙述一般是按分类大纲逐类简要介绍。介绍内容包括:①该类的有关参考资料,包括类名、代码、案卷数量、起止年代、检索工具等。②立档单位情况,如历史、职能任务、隶属关系、内部机构等。③该类档案的内容与成分,包括来源、数量、主要内容、种类、形式和所属年度等。一般按照整理时的分类体系对每类档案逐一加以综述,某些珍贵档案则突出介绍。馆藏档案介绍一般按照分类大纲的类目划分为若干章节,每章节内又按类目间的相互联系和从属关系系统排列,从而反映出馆藏档案清晰的轮廓。为便于查检,指南除编有目次外,大都把其中涉及的主要人名、地名、单位名称和工程项目名等编成索引,将馆藏档案分类大纲及开放利用的制度办法等编为附录。

5.4.3.5 利用效益事例汇编

利用效益事例是对单位、个人利用档案解决某一问题的经过和结果的记述。将典型的利用效益事例按照一定的顺序编辑成册,即为利用效益事例汇编。属于汇编型城建档案编研成果。

1. 构成要素

利用效益事例汇编由单个的利用效益事例汇编而成，利用效益事例是汇编正文的主要部分，每一个利用效益事例的编写有五个不可缺少的要素：

（1）时间，即利用者查档的时间。

（2）利用者，指查阅城建档案的单位或个人。

（3）目的，即查档所要解决的问题。

（4）过程，包括两个方面的内容，一是指整个事件从发生到解决的全过程；二是指查找所需城建档案的方法和过程，包括所利用城建档案的档号、文件题名，依据的条文，以及查找的方法等。

（5）效果，即利用城建档案后问题解决的程度，取得的经济和社会效益，利用者的满意度等。将上述五个方面用顺叙或倒叙的方法记叙出来，即为一则利用效益事例。

2. 体例和要求

利用效益事例汇编是档案馆（室）编研工作独有的一种文体，具有时效性强、短小精悍的特点。在编写过程中可参照大事记等文种的体例，采用记事本末体，以事系时，一事一例，将事情发生、发展、利用档案的结果交待清楚即可。同时，事例的记述要真实、准确，宜用第三人称客观地记述。做到文字流畅，条理清晰。

3. 编写方法

首先要建立健全档案查阅登记和档案利用效果反馈登记制度，以便为日后编写利用效益事例汇编提供线索。档案利用效果反馈登记是编写利用效益事例的基础。利用效益事例汇编的编写一般以档案利用效果反馈登记为基础，从其中挑选出五要素俱全、具有典型意义的事例，进行文字加工、编写。在编写时间上一般为第二年的年初开始编写上一年的事例汇编，一年一册。也可以根据具体情况，事后即时编写，或逐一积累，至年末进行汇编。

5.5 城建档案编研工作的组织和程序

5.5.1 城建档案编研工作的组织

城建档案编研工作由一系列相互独立、同时又相互依存的工作内容和工作环节构成。要编制出高质量的编研成果，并确保其在实际应用中产生最佳的经济效益和社会效益，需要从制度上、人员配备上和控制手段上协调和引导各环节的工作，有效地组织有关力量，合理地采取各种有效措施，做好编研的各项具体工作，这就是城建档案编研工作的组织。具体来说，主要包括：

5.5.1.1 编制编研工作计划和拟定编研方案

有效地组织和管理编研工作，首先必须制定编研工作计划和拟定编研方案，编研工作计划和编研方案都属于指导性文件，是进行组织管理和开展编研工作的纲要。制定编研工作计划和拟定编研方案，其内容和步骤包括以下几个方面：

1. 对编研成果选题和编研成果需求的预测

编研以社会需求为依据。制定编研工作计划和编研方案，首先要根据编研成果的需求情况进行预测,即对编研成果需求的各种相关因素,进行调查和分析研究,作出相应的判断,为编研项目是否应做提供依据。

2. 对编研项目进行可行性研究

在制定编研工作计划和拟定编研方案时,需要对编研项目进行可行性研究。即从系统总体出发,对做好编研工作应当具备的相关条件进行多方面分析和论证,以确定项目是否可行。

3. 制定编研工作计划和编研方案

根据对编研成果需求的预测结果和对编研项目可行性研究的结论,制定编研工作计划和编研方案。

5.5.1.2 科学合理地组织、分配人力、物力和财力,确保编研工作顺利而有效地开展

1. 编研人员的组织分工

编研人员的组织分工,主要应考虑两方面的因素:一是编研工作诸环节工作量的多少,工序的繁简,诸环节之间的衔接等;二是编研人员各自的素质、专长和其他因素等。

由于编研工作是由相对独立的工作环节组成,并且整个编研工作的周期一般比较长。因此,在实际分工时,以按阶段性工作环节分工为好,这样可以在一个阶段的工作结束进入下一个阶段时,根据新的情况,在注意保持工作衔接的前提下,作必要的调整。

2. 编研人员的岗位责任

对编研工作进行组织管理,还应当规定各个工作岗位的职责范围,建立编研人员岗位责任制。编研人员岗位责任制在贯彻执行过程中,要从定性和定量两个方面,规定明确的工作成效评价标准,并且通过实践,不断加以完善和充实。

5.5.1.3 制定编研评估的内容项目和评估标准,建立评估体系,不断改进编研工作,确保编研成果的质量

对编研进行评估,不断改进编研工作,是编研工作组织管理的重要环节。

1. 评估范围

符合下列几种情况和条件的编研成果,应当列入评估范围:

(1) 对城市规划、建设、管理和其他社会活动具有促进作用,能获得一定的经济、社会效益。

(2) 对领导、业务部门的日常工作和决策,能起到依据、参考和借鉴作用。

(3) 对保存史料,开展城市建设科学研究或城市建设史研究有一定的价值。

(4) 对社会其他各项活动具有积极意义。

2. 评估标准

评估标准的主要内容包括:

(1) 选题方面。是否抓住了关键性的主题内容,针对性如何,是否对满足城市规划、建设、管理和社会其他活动客观需求有一定的实用价值。

(2) 选材方面。筛选的城建档案信息材料是否准确、完整、系统,而又能简明扼要地反映主题内容。材料是否经过核实,有据可查,事实材料是否可靠,数据材料是否准确。

(3) 编辑加工方面。结构和体例是否合理,各组成部分编排是否得当。对城建档案信息内容进行提示、归纳和概括时,是否正确、清晰。评述性内容是否客观、有据。

(4) 校对审核和印刷出版方面。出版印刷方式是否符合客观需要和节省经济的原则。装帧设计能否体现编研成果的主题内容并满足编研成果的类型要求。印刷校对是否有一定

的质量。发行是否及时,且有一定的数量。

(5)作用和效果方面。编研成果经利用者使用后,是否具有实用价值,能否产生良好的效果,取得一定的经济效益和社会效益。

(6)学术水平和学术价值方面。编研成果的信息内容是否充实、系统,真实、客观地记录和反映城市规划、建设和管理的状况及其活动的规律性。

3. 评估体系

编研评估体系的整体架构可以用下表表示(表5-1)。

编研评估体系表　　　　　　　　　　　表 5-1

一级	二级	三级	分值
1. 编研选题	1.1 选题前对定题的可行性和实用性进行过调查、分析	—	1
	1.2 选题前有定题报告	—	1
	1.3 选题与本馆(室)的馆藏特色相一致	—	2
	1.4 选题有实际价值	选题有助于领导机关决策	1
		选题服务城市建设	1
		选题服务普通大众	1
	1.5 选题具有长期利用价值	—	3
2. 编研材料加工	2.1 编研材料的收集	选题涉及的档案资料收集齐全	1
		筛选收集的材料	1
		根据编研成果的利用范围删除不适当的涉密档案信息	
		收集本馆(室)外的其他相关资料	2
	2.2 对收集的材料进行审核	对收集的材料进行文字审核	1
		对收集的材料进行内容审核	1
		对收集的材料进行真实性审核	2
		对收集的材料进行完整性审核	2
		对收集的材料进行可靠性审核	2
	2.3 包括档案材料的背景信息	包括档案材料人物背景	1
		包括档案材料机构	1
		包括档案材料家族	1
	2.4 编研成果具有查找到档案原件实体的方便性	有档案来源的索引	1
		有分类索引	1
	2.5 材料具有代表性	—	2
	2.6 材料的编排成体系	编研成果有前言	1
		编研成果有目录	1
		编研成果有说明	1
		编研成果有索引	1
	2.7 配有相关的图片或其他形式的成果内容说明信息	—	2
	2.8 编研出版物符合一般出版物的标准	符合一般出版物的格式标准	2
		符合一般出版物的法律标准	2
	2.9 编研中涉及的著作权	编研材料作者的著作权受到保护	1
		编研成果作者的著作权受到保护	1

续表

一级	二级	三级	分值
3. 编研成果量化统计	3.1 编研成果的出版数量（本）	1～5000	1
		5000～10000	2
		10000 以上	3
	3.2 编研成果的再版次数	1 次	0.5
		2 次	1
		3 次	1.5
		4 次	2
		4 次以上	1
	3.3 影响范围是否通过媒体或广播进行宣传	在本单位内宣传	2
		在本行业内宣传	3
		在本省内宣传	0.5
		在本国内宣传	1
		在国际范围内宣传	1.5
	3.4 编研成果具有的新颖性	编研成果形成日期在近 3 年内	3
		编研成果形成日期在近 5 年内	2
		编研成果形成日期在 5 年以上	1
	3.5 为领导决策提供帮助	为本单位领导决策提供帮助	1
		为全行业领导决策提供帮助	1
		为全省区领导决策提供帮助	1
		为国家领导决策提供帮助	1
	3.6 用户的类型	特定用户	1
		普通用户	1
	3.7 具有经济效益	1～10000 元	1
		10000～20000 元	1.5
		20000～30000 元	2
	3.8 具有社会效益	具有文化效益	1
		具有道德效益	1
		具有历史效益	1
4. 数字化编研成果	4.1 与标准相一致	与行业标准相一致	2
		与国内标准相一致	2
		与国际标准相一致	2
	4.2 用户能方便地使用编研成果	有超文本链接	1
		有分类索引	1
	4.3 有编研过程的记录信息保留	有保存元数据	2
		有描述元数据	2
	4.4 可以在不同的平台上运行	—	3
	4.5 是永久保存格式	是 XML 格式	2
		是 PDF 格式	2

4. 编研评估应注意的问题

做好编研成果的评估，应注意以下问题：

（1）应根据城建档案编研成果的特点，采取实事求是的科学态度。

(2) 应综合多方面的评估意见。

(3) 应对用户和利用者作广泛的调查，收集对编研成果的各种反馈信息。

5.5.1.4 建立编研成果档案，并对其进行科学管理，为今后的工作积累经验

城建档案编研成果，是依据城建档案及其所包含的信息内容加工而成的，既在一定程度上记录和反映城市规划、建设和管理工作，具有查考、依据的作用，同时，又客观记录和反映城建档案工作建设与发展的状况和水平，对城建档案工作特别是编研工作具有查考、依据的作用。因此，有必要建立编研成果档案，并予以妥善管理，这对于开展编研成果的评估工作，尤其具有现实意义。

建立编研成果档案，从制定编研工作计划和编研方案开始，每进行一项具体的工作环节，都应当注意有关文字材料的形成和积累，每个环节的工作结束后，再加以系统整理，并及时归档保存。

编研成果档案的内容应该包括：编研工作计划和编研方案，编研成果的原稿和最后校核审定付印的定稿，选材登录卡片或选材工作单，与有关单位联合开展编研工作签订的协议、合同，预测和可行性研究的报告及其调查材料，反馈信息材料，成果评估材料等。

编研成果档案的管理，应当以编研主题（项目）为单位，一个编研主题（项目）形成一个或数个案卷。印刷出版的编研成果的出版物，可以在编研成果档案中适当保存若干份（套）。

5.5.2 城建档案编研工作的基本程序和方法

城建档案编研的基本工作程序是：选题，拟定编研方案，选择与核实材料，加工材料，总纂，校核审定与出版传播，以及收集反馈信息，其基本工作流程可用下图表示（图 5-1）。

5.5.2.1 选题

首先，要确定主题。即在编研工作全面展开之前，根据社会需求，馆（室）藏档案的质量和数量，以及编研人员的状况，在档案法律法规允许的范围内选择和确定编研的题目。选题对编研项目收入材料的内容和范围起着限定性作用，是编研工作的战略起点。选题是否合适，不仅直接影响编研成果的内在质量和利用价值，而且也决定了编研工作能否顺利、有效地进行。同时，选题也规定编研成果的加工标准与方法，为制定编研方案提供了依据，因此，选题是城建档案编研的首要环节，也是关键环节。正确选题是做好编研工作的重要前提。

1. 确定编研选题的依据

选题以城建档案信息的客观需求、城建档案资源基础和编研工作的合理安排为依据。确定编研主题的基本依据是社会需求，馆（室）藏基础，以及编研人员的状况。

(1) 社会需求。满足社会对城建档案信息的客观需要是编研工作的最终目的。在编研选题实践中，选题的现实价值应放在首位。要按照社会和公众的需要，围绕党和政府的工作中心，结合重大活动，关注社会热点问题，注重本地人文特色。

(2) 馆（室）藏基础。在依据馆（室）藏城建档案信息资源的状况进行具体选题时，要注意发挥馆（室）藏优势，适合馆（室）藏档案的内容范围，与主题相关的档案必须具备一定的质量。

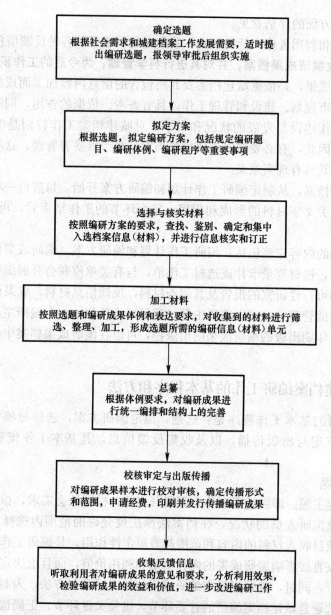

图 5-1 城建档案编研基本工作程序图

(3) 编研人员的状况。编研是一项研究性的工作，编研人员的知识结构、业务水平、专业特长、人员数量和承受能力等人的因素也是编研工作能否顺利完成的重要因素。

社会需求与馆（室）藏基础和人员状况实际上是选题的必要和可能两个方面。只有符合客观需求的选题，才是有生命力有价值的选题，编制形成的编研成果才会有使用价值。同时，还要考虑馆（室）藏基础和人员状况。如果没有良好的基本材料来支撑，那么再好的选题也是无法编制的。这就需要对馆（室）藏档案的内容和质量进行具体分析，优先开发其中最有价值的。而人员状况的欠缺，编研工作也难以顺利完成。因此，选题必须在对上述问题进行客观分析的基础上确定，并且以提出编研选题报告或编研方案作为编研选题完成的标志。

2. 编研选题的来源

编研选题一般来自三个方面：

（1）上级机关，如本馆（室）领导下达的任务或建设主管部门提出的选题指导。

（2）有关部门，本馆（室）、建设系统或社会的利用者的委托。

（3）城建档案部门的主动选择。

3. 选题应考虑的要素

具体而言，编研实践中选题一般要考虑以下几个方面因素：

（1）根据城市建设的实际需要，考虑当前与长远的经济效益与社会效益，考虑读者对象和数量。

（2）馆（室）藏档案资料的种类、数量、质量，档案管理业务建设需要和馆（室）自身建设需要，以及馆（室）现有的人力、物力、财力状况，要量力而行。区别轻重缓急，有计划、有步骤。

（3）选题名称要准确，内容范围要具体，以便有一个清楚的材料范围和时间段限，以便于开展工作。

4. 选题的安排

选题的安排要科学，应做到：

（1）从简到繁，难易结合，合理安排编研成果的主题。

（2）分析各主题之间的关系，有序地安排相关的主题。

（3）加强相关主题的整体建设，不断提高编研成果的价值。

5. 选题的方法

编研选题的方法有预测选题法、回溯选题法、调查选题法等。

预测选题法，是指在分析利用需求时，注意发现那些具有一定价值的潜在利用需求，及时将它们确定为编研成果的主题。具体方法是：

（1）研究有关政策，掌握发展动向，预测主题。

（2）提高认知能力，提前确定主题。

（3）根据城市建设活动的规律，确定相关主题。

（4）强化信息意识，针对需求，确定主题。

回溯选题法，是指通过总结与回顾城市规划、建设及其管理活动的成就与经验，重新认识其历史意义，选择或确定具有典型意义的编研主题。其具体途径是：

（1）抓住关键环节，选择具有普遍应用价值的主题。

（2）从城市建设活动的重要阶段入手，选择具有典型意义的主题。

（3）通过反馈信息，选择有关主题。

调查选题法，是指运用某些调查手段，搜集和处理有关利用需求的事实材料和统计数据，以定量分析的方法选择和确定编研成果的主题。可以采用以下方式：

（1）分析利用频率，掌握典型的利用需求。

（2）参加有关会议，了解各种客观需要。

（3）召开调查会，收集有关利用意见与需求。

5.5.2.2 拟定编研方案

编研方案应着重反映和规定编研题目、编研体例、编研程序等重要事项，具体内容通常包括：

(1) 选题说明。估算编研成果的应用范围，可能取得的效益及编研工作的指导思想、基本原则等。

(2) 可行性研究。说明编研课题的主客观条件、有利和不利因素、确定自编还是合编。

(3) 编研项目的类型。说明编研成果的性质、篇幅以及出版印刷方式、发行范围。

(4) 编研体例。包括时间段限、内容范围、所用体裁、篇目设置、结构安排、取材标准、文体要求，以及载言、载文、记时、记地、记人、记数与计量、称谓、校勘、标点、标目、附注等技术问题的要求和规范等。

(5) 编研深度。包括将要进行的注释、查证、补测补绘、换算等加工，加工的条件、手段和依据，以及为保证编研成果的质量将采取的措施。

(6) 编研的组织与条件。所需人员及其分工，所需材料、设备、经费及其来源。

(7) 进度安排。编研开始时间、工作量、阶段划分、各阶段完成的工作量、课题完成时间等。

(8) 其他事项。

编研工作方案的繁简应根据选题的大小来定，并非一成不变。编研方案在执行过程中，还可以根据实际情况进行适当的调整。

5.5.2.3 选择与核实材料

材料的选择与核实是保证编研成果质量的关键环节，是两个密不可分的作业过程。编研选材是按照编研方案的要求，查找、鉴别、确定和集中入选档案信息的活动。材料核实是为了确保入选信息的可靠性，保证编研成果信息特色的必要措施。

1. 编研选材

选材是编研工作中承上启下的环节，也是编研工作进入实质性操作阶段的第一步。编研选材的内容或过程分为查找相关档案材料和确定入选信息（材料）两项内容。选材对编研具有重要意义，档案编研成果是否具有较高的可信度，主要取决于它所依据的城建档案及其所包含的信息，而这是通过选材实现的。选材一般要经过查找、鉴别核实、确定和选取档案材料的过程才能完成。

(1) 查找。选材的第一步是查找相关档案材料，即根据编研成果主题的要求，尽可能全面地掌握相关档案材料及其内容：①确定查找范围。城建档案编研项目查找的范围，以城建档案为主。根据编研选题的需要，可涉及一些文书档案、城建资料以及其他信息材料。一般而言，汇编型、文摘型编研，不超出馆（室）藏档案范围。城建年鉴、大事记等编撰性编研，不局限于馆藏档案，要扩展到建设部门的文书档案和其他材料。专题著述性编撰，以城建档案为主，辅以必要的城建参考资料和相关信息材料。②编研材料的查找要做到可靠、广泛和完整。③查找方法包括检索、发掘和实地调查。检索方法是指利用现有的检索工具，查找有关的档案材料，是编研选材最基本的查找方法。发掘方法是通过分析已经掌握的档案信息及其各种联系，发现新的查找线索，进一步发现与获取其他有关档案材料，是查找档案材料的重要方法。发掘方法和检索方法在选材过程中互为补充。根据检索工具发现相关档案材料，分析相关档案信息就能够发掘出新的查找线索，进一步扩大检索范围。通过再次检索和进一步发掘，可以获得更多的相关档案材料，进而又将发现更多的新线索。发掘与检索互为补充与配合，推动着查找工作的不断深入。实地调查是对有关主题的物质对象或客观现象进行实地考察，实地测绘并收集其相关的档案信息，是查找档案材料的补充方法。由于城市规划、建设、管理活动的延续性，许多城市建设活动的档案在归档以后，还会形成新的档案材料。如果管理制度不够健全，这部分城建文件就可能没有及时形成，或者形成后没人积累、整理与归档，以至城建档案部门保存的城建档案内容残缺不全。由于没能及时补充那些反映客观实际变化的内容，致使查找到的档案材料与实情不符，造成了档案内容的动态失真。因此，实地考察，可以切实掌握档案材料的准确程度。查找建设多年的基本建设工程、地下管线工程的档案材料，较多地采用这种方法。另一种方式的实地调查，是指编研人员主动深入到现场，向有经验的专业人员调查了解相关的发展与变化的情况，获得有关城市建设活动变化的第一手材料。实地调查是保证入选信息（材料）动态的准确性，是确保实现其现实价值的必要手段。

（2）确定入选档案信息。即对查找的档案材料进行内容和价值的鉴定，最终确定入选的内容：①标准。确定入选档案信息的标准有典型性、实用性、符合编研方案的要求。②基本方法。确定入选档案材料的实质是分析、鉴别档案信息的价值，根据价值决定是否入选。分析、鉴别入选材料，一般要经过初选、复选、定选等反复筛选过程才能完成。初选就是根据选材要求，对已经查找到的档案材料逐件逐字地进行研究，剔除明显无用的材料，一般与查找档案材料同步进行。通过初选，排除与主题内容无关、价值不大的材料，进一步缩小选材的范围。对一时确定不了取舍的材料要保留到复选时再作决定。初选要求"从宽防漏"。复选是对初选的档案材料进行深入研究，提出取舍的初步意见。重点解决在初选阶段未解决的问题，确定有争议材料的取舍，通盘考虑各类项之间材料的平衡，同时，一并解决选材中发现的问题。复选是选材的关键步骤，要求"从严防杂"。定选是在复选的基础上，从整体出发，对准备入选的档案材料及其所包含的信息进行综合评定，最终定其弃取。对定选中难以判定的档案材料还可以进行复议。定选分两步，首先由编研人员在复选的基础上，对准备选取的全部材料从政治、学术、真实性以及阐明编研主题的深度、广度等方面全面审查。然后，各编研人员将所选定的材料交给编研项目负责人，由其从整个编研项目的全局出发，协调各编研人员所选的材料，使全部档案材料成为一个能融合的有机整体。

确定入选档案材料工作一般采用独立工作与集体研究相结合的工作方法。初选与复选由编研人员个人独立完成，定选则在编研项目负责人主持下，由编研团队集体研究确定，必要时还可以请有关专家审核。

在确定入选档案材料的过程中，对单份档案与多份档案的遴选方法是不同的。为防止出现材料空白，单份档案材料的入选标准应当适当放宽，只要档案材料具有可靠性，其他入选条件均可作为参考。而对于多份档案材料，则应严格掌握筛选标准，通过比较、鉴别，从中筛选出最典型的一份或少数几份高质量的档案材料。

（3）集中入选档案材料。目前一般采取将确定入选的档案信息或其原文转移到其他载体上，以集中这些载体的形式实现入选信息（材料）的集中。集中入选档案材料是编研选材结束的标志：①标准。入选档案材料要真实、准确和完整。②方式。集中入选档案材料可以采用两种方式，一种是在查找后制作的登录卡片上做出"已选"标记，另一种是另行制作选材工作单。

选材工作单是如实反映档案入选信息的表格。在编研工作中，选材工作单既作为入选档案材料的替身，实现了档案信息的集中；又作为编研加工与材料编排的对象，不仅方便了编研工作，保护了档案原件，而且能够解决有关档案材料与其利用者借阅档案的矛盾，保证档案利用工作的正常进行。

选材工作单，可以参照下表式样制作（表 5-2）。

编研选材工作单 表 5-2

第＿＿号

信息主题		类　别		形成者	
档案主题		转换方式			
档案号		形成时间			
入选信息					
共＿＿字					
入选意见					
加工建议					
审批人		选材日期			

选材工作单的使用要注意信息登录的单元化和规范化。信息登录单元化是指根据入选档案材料所反映的信息量与内容特征，将其分解为若干相对独立的最小信息单元，使每一张选材工作单只代表一条独立的信息，以便于后续的加工和编排。具体做法是：内容较少的信息，可直接抄录在选材工作单上；内容较多的，可以将原文的复印件附于选材工作单之后，并将其题名、数量等信息特征填写在选材工作单上，以便下一步工作。

在上述集中入选的过程中，除根据材料的弃取在卡片或工作单上作相应标记外，还可以根据在选材中对档案的深入理解，补充或修正原内容提要栏所填内容，同时，将全部已选档案按卡片或工作单次序集中。

2. 核实与订正

（1）信息核实。即通过检查、对比，明确转换的档案信息与其原文是否一致。信息核实的意义在于确保档案信息的本来面貌、维护城市建设活动的真实历史状况。对年代久远，档案内容不够清晰的，也必须经过核实或订正才能解决。

编研选材过程将所需的档案材料选择出来，并转换成便于加工的信息（材料）单元形式。各种转换手段形成的入选档案信息（材料），大致可分为两种基本形式：一种是以翻拍、复印、扫描等手段直接形成档案原文的副本，一种是以手抄、打字等手段间接形成档案原文的副本。针对这两种转换形式，形成了两种基本的核实方式，外形核实和内容核实。外形核实从检查各种转换形式的外在质量入手，确定转换的档案信息与其原文是否一致，适用于前一种转换方式形成的信息（材料）单元。内容核实是由编研人员逐字逐句地对照转换信息的内容，检查其与原文是否一致，适用于后一种转换方式形成的信息（材料）单元的核实。内容核实的基本方法包括责任者核实、专家核实、重点核实、动态核实、政策性核实等。

（2）订正。核实过程中发现转换信息存在问题，必须予以订正。订正应采用与原记录形式相区别的方式进行，一般不用铅笔。订正的字迹要端正，笔画要清晰。订正文字应写在正文（版心）以外，不要写在正文的行间。对重复出现的错误，每处都要订正。订正时应使用规范的校对标记符号，在档案原文的转换形式上进行，切忌直接在档案原件上修改。

编研工作中常用的订正符号有：尖括号"〈〉"，用于对正文中错字、别字的订正；方括号"[ ]"，用于对正文中遗漏文字的订正；方框号"□"，用于对正文中残缺不全或模糊不清的文字的订正；长删节号"…………"，用于表示整段删除，短删节号"……"，用于表示段落内语句的删除；隐讳号"××"，用于不宜披露的名称；星号"※"，用于注释文字前。

选择与核实材料的过程，也是进行构思和初步整理归纳的过程。在这一过程中，材料不足的要作进一步收集，并可以边收集边研究，边收集边补充。

5.5.2.4 加工材料

加工材料应按照编研成果的体例和表达方式等方面的特定要求，将所选档案材料的信息内容如实地转移到其他载体上去，并对档案材料的文字、符号、图形以及格式等外部特征进行必要的技术性处理，形成编研成果最基本的材料单元。是形成编研成果主体内容的业务环节和工作过程。

1. 材料加工的内容与工作环节

档案材料的加工工作，主要包括两方面的内容：①转录加工，包括对档案材料原文的转录与必要的删节、行款格式的处理、标记批语的处理等具体工作。②点校加工，主要是文字校勘、正文的标点与分段等项工作。

材料加工的目的是校订原档案材料中影响利用者阅读的部分，剔除用处不大的部分，揭示档案材料的原意，恢复其本来面目。一般只在标点、分段、文字、语句等方面进行校正。对于专业技术材料，由于不同时期使用名词、术语所表达的概念不同，可以适当加以解释。对图例表示方法的统一度量，衡具、比例等数据的换算等，可以根据具体情况作不同处理。对有些材料的评价，可通过序言、按语加以说明。

加工的主要工作环节包括：①校勘。②删节。③编写。④格式化处理。

此外，为方便使用，还要对材料进行必要的评述。对文字型编研成果，要增加按语、注释、插图、年表、索引、备考等，便于利用者了解和查找。对图纸型编研成果，应按原件比例缩小或放大，对连续部位的坐标位置、标高尺寸，都要进行考核和查证，详细核对，并进行必要的数字换算。

2. 材料加工的要求与原则

尊重原文，忠于事实。适合编研成果的类型要求是材料加工的基本要求。材料加工过程中应注意，在方便阅读的前提下，既要对档案的文字和外形进行必要的技术处理，又要忠实于档案的原文、原意，保持其可据性，同时还要注意正确地转录与点校档案原文，防止因加工不当而影响质量。因此，对材料的加工应遵循下列原则：

（1）存真原则

存真原则是档案材料加工的首要原则。在对材料进行加工的过程中，对档案材料的文字和外形做一些技术处理是允许的，也是必要的，但这种处理必须充分尊重档案原文的原始性，不能随意进行实质性修改。如果对档案原文的实质性内容有疑义，认为需要修改时，应坚持可改可不改的坚决不改；一定要改的必须多方面核实，从权威档案中找到可靠的依据，否则不允许改动原文的内容，并且，要根据编研成果的作用，决定是否将修改的内容与原文区别开来。

（2）求实原则

即修改或补充入选的内容，必须以相关活动的现实状况为准绳。忠于事实是衡量材料加工质量的重要尺度。对编研材料的加工，一方面要尊重档案原文，坚持慎改的原则；另一方面，要忠于客观事实，从实际出发，对原文中出现的与现实不相符合的情况，应当以事实为依据，对原文进行必要的更正。

（3）慎改原则

"多闻阙疑，慎言其余"。凡改无确据及可改可不改者，不可强改。既要防止当改而未改或以错改错，更不允许将正改误。

（4）标注原则

凡经编研人员加工改动之处，均须在保留原文的基础上，对加工处以符号或文字标示说明，必要时还应交待加工改动的原因和依据。

（5）适合编研成果类型要求原则

即材料加工选择的具体方法与要求，应与编研成果的类型保持一致。不同类型的编研成果对材料加工有不同的要求，对档案材料的加工，应采用不同的取舍方法和表达形式。在编研方案中对各类材料的加工有具体要求，应根据编研方案的要求，选择适当的适合编研成果类型要求的加工方法。

3. 各类材料的加工方法

由于城建档案材料形式的多样性，相应地各类档案编研材料加工的方式也有所不同，编研材料的加工实质上是按照编研方案的要求，采用特定的加工方法，对入选的档案材料进行相应的技术处理，形成编研成果最基本的材料单元的过程。

（1）文字材料的加工方法

1）选录。选录是指对入选的档案全文或部分原文，进行少量文字处理的信息加工方法。选录法在基本保持原文面貌的基础上，只是为了便于阅读和理解，进行了必要的文字的连贯与标准化处理。文件选编或汇编主要采用这种加工方法。

2）摘编。摘编是对档案原文进行选择性摘录，按照编研方案的要求，整理成语言凝练、重点突出的短文形式的信息加工方法。摘编法不再保持档案原文的面貌，属于对档案材料的二次加工。简介、文摘和手册等均以这种方法加工。

3）著述。著述是指在系统研究相关档案信息的基础上，重新组合相关档案信息，进一步推导有关结论，形成新的研究成果的加工方法。著述属于对档案材料的三次加工，专题著述、建设史志、建设年鉴等，主要采用这种加工方法。

（2）数据材料的加工方法

城建档案编研成果中许多是以数据作为其主要内容的，基础数据汇编就是比较典型的形式，其他如手册、年鉴、建设史志等，也涉及数据信息的加工。对于数据信息的加工，主要有以下几种方法：

1）文字叙述法。就是将编研选材过程中收集到的相关档案数据信息，以文字叙述的方式集中并进一步揭示其相关关系的方法。文字叙述法对数据的加工主要为数据的筛选、分析并形成文字。

2）表格法。是通过设计或者改造表格的方式，揭示有关数据关系的方法。表格加工方法主要适用于两种情况。一种是对分散在城建档案原文中的单个数据进行筛选，通过设计适当的表格将其集中，并以表格栏目进一步揭示数据之间的关系；另一种是对城建档案中以表格等形式出现的一系列数据，进行选录与改编。

表格的编制要求：表格设计应通盘考虑，基本构成部分要一次设计完成，避免反复修改；栏目设计尽量简化并合理；主题突出，栏目命名简明、具体、贴切，便于阅读理解；表格的幅面要与编研成果的版面相适应；表身数字的填写要齐全，一般不能空格，空缺栏应该用等身线"—"补齐，如有需要也可以对表身的内容进行必要的文字说明。

3）图示加工法。图示法比较直观地反映数据之间的关系，能够形象地表现发展变化的趋势，比较常见的图示有条形图、构成比图和折线图。

4）数学研究方法。数学研究的方法是运用数学的概念、方法和技巧，对城建档案信息进行定量分析、描述、计算和推导，以数学形式表现相关事物规律性的研究方法。常用的数学方法主要有：平均数分析法，指数分析法，动态分析法，技术经济分析法，文献计量法。

（3）图样材料的加工方法

图样加工是指对图形信息进行改编、简化或者将其他形式的城建档案信息转换成图样信息的加工方法，包括工程图样的加工、记录图谱的加工、示意图的加工、轴测图的加工等。其中工程图样的加工是城建档案编研工作中经常用到的。工程图样的加工方法主要有转化法和重绘法两种。

转化法是指对图样文件的原件进行的适应性加工的方法。主要用于：①对图样内容的核实与订正，特别是按照新技术标准对不合乎制图标准的内容进行必要的转化，或者为了使选用的图样幅面与编研成果的开本一致，而采用的缩放等技术处理方式。②将标准图样转化为标准的简化示意图。

重绘法是指为了突出或者强调某些图样信息，将准备采纳的局部图样或原始图样进行重新加工的方法。主要包括绘制简图、示意图或者补充有关文字说明等。

5.5.2.5 总纂

总纂是按照编研成果的体例要求，对整个编研成果进行统一编排和结构上的完善加工，形成编研成果初稿的过程。包括材料编排和结构完善两方面的内容。

1. 材料编排

材料的编排包括确定编研成果的体例、档案材料的分类和排列。

（1）确定城建档案编研成果的体例形式

确定编排体例应遵循以下原则：①最大限度地体现档案材料之间最主要或最基本的联系。②要遵守分类的逻辑原则。③要体现一定的思想性。

确定编排体例主要依据三个方面的内容：①编研选题的内容。不同内容的选题采取不同的体例。②收录的档案材料的特点。档案材料的特点是决定编排体例的主要依据。③编研的目的。以能够更好地达到编研工作的目的作为确定编排体例的重要依据。

根据城建档案材料的特点，经常采用的编研成果体例有：①专业分类的体例形式。即按照城建档案材料所反映专业、专题或问题等联系排列所选材料。这种体例形式突出了城建档案的内容性质特点，便于按专业或专题查阅、使用编研材料，有助于利用者深入研究某一特定内容的城建档案，是城建档案编研成果常用的体例形式。②技术特征的体例形式。即按照性能、结构或系列等技术特征排列材料。采用技术特征排序的体例形式，可以细化工程项目档案信息，适应工程技术人员系统或有针对性地了解有关城建档案的需要，便于进行分析比较，是比较受工程技术人员欢迎的体例形式。③时间顺序的体例形式。是按照时间顺序关系排列材料。便于反映建设、生产活动进程，保持城建档案材料之间的历史联系。从历史角度反映城建档案信息的编研成果多采用这种体例，如城建年鉴、建设史志等。④地理特征的体例形式。指按照地理位置、方位等关系排列材料。这种体例形式将同一地区城建档案相对集中，按区域特征或地理方位进一步分类排序，能够集中反映同一区域工程项目等城市建设情况，反映城市规划建设、勘察测量成果、建筑工程项目等的编研成果，经常采用这种体例。

编排体例的层次，一般分为三种：①不设类直接编排。即不划分层次，直接按照某种体例对材料进行排序。对于材料数量不多、篇幅不大的编研成果，采用这种排序方法同时也方便检索和利用。而对于收入档案材料数量庞大、种类较多，内容涉及较广，材料难以归类的编研选题，为便于操作和利用者查找检索，也采用这种不设类编排的体例。这种体例一般按收录档案材料的形成时间顺序编排。②单层分类编排。即编研成果内所选档案材料只按一种方法分类，全书仅设一层类别，在每一类下，一般再按档案材料形成时间进行排列。比较常见的有"问题—时序"、"历史时期—时序"、"地区—时序"和"工程项目—时序"等分类排序方法。③多层分类编排。即将两种以上的分类方法结合选用，将档案材料进行两个以上层次的分层设类排序，各层次选择最适宜的体例形式进行材料的编排。大型编研成果内档案材料的形成者、内容、文种等往往十分复杂，在这种情况下，编排时一般采用这种较为复杂的多层体例。

（2）材料的分类

首先，设类要合理，归类要正确。具体操作时，应注意以下几点：①要注意档案材料的内容与所属类别的内在联系。②要分清档案材料内容的主次，然后进行分类。如果一份材料所包含的内容较多，应区分主次，按照主要内容归入相应的类别中。③如果出现某些涉及面广的综合性材料难以按照某一体例形式排序的情况，应考虑设置综合类进行特殊排序。④与编研项目的性质、目的和要求存在某些不完全吻合之处的材料，可以考虑以附录形式编排。

（3）材料的排列

在确定了每份材料归属类别后，要按照编排体例将全部材料逐件进行排列，以固定每份材料在编研成果中的位置。在这一过程中，不仅要注意将每一份材料收入最合适的类中，而且还要注意将材料放在类内最合适的位置上，以保持其系统性和历史联系。按时间顺序排列是档案材料最基本的排序方法。有时为突出档案材料的价值和编排的思想倾向性,也可考虑按照重要程度来排序,但对同等重要的材料仍应按时序排列。

材料的排列应注意:①根据档案材料的主题选择体例形式。编研成果的体例形式,能够揭示档案材料的内在联系,将孤立的档案信息组织成有机的信息系统,从而深入地表现编研成果的主题内容。排序应从体例形式为主题服务和有利于深化主题内容的原则出发,围绕主题,选择适当的体例形式。②根据档案材料的内容与数量确定排序层次。排序层次是指使用体例形式排列材料单元的次数。层次少,每层中集中的城建档案材料单元就多,材料单元和信息内容相对集中,反之,层次多则各层中的材料单元和信息内容就少,相对分散。编研实践中应根据档案材料的内容与数量合理确定排序层次。③区分体例形式和层次要遵守逻辑规则。在进行材料单元的体例形式和层次划分时,必须遵循一定的逻辑规则,包括:同一层次的划分标准保持一致,材料单元归类不互相交叉或重叠;层次划分较多时,应当按照各层次内材料的特点分别确定体例形式,不强求体例形式的一致;应选择比较明确、易于把握的排序标准,对有可能归属于两个序列的档案材料,应根据其主要内容特征排序;各层次的题名,应当与其所包含的城建档案材料的内容范围一致,不能大于或小于该层材料内容的范围。④应酌情设置综合类。对于涉及面广、不宜归入某个具体的、局部的类项的综合性档案材料,可以酌情设置综合类。综合类的位置,根据其内容和作用而定。反映概括性或全局性内容的综合类,排列在所属类、项的最前面。专题性或辅助性的综合内容一般置于所属类、项的后面。一般情况下,"综述"、"概述"和"概况"等放在前面,"一览表"等放在后面。

此外,在对材料进行排列的过程中,同时还可以检查一下前一阶段在选材中有无重选或漏选、编拟的题名有无问题以及设置的体例是否需要修改等。如果发现问题,应及时弥补和修正。

2. 结构完善

结构完善即编写编研成果其他必要组成部分,是进一步完善编研成果的结构与功能的过程。包括主体部分的完善和辅助部分的编写。主体部分的完善包括题名的编撰,注释的编写、目录、附录的编制。辅助部分的编写则包括封面、序言、编辑说明和索引等的编写。

(1)主体部分的完善

1)题名的编拟。编研成果的题名分为两类,概括编研成果主题内容的编研成果题名(书名)和概括部分材料单元主题内容或各层次内容的正文题名。正文题名根据其概括正文内容的范围,又分为章节题名和篇名。题名一般应反映以下题名要素:对象要素、主体要素、专业要素、地点要素、时间要素和类型要素。其中对象要素是编研成果反映的单位或活动的名称。主体要素是编研成果提供信息的主题概念。专业要素是编研成果涉及的学科或者专业名称。地点要素是编研成果内容涉及的空间范围。时间要素是编研成果所反映的时间范围。类型要素是编研成果的类型或者编研成果材料来源的文件类型。题名的编拟应尽可能完整地反映上述题名要素,特别是编研成果题名和直接排序的材料单元的篇名,题名要素一定要完整。有确定归属的章节题名和篇名,可以适当简化。此外,编拟题名时还应注意,揭示主题内容要完整、确切,文字概括要简洁凝练,语言表达应具有专业特点。

2)注释的编写。注释是对编研成果中需要说明的内容进行的必要补充。注释对于读者正确理解和方便利用编研成果具有重要意义。根据注释对象和注文内容，编研成果中的注释主要分为两类，信息内容的注释和信息加工情况的注释。信息内容的注释是对编研成果正文中某些不易为利用者正确理解的内容所做的文字说明，包括注释城市建设活动，注释人名、地名或专业术语，注释结论或观点，注释引文、译文的出处。对于史料性编研成果，由于要求保持其历史客观性，还需要将材料加工的内容或方式提供给利用者，对材料加工情况进行注释。这类注释需要用特定订正符号表示。如括在"<>"、"[]"中的文字，分别表示对原文错字和遗漏字的订正等。注释的编写尽量要少而精，要占有确凿的依据，注文深度要适当，并且要有编号。

3）目录的编制。目指篇名或书名，录是对目的说明和编次。目录就是把正文所含材料的题名按照一定的次序排列起来，并指明其在书册中的页次。因此，目录亦称目次，由顺序号、题名、页码等组成。顺序号，包括章节号、收录档案材料的流水号等，用以反映编研成果正文编排次序。编研成果的其他组成部分，如序言、编辑说明、插图、索引和附录等，在目录中只反映其排列位置，不编入顺序号。题名，目录是编研成果各组成部分题名的一览表，包括正文章、节题名，序言、编辑说明、索引、插图和附录等。目录中题名的登录不仅要与其针对的内容完全一致，而且题名的详略应该与编研材料的价值、数量相适应。因此，目录又分为简要目录和详细目录两种。简要目录一般只登录篇、章和节的题名。详细目录不仅登录篇、章、节的题名，还登录各节内具体材料的篇名。采用何种形式，依编排体例所采用的分类层次而定。页码，主要指编研成果各组成部分的起始页码。目录一般在材料排序并编拟题名以后编制。

4）附录。附录是为了帮助利用者进一步理解正文内容，而专门配备的其他相关性辅助材料，作为内容的补充形式。一般排放在编研成果各组成部分的最后。编研过程中选录的材料中，有以下情况的，可以作为附录处理：一是不直接属于本选题收录范围而又与选题有一定联系、具有一定参考价值的档案资料。二是不属于责任者直接形成的而与所论问题有密切关系的。三是编研成果收录的正面材料中所包含的少量反面材料。四是为了阐明问题的需要而收录的少部分图书文献或报刊资料等非档案性质的材料。一般来说，凡是与编研项目的性质、目的和要求存在着某些不完全吻合之处的材料，但对于理解正文能起到参考作用的都可以作为附录，如政策、法规条款、标准、图表、大事记等。附录材料一般应该完整，各项内容自成体系。

(2) 辅助部分的编写

1）序言。序言也称前言，一般放在正文之前，主要内容包括：编研成果的读者范围，编研的目的和意义、与编研选题有关的历史背景、编研成果的基本内容及使用方法等。序言以评述编研成果全书为对象，系统地就有关问题展开叙述和评论，可以说是一种综合性的评述性参考资料，因此，编写要求较高，包括：一要体现出鲜明的思想性。二要具有一定的学术水平。三是在写作技巧上，要重点突出、论点明确，要把概括性地全面介绍和深入分析所论述重点问题结合起来，对一般问题可以只作概括性介绍，而对最重要的、读者最关心的问题，可以详细论述。

2）编辑说明。也叫编者的话、出版说明、凡例等，它主要用来介绍编研成果内档案材料的状况以及编者进行编辑加工的情况，目的是帮助利用者正确理解档案材料的内容。编辑说明的内容主要包括：一是编研成果中档案材料的状况。说明收录范围，包括来源、种类、完整程度、数量、时间段限及其流传情况，介绍取材标准、删节原则以及某些材料重新选录或不予选录的原因。二是编研人员所做的工作。包括采用的体例和材料编排的方法，加工遵循的原则和加工使用的符号，注释、按语、题解等使用的注码区别及注文的位置，各种参考材料和查找工具及其使用方法，以及备考中可以综合交代的内容及主编和编纂单位、人员名单。编辑说明的编写必须简明扼要，条理分明，内容准确，通俗易懂。编辑说明所介绍的正文中的各种加工符号的使用方法，必须与正文中的具体情况完全一致，凡在正文中使用的加工符号，必须统一在编辑说明中交代其使用方法。

3）索引的编制。索引属检索性辅助材料，是根据实际需要，将编研成果中具有检索意义的人名、地名、词语、概念等事项（检索点），按照一定方式有序编排起来，以提供不同于编研成果主体部分编排体例的其他检索途径的检索工具。索引专指性强，便于多角度、多途径查找相关内容，便于族性检索，可以扩大利用线索，帮助利用者迅速查找到需要的相关内容。对于内容复杂、篇幅较大的编研成果，一般应编制索引。

索引一般由三个部分构成，标目、注释和注码。标目也称名目，指列入索引的被检索对象的名称，可以是编研成果中出现的人名、地名、题名、术语、概念、工程项目名称等。选择标目时主要考虑该标目的意义和读者的检索需求。注释，是对列入索引的标目所作的解释语。注码，即依次指出在编研成果中出现该标目的全部页码。

索引的种类较多，城建档案编研成果中常见的索引主要有：

主题索引。即以编研成果正文的有关事物、问题的概念作标目，按音序或专业排检顺序排序的索引。

专业索引。即以编研成果正文中某一专业或不同专业的名词、术语作标目，按音序、笔画或问题顺序排序的索引。

人名索引。即以编研成果正文涉及人物的姓名及其职称、职务或籍贯作标目，按姓氏笔画、音序排序的索引。

地名索引。即以编研成果正文涉及的地名作标目，按音序或位序排序的索引。

原文索引。即以编研成果正文的有关信息作标目揭示其来源，并按专业、问题顺序排序的索引。

索引的编制一般根据需要确定索引的种类，用易于区别的形式，如不同颜色的字迹或卡片，将各种索引的每一个标目，分别抄录在卡片上。对不同颜色或标志的卡片，按照各自的排检方式分别排序，根据编研成果正文的编排次序，标注每一个标目在编研成果中的页码，并进行一次校核。经审定后将索引作为编研成果定稿的组成部分。

5.5.2.6 校核审定与出版传播

1. 校核审定

校核审定即审校。一般分三个阶段进行，初步审校（初审）、全面审校（详审）和最后审校（定审）。初审是在初稿形成过程中，对编研材料的内容随时进行审核，保证材料无误。初审可由编写人（抄录人员）自审，也可以指定专人审核。详审是初稿形成后，对编研成果的内容、体例、篇目、文字、标点符号、图纸等进行详细审核。必要时可打印发送有关部门和人员征求意见，帮助审核。特别是对材料的可靠性、数据和技术指标的准确性、材料编排的系统性等要进行详细的审查校核。定审是初稿经反复审核、广泛征求意见后，由主管技术的负责人审查批准。

(1) 校核与审定工作的要求

包括：①必须以编研方案（大纲）为指导依据。②必须以专业技术标准为准绳。③应以通用的校对工作专业规范为基本方法。④应由专业人员和管理人员负责。

(2) 校核审定的组织

校核审定工作的组织，包括以下几方面的内容：①校核工作一般可以委托专人或专业部门组织进行，根据实际需要，也可以组织专门的临时班子来承担。②审定工作一般由本单位的领导人或技术负责人承担。如有必要，也可以邀请部分专家参与审定，提出评审意见，最后由本单位的领导人批准。③为了便于协调工作沟通情况，使之有助于校核和审定工作的顺利进行，校核与审定工作的组织中应有一定数量的编研人员参加。

(3) 校核工作程序

校核工作的一般程序是：①做好准备工作，让校核人员熟悉编研工作内容和方法，准备有关的参考资料等。如有必要，还可以对校核人员进行短期培训。②熟悉编研成果初稿，了解正文的编研体例是否统一，结构是否合理等，从总体上对编研成果初稿有一个初步的认识。③审查选材质量，校核人员根据编研方案确定的选材要求，结合该编研成果的体例结构，分析挑选出来的档案材料在取舍上是否恰当。④校核文字质量，对初稿中出现的文字等错误，按照校对工作的专业规范予以圈划出来，并提出相应的修改意见。⑤修改初稿，针对上述检查结果酌情修改，如需对大篇幅文字进行加工，应提出修改意见让编研人员自己改动。⑥最后检查，如无进一步修改的必要，便可办理校核工作手续，送有关部门或领导审批。

(4) 审定工作程序

审定工作的一般程序是：①审定者应当像做校核工作一样进行必要的准备。②审定者根据编研工作方案和校核修改的结果进行审定。③审定者从编研成果原定的编研目的和要求出发，决定出版方式，并办理必要的审批手续。

2. 出版与传播

编研材料经定审后，需要进行出版传播。

(1) 编研成果的传播形式

编研成果的传播形式有打印分发、印刷出版和声像出版等三种形式。

打印分发适用于以下几种情况：①适用于编研成果对内交流使用。②适用于具有机密性质的编研成果。③适用于印数不多的编研成果。④适用于印刷质量要求不高的编研成果。

印刷出版适用于以下情况：①适用于对外广泛交流的编研成果。②适用于需长期使用和质量要求高的编研成果。③适用于数量需求较大的编研成果。

声像出版是指编研成果采用磁性材料或感光材料为介质的存储信息的传播形式。一般包括录音带、录像带、光盘等出版发行物。

编研成果如果需要公开出版发行的，必须按照相关规定，履行出版报批程序。

(2) 编研成果的传播途径

常用的编研成果的传播途径主要有以下几种：①馆（室）借阅，是指借助于城建档案馆（室）日常借阅的制度和各种条件，向利用者提供城建编研成果。馆（室）借阅应注意：一是必须做好编研成果检索工具的编制工作。二是必须存有一定数量的编研成果，便于利用者借阅。三是必须明确划定编研成果的借阅范围。四是要做好借阅情况和利用效果的登记工作。②内部分发,是指编研成果在城建档案馆(室)内部或建设系统内借助于文件发放或计划下达等信息渠道,分发给有关利用者使用。内部分发的编研成果,大都采用打印的传播形式,少数正式印刷或出版发行的,需注明"内部使用"或"内部发行"。③对外交流,是特指编研成果作为一种信息产品,向外部利用者转让或互通有无。④其他传播途径,主要包括:公开发行,展览,陈列,播放。

5.5.2.7 收集利用编研成果的反馈信息

编研成果出版发行后还要听取利用者对编研成果的意见和要求,分析利用效果,检验编研成果的效益和价值,以便今后进一步改进编研工作。

5.5.3 编研工作中应注意的问题

5.5.3.1 要注意保持所采用材料的真实、准确和完整性

真实、准确、完整是城建档案工作的基本要求。城建档案的原始性和法律凭证作用,使人们对基于城建档案编制而成的城建档案编研成果往往也作为依据来使用,因此,编研工作必须注意成果内容的真实、准确、完整。编研必须以档案资料为依据,在分析档案原件内容的基础上,根据选题对材料进行取舍,如实并且准确完整地采用档案原件中的有关内容,不能随意遗漏,要保证所采用的材料能够全面系统地揭示编研的主题。

5.5.3.2 要有实用价值,并处理好当前与长远需要的关系

社会需要,是编研的依据。城市建设需要城建档案,需要工程技术信息,需要工程技术文献。满足社会需要,为社会服务,是编研的目的。在编研工作实践中,一方面要考虑现实,立足当前,保证编研成果能够适应客观需要。在选题时必须了解城市远、近期发展规划,要进行多方面的调查研究,广泛征求城市建设专业主管机关和工程技术人员的意见,并对计划编研选题在近期和远期可能发挥的作用、效益等进行预测,并切合实际问题。另一方面要重视长远,编辑一些有长远利用价值的成果,为未来城市建设服务。

5.5.3.3 要处理好与基础工作的关系

基础工作是编研的条件,编研是对基础工作的检验和促进。通过编研,可以发现基础工作中的薄弱环节。从收集、整理、编目到提供利用,编研工作作为开发利用的高级形式,可以检验档案管理基础工作的全过程,有效地促进基础工作的进一步完善。尤其要注意加强城建档案的接收征集,做好馆藏资源建设工作。编研的工作对象是档案,如果没有丰富的馆藏资源,编研工作就成了无本之木,无米之炊。因此,城建档案馆必须采取一定的措施,理顺和拓宽城建档案归档渠道,确保具有永久和长期保存价值的档案及时进馆。从而形成一个数量充分、质量优化、门类齐全、结构合理的馆藏体系。为做好城建档案编研工作打下坚实的物质基础。

5.5.3.4 要熟悉馆(室)藏

馆(室)藏是开展编研工作的基础,要做好编研工作,首先要熟悉馆藏。熟悉和了解馆(室)所藏城建档案材料的形成过程和背景,研究其利用价值,有助于筛选相关的城建档案材料。对于筛选出来的城建档案材料,还要进行信息内容的分析判断,对信息内容有比较透彻的了解,才便于进行综合、归纳和提炼等加工工作,开发出有价值的档案信息资源。熟悉馆藏,是做好编研工作的基础。

5.5.3.5 要紧密联系本馆（室）工作实际

对平时所作的各项工作应及时总结，长期积累，并进行分析、梳理、归纳，写出具有专业特点的编研成果。

5.5.3.6 要注意与有关业务部门的配合

城建档案内容涉及面广，专业性强。城建档案编研具有专业性和跨学科性的特点。实际工作中要注意与有关业务部门的配合。比如选定课题后，以馆藏为基础，完成相关材料的加工、编排后，可交予有关的业务科室，由专业人员做出分析性报告，这样形成的编研材料更准确，更有深度。

5.5.3.7 要处理好编研实践与专业人才培养之间的关系

专业人才的素质，直接影响和决定编研成果的质量。城建档案编研工作是一项研究性强、业务要求高的工作。它涉及的专业面广，要求编研工作者能够通晓档案专业、文献编纂专业、城市建设各个专业，以及与城市建设有关的各相关专业的知识，需要有较高的政治素质、文化素质、专业素质、文字能力和实际工作经验。编研工作要和培训人才的工作结合起来，边培训，边实践，边探索，逐步建立一支适应城建档案编研工作需要的专业队伍。

思 考 题

（1）城建档案编研工作的意义和作用是什么？
（2）城建档案编研工作的特点是什么？
（3）广义的和狭义的城建档案编研的内容分别是指什么？
（4）城建档案编研工作有哪几个层次的内容？
（5）城建档案编研的基本原则是什么？
（6）什么是标注原则和慎改原则？
（7）城建档案编研成果由哪两部分构成？各由哪些内容组成？
（8）城建档案编研成果的形式有哪些？按照加工层次可划分为哪些类型？
（9）城建档案编研工作的基本程序是什么？

第6章 城建声像档案

内 容 提 要

本章重点包括：(1) 城建照片档案特点、收集、管理与利用。(2) 城建录像档案的种类、特点、摄制与管理。(3) 城建录音档案的种类、录制方法以及管理等。

声像技术的发展和应用，为档案工作现代化提供了又一重要条件。在城建档案工作中，广泛应用现代声像技术，拍摄记录城市建设的重要活动，有助于我们更直观地回顾历史，准确地认识和了解城市，为研究城市和建设、管理城市提供服务。同时，也丰富了城建档案馆藏门类，以满足社会对城建档案利用的不同需求服务。声像档案是以照片、底片、影片、磁带、磁盘、光盘、唱片等不同形式的特殊材料为载体，以影像、声音为主，文字说明为辅的一种历史记录，也叫音像档案或视听档案。

国家建设部《城市建设档案管理规定》中指出："城建档案是指在城市规划、建设及其管理活动中直接形成的对国家和社会具有保存价值的文字、图纸、图表、声像等各种载体的文件材料"。2011年中华人民共和国住房和城乡建设部颁发的国家行业标准《城建档案业务管理规范》CJJ/T 158—2011中规定："城建声像档案是记录反映城乡面貌和城乡规划、建设和管理活动，具有保存价值的，用照片、影片、录音带、录像带、光盘、硬盘等记载的声音、图片和影像等历史记录"。国家建设部与国家质量监督检验检疫总局联合发布的《建设工程文件归档整理规范》GB/T 50328—2001中，对建设工程声像档案的归档范围和保管期限也有明确规定。因此，城建声像档案是城建档案中不可缺少的重要组成部分，是城建档案的一种特殊载体形式。主要以磁性材料、感光材料为载体，以照片、图像、声音为反映方式，真实记录城市建设活动，并与传统的纸质档案紧密联系，相辅相成，互为补充，构成全方位、多视角的城建档案。城建声像档案按其载体的不同类型可分为照片档案、录像档案和录音档案等。

6.1 城建照片档案

6.1.1 照片的产生及种类

照片是摄影形成的作品。传统的照片是被摄景物的形态光影通过照相机透镜，投射在涂有感光乳剂的片基上曝光，构成潜影，经过显影、定影等化学处理，使被摄物体的影形以静止的二维空间画面的形式如实地还原在特定载体上，以实现人们对视觉信息的瞬间捕获和持久留存。

照相术是人类社会活动和科学技术进步与发展的结晶。人们在社会实践活动中，希望不仅用文字来记录历史，同时能够把事物的形象也留存下来。在古代，人们只有采用绘画的方式，但再高明的画家，也难以把物体的原形丝毫不差地记录下来。经过长期的探索研究，1826年，法国人涅普斯终于成功地拍摄了世界上第一张照片。之后，涅普斯与达盖尔合作，并由达盖尔在实用性上做了很大改进，于1839年正式公布了"达盖尔摄影术"（俗称"银版摄影术"）。摄影术的发明是现代科技的产物，它的诞生揭开了人类观察世界和记录世界的全新模式，从而为人类史的纪录提供了无可匹敌的视觉范本。当前，摄影术已广泛应用于现代社会生活的各个领域，并成为人类社会活动不可缺少的重要组成部分。

伴随着电子技术和计算机技术的发展，集光学、电学、机械技术于一体的不用胶片的数码相机问世后，更得到社会的普遍青睐。由于数码相机拍摄后可以直接生成数码照片，不需要经过专门的暗房处理，就可以轻而易举地把数据传输给计算机，直接在显示屏上观看或进行图像处理，利用网络还可以实现即时的远程传送，输出、储存、拷贝都十分简单，照片的形成极为便利，因此，具有很大的发展潜力。随着现代科技水平的不断发展与提高，如今的数码照片几乎可以同传统的胶片照片相媲美。

照相技术的发展与普及，使照片形成的种类越来越多，可以从不同角度进行划分。

（1）从照片的体裁分：新闻照片；艺术照片；科技照片。
（2）从照片的内容和拍摄对象的性质分：事件照片；景物照片；人物照片。
（3）从照片的形成形式分：原版照片；翻版照片。
（4）从照片的感光材料分：黑白照片；彩色照片。
（5）从照片的成像原理与载体分：胶片照片；数码照片。
（6）从记录影像的时间分：历史照片；现代照片。

6.1.2 城建照片档案的构成及特点

随着社会的不断发展和现代科技的日益进步，人们对城市建设活动的记录已从单一的文字型发展为照片、录像、录音等多种载体方式。城建照片档案是城市规划、建设、管理以及城市建设科学研究等活动中形成的具有保存价值的历史记录，是城建档案的重要组成部分。城建照片不仅使城建档案的内容得到充实和延伸，而且为我们进一步搞好城市的规划建设提供了最直观的珍贵材料。

城建照片档案主要由原底片（数码照片为原始影像文件）、照片以及揭示照片内容的文字说明等三部分构成。

城建照片档案具有以下特点：

6.1.2.1 客观真实

摄影具有忠实的纪实功能，它以客观真实的记录为特征，如实见证历史发展的不同场景。照片对于照片的形成者以及它所记录和描述的对象具有一定的客观性，在反映客观过程方面它具有真实可信的特点。照片的价值首先取决于照片的客观性，没有客观性也就没有真实可言。城建照片档案所反映的是城市建设的客观事实，是对城建活动中真人真事和具体事物的真实写照。由于照片对内容的表现完全依赖于客观实体，而不加人为的想象成分。因此，照片一经形成，就摆脱人们的主观意志和控制，具有其独立、鲜明的真实性。

6.1.2.2 直观形象

照片档案与一般的文字档案最大的区别在于它是通过二维的静态形象来记录和反映客观事物，使利用者直接从事物的形象上获得感受，因此有助于对信息的理解和接受。有些事件用文字描述也许连篇累牍也很难讲清楚，而且受文化和理解的不同，可能产生信息记载上的偏差。然而，通过一张照片便可一目了然地说明一切问题。所以，照片档案的这种直观形象性是一般文字档案所无法替代的。

6.1.2.3 表达生动

照片尽管是对人、事、物及场景的瞬间记录，但是，照片的形成者往往是通过对现场的敏锐观察，有选择性地把握时机，在最能表达主题、最生动和最具典型性、代表性的瞬间按动快门，定格画面。因此，照片的这种瞬间记录的景象不仅能把人物的表情状态体现出来，而且还能将现场的环境氛围如实反映出来，给人最直接、亲切、活灵活现的生动感受，照片档案的生动性也是文字档案无法比拟的。

6.1.2.4 信息丰富

由于当今照相镜头的分辨率都比较高，任何被摄物体只要在其正常的焦距范围之内，无论宏观世界还是微观世界，都可以在照片上留下十分清晰的影像，哪怕是微小的细节，都能纤毫毕露，让我们一览无遗。所以，照片档案所承载的信息是具体、细致而丰富的。

6.1.2.5 形式多样

照片的形成没有统一的规范，即便对同一题材内容的处理，也会因形成者思想意识、审美情趣、业务技能、器材装备、环境条件、目的用途等情况的不同，而采取不同的表现手法，形成各不相似的照片。有一事一张的，有一事多张的；有单角度的，有多角度的；有大场面的，也有局部特写的；有黑白的，有彩色的；有正片的，有负片的；有胶片的，有数码的。这就决定了照片档案形式的多样性。

6.1.2.6 交流广泛

照片档案具有客观真实、形象直观的特点，使得它在一定场合比文字档案更具有说服力而吸引读者的注意力。同一张照片，往往能够从不同的角度，不同场合得以反复的利用。尤其是近年来社会经济、文化的发展，对照片档案信息的需求量也越来越大。所以，照片档案这种广泛交流的特点，使它具有比一般档案更大的通用价值。

6.1.2.7 传播方便

照片档案应用数字技术，可以利用当今高度发达的网络，进行不受时空限制的传送，大大便利了利用者对照片档案的需求。同时，还可以通过互联网向外界传播当地的历史文化、地理环境、旅游资源、城市建设风貌等，起到扩大城市影响的宣传作用。

6.1.2.8 形成便捷

照相的普及为照片档案的形成提供了更大的便利。过去由于受到多种条件的限制，照相机几乎是生活中的奢侈品。因此，照片档案的形成有一定的局限性。如今，社会经济的发展和生活水平的提高，使照相变得越来越普通、简单。尤其是近年来数码相机的普及，相机自动化程度的不断提高，照相操作更加便捷化、大众化，从而也为照片档案的形成、积累提供了更多的可能和便利。

6.1.3 城建存档照片的拍摄

城建题材的照片内容面广量大，而摄制照片的表现手法也有多种多样，但是，作为城建档案保存的照片，应该以写实的手法如实表现客体，以忠于事实为前提，而不能凭自己主观的想象和喜好，任意创造发挥或加工处理。因此，要制作高质量的存档照片，拍摄是关键。

6.1.3.1 城建存档照片的拍摄应该遵循的原则

（1）主题鲜明，重点突出，情节完整，有始有末。

（2）曝光准确，反差适中，影像清晰，层次丰富。

（3）常规透视，控制变形，构图严谨，取舍合理。

（4）尊重客体，不加修饰，自然摄取，还原真实。

（5）技艺结合，表现得体，不求量多，讲究质好。

由于摄影是一门专业性、技术性较强的工作，为了提高城建存档照片的摄制质量，除了有赖于声像档案工作者对摄影器材的熟悉和了解外，还需要参看一些相关的摄影书籍，来帮助自己进一步掌握和提高摄影方面的技能。

6.1.3.2 城建照片档案数码文件的技术指标要求

（1）数码照片档案的图片格式一般采用 JPEG、TIFF 格式。对图片质量要求较高的应该尽量使用 RAW 原始图像存储格式。JPEG 格式的文件大小一般应大于 1M，TIFF 或 RAW 格式的文件大小应大于 10M。

（2）为了保证照片档案的成像质量，数码照片的像素指标不能太低，一般应当使用 500 万像素以上的数码照相机的最高解像度进行拍摄。

（3）照片扫描分辨率的设置，应根据照片原图尺寸大小、画面质量、重要程度以及数字化目的等实际情况合理选择。因为，扫描分辨率的设置不仅与原稿和输出要求有关，而且直接影响其输出效果。扫描分辨率设置过低，输出的图片精度就不理想；设置过高不但没有实际价值，而且浪费扫描处理时间，并且产生的文件过大，无谓地占用磁盘存储空间。因此，选择合适的分辨率应根据照片的原图尺寸、最终输出方式以及输出幅面综合考虑来决定。由于照片的数字化要考虑到其通用性的要求，因此，对于扫描常规的 3×5 寸照片来说，一般至少采用 300~500dpi 进行扫描。对于照片输出幅面较大，图片比较珍贵重要，或者需要制成印刷品的，应该设置更高的分辨率进行扫描。

（4）归档的数码照片应是原始版，不能进行技术修改。

（5）数码照片的像素直接决定了照片幅面的大小，因此，为了获取高质量的存档照片，必须要有足够的像素才能制作成相应尺寸的照片（表6-1）。

存档数码照片尺寸（像素）对照表　　　　表6-1

照片尺寸	长×宽（英寸）	图片尺寸要求（像素）	照片实际尺寸（cm）
5寸/3R	5×3.5	1500×1050	12.70×8.89
6寸/4R	6×4	1800×1200	15.24×10.16
7寸/5R	7×5	2100×1500	17.78×12.70
8寸/6R	8×6	2400×1800	20.32×15.24
10寸/8R	10×8	3000×2400	25.40×20.32
12寸	12×10	3600×3000	30.48×25.40
14寸	14×12	4200×3600	35.56×30.48
16寸	16×12	4800×3600	40.64×35.56

6.1.4 城建照片档案的管理

科学地管理好城建照片档案，是城建档案馆（室）档案管理工作的主要任务之一。城建照片档案的管理不仅要遵循一般档案管理的基本原则和方法，同时，还要结合照片档案自身的特点和规律进行科学管理。

6.1.4.1 城建照片档案的收集

城建照片档案的来源比较广泛，主要为规划设计部门、建设单位、施工单位、质量监督和安检部门、新闻媒体、城建档案馆（室）以及摄影爱好者等。随着时代的发展，摄影技术被广泛地采用，照片档案形成的渠道也在不断增多，档案的数量也越来越多。做好城建照片档案的收集，是管理好城建照片档案的前提。

1. 城建照片档案的归档

照片档案是以形象记录为主，文字说明为辅的特殊载体档案。根据《照片档案管理规范》GB/T 11821—2002 并结合城建专业角度和照片的功能特点考虑，城建照片档案的归档范围大致如下：

（1）从城乡建设总体角度，反映城乡自然空间特征、地理概貌、自然风光及建成区面貌等场景的照片。

（2）反映城乡布局特征的特色景貌、人居环境等照片。

（3）反映具有地方特色和历史文化价值、建筑艺术价值较高的街区、建（构）筑物及名人故居等照片。

（4）城市的标志性建筑及较大规模的公共建筑、市政公用设施等重点工程照片。

（5）不同历史年代的建筑特征和局部细节照片。

（6）有关城乡规划、建设、管理的重大活动、重要过程、重要成果、重要人物的照片。

（7）城乡发生的重大事件、重大事故、重大自然灾害及其他异常情况和现象的照片。

（8）有关城乡建设、保护、改造等历史演变的重要过程照片。

（9）有关建设工程重要施工环节、过程、重要部位情况及新技术、新工艺、新材料应用成果的照片。

（10）其他具有保存价值的能反映城市历史原貌以及相关情况的照片。

归档传统的胶片照片要系统、完整。每个主题的照片档案都必须包括原底片、照片和文字说明材料。数码照片的归档原则上应为原件，经过修改的数码照片不能归档。数码照片档案一般包括原始影像文件、纸质照片和文字说明材料。

2. 城建照片档案的接收

城建照片档案的接收，一般是指城建档案馆在接收档案移交单位在向城建档案馆移交城建档案时，同时包含的与其所移交档案内容相关的声像档案材料。凡是在城建活动中形成的具有保存价值的照片等特殊载体档案，均应该等同于传统载体档案接收进馆。不应轻视、忽略照片档案的移交接收。按照国家规定，档案室接收各业务部门归档的照片；档案馆接收档案室向档案馆移交的具有永久或长期保存价值的照片档案。

接收照片档案应该符合有关标准的要求。首先要注意照片内容的真实性和一致性，切忌弄虚作假。数码照片应该保持"原始影像"文件，不宜用 Photoshop 等软件进行加工处理，以免影响原作的真实性。其次，要注意照片的技术指标、信息含量和载体情况，仔细检查照（底）片状况，对有问题或存在疑点的照片不能随便接收保存，应该妥善处理。对极其珍贵的照（底）片，尽管存在一定缺陷，也要接收保存，更不要随意处理。再次，接收照片档案必须将照片、原底片（数码原始影像文件）、文字说明同时接收，并完全对应一致。接收照片档案时，往往会把注意力放在照（底）片上，而忽略文字说明材料。如果照片没有文字说明，不仅降低了照片的使用价值，而且会影响到对照片的利用。文字说明材料应当包括照片题名、事由、时间、地点、人物、背景以及摄影者等。综合运用以上要素，概括揭示照片影像所反映的全部信息。一组（若干张）联系密切的照片按顺序排列后，可拟写组照总说明。采用组照说明的照片，其单张照片的说明可以从简。在检查照片档案时，还应检查文字说明的撰写情况，文句是否简练，是否准确揭示了每张照片的内容。标题和文字说明必须准确无误，不宜过长，总说明一般不超过300字，单张照片的说明一般控制在100字以内。

3. 城建照片档案的征集

由于城建照片的来源比较广泛，移交接收只能收集到部分照片，还有大量城建照片分散在社会其他部门单位或个人手中。因此，城建档案部门应该建立健全相关的制度，采取积极有效的措施，主动向新闻单位、博物馆、图书馆、展览馆等有关方面征集。要与这些单位广泛交流，互通情况，让其了解征集城建照片档案的重要意义，将具有保存价值的城建历史照片征集进馆。其次，还要向社会团体、广大摄影爱好者征集。摄影的普及会形成更多的照片，其中有相当一部分优秀的城建照片确实富有收藏价值，但是，这些照片往往分散于大部分摄影爱好者手中，因此，城建档案馆在保护好其作品版权的前提下，向关注城市建设，热衷于把镜头对准城市发展变迁的摄影爱好者征集，会取得事半功倍的效果。

4. 城建照片档案的收购

随着近年来流行的老照片收藏热，社会上也流露出一些比较罕见的城市老照片，有的颇具历史收藏价值。档案部门应该关注如古玩市场等方面的信息，对确实值得收藏的珍贵照片，应该及时收购进馆。由于老照片本身较为稀少，市场价格也不菲，因此，造假之风也随之而来，有的将好的印刷品或原照片和旧照底片进行翻拍后做旧；用彩色胶卷翻拍老照片原作经洗印后做旧等，伪造手法多样。因此，对这些老照片一定要仔细鉴定，谨防伪品。

5. 城建档案馆自主组织拍摄及翻拍补充

城建档案馆可以利用自身的专业技术优势，主动参与城建活动，了解城建动态，掌握城建信息，有计划、有目的地跟踪拍摄、收集比较重要的城建活动照片，也是丰富馆藏的重要途径。对于重要活动或较大场面的活动，在自身力量无法完成的情况下，还可以调动社会力量，组织专门摄影人员一同参与拍摄。城建档案馆应该明确提出要求，合理分工，多点分布、多角度、多机位拍摄，这样，有利于防止重要照片的漏拍、错拍，以便能收集到更多更好的城建照片档案。城建档案馆还可以从画报、画册、书籍、报刊甚至网络，翻拍或下载一些有价值的城建照片，虽然不是原始照片档案，但在近乎没有或难以得到原始照片的情况下，这些照片以其具有形象记录城市发展历程的档案价值，而被作为档案照片，得以保存，不仅可以丰富馆藏照片档案门类，弥补历史照片的不足，同时也方便了城建照片档案的利用。

6.1.4.2 城建照片档案的整理

城建照片档案的整理可以按照《照片档案管理规范》GB/T 11821—2002 等相关要求，并遵循有利于保持照片档案的有机联系、有利于保管、有利于提供利用的原则，按照一定的方法，把收集来的零散的不系统的照片进行科学的分类、编目。

1. 胶片照片档案的分类与编目

分类是整理工作的重要环节。对于传统的胶片照片档案的分类，可以分为胶片与照片两大部分，并分开存放。

（1）底片的分类

按底片的尺寸并结合底片产生的年代分类，是比较常用的分类方式。例如，120 类、135 类。并在每一大类内再根据照片产生的时间分类。按尺寸分类，对保管底片比较方便，可以制作统一的装具存放。因此，在底片规格多，数量多的情况下比较适用。

按底片的种类分类：把原底片、翻拍底片、反转片分开；把黑白底片与彩色底片分开。这种方法对保护原底片和复制、使用都比较方便。

城建照片档案是在城市建设各项业务活动中产生的，其反映的内容与其他载体的城建档案大致相同，因此，也可以参照城建档案分类大纲进行分类。总的来说，分类方法的选择应该结合具体情况决定。但无论采用哪种方法，一定要考虑对底片的保护和实际工作有利，所以，一般来说，底片分类不宜太多、太细。

（2）底片的编目

分类后的底片应按类把每类底片编号登入目录簿中。一张底片或一组密不可分的底片为一个保管单位，编一个底片号。如果是一组底片，在底片的顺序号后面还要加一个分号。例如 J201—1；J201—2。其中 J 为大类号，代表"风景名胜、园林绿化"类；201 表示这一类照片底片的顺序号，二者组合在一起即为 J201 表示底片号；—1、—2 为分号。

登记底片的目录应设有底片号、简要内容、拍摄时间、拍摄地点、拍摄者、底片数量、技术状况、底片来源、收到日期、备注等栏目。其中，底片号是诸多项目中最重要的一项。它编写在乳剂面的片边处，不得影响画面。底片号的登记顺序应与照片号的登记顺序保持一致。底片要放入专门的底片袋内保管，并在底片袋右上角标明底片号。对翻拍底片，应在底片袋的左上方标明"F"字样。对拷贝底片，应该在底片袋的左上方标明"K"字样，以方便对不同性质底片的区别与识别。

（3）照片的分类与登记

照片的分类应该根据照片档案的实际数量，按年度—内容或专题进行分类。分类后的照片应该分别装入专门相册。在分类过程中，有的照片可以从不同角度分类，为了便于今后的查找利用，应该在有关类别中加入参见指引信息。相册应该按分类方案排放，同一册内的照片按时间顺序排列并和内目录的条目保持一致。照片应该用固定方式粘贴在相册的卡片纸上。分类卡片线式样（详见表 6-2 至表 6-5），完全可以满足不同横竖照法的连贯组合。每张照片都必须附上包括照片内容（标题）、拍摄时间、地点、作者等在内的简要文字说明。并注明参见号和其所对应的底片号。如果采用照片、底片合一编号法的，可以不填写底片号。

城建照片档案分类卡片　　　　　　　表 6-2

类别：　　　　　　　　　　　　　　　　　　　　　　　　　　　　　第　　页

（横式 照片粘贴处）		照片说明：
照片题名		底片编号
拍摄时间		参见号
地　点		摄影者
照片说明：	（横式 照片粘贴处）	
照片题名		底片编号
拍摄时间		参见号
地　点		摄影者

××市城市建设档案馆

城建照片档案分类卡片　　表 6-3

类别：　　　　　　　　　　　　　　　　　　　　　　　　　　　　第　页

照片说明：	（竖式照片粘贴处）
照片题名	
拍摄时间	
地　点	
底片编号	
参见号	
摄影者	

（竖式照片粘贴处）	照片说明：
	照片题名
	拍摄时间
	地　点
	底片编号
	参见号
	摄影者

××市城市建设档案馆

城建照片档案分类卡片　　　　　表 6-4

类别：　　　　　　　　　　　　　　　　　　　　　　　　　　　　　　　第　　页

照片说明：	（横式照片粘贴处）	
照片题名		底片编号
拍摄时间		参见号
地　点		摄影者
（竖式照片粘贴处）	照片说明：	
	照片题名	
	拍摄时间	
	地　点	
	底片编号	
	参见号	
	摄影者	

××市城市建设档案馆

城建照片档案分类卡片　　　　　　　表 6-5

类别：　　　　　　　　　　　　　　　　　　　　　　　　　　　　第　　页

	照片说明：	
（竖式照片粘贴处）		
	照片题名	
	拍摄时间	
	地　　点	
	底片编号	
	参 见 号	
	摄 影 者	

照片说明：		
	（横式照片粘贴处）	
照片题名		底片编号	
拍摄时间		参 见 号	
地　　点		摄 影 者	

××市城市建设档案馆

165

2. 数码照片档案的整理

随着计算机技术与数码相机的发展和普及，近年来，数码照片几乎替代了传统的胶片照片，并成为各单位形成照片档案的主角。由于数码照片不存在照相底片，因此，在整理方法上也有所不同。

（1）数码照片档案的分类一般按其形成年度分类。如果形成数码照片数量比较多的单位也可以按年度—专题进行分类。

（2）数码照片号为年度+流水号。数码照片号就是在文件夹内的每一自然张照片，按其排列顺序形成的编号。年度和流水号可以各用4位阿拉伯数字表示，不足四位的在前补"0"。例如"20020001"。前面4位表示年度，后面4位表示流水号。

（3）数码照片文件按时间先后排序，一组联系密切的数码照片应该排列在一起。

（4）数码照片文件应同时洗印成5～7英寸的纸质照片后，分类装册入集。并在文字说明栏中标注其原始文件的所在位置。

（5）原始影像文件应按年度或专题刻录成光盘。光盘中应包含文件夹目录、文件夹内照片目录以及光盘说明文件。说明文件应包括照片内容、数量、来源、摄影者、版权权限、保存等级、责任人等内容。

3. 照片档案的著录

照片档案的著录项目包括照（底）片号、题名、时间、作者、备注、参见号、册号、页号、组内张数、分类号、项目号、主题词或关键词、密级、保管期限、类型规格、档案馆代号、文字说明等。

城建照片档案的著录是以照片的自然张或若干张（一组）为单位著录成为照片档案目录的条目。以一组照片为单位著录时，题名应根据题名拟写要素，简明概括、准确反映一组照片的基本内容。并且照片号、底片号、页号均应著录起止号；时间应著录起止时间；参见号、摄影者可以著录多个。

6.1.4.3　城建照片档案的保管

1. 底片的保护

底片是照片档案的重要组成部分，是照片档案的母本，没有质量好的底片就印不出质量好的照片。由于底片上的感光层是由化学成分组成，感光层的药膜比较娇嫩，稳定性差，易受外部条件影响而发生变化，如发霉、泛黄、污染、磨损、划伤、色彩褪变、溶化等情况，因此，底片的保管条件相对比较苛刻。只有将母本底片保存好，才可能复制出一代又一代清晰的照片供后人利用。所以，科学地保管好底片对搞好照片档案工作十分重要。

底片库房应该建立严格的规章制度，工作人员必须要有高度的责任感，耐心细致地做好各项管理工作。底片的娇贵使得对底片库房的温湿度要求相对比较高，因此，在条件许可的情况下，尽可能给底片库房提供一个符合规定要求的温湿度环境，这点对底片的保护，使用寿命的延长都至关重要。

底片入库前应仔细检查。对有问题的底片应进行必要的技术处理后方能入库。并定期抽样检查。若发现问题，应查明原因，及时采取补救措施。底片极易污损划伤，拿取底片要戴上洁净的棉质薄手套，手指只能轻捏底片的两侧边缘，不要接触到有影像的部位。为防止底片相互粘连，底片与底片，底片与照片不能相互重叠，应单独装袋，垂立存放。底片的存放环境要有良好的遮光防尘措施。底片应安放在可以关闭的装具中保存，避免与可能产生挥发性有害气体的东西存放在一起。

另外，保护底片还可以采用底片扫描的方式，将底片的影像信息转换成数码影像文件，既有利于对原底片的保护，又方便了管理和利用。尤其是底片经扫描后，在一定程度上也降低了原底片的保存风险，避免因不可抗拒的自然褪变使原底片质量每况愈下，最终影响利用效果。因此，底片扫描对老底片的抢救性保护也是一种简便易行的做法，也是胶片数字化的必经之路。档案部门可以根据馆藏底片的实际情况，制定计划，缓急轻重，逐步对馆藏底片进行扫描。

底片扫描的方法大致有扩印机扫描、电分扫描和扫描仪扫描三种。扩印机扫描主要是利用数码彩扩店的数码扩印机对底片进行扫描。由于彩扩机扫描仪的光学分辨率不够高，其扫描出的图像文件不能满足摄影作品的放大或用于高品质的印刷，因此只能满足一般要求使用。电分扫描主要用于印刷行业，它是采用光电倍增管技术（Photomultiplier）实现光电信号的转换。所谓"电分"就是将图像颜色分解成C、M、Y、K四色（青色Cyan、品红色Magenta、黄色Yellow和黑色Black），这种四分色称为印刷色彩模式，由于电分扫描是逐点扫描，因此对图像无论是高光还是暗调部位的细节都具有较好的响应，扫描精度很高。但是电分扫描设备体积较大，价格昂贵，只有印刷厂及少数专业图片社才拥有，而且，底片需要浸油才能进行滚筒扫描，也不利于底片的保存。扫描仪扫描比较常见，扫描仪一般有两种，一种为纯粹的底片扫描仪，一种为既可扫描底片，又可扫描照片的平板透射式扫描仪，这种扫描仪是采用光电耦合器技术（CCD）实现光电信号的转换。底片扫描仪的动态范围优于平板透射式扫描仪，但是能扫描大尺寸底片的机器价格昂贵。随着矩阵CCD及双镜头扫描技术的出现，目前，平板透射式扫描仪已经具备极高的光学分辨率和更大的光学密度值，其最大优点是底片，照片都可以扫描，性价比好，使用很方便。

2. 胶片照片档案的保存

照片档案的保管与底片的保管大致相同。虽然照片没有底片那么娇贵，但是也必须按照相关的要求精心管理。一般来说，在相同的环境条件下，照片的保存寿命要比底片的保存寿命长，所以，对一些珍贵照片，尤其是没有底片的老照片，应该为其提供良好的环境，最大限度地延长其寿命。在利用时，可以提供翻拍片或扫描件，尽量避免直接使用照片原件。实践证明，只要原照片的尺寸不是太小，而且保存完好的，无论是黑白照片还是彩色照片，经翻拍或扫描后，一般都能在技术上满足各种使用的需要。因此，对于重要的珍贵照片，应该采用较好的材料和制作工艺，精心放制成较大尺寸的照片，再经翻拍或扫描后，采用双套制异地存放，这样，不但能保证照片的质量，同时，也有利于珍贵照片的长期安全保存。

3. 数码照片档案的储存与保管

储存数码照片档案应该采用只读式光盘为存储载体。软磁盘不宜作为长期存储数码照片的载体。为保证光盘刻录的质量，并确保光盘及其数码照片信息能长期保存下去，应该选用品牌较好的刻录光盘，如柯达、惠普、明基等，并使用带有"校验"功能的刻录软件进行光盘刻录，这些软件能自动检查光盘上的资料是否正确。光盘应该保持清洁，触摸光盘时应带洁净的无纺棉质手套，不要用裸手触及光盘的反射面。存有数码照片档案的光盘应放在坚硬的专用塑料盒内竖立存放，不能挤压、弯折或堆叠存放。如果光盘有污渍，应及时用清水和中性清洁剂清洗。清洗时用照相机擦镜纸从中心向边缘轻轻擦拭，不能沿圆形轨边擦拭。光盘存放环境要远离强磁场并防止有害气体与紫外线。以防霉菌的滋生，温湿度应分别控制在 14～24℃和 45%～60%之间。

目前，对数字信息资源长期保存的方法是多重备份和适时迁移。适时迁移是根据软件、硬件的发展将数字资源迁移到不同的软件或硬件环境下，以保证数字资源能在发展的环境中被识别、使用和检索。根据迁移条件的不同，迁移可以分为硬件迁移、软件迁移、载体迁移、格式迁移、版本迁移等。在数码照片档案管理中应根据不同情况，采取不同措施，确保数码照片档案保存的安全。存有数码照片档案的光盘应定期进行抽样机读检验，发现问题应及时采取措施。在正常情况下，存有数码照片档案的光盘一般每隔 5 年转存一次，原盘同时保留时间也不少于 5 年，从而确保数码照片档案信息的长期安全保存。对于定期进行数码照片数据转存和当保存数码照片的系统软硬件环境发生变化、存储载体发生变化迁移时，都应该及时做好相应记录，以作备考留存。

6.1.4.4 城建照片档案的鉴定

档案鉴定工作是指鉴别和判定档案的价值，挑选有保存价值的档案妥善保管，剔除无须保存档案予以处理。

城建照片档案鉴定工作是一项十分重要而复杂的工作。它决定着照片的"留"与"去"，"存"与"毁"的命运问题，因此，必须慎重对待，不得轻易处理。城建照片档案是城建档案的重要组成部分，属于专门档案中的特殊载体档案。做好城建照片档案的鉴定工作的目的，是为了更好地保存对国家和社会具有历史价值的文化财富。照片档案的鉴定通常有传统式鉴定和计算机鉴定。

1. 传统式鉴定

（1）直接鉴定法

直接鉴定法是指鉴定人员通过直接对被鉴定的照片档案进行具体地审视、分析和判断。其要点是对照片档案的实体内容和外部特征等进行直接、仔细地评判。这是最常用、最基本的鉴定方法。具有广泛的实用性。

对照片档案进行直接鉴定，一看内容，是否具有保存价值。二看载体，质材是否完好。对于照片或底片的载体情况来看，片子是否有划伤现象，是否有明显的指纹和污渍。同时，还要看照片的一些技术指标，如清晰度、色彩等方面情况。当然，对于照片的内容还是最主要的。如照片的真实性、历史性、研究性、参考性等方面是否具有收藏保存的意义。所以，鉴定人员应该了解和掌握作者的表达意图，拍摄目的，并用全面的观点、历史的观点、发展的观点对具体事物进行具体分析，在充分认识照片内容的基础上，判断、评估照片的价值所在。由于档案的价值不在于它的载体，而在于这个载体所承载的内容。因此，对于比较珍贵、稀罕的城建照片，即使无法满足载体要求，也应该积极收藏并加以妥善保管。另外，有些照片档案虽然一直未曾被利用，但是，不能说它没有保存价值而给予剔除。无论怎样，凡是已经归档保存的照片和原底片，一般不得随意抽出，任何个人都没有权力剔除或销毁任何一张作为档案保存的城建照片。

（2）比较鉴定法

比较鉴定法也是照片鉴定中常用的一种鉴定方法。其特点就是具有较强的直观性和抉择性。尤其对内容相同，外形相似，特征差异不明显，又没有很明确或操作性不很强的鉴定标准可对照时，用此法直接进行比照，不失为是一种简便有效的方法。在城建照片归档中，经常会遇到同一题材、同一画面的照片的多张重复问题，有的几乎是完全相同。这就需要我们对其进行认真比对，把内容最具代表性，画面质量最好，光线运用、角度选择、色彩掌握最佳的照片保留下来。

随着社会的发展，照片档案的数量也将越来越多，所以，我们要正确认识和妥善处理数量和价值的关系，剔除一些内容重复，摄影水平不高，影像质量不好的没有实际保存价值的照片，也有一定的必要。但是，照片档案的数量只是考虑的因素之一，确定照片档案去留的根据主要还是看照片档案本身的内容价值。

2. 计算机鉴定

计算机鉴定主要是专门针对数码照片和照片扫描件等，以电子文件形式出现的特殊载体档案。它是通过计算机或借助一定的软件对数码影像文件进行鉴定的方法。

随着数码照相机的广泛应用和计算机技术的快速发展，数码照片档案数量也越来越多。但是，数码影像文件的易修改性也使得在传统暗房中难于做到的特殊影像效果，变得易如反掌。特别是画面影像作过造假处理的照片档案，将严重影响了档案的信息价值，因此，档案部门对归档数码照片影像真伪的鉴定工作显得尤为重要。从目前情况来看，查看归档数码照片的Exif（Exchangeable Image Format，可交换影像格式）"元数据"，对比其中的相机拍摄时间和图像原始时间是否完全相同，来初步判定原影像是否已作编辑处理。这种方法也曾在前几年被作为最直接、有效地鉴定归档数码照片真伪的方法之一。

数码照片的Exif"元数据"是一种影像文件格式。Exif信息包含了非常详细的拍摄参数，包括摄影时的光圈、快门速度、ISO值、日期时间等技术参数，以及相机品牌型号、色彩编码、全球定位系统（GPS）等信息。现在的数码相机基本都支持Exif信息功能，一般通过软件即可在电脑上读取数码照片的Exif信息。读取Exif信息的软件大致分为三类：一是数码相机生产厂商随机附赠的Exif信息查看软件。二是具有查看Exif信息功能的通用影像浏览软件。三是其他专门查阅或修改Exif信息的另类软件。通过原拍摄相机自带的软件来查看一般比较完整、全面。如果数码照片影像被做过后期编辑处理，一般都有记录，包括修改时使用的软件名称及版本、具体修改日期和时间等。比如用ACDSee6.0查看一张原始数码照片的Exif"元数据"时，在"相机"一栏下面会显示相机制作厂家、型号以及拍摄日期、时间三项具体内容，其中"型号"下面"软件"一行具体显示的是该相机的版本；在"图像"一栏下面显示着图像形成的具体原始日期、时间和数字化日期、时间等多项内容，而且"相机"一栏下的拍摄日期、时间与"图像"一栏下面的图像具体原始日期、时间以及数字化日期和时间完全相同。如果用ACDSee6.0查看一张作过修改的数码照片的Exif"元数据"时，在"相机"一栏下面的日期、时间会晚于"图像"一栏下面的原始日期、时间和数字化日期、时间，并且"相机"栏"型号"下面的"软件"一行显示着修改该数码照片时使用的软件名称及版本。因此，通过查看这些数码照片的Exif"元数据"信息，有些数码照片档案是可以初步判定是否作过影像后期处理。

查看数码照片Exif"元数据"的几种常用方法：

（1）在Windows XP下数码照片文件夹窗口中直接查看

Windows XP系统对数码照片具有非常好的支持性，我们不仅可以通过其自带的"Windows图片和传真查看器"浏览数码照片，还可以在它的文件夹窗口中直接查看一批数码照片的部分Exif信息。具体操作方法：先打开装有数码照片的文件夹，在"查看"

菜单中选择"详细信息",然后分别用鼠标右键点击"详细信息"和"选择详细信息"的选项,再点选与数码照片相关的项目,如"相片拍照日期"、"修改日期"和"摄影机型号"等。如果要查看单张数码照片完整的 Exif 信息,可以这样操作:右键点击该照片文件选择"属性",从弹出的照片属性对话框中切换到"摘要"选项卡,点击"高级"按钮,便可以查看到该照片较为详细的 Exif 信息了。

(2)利用专业软件查看完整的 Exif 信息

一般情况下,凡是支持 JPEG 格式的图像工具软件如 Photoshop、ACDSee 和一些专用的 Exif 信息读取软件,都能浏览数码照片 Exif 信息。

在 Photoshop 中查看。用 Photoshop CS3 处理照片时可以查看 Exif 信息。先打开数码照片,通过"文件→文件简介"选项中的"Exif"查看,有图像说明(比如:相机机型、拍摄时间、曝光数据等)、用户注释(比如:Exif 色彩空间等),相关声音文件(比如:文件源、场景类型、Exif 标记等)等 30 多项内容。

在 ACDSee 中查看。用 ACDSee9 时,在浏览照片的同时,可以显示其 Exif 信息。先打开一张数码照片,点击菜单栏"视图→属性",界面的右侧会列出属性控制窗口,按其下方的"Exif"标签项,则窗口变为"属性—EXIF",即可看到非常详细的 Exif 信息。也可以使用快捷键"Alt+Enter",直接打开"属性—EXIF"栏查看。

使用专用的 Exif 工具软件查看。如:Opanda IExif 等工具软件,不仅可以查看 Exif 信息,而且可以查看主流数码相机厂商的特殊注释标记,甚至还可以查看到相机的实际快门释放次数。它还支持 GPS 卫星地图定位,只要在右键菜单中选择"定位查看 GPS 卫星地图",就可以通过网络与 Google Maps 服务相结合,了解拍摄点周围的地理环境、人文景观,并可切换到常规地图模式,更详恳地查阅当地的街道、交通、建筑、气候、风景名胜等其他相关资讯。

从数码照片档案管理的角度看,由于归档数码照片鉴定工作的特殊性,目前的一些软件还不能完全满足于鉴定归档数码照片真伪的需要,因此在查看归档数码照片 Exif "元数据"的基础上,还要结合其他的有效鉴定方法,深入分析归档数码照片的影像画面,才能对归档数码照片的真伪作出更全面、有效的判定。

首先,要查看归档数码照片画面是否有拼接、合成等技术处理痕迹。计算机技术再高,拼接、合成照片再逼真,其破绽和漏洞再难发现,也总有一定表现,不可能绝对完美。通过放大照片画面影像,查看影像边缘等部位,寻找是否有合成痕迹,应该是鉴定照片真伪的很有效办法。因此,要仔细分析、察看照片画面影像显示的不同细节,通过对影像细部特征的分析,发现作假照片的蛛丝马迹。

其次,要分析画面组成是否合乎常理。添加、替代、修改、挖补等技术处理是造假者常用的手法。

再次,要辨别影像细部元素有无异常。实践证明,通过仔细察看照片影像的细部特征,特别是那些完美无缺的照片画面影像的细节有无异常,也是鉴定照片真伪十分有效的一个方法。例如,人物影像边缘清晰度是否过分清晰或模糊不清;画面影像色块或"马赛克"放大倍率、比例是否正常、分布是否均匀、自然、协调;光照方向和物体阴影是否一致;照片的视觉透视感是否符合常规;是否符合镜头近大远小的成像规律和前后景深大小规律;画面景物是否有异常变化;文字等特殊标识与周围环境是否正常;人物主体与背景在拍摄角度上是否符合常理；影像是否呈现有规律的重复；影像色彩、色温、清晰度的变化是否协调一致等等。

3. 成立专门的鉴定组织

无论城建档案馆还是档案室，都担负着各种档案的鉴定任务，为了更好地做好档案鉴定工作，尤其是对声像之类的特殊载体档案，应该成立由有关部门和专家共同参与的鉴定工作委员会。对鉴定剔出准备销毁的城建照片档案，应该编制清单，附上小样，报经有关领导审批。

6.1.5 城建照片档案的利用

照片档案形象生动、真实直观等感性特点，决定了它在利用功能上具有非一般档案的特殊作用。

6.1.5.1 城建照片档案的利用用途

1. 为编史修志和城市研究提供最直接的形象材料

城建照片档案客观真实地记录了城市发展变迁的足迹，见证了城市不同时期的风貌特征，给人们留下了难以忘怀的生动场景。因此，它能为人们研究城市的历史发展提供最直觉的凭证。在城市编史修志和历史研究中，珍贵城建照片档案具有很高的史料价值，它不仅是文字的补充材料，更是一种重要的佐证材料。

2. 为继承城市的传统特色和提高城市建设水平提供参考材料

城市是人类文明度产生的重要因素，任何城市都是社会文明进步的结晶。在历史发展中逐步形成具有个性的传统风格。无论现代科学技术怎样发展，没有个性特色的城市，不是人们生活的理想城市。保持传统特色，追求城市品位，是提高城市建设水平，改善人居环境的重要标志。人们在继承城市的传统特色时，城建照片档案往往能提供我们诸多可借鉴的重要信息。例如，对一些历史古建筑的恢复和修缮，很多是依据照片档案来进行的。

3. 编制画册、举办展览，为城市宣传服务

城建档案馆根据社会的实际需要，将收藏的城建照片，及时编辑出版综合性、专题性画册，形象地集中展示城乡建设的发展变化，是一项富有现实意义的编研工作。同时，也使城建档案部门的服务方式由被动变为主动，积极、有效、有计划、有目的地为社会提供服务。精美的画册不仅可看性强，宣传效果好，而且还具有很好的史料价值。照片印制成画册后，由于影像的载体转移，使得照片原影像信息能更持久地留存下去。因此，既有现实意义，又有长远意义。另外，还可以利用照片档案举办城市建设成就展览，通过新旧照片的鲜明对比，反映城市建设发展的历史变化。让城建照片档案的价值在城市宣传中得到更好的体现。

6.1.5.2 利用数码照片档案应注意的问题

利用数码照片档案时，不得将数码影像文件的封存载体外借。只能按选定的照片以拷贝或网上传输的形式提供给利用者，并进行备案登记。利用者不得超出权限规定范围，不得私自复制、修改或转送他人。利用具有保密要求的城建照片档案时，应当遵守国家或部门有关保密的规定。在城建照片档案的接收、征集和利用等过程中，城建档案机构还必须重视照片档案涉及的相关著作权归属等问题，以免在照片的使用中产生侵犯作者著作权的行为。为了避免因上述问题而引起的法律纠纷，相关部门或个人应该增强相关的法律意识，利用法律手段，以签订法律合同的形式，来明确约定合同双方的权利和义务，并认真履行合同约定。

6.2 城建录像档案

6.2.1 城建录像档案的产生及种类

录像档案是随着现代视听技术的发展而逐步产生、发展起来的一种新的档案种类。它是根据音视频记录原理将图像、声音信号同步记录、存储在特定介质载体上的一种新型档案。这种既闻其声，又观其形，不但声像同步，视听结合，动态连贯，影像逼真，而且具有信息量丰富，不易篡改等特点，已彻底改变了传统档案的单一性和静态性，同时，也赋予了城建档案工作新的内涵和发展空间。

从1956年，世界上第一台磁带录像机研制成功以来，录像技术的发展主要经历了横向扫描开盘式磁带录像技术、螺旋扫描盒式录像技术和数字录像格式三个发展阶段。由此，也形成了多种类型的录像材料。城建档案部门的城建录像档案工作大多始于20世纪80年代。经过近30年的发展，城建录像档案的种类也在不断增多，可以从不同角度进行划分。

6.2.1.1 从城建录像档案的内容来分

（1）记录城市规划、建设和管理的重大活动和事件的录像档案。

（2）记录重要人物在本地区各种城市建设工作中的重大活动的录像档案。

（3）记录城际、省际、国际间城市建设的各种交流活动的录像档案。

（4）记录具有历史意义的建筑物、构筑物、名胜古迹保护和修复的录像档案。

（5）记录城市地理风貌特征，城乡建设前后面貌、市容景观，城市变迁及社会风情的录像档案。

（6）记录自然灾害、城乡突发事件、抢险救灾的录像档案。

（7）记录重大工程建设活动的录像档案。

（8）记录工程建设中反映工程原址、原貌及周边状况的录像档案。

（9）记录基础施工过程中工程测量、放线、打桩、基槽开挖、桩基处理等关键工序的录像档案。

（10）记录主体工程施工过程中施工现场整体情况，钢筋、模板、混凝土工程施工，隐蔽工程施工，内外装修装饰的录像档案。

（11）反映工程采用的各种新技术、新材料、新工艺的录像档案。

（12）记录工程重大事故第一现场、事故指挥和处理措施、处理结果等情况的录像档案。

（13）记录工程验收情况、竣工典礼的录像档案。

（14）记录反映竣工后的工程面貌的录像档案。

6.2.1.2 从录像档案的信号记录方式来分

录像档案按其信号记录方式可分为模拟方式和数字方式两大类。而在这两大类中还可以细分为复合方式和分量方式两类。因此，一共可以分出复合模拟方式、分量模拟方式、复合数字方式和分量数字方式等四种（图6-1）。其中复合模拟方式又分为色度直接记录方式和色度降频记录方式。而在相同的记录方式下，还可以按录像机不同的记录格式再进行分类。如在色度直接调频记录方式下，可分为C格式、B格式；在色度降频记录方式下，可分为U-Matic、Batacam、VHS、8mm等。

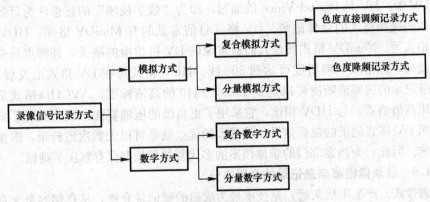

图6-1 录像信号记录方式分类图

6.2.1.3 从录像档案的录、放像质量来分

（1）广播级。主要用于广播电视系统。采用广播级设备拍摄的录像，信噪比最高，录、放的图像质量最好。但其设备复杂，价格昂贵。

（2）专业级。专业级也称准广播级或业务级，比广播级低一个级别。专业级一般应用在广播电视以外的某些专业领域，如档案、电教等部门。图像质量略低于广播级。但是，目前高档专业级设备录制的图像质量已超越旧型号的广播级。

（3）家庭级。主要适合应用在图像质量要求不高的非业务场合，比如家庭娱乐等，属于大众消费的普及型级别，以VHS即大1/2和8mm为代表，其图像质量比较一般。但随着录像技术的不断成熟和数字技术的发展应用，目前，家用级机器录制的图像质量已有了很大提高，甚至已接近专业级的质量效果。

6.2.1.4 从录像档案的载体规格来分

（1）2英寸磁带。2英寸带即50.8mm磁带，是最早期的开盘式录像磁带，由美国安培公司于1956年研制成功。因为体积大，分量重，且价格昂贵，因此，仅限于广播电视部门使用。直至20世纪70年代，1英寸带出现后才被淘汰。

（2）1英寸磁带。1英寸带的录像机在体积、重量、功耗等方面都优于2英寸的录像机，但还是使用开盘式录像带，因此，仍然比较笨重，且操作也复杂。

（3）3/4英寸磁带。3/4英寸的磁带是盒式U型录像机使用的磁带，为20世纪70年代由Sony公司和松下公司联合研制推出。这是我国大、中城市城建档案部门在声像档案工作起步阶段普遍使用的机器，有低带和高带之分。

（4）大1/2英寸带。磁带宽度为12.65mm，以VHS为代表，主要以家庭使用为主，也是社会普及面最广的种类之一。档案部门早期接收和使用的磁带多为这一类。

（5）8mm磁带。是20世纪80年代初中期推出的一种更加小型的一体式家用摄录像机使用的磁带，带宽8毫米，它的磁带盒与卡式录音盒带相似，是一种带速低，记录密度高的金属带。由于小巧方便，价格便宜，因此，成为部分城建档案部门作为声像工作起步时的首选。

（6）1/2英寸金属磁带。这类磁带主要有模拟分量的Betacam SP和数字格式的Betacam SX。前者价格适中，被广泛应用于广播电视、电教以及城建档案部门。后者价格昂贵，被广播电视界认为是目前最优秀的广播级产品之一。

（7）DV 带。DV 是 Digital Video 的缩写，即为"数字视频"的意思，为目前比较流行的一种数码视频格式的录像磁带。DV 格式目前常见的有 MiniDV 格式、HDV 格式和 AVCHD 格式等。MiniDV 格式就是人们通常说的 DV 机拍摄的格式，其特点是磁带体积较小，性能高，理论水平解析度可达到 500 线。HDV 格式是在 DV 格式上发展而来的，使用 DV 带记录的视频清晰度可以达到 1920×1440 的高清标准。AVCHD 格式是目前最先进的民用高清格式。与 HDV 相比，它采用了更高级的压缩算法，从而实现了更高的画面质量。用 DV 格式记录的视频信号，其最大的优点就是可以无数次地转录，图像质量基本不受影响。因此，为档案部门的录像档案的多代复制和长期保存解决了难题。

6.2.1.5 从录像档案信息记录的介质来分

（1）磁带式。产生年代久远，是技术最为成熟的磁记录介质，从存储容量来看，成本相对较低，还可以重复使用。磁带的可靠性高，图像质量好，画面的单帧数据最为完整。其缺点是信号采集比较费时，磁带在运行时与磁头接触，会造成一定的机械磨损，且保存时间有限，因此，只能通过不断转录的方式来延长其寿命。

（2）光盘式。存储介质一般采用 DVD-R，DVR+R，或是 DVD-RW，DVD+RW 来存储动态视频图像，操作简单、携带方便，拍摄中不用担心重叠拍摄，更不用浪费时间去倒带或回放，尤其是可直接通过 DVD 播放器即刻播放，省去了后期编辑的麻烦。DVD 介质是目前所有的介质中安全性、稳定性比较好的存储介质之一，数据存取速度快，信号的定位式读取比较方便，但光盘品质的优劣直接影响存储介质的耐久性。

（3）硬盘式。存储容量大，信号读取方便，只要用一根 USB 连线与电脑连接，就可以轻松传输录像信号，但硬盘一旦出问题，存储的数据将会受到严重影响，甚至造成无法挽回的损失，所以，必须及时做好数据的安全备份，以防万一。

（4）存储卡式。存储卡也称闪存卡（Flash Card），它是利用闪存（Flash Memory）技术，实现存储电子信息的存储器，如 SD 存储卡、Memory Stick 记忆棒等，都属于新型的迷你存储介质。SD 卡（Secure Digital Memory Card）是一种基于半导体快闪记忆器的新一代记忆设备。体积仅为 24mm×32mm×2.1mm，重量也只有 2g，但它却拥有无须额外电源支持的高记忆容量、快速的数据传输率、极大的移动灵活性和很好的安全性，而且是一体化固体介质，没有任何移动部分，不易受物理影响，因此，不必担心机械运动的损坏。Memory Stick 记忆棒，体积为 50mm×21.5mm×2.8mm，重量也只有 4g，且带有写保护开关。也是一种比较理想的存储介质。由于闪存卡与传统的存储介质相比，具有非常特出的优异性，因此，具有良好的发展潜力。

6.2.2 城建录像档案的特点

城建录像档案除了和城建照片档案一样，具有形象直观，客观真实的共同点之外，还有其自身的特点，概括起来主要有以下六个方面：

6.2.2.1 原始记录性强

档案的基本属性在录像中能得到很好地体现。由于录像档案是当时当事使用专门摄录设备直接拍摄记录而来的，包括能记录完整的过程、段落和细节，在动态中使各种原始信息都能如实地被锁定保存在录像载体中，因此，具有高度的原始记录性。

6.2.2.2 时间、空间感强

录像档案是以可视的动态画面和同步的音响效果为纪录特征，把一瞬即逝的场景原本地摄录下来，在回放录像时，又能如实地呈现当初的真实场面，重现当时的情景，让人有身临其境的感受。一段活灵活现录像，也许会让你时空错置，仿佛把你带进了那个场合，回归到那个年代，宛若时光的倒流，在情景交融中体现跨时空的感受，从而勾起人们的历史情怀，增进对往事的深刻认识和记忆。

6.2.2.3 系统表达性强

照片是以张为单位的静止画面来反映问题的，是变化中的事物的特定的瞬间形态。而录像的画面则是动态的、连贯的，甚至可在一定时间，把事物变化的整个过程包括当时的声音都能毫无遗漏地连续不断地记录下来。因此，录像档案所记录的图像、声音信息是连续性的，更能系统地揭示事物的来龙去脉，也能更全面地说明问题。

6.2.2.4 作品感染力强

图像在视觉上对人的感官刺激比文字更强，而录像档案既有声音，又有图形，声图结合，互相补充，它同时对人的听觉、视觉神经产生作用，从而，使利用者更容易对信息的理解和接受，也更容易打动人。一段声情并茂的录像情节，往往能给人留下深刻的影像，甚至终身难忘。

6.2.2.5 不易修改作假

在一般情况下，由于录像画面不像照片容易被移花接木、改头换面等修改作假，尤其是未经编辑处理的原始录像素材，还含有与环境一致或口形一致的现场同期声，因此，相对来说，录像档案更为真实可信，它一旦形成，即为历史的真凭实据。

6.2.2.6 易复制，原件与复制件难区分

录像制品很容易复制，而且难以区分原件与复制件。

6.2.3 城建存档录像的摄制

存档城建录像的摄制方式多样，声像档案工作人员应该根据录像档案摄录的实际需要，选择合适的方法进行摄录。

6.2.3.1 常用的摄制方法

1. 抢救性摄录

抢救性摄录主要是针对在快速推进的城市化进程中，即将被拆除或者已经被列入改造项目的，具有一定历史年代的道路、桥梁、街区、街坊、宅院民居以及其他具有鲜明时代特征的各种建筑、构筑物等，进行抢拍，为其留存最后的影像档案。抢救性摄录首先要掌握信息，把握时机，提前动手，历史原貌一旦消失无法复得。因此，城建档案部门一定要有超前意识，主动与有关单位沟通交流，获得信息后，应当马上制定摄录方案，立即开始行动，而且要赶在尚未动迁之前，越早越好。这样由于时间上相对从容，景物也处于常态之中，有助于摄录时能够把握得更加周详，录制的效果也比较自然和谐。其次，摄录时还要注意不同镜别的组合兼顾。既要运用远景、全景在空间上把待拆迁改造的范围、地段的场面性的景象摄录下来，又要结合中镜、近镜甚至包括特写、大特写的运用，把一些具有历史研究价值的，特殊的细节部位都摄录保存下来。因此，抢救性摄录一定要全面、系

统、多方位、多角度，并掌握宁多勿少，宁细勿粗的原则，把城市的历史旧貌完整、真实地记录在案。

2. 跟踪性摄录

跟踪性摄录主要针对某一建设项目，从开工到竣工的全过程中，根据内容的实际需要，有所侧重地，阶段性、间隔性地进行系统拍摄记录。跟踪摄录的对象一般为在当地具有一定影响的新建、改建、扩建等，投入资金比较大，具有相当规模的道路、桥梁、建筑等工程。跟踪摄录比较重要的项目一般从方案论证、地块原貌开始，包括隐蔽工程在内的各个重要环节、部位、过程，施工工艺以及阶段性变化等，定期定点进行详细摄录，直至竣工验收交付投用。通过系统的积累，形成一套完整的录像档案。在跟踪摄录之前，首先要对工程概况进行了解，包括项目特点、资金投入、施工周期、关键技术等，做到心中有数，并制定详细的摄制方案。同时还要与建设、施工方取得联系与支持，在不影响施工，确保安全的前提下，方能进行。每次摄录都要做好相应的文字记录，按时间顺序及时登入目录。记录载体以一事一盒为宜，尽量不要与其他内容混录在一起，便于日后的管理与利用。

3. 专题性摄录

专题性摄录就是针对某一主题需要而进行的专门录制。专题性摄录涉及面比较广，内容较多，也是城建录像档案中最普通最常见的一种摄录方法。例如专门对城市道路、城市桥梁、公共交通、市容市貌、风景名胜、大型建筑，或者是重要会议、规划论证、古建筑修缮保护、城市抗洪、防震救灾、工程质量监督等，分门别类地进行专门摄录。专题性摄录的内容有简有繁，有多有少。有的可能就 1~2min 的镜头，有的可能比较系统、详细，完全根据被摄录对象的性质、规模以及实际录制价值、意义等综合因素考虑决定。但总的要求是录制内容要有典型性、代表性。不求录制时间的长与多，只求画面质量的好与精。因此，专题性摄录是档案录制中最讲求技术手法的一种。尤其是色彩的平衡、镜别的运用、角度的选择、光线的处理，画面的稳定性以及构图等方面，都要用专业水准的要求来对待。

4. 佐证性摄录

佐证性摄录是专门为提供凭证依据而进行的特定内容的摄录。由于录像档案具有无可置疑的原始凭证性，因此，能为文字材料的进一步说明提供更直觉的更有信服力的证据材料。对于这一类内容的摄录，首先要了解清楚其本意和目的，才能针对问题抓住要点。其次是考虑如何来充分体现凭据的表现力度。例如，对城建工程项目的创优评选、新材料新工艺的应用、工程质量问题的分析、事故灾情的处理，甚至涉及法律纠纷等等，针对内容有的放矢地进行摄录，用栩栩如生的录像材料作为特定的凭证依据是一种非常有效的，具有很强权威性的佐证方法。

5. 对比性摄录

对比性摄录主要是在同一空间的不同时间内，专门针对城市的某一景貌或某一主体场景进行摄录，从中体现事物的变化和差异。城市建设的快速发展使城市面貌日新月异，可谓"一年一个样，三年大变样"。为了记录发展变化中的城市，我们可以选取合适的地理位置，采用同一地点，同一角度，不同的时间，或一年，或三年，采用相对固定的时间周期，为同一对象拍摄记录。通过相当时间的累积，便能形成对比强烈，反差鲜明的影像档案，使城市发展成长的不同年轮无限地清晰地留存在档案载体中。日后无论是宣传城市，还是提供后人研究城市，都将是极其珍贵的历史材料，也是让后人认知城市历史的生动教材。因此，做好对比性摄录是一件很有意义的声像档案工作，需要我们平时注意观察，持续不断地去积累。

6.2.3.2 城建录像的摄录要点

1. 保持画面的稳定性和内容的连贯性

画面的稳定性是录像拍摄中最基本的要素，对初学者来说尤其要注意。录像拍摄的是连续的动态画面，如果摄像机没有持稳，那么拍出的画面必定是动中加动，晃晃悠悠，给人有飘忽不定的感觉，不但影响观看效果，严重的还会影响到被摄物体的清晰度。虽然摇晃拍摄也是一种表现风格，但这是某种特定含义的奇特表达手法。一般情况下，横平竖直的构图和四平八稳的画面更符合人的自然视觉规律，也是录像档案的基本要求。要保持平直稳定的画面，除了声像工作人员的拍摄姿势要准确，练就的功夫要过硬外，使用三脚架将摄像机固定是最好的办法，它对所摄画面的稳定性具有很大帮助。利用三脚架上的水平仪，还能够很方便地将镜头锁定在水平状态，不用再担心画面倾斜不稳现象。当然，录像画面的"动"是不可避免的，保持画面稳定并非排除镜头的移动变换，如在处理"推、拉、摇、移、跟、退"这些摄像基本手法时，一定要有明确的目的性，要根据内容的实际需要，恰如其分地掌握运用，切忌过多地、毫无意义地乱推乱拉，晃来晃去，即便是移摄还是摇摄，也要让镜头保持在平稳的轨迹中匀速进行。而且，任何镜头的起幅和落幅，都应该保持有足够时间（一般不少于5s）的稳定画面，然后再进行"开始"或"结束"的操作，尤其要兼顾录像的内容情节和画面（语音）的相对完整，不要该停机时没停，不该停机时却停机，以免造成部分画面的残缺或内容信息的不完整。

2. 注意色温变化，及时调整白平衡

色温是测量和标志波长的数值，是彩色摄影、录像中对色彩影响的一项重要指标，与画面效果有很大关系。由于光的波长不同，所呈现出的颜色也不同，色温高的呈蓝色，色温低的呈红色。从日出到日落，一天之中的色温也在不断变化之中。所以，光源的色温在彩色摄影、录像中对色彩的还原具有重要的影响。如果在摄录时，没有对现场的光源色温做平衡调整，那么，录制出的画面有可能偏红或者偏蓝，这样就失去原有色彩的真实感，因此，为了确保图像色彩的还原真实，在录像前进行色温调整是必须的。由于自动色温的调节精度不是很精确，当录制内容要求高，现场光源较为复杂的情况下，还是建议尽量用手动方式对白平衡进行调整。

3. 精确对焦，确保画面的清晰度

对焦的正确与否直接影响画面的清晰度。由于拍摄录像时，尤其是摄录动态图像，摄像机镜头与被摄物之间的距离是不断变动的，如果超出景深范围，就会导致图像不够清晰，甚至模糊。为了确保图像质量，就必须不断调整镜头的焦距位置，以确保被摄体始终处在景深范围内。在实际工作中，虽然可以利用自动对焦功能，但是，对于一些环境复杂的场景，自动对焦也会失灵，甚至在拍摄时焦点漂移。而手动对焦就不易受环境干扰。因此，对于没有自动对焦功能的摄像机，或者是特殊需要必须手动对焦的，为了提高对焦精度，可以将变焦杆推到目标景物的最大化位置进行对焦，或按住摄像机上的自动变焦按钮"T"，因为这时的目标景物在取景器内放得最大，很容易看清焦距的虚与实，通过观察取景器内图像的清晰度，直至满意后，再将变焦杆或按动变焦按钮"W"，退回到刚才构图的景别上。由于焦点在变焦过程中一般不会发生变动，因此，利用变焦方法更有助于我们精细对焦。

4. 准确构图，合理布局画面

构图实际就是指画面的布局与构成，是反映画面内容的重要形式。其意义就在于有选择地组织好各种画面的构成要素，以最佳的视觉效果来反映主题信息。画面的构成要素主要包括线条、形状、光线、色彩、质感、立体感和运动等方面。通过这些要素的相互作用和影响，从而使录像画面能更好地显现出事物的本质特性。录像画面的结构一般包括主体、陪体、前景、背景、空白等内容。构图处理得如何，完全取决于画面主体表现得是否成功，以及主体与陪体、前景、背景、空白等相互关系处理是否恰当。因此，对构图的总体要求是：突出主体形象，明确表达主题；画面简练明快，忌讳繁杂琐碎；布局均衡，比例协调；画面紧凑，视觉舒畅；横平竖直，重心平稳；灵活运用，不落俗套。由于录像构图是在摄录现场一次性完成，它不像照片可以在放大时剪裁，而是根据录像内容和表现意图直接构成。同时，还要与景别结合运用。

5. 注意景别变换，丰富画面内容

景别是指由于摄像机与被摄景物的距离不同，而造成被摄景物在画面中所呈现出的范围大小的区别。景别的划分，一般为远景、全景、中景、近景、特写等五种类型。远景一般就是将摄像机镜头拉到最大位置，即取景达到摄像机所能取得的最大范围，一般在表现宏大场面时使用，给人气势磅礴、规模巨大的感觉。全景主要是展现景物的全貌。例如拍摄一幢大楼的全景，是应将建筑的一层到顶层全部纳入镜头里，让人看到完整的建筑全貌。中景是指取景物的某一主要部位，或基本可以代表全部的部分，对拍摄人物而言，相当于我们通常所说的半身照，但必须注意的是，拍摄人物中景时，切忌在人的关节比如膝盖、腰部截图。近景一般是着力刻画细节的时候所使用的表现手法。比如专拍人物的面部表情。特写就是进一步的刻画，这个在拍摄景物细部特征时使用的表现手法。如拍摄古建筑上的彩绘、雕刻工艺以及特小的物体就必须用特写的手法来拍摄。总之，景别的运用应该根据被摄景物所要表达的主题需要来选择。

6. 注意室内外的温差变化，防止设备"结露"

摄录像设备是精密仪器，应该要在合适的温湿度环境中使用。但有时也无法避免，这里特别要强调的是，当机器从一个寒冷的地方拿到一个比较暖和的地方时，或者机器工作场所的湿度超过一定值时，镜头的镜片表面以及录像机磁鼓等部位就会凝结微小的水珠，形成雾状的水汽，这种现象称之为"结露"。结露就是指物体表面温度低于附近空气露点温度时表面出现冷凝水的现象。如果此时马上开机工作，磁带就会贴在磁鼓上。由于磁带和磁头之间相对高速运动，这就很容易损伤磁头和磁带，同时还可能造成机器故障。有的摄像机检测到发生结露后，将会报警并出现报警显示，同时摄像机除了出仓外的所有记录重放操作将被禁止，最终机器将自动断电。因此，当机器已经发生结露报警，应立即停止使用，打开带仓，取出磁带，将摄像机静止放置一段时间，直至报警消失后再使用。也不宜使用热吹风向机器内部吹热气，以免机器的塑料件发生变形。防止结露的办法是，当机器从低温处移到高温的地方时，需用塑料袋将摄像机包好，直至摄像机温度回升至室内温度时再使用。夏季，当摄像机从空调室里取出，拿到没有空调的高温地方时，同样也要注意温差的变化,防止结露。

7. 拍摄前必须充分做好各项准备工作

凡事预则立不预则废。拍摄前预先做好一些必要的准备,可以避免在实际工作中可能遇到的各种措手不及的问题。准备工作主要有两个方面:首先是思想准备(即:拍摄计划的准备)。例如,对拍摄的大致内容、要求、时间以及场地情况、光线照明等心中有数。即使应对突发事件,也要尽量掌握一些必要的信息,避免仓促上阵。其次是设备准备。例如,要检查机器设备是否运行正常;镜头、磁鼓等容易积污的部位是否要擦拭清洗;电池的电量情况、磁带以及必要的附件都要有足够的准备。因此,只有准备工作做充分了,工作时才能得心应手,临场不乱。

城建录像档案的摄录是一项专业性强,技术要求高的工作。尽管现在的机器都带有自动功能,但是,过于依赖自动也不利于业务水平的长进,相反,合理使用手动功能更有利技术水平的提高,从而制作出更高质量的作品。因此,声像档案工作人员在掌握基本技术的同时,还应该多学习有关摄影、摄录像方面的技术知识,多参看一些相关方面的书籍,虚心学习,大胆实践,不断积累经验,以便在实际工作中能更好地运用。

6.2.4 城建录像档案的管理

6.2.4.1 城建录像档案的收集方法

收集是档案工作的基础,是档案管理的起点。它直接关系到档案的质量和数量。因此,如何做好城建录像档案的管理,首先从收集入手。目前,城建录像档案的收集主要通过以下三种方法。

1. 城建档案馆自主摄录

城建档案馆直接进行城建录像的拍摄,是当前各地城建档案馆比较普遍而有效的做法。自20世纪80年代开始,我国的城乡建设进入新的发展阶段,城建档案工作也随着社会的需要逐步发展起来。不少城建档案馆在成立初期就购置了摄录像器材,配备了专门的声像档案人员,开始对城乡建设的新、旧面貌系统拍摄收集,形成积累了一大批珍贵的城建影像档案,为丰富馆藏门类,拓宽档案内容付出了很大努力,并在实际利用中也取得了显著成效。城建档案馆自主摄录具有以下有利条件。

(1) 人才技术优势。声像档案工作是一项技术性、专业性很强的工作。由于声像档案工作的重要性,也使得在人员的配置上都是从综合业务素质比较好,热爱声像工作,钻研业务,有敬业精神,能吃苦耐劳的人员成为首选对象。经过不断学习和实践,他们的业务技术都相当专业。为录制出优质的声像档案奠定了良好的基础。

(2) 设备条件优势。作为一件有保存价值的声像档案,对其本身的质量要求应该是没有上限的。因此,用作制作声像档案的设备器材也是一个重要因素。为了获取好的制作效果,城建档案馆购置的摄录器材一般都在财力允许的情况下,尽量往高端靠,有的甚至达到准专业或专业级别的。所以,城建档案馆的设备器材条件不同于一般部分相对占有一定的优势。

(3) 信息来源优势。城建录像档案的拍摄收集需要及时掌握信息,才能不失时机地进行摄录。而城建档案馆在建设行政主管部门的直接领导下,与建设、施工等单位联系比较密切,信息渠道通畅,一旦有重要的城建活动时,城建档案馆总能在第一时间内获知信息,准时到场参与声像档案的摄录。因此,信息优势也成为有利于城建档案馆拍摄收集声像档案的重要条件。

综上所述，城建档案馆自主拍摄城建录像是比较现实的，也是行之有效的。城建档案工作本身服务于城市建设，涵盖面广，专业性强，业务熟悉。所以，在城建录像的摄制中，更能从城建档案专业角度考虑，突出重点，抓住关键，从而形成内涵丰富，信息全面，音、视频技术指标较高的城建录像档案。

2. 接收建设施工单位移交的录像档案材料

建设部《建设工程文件归档整理规范》明确规定，在工程建设活动中直接形成的具有归档保存价值的文字、图表、声像等各种形式的历史记录，都应作为建设工程档案进行归档。因此，建设施工单位在向城建档案馆移交建设工程档案时，应该同时移交包括声像档案材料在内的全套档案。为了确保所移交录像档案的技术质量，城建档案机构要加强对产生录像单位的业务指导，或举办摄录像技术培训班，帮助他们掌握有关技术知识，提高实际操作水平。

3. 主动向有关部门征集

涉及有城建录像、录音方面的单位一般为电视台、电台以及宣教部门。尤其是电视台，平时拍摄城建方面的录像机会比较多，城建报道本属"热点"题材，因此，不乏值得城建档案馆征集收藏的内容。城建档案馆应该主动上门，积极协商，定期向电视台征集具有保存价值的城建录像材料。并把这种定向征集作为一种长期的合作方式。录像档案的征集一般均以复制的方式获取，由于原件（母带）与一代复制件在技术指标上差别不是很大。只要画面清晰，音响正常，将复制件作为档案保存应该是可以接受的。

6.2.4.2 城建录像档案的检验

检验是录像档案归档前的必要环节，也是为了确保录像档案的内在质量以及日后的正常利用，尤其对接收移交、征集的城建录像档案，必须进行检验，只有符合要求的才能签收。城建档案机构应该备有相应的设备，如果规格比较特殊，尽量在保证信号质量的前提下，转换成常规格式后再接收。录像档案检验首先对其外观进行判断，外盒是否有裂痕，是否有机械变形、划痕、霉斑、粘结、污染等情况。然后，上机运行是否流畅，有无其他异常响声和跳帧、卡停等现象。图像是否清晰、偏色、失真、畸形，段落是否完整，画面是否稳定，音响是否正常。录像中所反映的内容是否与文字目录一致，登记的各项信息是否详细完备。

6.2.4.3 城建录像档案的分类与编目

1. 分类

对收集来的城建录像档案，首先要按载体介质的不同，将磁带、磁盘、光盘等分开。磁带录像档案是最常见的，使用最为普遍的载体，也是规格最多最杂的一种。自1956年，世界上第一台磁带录像机研制成功以来，录像技术的发展大体上经历了横向扫描开盘式磁带录像机技术、螺旋扫描盒式录像机技术和数字录像格式三个发展阶段。从而也形成了许多不同规格种类的录像磁带。按其性能指标的级别来分有广播级、专业级（准广播级）、家用级。按录像带的格式分有 U-matic、MⅡ、Betamax、VHS、S-VHS、VHS-C、S-VHS-C、8mm、Hi8、DV、Digital8、Digital-S、DVCAM、DVCPRO、Betacam-SP、Betacam-SX、Digital-Betacam 等。按录像磁带宽度来分有 2 英寸、1 英寸、3/4 英寸、1/2 英寸、8mm 等。按磁带磁性体的类型分有：氧化铁带、二氧化铬带、钴系氧化铁带、金属带和金属镀膜带。按录像信号处理方式来分有模拟录像、数字录像。因此，对城建录像档案分类，应该根据种类、数量等方面的实际情况，按录像带的格式、尺寸、内容、年代或重要程度等进行分类整理。

2. 整理编目

录像档案的排架、分类、登记与编号等应保持一致，才便于使用与保管。

录像档案在一般单位形成数量不多，内容比较单一的情况下无须分类，只建立总登记目录即可。总登记簿可以按照接收时间次序逐一登记入册。如果录像档案数量比较多，已分类整理，可按分类情况建立分类登记目录。目录中的登记项目包括：分类号、编号、录制日期、内容、时间长度责任者、录制单位、录制地点、技术状况、归档时间、备注等。按照归档的先后次序，在分类号后面再加上流水号即可。录像档案一般以盒（或盘）为一个保管单位，如果有若干盒内容相同的录像档案，应该统一编号后再编分号。

录像档案是装在特制的盒内或套内，在盒套外边要用标签贴上，标签上要写明录像主题内容（题目）、盒数以及编号、时间长度、起讫时间。盒套内要有内目录。

录像档案的著录项目应包括档号、题名、责任者、录制时间、长度、位置、地点、磁带编号、磁带规格、密级、保管期限、档案馆代号、主题词或关键词等。著录方法和要求应该按照现行国家标准《城市建设档案著录规范》GB/T 50323—2001 和《城建档案业务管理规范》CJJ/T 158—2011 规定执行。

6.2.4.4 城建录像档案的使用与保管

目前，城建录像档案一般均以磁带为主，由于其载体材料的成分比较复杂，片基脆弱易断，易霉、易污损，磁粉涂层的老化容易从片基上剥落，使磁层微粒变得不稳定，从而导致信息质量逐渐下降，甚至丢失。因此，城建录像档案的合理使用和科学保管，对于发挥档案的作用，延长档案的使用寿命有着至关重要的意义。对此，我们在平时的使用和保管方面，应该特别注意以下要求。

（1）录像档案原件（母带）作为保存件，不得外借，提供利用一般为复制件。而且必须在性能良好的专门机器上阅读或采集信息。

（2）录像档案从库房取出使用时，要注意温湿度变化不宜太大，如有必要应该在过渡房中放置一段时间后再取出使用。搬运录像档案要谨慎小心，严防剧烈震动、撞击或跌落、翻滚。

（3）录像档案的使用环境要远离磁场源，不得接近变压器、马达、永久磁铁、保健磁铁、磁化杯、磁铁图钉等一切带有磁性的物品。

（4）录像档案的使用环境要保持清洁、干燥。录像档案只有在使用时方能从保护包装盒中取出，使用后应立即放回。接触录像档案应戴洁净的手套，更不能用手指触摸录像档案载体。

（5）录像档案应存放在保护性良好的非磁性材料，活性不强的聚丙烯塑料盒内，并且密闭性要好。不宜用含有氯化物的 PVC 塑料盒存放录像档案。

（6）录像档案应该贮存在密闭的有磁屏蔽的容器中，应距容器外壁至少 76cm。有条件的应该设置测磁设备。

（7）库房要长期保持清洁。环境温度应控制在 15～27℃、相当湿度 40%～60% 范围内选定一组值，一旦选定，在 24h 内温度变化不得超过 ±3℃、相对湿度变化不得超过

±5%。最佳环境温度为18℃、相对湿度为40%。

(8) 录像档案应该有专业人员进行定期检查，发现问题应立即采取措施。为了档案载体上的信息能长期保存，城建档案部门应该及时进行复制或数据迁移，以便能维持有效的设备来读取档案信息。机读设备应该由专人负责，定期进行保养，发现有磁粉脱落时，必须采用专用清洗溶剂立即对整个系统进行清洗。

(9) 为了释放磁带内部压力，一般每3年应进行一次倒带，倒带速度不宜过快，张力要恒定，保持1.7～2.2N（牛顿）以免损伤磁带。倒带环境一定要保持清洁，并按要求严格掌控好温湿度。

(10) 在播放中的录像档案如要停止播放时，不管停止的时间有多长，应尽量避免使用"暂停"功能，以减少对磁带的磨损。

(11) 使用后的录像档案在放回原处前一定要仔细检查，防止受污染的档案直接放入库房。

6.2.4.5 城建录像档案的保护性复制与安全转录

作为档案保存的录像载体始终让人们存在两大担忧：一是载体材料的不耐久性。二是更新换代快，旧版信息的可用性。因此，为了解决上述问题，档案部门必须采用定期复制或安全转录的方法，来解决信息的长久保存和有效使用。

1. 定期复制

定期复制就是采用相对稳定或更好的载体材料，将原信息通过多代复制来维持、延长载体信息的保存期。一般来说，正常保存的录像磁带应每隔8～10年复制一次。也可以根据单位的保管条件等实际情况，自定复制周期。但要注意，周期并非越短越好，因为复制会在一定程度上造成信号质量的下降，尤其是模拟信号的磁带，而数字信号在这方面则具有明显的优势。

2. 安全转录

由于录像载体信息需要一定的配套设备才能正常读取，信息载体与机读设备两者互相依存，缺一不可，就如不同规格的磁带，需要不同规格的录像机才能播放磁带的内容，因此，两者之间只要一方淘汰必将影响到另一方的正常使用。这就是安全转录的必要性。转录一般为向上式发展，即高级设备替代低级设备，更新型的载体替代旧的或落后的载体。档案部门在转录的技术方式以及载体替代材料的选择上应该根据档案的性质特点，以相对长久稳定、安全可靠为先，合理选择灵活运用。

6.3 城建录音档案

6.3.1 城建录音档案的形成及种类

6.3.1.1 城建录音档案的形成

城建录音档案是指在城建活动中，具有保存价值的重要新闻、报告、评论、访谈等以语音信息为主，采用声频技术将其录制保存在特殊载体上，并可以重复还原播放的历史声频记录。所谓声频技术实质就是声音的加工处理技术，它是采用录音设备，在录制过程中，将声音信号经传声器转换成电信号，重放声音时，再将电信号放大转换成推动扬声器发出的声音信号的专门技术。

6.3.1.2　城建录音档案的种类

1. 按载体形式分

（1）磁带录音档案

磁带录音档案是比较常见的录音档案之一，它是将声音信号记录在涂有磁粉的带基上（磁带），磁带放音是通过磁带放音机或磁带录音机，把声音重新还原播放出来。磁性录音载体材料有钢丝带、胶带、塑料带、纸带等。

（2）唱片录音档案

唱片是薄形圆盘状的塑料制品，盘面上有细密的圆形沟槽，俗称声槽，用于存储声音，播放时可以用唱机将声音还原重放出来。唱片是人类历史上最早用来留存声音的物体。唱片按其制成原理的不同分为机械唱片和激光唱片；按其制成材料的不同分为金属唱片和塑料唱片。

（3）数码录音电子档案

所谓数码录音，就是采用现代数字技术的录音方法，它是通过对模拟信号的采样、编码将模拟信号通过数模转换器转换为数字信号，并经一定的压缩后存入内置闪存或外置的CF、SM等存储卡。数码录音电子档案就是采用数码录音器材录制形成的电子音频文件。由于数码录音采用的非机械式的电子结构，因此，具有无磨损、轻便耐用、录音时间长、信息读取及传送方便、安全可靠等特点。而且数字信号即使经过多次复制，声音信息也不会受到损失，能保持原样的音质。

2. 按录音内容分

（1）新闻录音

新闻录音主要是指新闻广电部门对城乡建设活动中的一些重要新闻、事件进行现场报道的录音。

（2）报告录音

报告录音是指在城乡规划、建设、管理活动的重要会议上，有关领导所作的工作报告或重要讲话的录音。

（3）评论录音

评论录音是指在城乡建设活动中，有关人员对某项决策、方案、事件等发表的具有指导、参考价值的个人评述性意见的讲话录音。

（4）访谈录音

访谈录音主要是指对特定对象进行城建专题采访时所录制的重要谈话录音。包括口述档案录音。

3. 按记录方式分

（1）机械式记录。机械式的记录方式，是把声波振动的轨迹，用机械方法刻在特定载体上的记录方式。

（2）磁记录。磁记录方式是目前广播、电视和音像制作部门普遍使用的录音记录方式。主要是磁记录设备使用方便，重放时音质还原好，操作简单，因此，很容易普及。

（3）光记录。光记录方式是随着数字音频技术的发展而产生的一种新的音频记录方式。如CD、CD-R、CD-RW以及硬磁盘等。

6.3.2 城建存档录音的录制

录音是一项综合性的技术工作。它要求录音人员具有一定的电声技术知识，以及实际操作能力。如了解录音的声学特性，传声器、调音台、录音机、扬声器以及声处理器等多种录音设备的基本原理与使用功能，并能在实际录音中合理应用。城建录音档案录制的内容一般以语言类为主。语言类录音是指以语音为声源的拾音，如新闻报道、会议、访谈等。语言录音对清晰度的要求比较高，也是录音档案的基本要求。在录音中，影响语言清晰度又有诸多方面因素，有录音环境方面的，也有设备技术方面的。因此，录音时应该根据实际情况，分别采取相应的措施，以获取较好的录音效果。

6.3.2.1 影响语言录音清晰度的环境因素

1. 混响与混响时间

混响是声音反射形成的一种自然现象，是室内录音中不可回避的问题。由于声音在房间中受界面不断反射累积后，其声源会在一定程度上发生变化，从而产生所谓的混响效果。描述混响效果的指标是混响时间，以"s"为单位，合适的混响时间能够起到修饰音色的作用，如音乐厅、剧场等，需要稍长的混响时间，使乐曲更加舒缓悦耳，对于语言使用的空间，如电影院、教室、礼堂、录音室等必须减少混响时间，使语音更加清晰。通常语言演播室的混响时间在0.5s左右。由此可见，室内空间的声学特性对混响效果具有直接影响，从而也决定了语言录音的清晰度。因此，控制合适的混响时间是保证语言录音清晰度的重要因素。

2. 噪声

噪声也是影响语言录音清晰度的一个重要因素。由于城建录音档案的形成一般都在非专业场所进行录制的，而这些非专业场所的声场条件相对比较差，没有或者也不可能设置隔音措施，即便是在门窗关闭的室内录音，也无法避免外界环境噪声的干扰，从而，影响语言录音的效果，因此，要在一个非专业场所录制出清晰的语言录音，除了尽量控制现场噪声外，选择合适的传声设备，抑制噪声的摄取量，用提升信噪比的办法，来改善语言的清晰度，也是很关键的。

6.3.2.2 传声器的选择和使用

传声器（Microphone）译音麦克风，俗称话筒，是录音中的拾音部件，其质量优劣和使用是否得当与声音的传送质量有着密切关系，被称为录音系统中的第一重要环节。从工作原理来说，传声器其实是个声电换能器，它将声音信号转换成相应的电信号。传声器的种类很多，它们都有各自的功能和特点，在语言录音时应该根据被录音人的发声条件、录音环境以及其他特殊要求，有选择性地使用。语言节目录音一般可选择动圈或电容式传声器，也可以根据实际情况选用其他类型的传声器。

1. 语言录音的传声器

语言录音可选择动圈或电容式传声器，但也可根据实际情况选用其他类型的传声器。因为动圈式传声器的特点是中频比较突出，传声清晰、坚固耐用，而且阻抗较低，可以使用很长的传声器线。缺点是灵敏度较低。电容式传声器的幅频特性好，灵敏度高，失真小，瞬态响应好，一般在高质量语言节目录音时采用。

2. 不同指向性传声器的比较与选择

根据传声器接收声波的特性分为无指向性、双指向性和单指向性（心形指向性）。无指向性传声器较指向性传声器能拾取到更多的空间环境声，容易产生混响效果。相反，如果要减少空间环境声，避免因空间造成的声音浑浊或因空间声学缺陷带来的声染色，强调获得清晰、干净的声音，那么应该选择指向性的传声器。因此，在实际应用中为了防止在室内空间录音时产生混响，或者要避免环境噪声的录入，应该选用单指向性传声器或强指向性传声器进行语言录音，这样拾取的声音主要是直达声和较少的反射声，有利于减少环境声的干扰，使拾取的语音比较清晰、自然、明亮。

3. 传声器的摆放技巧

一般情况下，录制单一声源时，只用一支单方向传声器即可。拾音距离大约在 20～30cm。如果录音环境的混响时间较长，距离拉近些，反之则稍远些。这样有利于加强直达声，减小声染色的干扰；另外还要注意拾音距离与传声器的指向性有直接的关系，采用无指向性传声器的，拾音距离可以近些；心形指向性传声器可比无指向性传声器的拾音距离远 1.5 倍，超心形则可远达 2 倍；如果两人共用一支传声器时，则两个都必须对准传声器的有效拾音区，否则拾音质量将会受到很大的影响。同时，还要根据两人的声音特点和强弱，适当地分别调整两个人与传声器的距离，以求达到两人的声音和谐与音量平衡。另外，采用单支传声器拾音，较易确定拾音位置，调节操作也较简单，但只适合小规模的录音场合。如参加录音的人数较多时，就要采用多支传声器录音。多支传声器拾音适合 2 人以上的对话或座谈会，传声器之间的距离不要太近，以防止声波干扰。各路传声器拾取的信号应经过调音台进行音质、音量和均衡的调整，同时还要注意各路之间声音的平衡。通常情况下，用多支传声器拾音时，应采用"主传声器"方式，另外再在一些声部前面放置一些近距离传声器，作为辅助拾音。调音时，应使主传声器的声音达到 60%～70% 作为基础。然后，再适当增减其他传声器的音量，以求得各部声音的平衡。这样的拾音既突出了主体声源，又不至于疏漏某个声源。主传声器供主持人或主要发言人使用，而辅助传声器则供采访对象或嘉宾使用。总之，为了达到好的录音效果，传声器的摆放还应该在现场进行实际调试后，再确定最佳的摆放位置。

6.3.2.3 调音台的使用

调音台又称调音控制台，它能将多路输入信号进行放大、混合、分配、音质修饰和音响效果加工，是现代电台广播、音响节目制作等系统中进行播送和录制节目的重要设备。因此，为了获得比较干净的语言信号，可以利用调音台进行高、低频的切除处理。因为，语言信号的带宽是有限的，所以，将频带外的无用信号切除掉，有利于提高信噪比。同时，还可以通过对频率成分与混响时间的调整，对语言的丰满度、厚薄感和圆润度，以及明显的齿音和鼻音进行适当修饰，使录制的语音更加悦耳动听。

6.3.2.4 录音前的准备工作

由于录音档案一般均为现场同期录音，因此，在录音中无论发生什么情况，录音是不能停下来重录的，尤其是会议讲话录音，只有一次成功，不能失败。因此，对录音人员来说必须提前做好周密的计划，对在录音中可能出现的问题必须预先做好应付的准备，并对所用的录音设备进行认真检查、调试，使其处于良好状况，确保录音工作正常有序地进行。

6.3.3 城建录音档案的管理

6.3.3.1 城建录音档案的归档

归档的城建录音档案是在城建活动中直接形成的，具有一定保存利用价值的历史记录。一般为完整的、相对独立的记录某一事件的录音载体为一个保管单位，单独装在专用防护盒（套）内。每个保管单位内必须装有卡片目录登记表。登记表内容包括：录制日期、单位、姓名、地点、内容、开始语、结束语、内容时间、录制方式、载体情况、技术质量、录音人员、检查人、审听意见等。

归档的城建录音档案必须将与录音内容一致的文字材料一起归档。文字材料是录音档案的组成部分，不可将录音材料和文字材料分离。对于没有文字材料的，可以根据录音的实际内容重新进行整理，形成录音整理稿。

6.3.3.2 城建录音档案的验收

验收是对移交接收的录音档案进行检验的必要环节，主要包括核对录音档案登记表所填写的内容是否符合要求，查听录音档案的实际内容和播放时的音响效果等工作。登记表的填写内容尽量齐全，字迹清楚。听音前必须对录音载体情况进行相关要求的检查，播放录音档案应该在环境安静的地方，避免各种干扰。听音的同时要一起查对文字材料。经过上述程序符合要求的才可以签收。档案部门应该设立专门的听音室，配备监听级的音响设备，确保听音验收工作的质量效果。

6.3.3.3 城建录音档案的整理

1. 分类

分类是整理录音档案的首要工作。在一般情况下，可以将不同规格或载体的录音档案进行分类，如盘式录音磁带、盒式录音、模拟唱片、激光CD片等归类区分。

录音磁带是比较常见的载体，早期的录音一般都采用磁带为载体，但是磁带的存贮时间有限，而且必须有相应的播放设备才能正常读取信号，所以，一旦播放设备老旧、淘汰，都将影响对磁带录音档案的利用。因此，档案部门应该多方面考虑，必要时应该定期拷贝复制，或将模拟信号转换成数字信号刻录到光盘中保存，以便利用时的正常播放和长期保存。对于录音档案数量比较多的，也可以按年度或内容进行分类。随着数码录音技术的发展，数码录音电子档案将逐步取代传统的磁带录音档案，因此，分类方式也可以参考电子文件形式进行分类。但不论怎样，分类方案必须保持前后一致，并相对稳定，不要随意变动。

2. 编目

城建档案部门对接收保管的录音档案，应该及时登记入册。一般来说，城建录音档案的数量都比较有限，因此，只要按接收的时间顺序，进行流水编号，记入总登记册即可。如果数量多，内容复杂的并已作分类整理的，可以按分类情况记入分类登记目录。目录内容包括以下项目：编号、移交（接收）日期、录音日期、内容、录制单位或个人、录音地点、录制方式、技术状况、数量、备注等。

6.3.3.4 城建录音档案的安全保护

磁带录音档案的保管要求和磁带录像档案基本相同。

（1）控制好温湿度。保存磁性载体档案的库房温度应控制在17～20℃，相当湿度应控制在35%～45%，而且必须保持相对恒定。

（2）远离磁场干扰。保存磁带的库房和使用磁带的场所，必须避开接近30奥斯特以上的磁场，因为，强磁场有可能把磁带上记录的信息抹掉。磁带最好存放在密闭的防磁柜内。

（3）防尘保洁。磁带库房必须保持清洁，使用磁带的环境要有防尘措施。对经常使用的磁带和有污损的磁带要及时进行清洗，同时，还应该定期对放音设备进行保洁。

（4）定期检查。录音磁带每2年检验并倒带一次，主要是听音质，看外观，如发现问题，应及时采取补救措施。

（5）适时转录或安全迁移。转录和迁移都是为了录音信息能够得到长期保存和有效读取。因此，档案部门应该随着科技水平的不断提高，及时对档案载体和机读设备进行必要的更新升级，让档案工作不断得益于现代社会日新月异的科技发展成果。

6.3.4 城建录音档案的利用

城建录音档案记录的是有重要保存意义的真实的语音信息，对城乡规划、建设和管理工作具有一定的参考指导作用，城建档案部门应该积极开发录音档案信息资源，为现实工作服务。利用城建录音档案可以采用以下方法。

6.3.4.1 编制《城建录音信息汇编》

《城建录音信息汇编》，就是将馆藏录音档案整理出的文字材料，分门别类地汇编成册子，方便利用者阅读的一种档案信息汇编材料。编制城建录音档案信息汇编时，要注意录音档案内容的安全保密问题，因此，对未开放的录音档案要持谨慎的态度，如有必要还应该征得本人同意。对内部印发的，应在封面醒目位置注明"内部材料"，并限制一定阅读对象或控制发行范围。

6.3.4.2 编制《城建录音剪报》

所谓录音剪报，就是根据录音材料的实际内容，针对某一事项，有选择性地剪辑出具有一定参考价值的语音片段，并整理成文字材料，提供特定对象参考阅读的一种信息剪辑材料。编制录音剪报要掌握以下要点：①时效性强。因为录音剪报一般都是针对性的信息剪报，所以一定要讲求时效，要体现信息的及时性。②内容要准确真实，录音整理成文字材料不得出错，也不能断章取义，移花接木，要保持客观真实。③信息面要宽，尤其对不同的意见，不同的观点都应该容纳进去。俗话说，兼听则明，偏信则暗。所以，同时能听取各方面的意见，才能让决策者作出正确的判断。

6.3.4.3 引用讲话原声

录音档案的最大特点，就是记录的是真人的语音原声。在编辑声像档案的专题片时，适当引用安插一段真人讲话录音，能大大增强临场感和真实性，进一步烘托气氛，给人更直接亲切的感受，起到画龙点睛的作用。但是，引用真人讲话录音要注意时间段落，一般不宜太长，引用的段落要恰当，不能生搬硬套，要符合客观实际需要，不然就会适得其反。

6.3.4.4 提供录音证据

录音档案是原始的音频记录，它能真实地反映出讲话人的音色、语速、语言习惯，包括讲话时的心态以及当时当事各种综合因素所反映出的情绪。当播放这些录音时，熟悉情况的人很快就能作出判断，因此，以讲话人的实况录音为依据，具有法律凭据的特有功能，予以采信。由于其证明力远远超过其他证据，故有"会说话的证据"之说。

6.4 建设工程声像档案的收集和归档

6.4.1 建设工程声像档案的报送要求

凡列入城建档案馆接收范围内的工程都应当按照要求，与工程纸质档案、电子档案等同步报送声像档案；由城建档案馆审核合格后，在三个工作日内出具《建设工程档案专项验收意见书》，并加盖城建档案馆印章，对未取得《建设工程档案专项验收意见书》的工程，不予办理竣工备案。建设工程竣工验收合格三个月内，建设单位向城建档案馆报送包括声像档案在内的一套竣工档案。

6.4.2 建设工程声像档案的收集范围

6.4.2.1 符合下列条件之一的，应当归档有关照片和录像资料：

7层（含7层）以上建筑；单项工程建设面积 3000m^2 以上；项目总建设面积 1万 m^2 以上；住宅小区 3万 m^2 以上；单跨跨度 16m 以上厂房；人防设施；市政道路；多孔 100m 或单孔 40m 以上桥梁；污水处理厂；垃圾处理厂；自来水厂；燃气厂；发电厂；220kV 以上输变电站；一级公路；港口码头；水利防洪设施；有代表性、有纪念意义的建筑物、构筑物等。

6.4.2.2 符合下列条件之一的，应当归档有关照片、录音、录像资料以及专题录像片：列为市级以上重点（或实事）工程的；需申报市级以上优质工程的。

6.4.3 建设工程声像档案的收集内容

凡与建设工程有关的重要活动、主要过程、建成后状况的声像资料，均应进行收集，经编辑整理后，立卷归档。

1. 开工前原貌

（1）原址、原貌及周边状况；
（2）重要建（构）筑物；
（3）拆迁情况。

2. 基础工程

（1）基础异常情况技术处理、土壤岩样分析过程等情况；
（2）建筑物基础类型及施工，特殊施工的技术工艺现场；
（3）建筑物位移、沉降、变形及处理。

3. 主体工程

（1）主体设计模型；
（2）钢筋结构、管线等主要隐蔽工程施工情况；
（3）砌体、混凝土灌注、屋面工程；
（4）主体结构布局、大型构件安装等现场；
（5）防水、保温、防腐工程的工艺现场；
（6）采用新材料、新技术、新工艺等施工情况；

(7) 质量事故及处理情况。

4. 竣工后新貌

(1) 工程整体外观和立面状况；
(2) 消防等主要设施情况等。

5. 其他方面

(1) 工程总体规划、设计方案图；
(2) 开工、竣工仪式；
(3) 施工建设中的重要活动、重大事件；
(4) 工程质量检查验收情况；
(5) 竣工验收情况。

其中，工程原貌、基础、隐蔽、主体、屋面、质量事故、竣工后新貌为声像档案资料归档的必备内容。有特殊要求的工程，可据实增加拍摄项目。

6.4.4 建设工程声像档案的归档要求

6.4.4.1 总体要求

移交归档的声像档案资料，应当能真实全面地反映工程面貌和建设情况，必备内容应当齐全，并按有关要求整理立卷，制成光盘。

6.4.4.2 照片档案资料归档要求

1. 照片应当主题明确，画面清晰完整，色彩还原准确，被摄主体不能有明显失真变形现象；

2. 照片与底片应同时归档，归档的照片与底片影像应一致，报送的底片放入底片袋内，一张一袋；应在底片袋的右上方标明底片号，题名应简明概括、准确反映照片的基本内容，时间、地点等要素尽可能齐全；

3. 照片档案按照工程施工程序的顺序排列，制成5~7寸光面彩色照片，将排列整理好的照片，依次粘在芯页上，芯页规格统一为297mm×210mm（A4），每张照片要有必要和简洁的文字说明，要写明被摄物所在的具体地点、时间、内容；

4. 数码照片的采集使用JPEG或TIFF格式，其分辨率不得小于500~800万有效像素；

5. 归档的数码照片档案采用只读光盘存储。光盘的标签应粘贴在光盘包装物上，不能直接在光盘上写字或粘贴标记。每一张数码照片光盘均做文字注释，注释说明要录入时间、建筑物的名称、关键部位的名称、拍摄者等；

6. 归档的数码照片应为原数据，不得经过后期加工处理；

7. 照片的数量视工程项目的规模和性质而定，一般不少于30张。

6.4.4.3 录像档案资料归档要求

1. 录像档案资料应当使用专业数字摄像机拍摄，记录信号要求采用数字方式，记录载体采用专业磁带或存储器材；

2. 录像档案资料应当主题明确，图像稳定，画面清晰、色彩真实；

3. 录像带应当材质完好，没有变形、断裂、发霉及磁粉脱落现象；

4. 录像档案素材一般不少于30min，并配有相应的文字说明；

5. 专题录像片应当结构完整，有配音和字幕，片长一般不少于10min，并附有解说词电子稿；

6. 录像磁带制作采用PAL制式；

7. 工程的每一分部分项必须有远景、全景、中景、近景、特写等景别。采取多机位、多视角，在变换中选择最能反映工程质量和特点的画面。要求拍摄使用三脚架，确保画面稳定可用。

6.4.4.4 录音档案资料归档要求

1. 录音档案资料应当内容完整，声音清楚，材质完好；
2. 每盒录音带应当配有录音文字整理材料，注明内容、时间、地点、人物；
3. 录音采用MP3或WAV格式。

6.4.5 某市建设工程项目声像档案拍摄整理工作案例

6.4.5.1 拍摄对象及类型

根据建设工程项目的不同，建设工程项目声像档案的拍摄要求分A、B、C三类：

1. A类：凡列为市级以上重点（或实事）工程的项目、需申报市级以上优质工程的项目，需要拍摄照片、录像资料和专题录像片。

2. B类：七层以上建筑、单项工程建筑面积3000m^2以上的项目、总建筑面积1万m^2以上的项目、建筑面积在3万m^2以上的住宅小区、单跨跨度16m以上的厂房、人防设施、市政道路、多孔100m或单孔40m以上的桥梁、污水处理厂、垃圾处理厂、自来水厂、燃气厂、发电厂、220kV以上输变电站、一级公路、港口码头、水利防洪设施、有代表性或纪念性的建筑物、构筑物等，需要拍摄照片和录像资料片。

3. C类：上述项目之外的其他建设项目，需要拍摄照片。

6.4.5.2 拍摄的主要内容

略（见建设工程声像档案的收集内容）

6.4.5.3 拍摄的基本要求

1. 工程项目声像档案的拍摄应与建设过程同步进行。最终移交的声像档案能够全面反映工程建设的全部过程，系统展现建筑（构筑）物的整体面貌，真实记录施工过程的实际状况，内容齐全、完整，涵盖上述规定的各个方面，并按要求整理、编辑、著录，制成符合规范的档案光盘。

2. 最终需移交照片的数量按照建筑面积除以200计算张数，但一个工程项目照片的最少数量不得少于55张。录像资料片的片长以30min为基数，建筑面积超过2万m^2的随建筑面积数递增，2万~3万m^2的35min，3万~4万m^2的40min，最长不超过120min。

3. 表6-6中拍摄节点必须提供不少于对应数量的照片。

拍摄点与对应照片数　　　　　　　　　　表6-6

原址原貌	5	屋面	5
基础处理	5	新材料、新技术、新工艺	有则3
主体设计模型	3	质量事故	有则3
隐蔽工程（钢筋结构）	10	工程质量检查验收	3

续表

隐蔽工程（管线）	5	开工、竣工仪式	3
砌体	3	消防设施	3
砼灌注	5	竣工后四周立面图	5

4. 对于主体工程中的隐蔽工程（钢筋结构、管线），应分楼层拍摄。

5. 对于主体工程中的砌体、砼灌注，可若干个楼层拍摄 1 组，或选择若干个代表性楼层拍摄，多层建筑至少拍摄 3 个层面，其中必须包括底层和顶层。

6. 对于住宅小区等由众多单体建筑构成的建设项目，除了"开工前原址原貌"等不可分割的拍摄内容外，各基础工程、主体工程等应尽量分单体（如住宅小区的各幢楼）进行拍摄和整理。

7. 拍摄应同步形成《拍摄登记表》，登记每次拍摄的"拍摄时间"、"拍摄人员"、"拍摄内容"等信息，并由每次拍摄的人员签字，以增强声像档案资料的法定证据性。《拍摄登记表》需与工程声像档案同时移交。

8. 必须准确校准照相机、摄像机的日期、时间等参数，并通过设置在每张照片、视频段中自动嵌入拍摄时间、拍摄者、拍摄技术参数等元数据。

6.4.5.4　照片拍摄整理技术规范

1. 工程照片应使用 Nikon D90 或 Canon Eos 60D 以上级单反相机拍摄；原址原貌和竣工后工程整体外观及立面状况应使用 Nikon D700 或 Canon 5DⅡ以上级全画幅（Fx）专业单反相机拍摄。

2. 照片使用 JPEG 格式，分辨率不得低于 800 万像素。

3. 每张照片应当主题明确，画面清晰完整，色彩还原准确，被摄主体不能有失真变形。

4. 每张照片均需进行著录，形成 XML 文档，以便在线检索。XML 文档规范见第六、4. 条规定。

5. 每个工程项目的数码照片按照一定方式集中刻录到 DVD 光盘上。光盘上数码照片按照文件夹方式分门别类存放。文件夹一般按照建设工程声像的收集范围或拍摄节点进行分类。文件夹名称一般用建设工程项目号命名，根据情况需要和便于管理，可以设立子文件夹。

6.4.5.5　录像资料片拍摄整理技术规范

1. 工程项目的录像资料片应使用 Panasonic MDH1 级别以上的高清级专业数字摄像机拍摄。其中，原址原貌和竣工后工程整体外观及立面状况应使用 SONY PMW EX1R 以上级别的高清专业数字摄像机拍摄。

2. 视频压缩采用 H.264 标准，MTS 格式（推荐）或 MPEG4 格式，1920×1080P，25 帧/秒，码流 15M 的高清格式。

3. 录像资料的画面质量应做到：主题明确、曝光准确、白平衡正确、焦点清晰、色彩真实、图面运动稳定、构图完美。

4. 拍摄时应采取多机位、多视角，在变换中选择最能反映工程质量与特点的画面，每一内容节点均有远景、全景、中景、近景、特色等景别。

5. 剪辑后的录像资料片配有相应的文字说明，字幕清晰易辩，镜头组接符合逻辑，转换自然，时间长度合理。

6. 录像资料片的长度一般不少于 30min。

6.4.5.6　录像专题片拍摄制作技术规范

1. 专题录像片应当结构完整，有配音和字母，片长一般不少于 10min，并附有解说词电子稿。

2. 脚本内容完整、切实，充分反映工程项目的技术特点、工艺特色和建设风貌，文字表述清晰、简洁，配音标准、流畅。

3. 画面与内容相合，视频播放流畅，转接自然，渲染适宜。

4. 无跳帧、黑屏等技术瑕疵。

6.4.5.7　移交光盘刻录技术规范

1. 数码照片、录像资料片和录像专题片均刻录于符合档案保管要求的 DVD 光盘。

2. 光盘数据存储内容应包括：光盘说明文件、数码照片、录像资料片、录像专题片、录像专题片解说词、XML 文档、其它电子文档等。

其中，"光盘说明文件"应说明本光盘保存的内容、照片数量、密级、制作日期、制作者、光盘类型等。"其他电子文档"包括项目设计、施工过程中形成的 3D 效果图等。

3. 光盘插入光驱后应能自动播放，播放的界面根据需要提供三至五个可选项，并在点选后自动执行。如：项目介绍、照片档案查阅、资料片播放、专题片播放、查看光盘数据。其中，项目介绍信息包括：项目名称、建设单位、施工单位、建筑面积、联系人、工程地点（GPS 定位数据）等。照片档案可进行目录树查询、检索。

4. 光盘数据中 XML 文档为必要内容，它是移交的声像档案数据导入声像档案管理系统、实现检索共享的数据接口。

5. 光盘的标签应粘贴在光盘盒上，不能直接在光盘上写字或粘贴标记。光盘标签内容包括：工程项目的名称、工程项目号等。

思 考 题

（1）城建照片档案的特点是什么？
（2）城建照片档案数码文件的技术指标主要有哪些方面？
（3）城建照片档案的收集方法有哪些？
（4）城建录像档案具有什么特点？
（5）怎样收集城建录像档案？
（6）为什么要对城建录像档案进行定期复制？
（7）城建照片档案著录项目有哪些内容？
（8）对城建照片档案的鉴定有何意义？
（9）如何利用城建录音档案？

第 7 章 城建电子文件与电子档案管理

内 容 提 要

本章重点包括：(1) 电子文件的定义与基本特征，主要讲述电子文件的概念与其特征表现，电子文件发展的不同阶段。(2) 电子文件的作用与类型。(3) 电子档案的定义以及电子文件与电子档案的区别。(4) 城建电子文件的收集与鉴定。(5) 城建电子文件的整理与归档。(6) 城建电子档案的验收与移交。(7) 城建电子档案的安全管理。(8) 城建电子档案的利用与利用中的有关问题。(9) 电子文件时代的人员素质等。

随着现代计算机技术和通信技术的结合应用，人类逐渐由工业社会进入信息社会，而信息技术的发展也使档案载体由原来传统的纸张形式逐渐被计算机、网络构成的数字化环境中产生的电子文件所取代，成为新生文件的主体。电子文件（档案）作为一种新的载体形式，也同样给城建档案工作者提出了一系列新的要求，需要我们加强学习和研究，解决工作中所面临的新问题，切实做好电子文件材料的收集、整理、归档、保管和利用等工作。

7.1 电子文件的定义与基本特征

7.1.1 电子文件的定义

何谓电子文件，关于这个问题国内外专家学者都进行过广泛研究。从现有情况来看，电子文件的研究思路基本可分为两类：一类是就电子文件研究电子文件，然后给其下一个定义，这是一种直接型的研究思路；另一种是先研究文件，看随着电子文件出现之后，现代文件的概念发生了何种变化，然后再给电子文件下定义，这种研究思路可以说是系统型的研究思路。

7.1.1.1 文件的概念

文件是组织或个人为处理事务而制作的记录有信息的材料，是人类记录、固定、传递和储存信息的一种工具。文件作为一种社会现象，它的出现和发展有着悠久的历史，作为信息传递的一种工具，它在国家管理、人们日常信息交流中有极其重要的作用。传统的纸质文件，其载体和内容紧密结合在一起，并且能够清晰地呈现出来，不需要我们分别对其认识和管理。

7.1.1.2 电子文件的概念

"电子文件"（Electronic Records）也称为"数字文件"（Digital Records）。电子文件

就是"电子"加"文件",或者说是"数字化"和"文件"两个概念的交集。"文件"是电子文件的功能属性,"数字化"是电子文件的技术属性。完整的电子文件包括内容、背景和结构三要素,应由文件内容信息与元数据组成,并可形象化地将文件与元数据比作信的内容和信封,文件是用元数据封装起来的对象。

根据新近颁布的国家标准《电子文件归档与管理规范》,电子文件是指在数字设备及环境中形成,以数码形式存储于磁带、磁盘、光盘等载体,依赖计算机等数字设备阅读、处理,并可在通信网络上传送的文件。归纳起来,电子文件的定义具备如下三个基本要素:

(1) 电子文件是由电子计算机生成的,这种文件只能采用计算机读取的方式提供信息。也就是说,它的内容只能通过机器来利用。

(2) 电子文件是用数字代码形式记录在载体(如磁盘、磁带、光盘)上的。

(3) 电子文件必须符合"文件"的有关要求。

7.1.2 电子文件的基本特征

7.1.2.1 电子文件的基本特征

(1) 电子文件是由电子计算机生成和处理,其信息以二进制数字代码记录和表示,因此亦可称为"数字文件"。是具有文件特征的数字信息,又是以数字信息为特征的文件。这是电子文件与以往所有其他形式文件的基本区别,也是电子文件信息与其他数字信息的共同点。

(2) 电子文件是文件的一种类型,应该具有文件的各种属性,特别是要有特定的用途和效力。这是电子文件与其他数字信息的基本区别,也是电子文件与其他形式文件的共同点。

7.1.2.2 电子文件的特征表现

1. 信息的转换性

传统文件的内容主要是记录在纸张载体上,所使用的符号是能直接被人阅读的文字、字母或数字。与传统的纸张文件相比,电子文件的内容是记录在高密的磁性载体上或光学材料上,其记录信息所使用的符号是须经过解码的二进制数字符号,不能被人直接阅读。所以,电子文件产生或存贮时,其信息需要从人们直接阅读的形式到机读二进制数字形式的传递和转换。为了实现这一目的,就不仅需要保存电子文件,还需要利用必要的硬件与软件来读这个文件,并完成数字符号的准确转换。

2. 载体的不确定性

传统文件记录的内容是以纸张为载体,内容与载体无法分离,文件一旦形成,其信息对载体具有永固的依赖性,如要改动信息,必将破坏载体的物质结构而留下痕迹。因此,传统的纸质文件的可靠性、凭证性较好。而电子文件所记录的信息,可方便地将其信息从一种载体转移或复制到另一种载体上,如将文件从硬盘上转录到磁盘、光盘上,或通过网络从一台计算机传到另一台计算机上。由于信息不受载体本身的制约,所以在变换载体期间往往会受到诸多不确定因素的影响,如计算机病毒侵袭、信息被篡改甚至丢失等现象,而导致文件信息受损。

3. 结构的二重性

电子文件的物理结构,即存贮结构,是指电子文件信息在存贮载体上的存放方式,如文件的正文、附件、图形等各部分在载体上的存贮位置。逻辑结构则是指电子文件的自身结构，如文件中文字的排列、章节的构成、每页的顺序、插图的标号等。电子文件的物理结构和逻辑结构不像纸质文件那样固化在一起的，而是可以相互分离。物理结构如何，主要取决于其依赖的计算机系统，即硬件与软件和存贮装置可用的存贮空间。即使同一电子文件在不同时期，其物理结构也会由于人为操作或者电脑系统自动优化（如：磁盘碎片整理）的原因发生变化。因此，电子文件必须保留其在创建时的这种逻辑结构，而当电子文件被调用时，计算机系统又必须能重新建构这种逻辑结构，以供人们直接阅读，从而保证了电子文件的凭证性和完整性。

4. 背景信息的不完整性

纸质文件在办理过程中自然形成各种背景信息，如领导批示、部门意见、有关人员签署以及文件的收发运转情况等，它们一般会自然依附于主文件，或在办理过程中很方便地将其与主文件组合在一起。而电子文件完全不同，它的形成、运作、传递和处理过程都是在电子计算机上进行，没有那么直接、详细和完整的背景信息。因此，为了其完整性、凭证性和可靠性，电子文件不仅严重地依赖于提供有详细行政管理活动的材料，还依赖于说明电子文件信息如何被记录的元数据。说明行政管理活动和文件之间关系的元数据，能够提供文件的背景信息，所以，必须随电子文件一起保存。

5. 外延的模糊性

电子文件就其内涵而言是清楚的，即"电子文件是适合于数字电子计算机操作、传递和处理的文件"。但是，就其外延而言，又是模糊的，因为电子文件并非仅是从一个物理实体能得到，从这个角度而言，它具有虚拟性。然而电子文件又确实是客观存在着的，因为它仍然构成一个逻辑实体，既是具体事务活动与事务处理的组成部分，又为具体事务活动与事务处理提供了凭证。因而，在大多数情况下，电子文件与传统纸张文件形式如信件、报告、表格等相同，但在另一些情况下，电子文件与传统纸张文件的形式显然不同，如数据库、多媒体系统、超文本文件等。这样，就给如何确定电子文件带来了困扰。

6. 信息的易逝性

传统的纸质档案在理想的环境中能够长期保存。比如现存最早的纸质公文档案——唐档，发现于甘肃敦煌石窟藏经洞内，形成于唐朝开元二年（公元 714 年），距今已有 1300 多年历史，仍然完好保存。但电子文件的载体即使在理想条件下保管，也会因为磁场、重力等因素的作用，造成数据损坏，信息流失。而且，大多数电子计算机软、硬件系统在短时间内还会更新换代，也就是说，在某一时期产生的电子文件，完全有可能在以后被更新了的计算机系统中无法读取。

因此，为了长久保管电子文件，需要不断将电子文件迁移到新的技术平台上，如将电子文件转录到新存贮载体中，或转换成适合新系统的格式。

7.1.3 电子文件发展的不同阶段

电子文件的出现，最早可追溯到 20 世纪 50 年代。当时的社会政治、经济和文化的发展对办公信息的处理提出了提高工作效率、加快处理速度和降低办公费用的要求，这就使得办公自动化应运而生。办公自动化以系统论、信息论、控制论和计算机科学为基础理论和基本工具，运用以计算机为代表的现代科学技术和先进的办公设备，自动处理、存储、管理和传递办公信息。这一系列工作都是以电子文件为主要对象，为电子文件的产生提供了最初的实践基础。任何事物的产生与发展都要经历一个渐进的过程。电子文件的产生、发展速度虽然远超以往任何类型的文件，但它的发展也必然经历一个渐进的过程，这个过程完全是由社会发展的阶段性所决定。

第一阶段：雏形阶段

在这一阶段，许多单位开始采用电子计算机，电子文件充当形成文件的过程（工具）。机关单位首先使用计算机形成电子文件，然后由电子文件转化纸质文件。即：把电子文件打印出来，形成的纸质文件经过审批等手续后成为正式文件。这时候的电子文件被称为"草稿性电子文件"。

第二阶段：初级阶段

这一阶段的基本特征是：纸质文件为正本，电子文件为副本。电子文件的效用比上一个阶段要多一些。

第三阶段：成型阶段

这一阶段的基本特征是：电子文件为正本，纸质文件为副本。电子文件法律效力被确认，纸质文件只在很少情况下使用。

以上三个阶段都有纸质文件存在。但第三阶段发生了本质性的变化，电子文件由附属物上升到具有决定地位的文件正本。

第四阶段：高级阶段

这一阶段真正进入了无纸电子文件阶段。人们在工作中已不再使用纸质文件，以往的纸质文件已成为"文物"。这里所指的无纸时代，主要是指工作中已不再使用纸张，没有新的纸质文件产生。

目前，由于信息化程度不同，电子文件的发展水平也各不相同，即使在同一国家里，由于不同行业之间信息化程度的不同，电子文件的发展水平也各不相同。总的说来，在现实社会中，上述所讲的电子文件发展的四阶段所对应的现象，基本都有所存在。

7.2 电子文件的作用与类型

7.2.1 电子文件的作用

电子文件在快捷性与可塑性方面具有纸质文件无可比拟的优越性。主要体现在：一是电子文件改变了我们传统的收发文件业务处理流程。利用计算机进行文件登记，可以达到一次录入，多次、多种形式的输出，方便随时查找利用，同时也为档案现代化管理奠定了基础。二是电子文件改变了传统的办公格局。以网络技术为支撑，文件的起草、修改、定稿、收发与传递都可在网上进行，尤其是文件的修改、复制、粘贴、移动更加便捷，进一步提高了工作的效率和质量，改变了文件处理和运转方式。特别是对于普发文件和传阅文件而言，可以大幅度提高文件的时效性，降低成本支出。因此，电子文件的作用，大致可归纳为以下几个方面。

7.2.1.1 提高工作效率

电子文件具有存储密集、携带方便、制作简便、处理灵活、检索快捷、传播迅速、多元集成、生动直观等优势。借助这些优势，我们可以在键盘上写稿、在屏幕上阅稿、在网络上收发和查询文件，由此从根本上克服纸质文件的制作难、查询难、传递难，使办公手段发生质的飞跃。有利于提高管理水平和工作效率，有利于促进工作的规范化、科学化、高效化。

电子文件可以通过计算机系统对电子文件进行迅速、有效、多角度整序，可以完成文件的自动著录、自动标引、自动检索、自动统计、自动借阅，最终以磁带、磁盘、光盘等形式来存贮和保管。这不仅避免了文书部门和档案部门大量数据的重复录入，文件重复整理归档等许多重复性工作，更缩短了文件归档的运作周期。建立的文件级目录检索体系，能极大地提高档案的检索速度和查准率、查全率。不同的用户可以根据不同的需要，利用办公自动化系统对电子文件进行自由组合分类。档案管理机构也不必花费大量的人力、物力、财力来建造更多的馆库，进行装订整理等工作。

7.2.1.2　有利于文档一体化管理

目前，电子文件与电子档案虽然仍为两个概念，但这两个概念的区分已不及纸质时代那么清楚。在电子时代，文件和档案在时间上、作用上、管理上、概念上的区别已逐渐缩小和模糊，趋同现象愈来愈明显。这是现代信息社会计算机化、网络化的必然产物。主要体现在以下方面：

（1）文件与档案原本就是同一事物。

（2）文件与档案之间已不再具有非常明显的时间过程与空间地域的区分。原来用以区分文件与档案的归档过程，在电子计算机和网络环境中，是一个瞬间完成的过程。这个过程非常迅速，不再是一个可以明显区分文件与档案的时间过程。同时，在网络上文件与档案的管理也已不再具有空间的区别，它们存在于同一个计算机网络空间中。

（3）电子文件与电子档案概念的一体化，有利于文档管理的一体化。

在电子化、网络化的环境中，文档管理对程序连续性有更高的要求，即要求文档管理一体化。文档管理一体化要求相应地实现两个概念的一体化。

7.2.1.3　能集成多元化信息

以往的文件是平面的，文字和图形在平面的纸张或其他载体上呈现出来。而电子文件是多媒体的，是立体的。美国的特鲁迪·H·彼得逊认为，电子文件的奇特挑战是，所有以前熟悉的文件形式——文字、照片、声像……都可以用机读形式储存。运用多媒体技术可以把各种形式的信息，包括图文信息、音频信号、视频与动画图像等加以有机地立体组合，使电子文件声像并茂，真实地再现当时的活动情况，从而强化了文件对社会生活的记忆和再现功能。可以说，电子文件是一种全方位的记忆和再现，实现了文件功能的革命性变化。

7.2.1.4　便于快速检索和远程检索

传统的档案管理模式中，各单位的文件档案信息资源都是独立的，就如信息海洋里的一个个孤岛。设立电子文件档案数据中心把各单位的文件档案资源整合起来，集中管理，形成一个统一的利用平台，便于快速检索和远程检索。

7.2.1.5　可实现高度的信息共享

数字化信息使人们可以在任何时候、任何地点通过网络传递迅速获得所需要的信息。同一份文件可以在同一时刻为众多人利用，人们通过网络可以利用保存于数千里、甚至上万里外的地方的文件，文档保存地点的远近不再成为制约人们利用的因素。

电子文件上传到计算机网络上之后，可以不受时间和空间限制，随时随地进行查阅和利用。纸质文件的利用受到传输条件的限制，效率很低。电子文件一旦进入网络，如果不加控制，可以迅速传输到任何网上终端。这样彻底消除了信息传播的空间障碍，真正做到天涯若比邻。然而，由于网络是一个开放的平台，容易受到黑客的攻击、病毒的侵袭、非法的入侵，从而，使电子文件的安全成为非常突出的问题。

7.2.1.6　有利于组建综合信息系统

衡量一个国家信息产业发展程度的一项重要指标，就是这个国家所组建的信息系统的完善程度与综合程度。组建国家综合信息系统的思想源于1950年联合国教科文组织提出的"国家信息系统"思想。1974年，在巴黎召开的关于全面规划国家文献、图书馆和档案基础机构的世界科技信息大会上提出："一项世界系统的科技信息服务工作是一项可行的目标，而这项工作又是需要得到国家信息系统的支持，以便建立在政府支持的关于文献、图书馆和档案服务规划的广泛基础之上，而且必须把服务规划设想为'国家信息系统'。这个所谓的'国家信息系统'主要涉及全部学科领域的文献、图书馆和档案服务。"由此可见，完善的国家信息系统，也有赖于档案信息系统的建立和完善。现代科技的发展，尤其是计算机和网络通信技术的广泛运用和综合运用，使得国家信息系统的建立、完善和综合变成可能。

7.2.2　电子文件的类型

由电子计算机产生并处理的电子文件有很多种类，我们可以从不同角度进行分类。

7.2.2.1　按存储载体分类

按存储载体分，可分为磁盘文件、磁带文件和光盘文件。磁盘文件又可分为软盘文件和硬盘文件。

7.2.2.2　按文件的内容形式分类

按电子文件的内容形式分，可分为记载文字、符号和插图的文本文件（一般电子文件）；用扫描仪及数码相机获得的图像文件；用计算机辅助设计等获得的图形文件（CAD电子文件）；用音频设备获得的声音文件；用视频设备获得的影像文件；用多媒体技术制作的多媒体文件；各种数据库文件；操作系统文件和命令文件。

7.2.2.3　按文件产生的环境分类

按文件产生的环境分，可分为一般办公室工作中产生的文件；计算机辅助设计和制造中产生的文件。

7.2.2.4　按文件的属性分类

按文件的属性分，可分为普通文件、只读文件、隐含文件、加密文件、压缩文件等。

7.2.2.5　按文件生成形式分类

按文件的生成形式分，可分为由计算机直接产生的电子文件、对传统文件用扫描仪和数码相机等输入设备处理后生成的电子文件。

在以上的各种对文件的分类方式中，采用比较多的分类方式是按文件的内容形式分类。对电子文件的分类是为了更好地管理电子文件，所以，我们应该根据单位工作的实际情况对电子文件进行合理分类。从长远来看，应该制定电子文件的分类标准，以便可以以统一和规范的方式，对电子文件进行科学管理和有效利用。

7.3 电子档案概述

7.3.1 电子档案的定义

我国传统的档案学认为，文件与档案是同一事物的两个不同发展阶段，文件是档案的前身，档案是文件的归宿。由于各国文件档案管理办法不同，不同国家对档案的定义略有区别，但有一点是基本一致的，即档案是非现行文件，档案是具有保存价值且已归档保存的文件。

所谓电子档案，是指具有参考和长期利用价值，并经过整理、归档、保管的电子文件。

7.3.2 电子文件与电子档案

在纸质时代，文件和档案是同一事物两个不同历史发展阶段的体现，这是文件与档案区别与联系的根本点。两者的联系在于本质上它们是同一事物；两者的区别在于它们在时间上有前后、作用上有变化、管理上有分别。在任何历史时期，文件和档案的联系是基本不变的，而两者区别的内涵却有所变化。由于两者在本质上是同一事物，因此，在发展趋势上两者呈现出一体化的发展趋势，这种一体化的发展趋势在电子时代开始成为逐步实现的事实。

在数字化环境中，电子文件和电子档案在时间上、作用上、管理上、概念上的区别已逐渐缩小和模糊，趋同现象愈来愈明显，这是现代信息社会计算机化、网络化的必然结果。电子文件是应用计算机技术将信息存储在磁盘、光盘等专门的载体上，其信息存在形式是以只有计算机才能识别的二进制数字代码形式。

电子档案具有以下特性：

7.3.2.1 电子档案的原始性

纸质档案"原件"的概念确保了纸质档案的原始性。然而，对于电子档案而言，由于其信息与载体的相对分离性，信息的物理结构与逻辑结构的差异性、可变性及相对独立性，已决定了电子文件的信息都是以标准的数字编码方式存在，从而也决定了电子档案无法在表现形式上保持原始性，而更在于内容上的原始性和真实性。对于一份电子文件，只要它是由原作者制作，其信息内容真实、准确，未曾被修改过，就应承认它是原始的。

7.3.2.2 电子档案的完整性、有效性和安全性

完整性：指归档的电子文件必须完整，并且应包含相互依存的要素。
有效性：指归档的电子文件在相应的计算机软、硬件平台上能被识别并运行。
安全性：指电子文件载体和载体上的信息不损坏，不丢失。

7.3.3 电子档案的标准化

电子档案的标准化，是保障档案信息化建设，促进国家档案事业健康发展的重要前提和基础。

7.3.3.1 电子档案标准的制定情况

电子档案标准化建设同电子档案管理研究与实践相伴而行。1996年10月，国家档案局成立电子文件归档领导小组，下设OA课题研究组和CAD课题研究组，开展对电子文件归档、管理、利用、法律效力及长期保存等问题的研究。国家档案局发布了《电子公文归档管理暂行办法》、《全国档案信息化建设实施纲要》等，规范和推动了电子档案管理。1999年，我国第一个电子文件管理国家标准：《CAD电子文件光盘存储、归档与档案管理要求第一部分：电子文件归档与档案管理》GB/T 17678.1—1999发布。此后，相继发布了《电子文件归档与管理规范》GB/T 18894—2002、《纸质档案数字化技术规范》DA/T 31—2005和《公务电子邮件归档与管理规则》DA/T 32—2005等。

7.3.3.2 电子档案标准化建设走向

相当数量电子档案管理标准的制定和问世，将标准化原理与工作规则植根于档案工作之中，通过制定、发布和实施标准，推动了档案信息化建设。在新的形势下，电子档案管理标准化建设呈现如下走势：

（1）建设电子文件标准化体系。电子文件管理的目标与原则、电子文件归档的内容和形式、电子文件形成、归档、保管、利用的环境与流程、电子文件管理的政策与机制等各方面标准趋于协调配套。

（2）电子政务标准与电子档案管理标准衔接。按照文件连续体理论和电子档案前端控制、全程管理思想，电子政务标准和电子档案管理标准将更加协调和互补。

（3）更加注重电子档案标准的质量建设。由于积累了制订和实施电子档案管理标准的经验，电子档案管理在当前更具广泛的实践基础，电子档案标准化工作将会在数量与质量上得到提高。

（4）电子档案标准维护将成为经常性工作。随着电子档案标准体系的建立，标准的复审、修订、废止，以及诸如"语义、限定词、编码体系"等标准维护工作将会提上重要日程。

（5）标准认证体系建设将提上议事日程。根据有关规定，可以设立标准认证中心等认证机构，规定认证程序，开展对基于标准的产品、服务和管理体系的认证。

（6）进一步加强人才培养与队伍建设。深入推进电子档案标准化工作，需要培养、选拔一大批既懂档案业务，又了解标准化工作原理、规则的专门人才，为标准化工作的开展及各项标准的贯彻实施，奠定更加坚实的基础。

7.4 城建电子文件的收集与鉴定

7.4.1 城建电子文件的范围

根据《建设电子文件与电子档案管理规范》CJJ/T 117—2007的定义：建设电子文件主要包括建设系统业务管理电子文件和建设工程电子文件两大类。建设系统业务管理电子文件主要产生于建设系统各行业、专业管理部门，包括城乡规划、城市建设、村镇建设、建筑业、住宅房地产业、勘察设计咨询业、市政公用事业等管理部门，以及供水、排水、燃气、热力、园林、绿化、市政、公用、市容、环卫、公共客运、规划、勘察、设计、抗震、人防等专业单位。建设工程电子文件产生于工程建设活动中，主要包括工程准备阶段电子文件、监理电子文件、施工电子文件、竣工图电子文件和竣工电子文件。

凡是记录工程建设有关的重要活动，记载工程建设主要过程和现状的具有重要凭证、依据和参考价值的电子文件和相关数据，都属于建设工程电子文件的收集范围。

建设电子文件的收集、整理、归档过程中，建设单位的专（兼）职档案员需要做好以下几方面的工作：

（1）在与建设工程招标及勘察、设计、施工、监理等单位签订协议、合同时，对工程电子文件的套数、质量、移交时间等必须提出明确要求。

（2）收集和积累工程准备阶段、工程验收阶段形成的电子文件，并进行收集、整理。

（3）组织、监督和检查勘察、设计、施工、监理等单位工程电子文件的形成、收集、整理工作。

（4）收集和汇总勘察、设计、施工、监理等单位形成的工程电子文件。

（5）在组织工程竣工验收前，提请当地建设（城建）档案管理机构对工程纸质档案进行预验收时，应同时提请对工程电子档案进行预验收。

7.4.2 城建电子文件的收集要求

7.4.2.1 真实性要求

收集的电子文件应真实有效，其文本文件应是最后定稿，图形文件如经更改，应将最新版本及更改记录予以归档，各种文件的草稿、定稿根据需要决定是否归档。有条件的机构应采用电子文件签署技术，以便确认电子文件的真实性。确保电子文件的真实性是电子文件反映和证实机构历史真实面貌，构成社会价值，成为社会记忆长久保存的前提。

7.4.2.2 准确性要求

收集的电子文件要求准确无误，文件信息要准确地反映事实。对于文件利用者而言，不准确的信息可能导致决策失误，遭受损失。

7.4.2.3 完整性要求

完整性是指电子文件的内容、结构、背景信息和元数据等无缺损。完整性是保证电子文件真实性的基础，只有确认了完整性才可以确定其真实性。对于通用软件产生的电子文件，应同时收集其软件名称、型号、版本号等相关参数和说明资料。专用软件产生的建设电子文件应转换为通用型建设电子文件。

7.4.2.4 一致性要求

就目前来看，电子文件与纸质文件仍为并行阶段，因此，电子文件收集过程中就存在一个电子文件与对应纸质文件一致性的问题。电子文件收集过程中，要求与对应纸质文件在内容、相关说明及描述上完全保持一致。

7.4.2.5 有效性要求

有效性也称为可用性，是指文件可以进行查找、检索、呈现或被理解，能够表明文件与形成它的业务活动和事件过程的直接关系。

电子文件收集的特殊性在于电子文件的可塑性很强，不同的环境条件对电子文件真实性、准确性、完整性和有效性都会产生影响。因此，为了避免病毒的破坏、人为的修改、强磁、高温等不利因素，必须对收集归档工作提出更加严格的要求。电子文件的收集应该遵照以下要求：
(1) 电子文件的收集的过程中必须进行鉴定、筛选。
(2) 电子文件进行收集前必须进行检测，以保证电子文件内容日后能顺利地读出和呈现，必要时需要附有专门的使用描述，并形成专门的技术说明文件与其共同存放。
(3) 对具有保密性质的电子文件需要加设密码并进行相应授权。
(4) 电子文件的记录载体和记录格式应当符合国家标准及有关规定。

7.4.3 电子文件的鉴定

电子文件的鉴定工作，是指鉴别文件的价值，确定其保管期限，并据此删除已收集积累但无保存价值的电子文件，并予以销毁。这是保证收集的电子文件真实、准确、完整、有效的基础。

为了保证收集的电子文件的真实、准确、完整、有效，收集与鉴定就需要同步进行。也可以说，电子文件收集的过程就是初步鉴定的过程。

7.4.3.1 电子文件收集、鉴定要特别注意以下问题

(1) 确定电子文件的原始性、真实性。电子文件的更改非常容易，而且可做到不留痕迹。电子文件从形成到归档有一段较长的时间，所以，鉴别电子文件是否就是形成时的、有效的电子文件，即确认收集的电子文件的原始性、真实性则是首要任务。

(2) 鉴定和检测要相结合。电子文件是电子文件的内容、电子文件内容的记录载体和对电子文件内容显示的电子计算机软、硬件平台的组合。有了这个组合，我们才知道电子文件的内容是什么。电子文件的记录载体若有病毒、损坏，就不可能知道电子文件的内容；软件与硬件平台不一致，载体所载电子文件内容是什么也不可能知道；记录载体不能被电子计算机软、硬件平台兼容，也不会知道电子文件的内容。这些，只有通过检测才能够确认。所以，鉴定和检查、检测是联系在一起的。

7.4.3.2 电子文件的鉴定内容，主要体现在以下方面

(1) 归档电子文件的原始性、准确性、完整性。即是否是形成时的，或通过审批更改的电子文件；是否是产品定型技术状态或经事务处理并有结果的电子文件；是否是组成完整的系统的电子文件。

(2) 确定电子文件的价值和保管期限。这主要取决于电子文件内容所含信息的价值及社会对它的需要，要根据国家关于档案保管期限表确定其保管期限。

7.4.4 鉴定程序与鉴定组织

7.4.4.1 鉴定程序

电子文件的鉴定需要分阶段分别进行。

1. 初次鉴定

初次鉴定主要是对电子文件的内容价值进行鉴定，也就是对电子文件的保管期限进行确认。电子文件一旦形成，便利用计算机管理系统自动对其进行鉴定。最理想的状态情况是由计算机自动鉴定，即在电子文件管理系统涉及的调查阶段，便着手开始保管期限表的制定工作。宏观职能鉴定理论指导下的电子文件的鉴定面对的是某种职能的文件，不再是单份文件，因此要及早进行鉴定，文件管理系统设计阶段最适合对电子文件的内容进行鉴定。

2. 第二次鉴定

电子文件的二次鉴定是指当档案人员收集到以介质形式归档的电子文件（即指附有电子文件信息内容的光盘、磁盘等）或对网络归档文件进行脱机保管时进行的鉴定，包括内容鉴定和技术鉴定在内的全面鉴定。

7.4.4.2 鉴定工作的组织

长期以来，不管是纸质档案、照片档案，还是实物档案，鉴定成员都是档案工作人员、业务人员和有关领导组成的鉴定组合。但进入电子文件时代，电子文件所具有的易流逝性、易更改性，以及对软硬件环境的依赖性等特点，使得我们不得不重新考虑档案鉴定工作的合适人选，否则，鉴定工作将无法正常开展。

电子文件的鉴定除了应分析电子文件的内容外，还应从文件的记录方式和载体性质出发对电子文件进行技术鉴定。电子文件的双重鉴定问题已得到了档案理论界和实践领域的共识。而对于电子文件的技术鉴定，从目前档案部门人员构成来看，承担技术鉴定工作仍有一定的难度。对于业务人员来讲，在鉴定时更多地会注重于本机构或本部门的利益，而忽视社会对文件的长远需要。根据目前状况，由多方人员参与的鉴定组合是必不可少的。因此，理想的组合是档案人员、业务人员和计算机人员三者的共同组合。这样，可以优势互补，取长补短，在对档案的实际鉴定中，会有个比较周全的考虑。

随着电子文件管理系统自动鉴定功能的加强，鉴定小组合作的任务将由具体变得抽象，由台前转为幕后，即由具体鉴定每一份文件的价值转向制定完善的可自动执行的电子文件鉴定规则。当然，以往纸质文件的保管期限对于从内容上鉴定电子文件仍具有一定的参考价值，但由于电子文件的诸多新特点，我们不能简单地套用原有的保管期限表，而应在积累经验的基础上为电子文件编制专用的保管期限，用以体现文件内容和信息技术对保管期限的双重要求。

7.4.5 电子文件鉴定的方法

7.4.5.1 真实性鉴定

鉴定电子文件的真实性，即确定文件的原始性。

（1）检查并依据电子文件管理系统所记载的文件形成、修改和批准时间，分析文件是否是原始的最终版本。

（2）检查文件是否按照预先确定的标准格式和模板编辑。

（3）检查电子文件管理系统中对于文件生成和管理过程的记录，分析是否有非法操作的情况发生。

（4）分析文件著录中关于迁移前后文件信息和载体的记录，检查各类电子文件中影响真实性的要素是否在迁移中发生变化。电子文件在起草时可随意增删、修改而不留痕迹，文件形成后因载体转换和格式转换又不断地改变自身的存在形式，如没有相关信息证实电子文件的内容没有发生任何变化，人们便难以确认它的原始性。所以在进行电子文件版本的鉴定时，必须认真清理，确定最后版本后，方可录入到存储载体上。

7.4.5.2 完整性鉴定

电子文件的完整性鉴定与传统文件的完整性鉴定有很大的不同。电子文件的完整性鉴定可以分为检查文件要素和检查要素集中手段两个方面。前者是指利用有效的技术手段，对照元数据模型，检查一份文件各个要素是否完备，包括可视的和不可视的部分；后者是指分析联系一份文件各个要素的手段是否有效，这些手段包括超级链接等。在现有技术条件下，一份文件的数据可能分布在若干台机器中，也可能以若干份文件相连接的方式而存在，鉴定时需要核实相关数据和文件是否收集齐全。电子文件的内容信息自然会受到人们的重视，而背景信息和元数据却容易被忽视，从而，造成电子文件的连续性不完整。所以，在接收进馆时，要求移交单位在移交实物的同时，还必须完整地填写支持电子档案运行的机型、运行环境、应用程序、卷标号、用户编号、口令、磁盘文件目录以及文件内容等相关信息，并做相应的应用程序的备份，以便日后的有效利用。

7.4.5.3 可读性鉴定

可读性鉴定是电子文件技术鉴定的重要内容，是电子文件能够正常读出，不致丢失和差错的技术保障，尤其是对一些专业性较强的应用软件系统中产生的电子文件，更需要对其格式和性质进行专门技术鉴定。鉴定工作的内容包括检查与电子文件相配套的软件、相关电子文件、文字材料是否齐全，文件信息存储格式是否符合归档要求，核实归档或迁移时软硬件环境，以及在指定的环境平台上电子文件能否准确读出等。

（1）检查配套软件、相关电子文件（如数据比较复杂的关系型数据库的相关数据库）、文字材料是否齐全、完整。

（2）检查电子文件的信息存储格式是否符合归档要求。

（3）核实归档或迁移时的文件运行的软硬件环境、版本号是否正确。

（4）加密文件，还应检查其密码是否可靠保存。

（5）检测在指定的环境平台上能否准确读出电子文件。

7.4.5.4 无病毒鉴定

即运用各种病毒检测软件检测归档文件和归档介质是否携带病毒。电脑病毒会通过各种方式和途径破坏数据和计算机系统，为此，需通过专用防杀毒软件检测电子文件和电子档案的安全性。由于杀毒软件在查杀病毒时，有可能会损坏染毒的文件或者误杀正常文件，所以杀毒操作完成后，还必须检查文件的可读性状况。

7.4.5.5 介质状况检测

该项检测工作就是运用相关设备，通过演示或检测的方法对电子文件介质状况进行检查，查看其是否符合规定的形式、规格和质量要求。主要包括两个方面：

（1）介质物理性能的检测。包括软盘、光盘等介质是否清洁、表面是否光滑，有无划伤、皱褶、磨损，能否正常使用，硬盘运转是否正常。

（2）介质规格的检查。对于归档和脱机保存的介质，应检查其是否过时，是否符合现行国家标准。

7.5 城建电子文件的整理与归档

7.5.1 城建电子文件的整理

7.5.1.1 组合

电子文件的组合应该遵循以下规则：

(1) 将同一保管期限的文件组合。
(2) 将同一密级的文件组合。
(3) 将同一部门的文件组合。
(4) 将同一档案类别、同一工程项目、同一设备项目的文件尽量存储在同一光盘上，以方便利用。
(5) 按规范著录规则建立盘内文件目录，并将电子文件与相关条目建立链接关系，以便查找目录时立即能调阅相应的电子文件。
(6) 如果盘内有非通用格式的电子文件，应当将相应的运行软件一并存入该盘内，以便电子文件的打开和阅读。

7.5.1.2 标引

标引是指对档案内容进行分析，赋予检索标识的过程。

每份电子档案内的要素需要按照规定的顺序排列。标引就是将档案主题的自然语言转换成档案分类检索语言的过程，也就是对档案进行主题分析的结果赋予分类号标识的过程。档案条目按所赋予的分类号排列起来，就形成了一个与分类体系相同的逻辑系统，从而达到系统反映档案，便于检索和利用。

7.5.1.3 分类

由于电子文件信息与载体的可分离性，档案实体分类也可能将被概念分类整理所取代，因为实体分类的结果只能体现一种属性联系，这种单线排列的方式是手工操作管理档案的需要，但在当今电子文件的环境中，文件的形式特征和内容特征均发生了变化，电子文件可以通过计算机系统进行迅速、有效、多角度的整序，不再需要对它进行像纸质文件那样的分类整理。不同的用户可以根据不同的需要，利用办公自动化系统对电子文件进行自由组合分类。

办理完毕的电子文件，从现行电子文件目录数据库中取出其各种特征信息数据项，添加档号后，转储到档案信息检索分类库中，这个过程既是电子档案信息分类的过程，也是完全在档案信息分类控制下的电子档案实体逻辑化排列过程。在应用软件控制下的档案信息分类数据库，构成了档案信息检索分类系统之电子目录。该系统与电子目录阶段的电子目录有着本质的不同，它不仅有多项的、随机的、交叉的检索功能，还有对电子档案进行全文检索的功能；它的结构不仅是网状，还有自动追踪、组织控制电子档案的功能，以及在网络环境下远距离传输电子档案，实现信息共享的功能。由上得知：该阶段的档案实体分类完全融合到档案信息分类之中，档案分类的两个方面达到高度的统一。所以，该阶段档案分类有以下特征：

(1) 智能化特征。档案分类的整个过程，都在计算机系统的控制之下，没有一点手工的痕迹。如智能化著录标引，电子档案随机的逻辑排列，电子档案信息检索分类体系系统对电子档案的自动追踪和组织控制，都表现出了电子档案分类的智能化特征。

(2) "无卷"特征。电子档案的特点决定了电子档案不可能"组装"成卷，表现出档案分类明显的"无卷"特征。

(3) 电子档案分类的两个方面达到了高度融合和高度统一。

7.5.1.4 立卷

电子文件的分类、编目、立卷等管理方式与传统档案不同。因为电子文件的特殊性，可以达到文件一级的管理，所以，档案管理机构在接收到文件同时，可以马上给每份文件编制一个唯一的文件号，并给出相应的分类号和档案号，根据上下行文之间的关系，再给出相关文件号，在归档的同时进行主题词标识、著录，从而使电子文件成为一个有机整体。技术条件允许时，可以编制多角度、全方位的检索工具，方便检索查询信息。用户只需给出文件分类号或主题词，即可以找出相应的文件和相关的上下级行文及附件，从而大大减轻了档案工作人员的劳动强度。

7.5.1.5 著录

著录是指对档案内容和形式特征等进行分析、选择和记录的过程。

电子文件的著录比传统著录的内容要丰富得多，除了传统的著录项目以外，一般还应包括以下相关内容：

（1）制作环境。是指电子文件制作、修改、运行所使用的软、硬件，包括软件的类型、版本等。

（2）文件类型。即字处理、图像、图形、影像、声音、数据库、程序文件等。

（3）文件名。文件的名称，包括文件名和扩展名。

（4）载体类型。光盘、磁带等。

（5）存储地址。是指存储的物理地址，包括终端号、驱动器号、路径名或统一资源地址（URL）。

（6）背景信息。包括责任者、制作时间、修改时间、迁移时间、相关文件等。

7.5.2 城建电子文件的归档

7.5.2.1 归档的含义

电子文件的归档是指将具有保存价值和利用价值的电子文件由形成部门向本单位档案管理机构移交的过程。

电子文件归档与非电子文件的归档在本质上没有区别，都是将文件的管理权限移交给档案管理机构，即将经过鉴定符合归档条件并具有保存价值的电子文件转化为档案的过程。

电子文件的归档方式可分为在线式归档和离线式归档两种。

（1）在线式归档。主要指电子文件生成部门通过计算机网络将电子文件向本单位档案管理机构移交的过程。档案管理机构可直接将电子文件的著录信息与电子文件本身转入档案管理系统中，以便其他合法用户查询。

（2）离线式归档。主要指把计算机及其网络中的电子文件集中传输至独立的或可脱机保存的载体上，向档案管理机构移交的过程。文件管理部门向档案管理机构移交电子文件时，必须将电子文件和与其相关的著录数据、元数据和各种管理等级数据等一并归档。

7.5.2.2 归档的注意事项

（1）由于鉴定工作贯穿于电子文件归档与管理的全过程，因此，档案管理机构在电子文件归档前应当进行鉴定。鉴定工作包括对电子文件的真实性、完整性、有效性的鉴定及确定密级、归档范围和划定保管期限。

（2）电子文件归档实行"双轨制"归档管理原则。电子文件同时存在相应的纸质或其他载体形式的文件时,电子文件与纸质或其他载体形式的文件一并归档,并须保证其在内容、格式及相关说明和描述上完全一致。

7.5.2.3 归档的基本要求

电子文件的归档,除应按照普通文件的归档要求执行外,还应针对电子文件的特殊属性按以下归档要求进行:

(1) 把带有归档标识的电子文件集中,制成归档数据集,拷贝至耐久性的载体上,至少两套,一套封存保管,一套供查阅使用。必要时,复制第三套,异地保存。

(2) 推荐采用以下载体:一次写光盘(CD—R)、只读光盘(CD—ROM)、磁带、硬磁盘、可擦写光盘等。

(3) 存储电子文件的载体和包装盒上应贴有标签,标签内填写编号、名称、密级、保管期限、硬件及软件环境等。

(4) 将电子文件机读目录、相关软件、其他说明等一同归档,并附归档电子文件登记表。

(5) 需要长期保存的电子文件,应当把归档电子文件与相应机读目录存在同一载体上,如果是自行开发的应用软件,也应将软件及相关数据存在同一载体上。

(6) 原电子文件数据集载体在完成电子文件归档后,保留时间至少1年。

7.6 城建电子档案的验收与移交

7.6.1 城建电子档案验收与移交的要求

7.6.1.1 建设系统业务管理电子档案

(1) 建设系统业务管理电子档案形成单位按照有关规定,定期向城建档案馆移交已归档的建设系统业务管理电子档案。

(2) 对于已经向城建档案馆移交建设系统业务管理电子档案的单位,如果工作中确实需要继续保存纸质档案的,可以提出申请,适当延缓向城建档案馆移交纸质档案的时间。

7.6.1.2 建设工程电子档案的验收与移交

(1) 建设单位在组织工程竣工验收前,须提请当地建设(城建)档案管理机构对工程纸质档案进行预验收时,应同时提请对工程电子档案进行预验收。

(2) 列入城建档案馆接收范围的建设工程,建设单位向城建档案馆移交工程纸质档案的同时,应同时移交一套工程电子档案。

(3) 停建、缓建建设工程的电子档案,暂由建设单位保管。

(4) 对改建、扩建和维修工程,建设单位应组织设计单位、施工单位据实修改、补充、完善原工程电子档案。对改变的部位,应当重新编制工程电子档案,并和重新编制的工程纸质档案一起向城建档案馆移交。

7.6.1.3 建设工程电子档案的移交方式

电子档案的移交方式可分为在线式移交和离线式移交两种。

在线式移交是指电子档案通过计算机网络向城建档案馆移交的过程。城建档案机构可直接将电子档案的著录信息与电子文件本身转入档案管理系统中,以便其他合法用户查询。

离线式归档，是指把计算机及其网络中的电子文件集中传输至独立的或可脱机保存的载体上，向城建档案机构移交的过程。

7.6.2 城建电子档案移交的意义

7.6.2.1 实现信息共享，集中管理

传统的档案管理模式中，各单位的文件档案信息资源都是独立的，就如信息海洋里的一个个孤岛。把各单位的文件档案资源整合起来，集中管理，形成一个统一的利用平台，文件信息共享并不意味着实体的集中管理，各个单位的档案室、资料室仍旧发挥着保存、保管信息实体的作用。

7.6.2.2 统一标准、统一规范

各单位必须依照有关部门制定的技术标准和规范，对电子文件信息进行统一管理。只有这样才能统一数据形式、统一操作规程、统一利用方式，充分发挥电子文件档案数据中心在信息管理、信息利用方面的作用，将电子文件信息的价值最大化。

7.6.2.3 统一窗口，开放利用

社会公众可以对已公开的非涉密性现行档案文件信息进行网上查询，提高电子文件信息的利用率，增加政务工作透明度，发挥窗口作用，更好地为广大人民群众服务。

7.6.3 城建电子档案的验收

移交城建电子档案无论采用离线方式移交还是在线方式移交，城建档案机构都应按照有关规定进行认真检验，在检验合格后方可接收，进行集中保管。城建档案机构应当配备相应的处理设备，以保证完成电子文件检验工作。归档的每套载体均应接受检验，合格率应达到100％。与纸质档案同时保存的电子档案可以采取抽样检验的方法，样本数不少于总数的20％，合格率应达到100％。移交时的检验项目包括：

7.6.3.1 载体检查（针对离线式移交）

对电子档案载体要进行有效的检测与维护。电子档案载体，特别是磁性载体，极易受到保存环境的影响。因此，对进馆的电子档案载体，必须进行全面检测，以确保电子档案信息的可靠性。检测时，首先进行外观检查，确认载体表面是否有物理损坏或变形，外表涂层是否清洁及有无霉斑出现等。然后进行逻辑检测，采用专用或自行编制检测软件对载体上的信息进行读写校验。通过检测发现有出错的载体，要进行有效的修正或更新。原载体继续保留的时间不少于4年。对于电子档案的检测与维护，必须进行严格管理，因为任何一次误操作，都可能使保存的电子档案遭到人为损害，甚至造成难以弥补的损失。必须建立相应的维护管理档案，对电子档案的检测、维护、拷贝等操作过程进行记录，避免发生人为的误操作或不必要的重复劳动。

7.6.3.2 安全性检查

这里安全性检查的对象是各种计算机病毒。根据《中华人民共和国计算机信息系统安全保护条例》的定义，计算机病毒是指编制者在计算机程序中插入的破坏计算机功能或者破坏数据，影响计算机使用并且能够自我复制的一组计算机指令或者程序代码。计算机病毒可能损坏或删除计算机上的数据、使用电子邮件程序向其他计算机传播病毒，或者甚至

删除硬盘上的所有内容。一个小小的病毒就可能会使整个计算机系统和网络系统处于瘫痪状态，造成巨大的经济损失。

自从1987年出现第一例计算机病毒以来，全球已经被发现的病毒和木马就已经超过了100万种，根据病毒的特性，主要包括以下几类：

（1）系统病毒。主要感染操作系统的＊.exe和＊.dll文件，并通过这些文件进行传播。

（2）蠕虫病毒。是一种无需计算机使用者触发即可自动运行的病毒，通过大规模扫描获取网络中存在漏洞的计算机的控制权进行感染和传播，在被感染的计算机中设置后门或者执行恶意代码来破坏计算机系统和数据。

（3）木马病毒和黑客病毒。主要通过系统漏洞或者自身伪装吸引用户下载执行，使施种者可以任意毁坏、窃取被种者的文件，甚至远程操控被种者的电脑。

（4）脚本病毒。使用脚本语言编写，主要通过网页进行传播。如："欢乐时光病毒"和"十四日病毒"等。

7.6.3.3 格式检查

电子档案格式方面的要求，是保证电子文件长期可读性的一个极为重要的问题。根据《建设电子文件与电子档案管理规范》CJJ/T 117—2007的相关规定，向城建档案机构移交的各类电子档案需要满足以下通用格式要求（表7-1）。

城建电子档案（文件）格式要求表　　　　　表7-1

文件类别	通用格式
文本文件	XML、DOC、TXT、RTF
表格文件	XLS、ET
图像文件	JPGE、TIFF
图形文件	DWG
影像文件	MPEG、AVI
声音文件	WAV、MP3

7.6.3.4 核实电子档案的完整性和有效性

（1）单个电子文件完整性认定：内容、背景、结构等信息完整性查验。

（2）电子文件生命周期表项目完整性检验。

（3）电子文件集合完整性查验（电子文件与登记表是否吻合）。

7.6.3.5 核实登记表、软件、说明材料等是否齐全

检验完毕后，应将检验结果填入电子档案入库登记表。检验不合格的，应退回形成单位，重新制作。

城建档案机构应按照要求及检验项目对归档电子文件逐一验收，在确认归档文件的技术状况合格、相关材料齐全后，检验结果分别由移交单位、接收单位填入"城建电子文件移交、接收登记表"签字、盖章，登记表一式两份，一份交电子文件形成单位；一份由档案机构自存，以备查考（表7-2）。

城建电子文件移交、接收登记表　　　　　　　表 7-2

载体编号			载体标识	
载体类型			载体数量	
载体外观检查	有无划伤		是否清洁	
病毒检查	杀毒软件名称		版本	
	病毒检查结果报告			
载体存储电子文件检查项目	存储文件总数		文件夹数	
	已用存储空间		字节	
载体存储信息读取检验项目	编制说明文件中相关内容记录是否完整			
	是否存有电子文件目录文件			
	载体存储信息是否正常读取			
移交人（签名）		年　月　日	接收人（签名）	年　月　日
移交单位审核人（签名）		年　月　日	接收单位审核人（签名）	年　月　日
移交单位（印章）		年　月　日	接收单位（印章）	年　月　日

7.7 城建电子档案的安全管理

城建电子档案的安全管理是一项极其重要而复杂的工作。在对电子档案的保存与维护过程中，应该充分考虑环境、设备、技术、人员及电子档案的特点等综合因素，来制定技术方案和工作模式，并采取积极有效的措施，以确保电子档案的长期安全稳定，使其能一直处于可准确提供利用的状态，随时为城建工作提供档案信息服务。

7.7.1 电子档案安全概述

7.7.1.1 电子档案安全的含义

1. 要保证电子档案载体物理上的安全

一般情况下，电子档案是以脱机方式存储在磁、光介质上，所以，要建立一个适合于磁、光介质保存的环境，诸如温湿度的控制，存放载体的柜、架及库房应达到的有关标准的要求，载体应直立排放，并满足避光、防尘、防变形的要求，远离强磁场和有害气体等。

2. 要保证电子档案内容逻辑上的准确

电子档案的内容是以数码形式存储于各种载体上的，在以后的利用中，必须依赖于电子计算机软硬件平台将电子档案的内容，还原成人们能够直接阅读的格式进行显示，这对于电子档案而言是一个较为复杂的过程。由于，电子档案来自各个方面，往往是在不同的电子计算机系统上形成的，且在内容的格式编排上也不尽一致，这种在技术和形式上的差异，必然导致在以后还原时，所采用的技术与方法有所不同。而电子档案在形成时所依赖的技术，往往已成为过时的技术，这是科技进步所带来的必然结果。因此，除对电子档案本身进行安全保管外，还必须对其所依赖的技术及数据结构和相关定义参数等加以保存，或采取其他有效方法和相关的技术措施加以转换。

3. 要保证电子档案的原始性

对于一些较为特殊的电子档案，必须以原始形成的格式进行还原显示。可采用以下三种方法：一是保存电子档案相关支持软件，即在保存电子档案的同时，将与电子档案相关的软件及整个应用系统一并保存，并与电子档案存储在一起，恢复时，使之按本来的面目进行显示。二是保存原始档案的电子图像。三是保存电子档案的打印输出件或制成缩微品，这是最为稳妥的永久保存方法。

4. 要保证电子档案的可理解性

对一份电子档案的内容来说，常常有不被人完全理解的情况。为了使人们能够完全理解一份电子档案，就需要保存与档案内容相关的信息。这些信息应包括：元数据；物理结构与逻辑结构的关系；相关的电子档案名称、存储位置及相互关系；与电子档案内容相关的背景信息等。

5. 要对电子档案载体进行有效的检测与维护

电子档案载体，特别是磁性载体，极易受到保存环境的影响。因此，对所保存的电子档案载体，必须进行定期检测和拷贝，以确保电子档案信息的可靠性。定期检测，应每年一次，采用等距抽样或随机抽样的方式进行。样品数量以不少于10%为宜，以一个逻辑卷为单位。首先进行外观检查，确认载体表面是否有物理损坏或变形，外表涂层是否清洁及有无霉斑出现等。然后进行逻辑检测，采用专用或自行编制检测软件对载体上的信息进行读写校验。对于电子档案的检测与维护，必须进行严格管理，因为任何一次误操作，都可能使保存的电子档案遭到人为损害，甚至造成难以弥补的损失。因此，必须建立相应的维护管理措施，对电子档案的检测、维护、拷贝等操作过程进行记录，避免发生人为的误操作或不必要的重复劳动。

7.7.1.2 电子档案安全管理的特点

电子档案文件损毁、丢失信息的风险远大于普通纸质档案文件，因此，对电子档案的安全保管是非常复杂的，主要表现在以下几个方面：

1. 电子档案的安全管理要贯穿于电子文件的整个生命周期

电子文件具有非实体性、不稳定性与对载体、运行环境的依赖性等特征，这迫使档案工作者要把注意力从它本身转向它的过程。因为在其形成、运动的整个过程，每个环节都存在着损坏、丢失的风险，所以在电子档案的保管上，除了保存电子档案的载体之外，更要注意保护它的可用性、可存取性和可理解性，以及保证电子档案的原始性、真实性和完整性。因此，从电子文件的生命周期之初，就应充分注意到电子档案的各项管理标准、法规、安全技术和制度的建立，以防有长期保存价值的电子文件在形成、使用、归档和后来的维护过程中遭受损失。其中有关保存和归档的要求，应在电子文件的设计阶段就提出，随后的一切相应措施，均应在电子文件的形成和使用阶段采取。

2. 电子档案的安全是支撑环境、载体和内容安全的复合

电子档案保护的复杂性还表现在它不像纸质档案那样，主要是对载体与字迹材料的保护，而是包括对电子档案载体和软硬件环境进行检测、检查与维护；对文件格式的更新与维护；对从网络上逻辑归档的电子档案安全性的维护等多方面的考虑。

3. 电子档案的安全要依赖于许多相关参数

电子档案存储格式的变化以及背景信息、上下文关系、元数据的丢失等，会使其长久存取面临威胁。因此除了电子档案本身信息之外，还要保护好其相关信息。

4. 电子档案的安全管理是一项复杂的技术工程

当使用特定的技术和设备，将具有长期保存价值的信息记录于存储载体后，任何电子档案就永远离不开这种技术和设备而单独存在。人们只有采用这种记录档案内容的技术和设备，进行逆处理还原、输出，才能识别它的原本内容。电子档案内容和记录它的载体随时随地都可分离，电子档案的内容不变，其结构形式也可发生变化。因此，电子档案的长期保存，需要有不断更新的技术和措施作保障。这一切都要依靠一定的技术条件来实现。因此，将电子档案的保护视为一项复杂的技术工程，一点都不为过。

7.7.2 电子档案管理系统的安全

从系统测试的原理来看，系统测试不能无穷无尽地进行，并且整个测试过程并不能够把程序中的所有错误都检查出来，在系统运行过程中仍会发现软件方面的错误，因此必须随时进行相应的完善和升级。

电子档案软件系统安全维护的内容一般有以下几个方面：

（1）纠错性维护。诊断和修正系统遗留的错误。

（2）适应性维护。为了使系统适应环境的变化而进行的维护工作。如代码改变、数据结构变化、数据格式以及输入输出方式的变化、数据存储介质的变化等，都将直接影响系统的正常工作。因此，有必要对系统进行调整，使之适应应用对象的变化，以满足用户的要求。

（3）完善性维护。扩充原有系统的功能，增加一些在软件需求规范书中没有规定的功能与性能特征，以及对处理效率和编写程序的改进。

（4）预防性维护。系统维护工作不应总是被动地等待用户提出要求后才进行，而是应进行主动的预防性维护，即选择那些还有较长使用寿命，目前尚能正常运行，但可能将要发生变化或调整的系统进行维护。目的是通过预防性维护，为未来的修改与调整奠定更好的基础。例如将目前尚能应用的报表功能改成通用报表生成功能，以应付今后报表内容和格式可能的变化。

7.7.3 载体的安全

7.7.3.1 磁带的维护

磁带由于其容量大、价格低的特点，在数据备份、信息交换等方面起着重要作用。正确使用和保存磁带，能有效地延长其使用寿命。

控制好温湿度。防止高温、高湿或低温、低湿对软盘（磁带）的不利影响；防止出现温湿度的急剧变化，24h内温度变化不得超过±3℃，相对湿度变化不得超过±5%。若使用过程中温度、湿度相差较大，要在适当环境中平衡后才能使用。

防止外磁场的影响。磁带在保存和使用过程中，必须远离强磁场。重要的档案文件应放在金属盒内保存。另外，还要注意防止因静电作用，导致磁性载体的数据信息丢失。

在理想的温湿度环境中（温度为18±2℃，湿度为40±5%），磁带应每隔3～5年倒带一次。若不能保持上述温湿度，倒带间隙应视保存环境不同而相应缩短。

7.7.3.2 硬盘的维护

减少震动冲击，防止磁场影响。硬盘驱动器应平稳固定好，否则，一旦执行读写操作时发生震动，磁头易划伤盘片的数据区，造成盘片上的信息读写错误。另外，尽可能使硬盘驱动器远离强磁场（如音箱、电台、电机等），以避免磁盘里的数据遭到破坏。

做好微机硬盘分区表、主引导扇区以及CMOS参数的备份工作，以备系统崩溃时能有效地找回已存储的档案文件。定期对微机进行病毒检查和系统维护工作，使存储在微机硬盘中的档案文件，处于一个相对安全且易于整理的环境。

7.7.3.3 光盘的维护

控制好温湿度，防止不适宜的温湿度对光盘载体造成危害。保持清洁，防止有害气体与灰尘对光盘的破坏。使用时不能用手直接接触盘片的信息区，使用后应放在光盘盒中储存，避免长时间暴露在空气中遭受灰尘、有害物质的侵蚀。保存光盘还应注意防止强光（特别是紫外光）和静电的危害。

7.7.4 内容的安全

电子档案内容的安全有以下几个方面：

7.7.4.1 电子档案内容的原始性

电子档案内容的安全性保护应该从电子文件形成阶段开始，只有保证从电子文件的制作开始，一直到归档的整个过程中，电子文件的内容不被篡改、破坏、盗窃和丢失，才能保证电子档案内容的安全。

（1）建立安全管理制度。电子档案安全管理制度要体现"责任分散原则"，即电子文件的制作过程要责任分散，在工作人员数量和素质允许的情况下，不要集中赋予一个人全部的与安全有关的职责。一般来说，不相关人员不能进入他人的责任范围，工作需要时可允许用只读式的方式调阅，以防由于误操作或者有意增删改等原因造成电子文件的失真。

（2）建立电子文件运动过程自动管理系统。为确保电子档案在运动过程中的安全，电子文件管理系统一般应具备下列三个功能模块：一是文件形成、采集、积累者的姓名，职责范围和形成、采集、积累过程记录模块。二是电子文件的归档范围、归档内容、归档时间、归档要求记录模块。三是电子文件运动全过程中产生的人员操作信息、相关文件、背景信息和元数据等的记录模块。

（3）加强对管理人员的法制教育，树立遵纪守法和保密观念，不断地提高管理人员的自觉性和责任心。

7.7.4.2 电子档案内容的真实性

真实性保护在对电子文件的迁移操作中，要确认组织产生的每一类文件中哪些组成要素能确保文件长期的真实性；评估能否将文件中用户不可视的部分变成可视的，使可视性得到固定；对文件的迁移要采取自我认证与自我记录的办法和不间断的物理管理。

7.7.4.3 电子档案内容的完整性

电子文档是内容、背景与结构三要素的统一，数字档案馆电子文档的完整性就是要维护这个统一体，三要素缺一不可。因此，数字档案馆在接收立档单位移交来的电子文件时，除采集电子文件内容本身信息外，还应注意采集电子文件的元数据。电子文件的背景信息常常与内容信息分离保存，如果数字档案馆接收的电子文件缺少背景信息，则会影响电子文件的凭证作用或价值；电子文件结构方面的信息如格式、字型、字体、数据描述、系统平台和软件等，一旦丢失或遭到破坏，则电子文件的原始形态就会改变，甚至失去可读性。

7.7.4.4 电子档案内容的可读性

由于计算机技术的不断升级换代，为了保证电子档案的长期可读性，一方面在必要的时候需要对电子档案的结构、格式进行调整、升级，以不断地适应自身的"生存环境"；另一方面，电子档案归档前，应尽可能使用通用格式进行保存。而对于一些特殊档案，需要以原始形成时的格式保存的，应同时归档其支撑软件系统。

7.7.5 电子档案安全管理体系

电子档案信息的安全，仅仅从技术层面进行防范是不够的，还需要从法律规范、组织领导、管理制度、人员管理等方面，全面加强档案馆的安全防范，从而共同构成档案机构的安全保障体系。

7.7.5.1 必须加快网络信息安全的法规建设

随着网络技术的飞速发展，网络信息资源正日益成为世界经济和社会发展的重要资源，但与之相伴而来的是，由于网络的国际化、社会化、开放化、个人化的特点，使其随时随地都可受到任何人的攻击，从而使网络信息的安全成为一个十分突出的问题。必须加快网络信息安全立法的步伐，加大对信息犯罪活动的打击力度，为包括数字档案馆在内的网络信息系统的健康发展提供良好的法制环境。

7.7.5.2 设立信息安全保障部门或者组织

安全保障部门或者组织的设立应当由城建档案馆主要领导直接管理，其任务是编制、实施网络信息安全意识的培养与教育计划，制定、检查和落实各种信息安全管理制度，经常进行信息安全检查与审计，定期评估档案馆系统的安全性（危险性）并对发现的问题提出改进意见，制定城建档案馆在发生灾难性事件时的应急预案。

7.7.5.3 建立健全档案馆的各种管理制度

管理制度是城建档案馆日常安全工作应遵守的行为规范。健全的规章制度是城建档案馆安全管理有效实施的保障。在档案馆内，其制度体系主要由以下几部分组成：

（1）系统运行维护管理制度，包括设备管理维护制度、软件维护制度、用户管理制度、密钥管理制度以及各种操作规程等。

（2）计算机处理控制管理制度，包括编制及控制数据处理流程、程序软件和数据的管理、"三网"之间数据的复制移植和存储介质的管理、通信网络系统的管理等。

（3）技术文档管理制度，即对档案馆的硬件和软件系统的说明书、技术手册等材料及网络通信线路布局图等进行妥善保管和严格控制。

（4）操作和管理人员制度，包括系统管理员、软件开发与维护人员、硬件维护人员、数据加工录入人员等各类人员的岗位分工制度、权限划分制度、合法操作制度、异常情况报告制度、人员引进和调离制度以及教育培训制度等。

（5）机房安全管理制度，包括机房出入管理制度、机房安全防范制度、机房卫生管理制度、机房运行操作管理制度等。

（6）定期检查与监督制度，包括对系统安全运行的定期检查、对各项规章制度的落实情况的定期检查、对制度执行情况和人员工作情况的监督等。此外，还应根据实际情况制定病毒防治管理制度、对外交流安全维护制度、对外合作制度等。

7.7.5.4　要特别重视对内部工作人员的管理，强化内部防范

统计数字表明，信息安全事件中的60%～70%起因于内部。内部防范最主要的是加强对工作人员的信息安全教育，提高其安全法制意识。对内部用户采用分级别管理体制，设定访问级别，严格系统管理权限，特别是只有系统管理人员才能对核心存储设备进行物理访问，制止越权访问等。

7.8　城建电子档案的利用

7.8.1　电子档案的利用概念与特点

7.8.1.1　电子档案的利用概念

电子档案的利用与纸质档案相比，显著不同的是更快捷、更方便。但这必须建立在电子档案所依赖的技术上，且必须满足必要的先决条件和采取相应的管理措施才能够实现。对档案机构来说，电子档案提供利用一般有以下三种方法：

（1）提供拷贝。档案机构向利用者提供载体拷贝时，应将文件转换成通用标准文档存储格式，由利用者自行解决恢复和显示的软硬件平台。当利用者不具备利用电子文件的软硬件平台时，也可以向这些用户提供打印件或缩微品。

（2）通信传输。即用网络传输电子档案。这一方法比较适合馆际之间的信息资源互相交流及向相对固定的查档单位提供档案资料，可以通过点对点转换数字通信或互联网络来实现。

（3）直接利用。它是利用档案机构或另一检索机构的电脑，在档案机构的网络上直接查询的一种方法。其特点是：可为利用者提供技术支援；同通信传输相比减少了大量的管理工作；可以使更多的读者同时利用同一份电子档案。

7.8.1.2　电子档案的利用特点

（1）良好的共享性。电子文件不再受"孤本"的限制，一份文件可以被所有需要它的人共享。信息技术轻而易举地解决了"多人同时用一档"的问题。如果需要的话，一份文件不仅可以在档案馆内所有的终端上同时显示，当文件进入网络时，还可以在所有与网络相连接的计算机上查阅，一份文件如同有了无数个副本。

（2）良好的复用性。一份电子文件无论多少次在计算机屏幕上被显示，或是多少次被打印在纸上，都不会使它的信息受到任何损失和改变，重复利用不会在它身上留下老化、磨损的痕迹。正当的利用活动不会损坏电子档案，不会破坏电子文件信息的完整性和清晰度。重复利用虽然对电子档案的载体也会产生一定的影响，但这种影响与重复利用对纸质

档案的影响相比,要小得多。特别是电子档案的载体可以通过信息转移、拷贝等被替代,这种信息与载体之间的可分离性,使电子档案重复利用可以达到没有穷尽的地步。

(3) 良好的交互性。利用者在阅读过程中可以随着思维活动随时提出新的要求,而计算机会立即按照你的要求(命令)把相关文件调入显示屏。特别是超文本文件可以将许多相关的文件、图像、数据连接起来,任凭利用者调阅,一份文件产生了特定范围信息网的连接站,可以把利用者需要的信息随手牵来。

(4) 运用的灵活性。电子文件的可操作性使利用者可以灵活使用它们,让它们为自己的各种需要服务。利用者可以利用计算机对文件中的信息进行分类、统计、汇总、打印,将这些信息转换成自己需要的形式。档案工作人员可以根据一定专题对电子档案进行编辑,形成特定内容的信息专辑,满足利用者的各种需求。这样一来,一份电子档案可能比相同内容的纸质文件向利用者提供的信息更为灵活,更加方便利用者的使用。

(5) 超地域限制性。电子文件可以通过计算机网络进行远距离传输,使异地利用成为现实。超地域性的信息传播可以使利用活动更为方便和普及。它不仅消除了档案数量对利用者人数的限制,而且消除了利用者与信息之间的距离。单纯从技术上讲,利用者不用到档案馆和档案室来,在任何一个地方的一台联网的计算机上就可以利用数字档案馆内的开放文件。这不仅免去了利用者的奔波之劳,更大的优越性在于它给予利用者更多地利用档案的可能,从而使人们有兴趣更多地了解档案,有问题能够想到档案,愿意利用档案,使档案真正成为人民大众的文化财富。在这个意义上,我们完全有理由相信,电子文件时代的到来,将会使档案的利用得到进一步的普及。

(6) 超时间限制性。网络时代的电子文件可以使利用者不受时间的限制,随时使用自己需要的文件。

(7) 更加突出的安全问题。在电子化时代,无论是在线利用还是非在线利用,电子文件的安全保密问题都显得更为突出。特别是在在线利用的情况下,网上城建档案馆的电子档案安全保密问题是我们将要面临的重大的棘手的问题。在西方发达国家,国家核心机密文件被计算机黑客窃取的事例已经很多。如果我们在技术上不能很好地解决这一问题,那么,它将成为城建电子档案在线利用的一个严重障碍。

7.8.2 电子档案的利用方式

7.8.2.1 阅览

(1) 联机阅览。
(2) 脱机阅览。
(3) 复印阅览。
(4) 缩微阅览。

7.8.2.2 复制

(1) 软盘复制。
(2) 光盘复制。
(3) 硬盘复制。
(4) 磁带复制。
(5) 就地复制。

(6) 异地复制。

7.8.2.3　网上展览
7.8.2.4　网上咨询
7.8.2.5　计算机编研

总之，电子档案的利用方式，应视利用者的情况而定，不能无原则地向所有利用者提供全部利用方式，应依据电子档案内容的密级层次，进行有效的管理。一般情况下，对于内容不是完全开放的电子档案，不宜用拷贝的方式提供利用，对于提供拷贝的制作，必须在有效监控下进行。采用通信传输或直接利用等利用方式时，对有密级的信息内容要进行加密处理，并对所使用的密钥进行定期或不定期的更换。系统应对档案利用的全过程进行有效的跟踪监控，并自动进行相关记录，作为对利用工作查证的依据。

7.8.3　城建电子档案利用中的法律问题

城建电子档案的利用给我们带来很多便利的同时，也带来了新的法律问题，主要反映在以下两个方面：

7.8.3.1　电子档案公开利用与电子档案保密问题

随着社会信息化的发展，档案信息资源网络的建成对档案的保密工作是个挑战。档案信息具有一定的机密性，在网上开发利用必须有必要限制，要遵守有关法律、法规。网络档案信息的利用受时效与密级的限制，单位和个人应根据授权限度查阅网页所提供的档案信息。利用计算机信息网络、电子出版物和通过媒介公开档案内容、档案复印件或部分档案记载的内容，不得泄漏国家机密和侵犯公民的合法权益；对不同密级的档案作品的使用，受国家保密法、信息安全法规约束，只有那些已解除密级向社会开放的档案，才允许公民利用。

国家赋予公民享有了解、获取、存储、开发利用档案的权利，因此，档案法律法规应承担两方面的职能：既要保护档案财富的完整与完全，又要保障公民档案利用权的实现。档案机构应遵照《中华人民共和国档案法实施办法》（以下简称《档案法实施办法》）第二十条关于档案公布的期限，及时公布开放档案的内容。属于开放利用的档案，档案馆在接待外国人、港澳同胞查阅利用档案时，必须实行公平待遇原则，本国公民与外国公民应有平等使用档案的权利。

7.8.3.2　电子档案利用中的知识产权问题

《档案法实施办法》第二十六条规定："利用、公布档案，不得违反国家有关知识产权保护的法律规定。"因此，档案部门在利用公布档案时，应依法做好档案的利用和公布工作。著作权法把档案知识产权保护完全纳入了法制化轨道，强化了档案知识产权的法律保护作用。根据法律规定，档案馆在利用、公布具有著作权的档案时，应征得该档案著作权人的同意，并向其支付报酬，否则就是侵权，应该承担相应的法律责任。但是，档案利用中，忽视知识产权保护的情况时有发生。在编研工作中，忽略了在编研成果中需要指明作者姓名、作品名称。有的档案馆在利用、公布具有著作权的档案时，没有征得该档案著作权人的同意，也不向其支付报酬等。2001年10月，修改后的《中华人民共和国著作权法》，增加了信息网络传播权，明确了把作品上网是著作权人的权利。因此，随着档案机构改革开放的深入，随着档案寄存、托管业务的开展，个体私营企业档案的进馆，我国各级各类档案馆馆藏档案的所有权问题变得复杂起来，必须注意将档案的利用权与档案的所有权相分离，将档案的利用权与档案的著作权相分离，切实维护档案形成机关或著作权人的合法利益。

档案行政管理部门应当在深入调查研究的基础上，遵循法制统一的原则，认真清理和修改档案法规及规范性文件。要使档案法规日益体系化，内容涵盖更为全面，并增强可操作性，更好地适应新形势，积极探索社会主义市场经济条件下全面履行城建档案工作职能的新思路、新对策，逐步解决档案工作中一些深层次的矛盾和问题。长期以来，档案机构主要是根据《档案法》和《档案法实施办法》中的一些法律条款指导档案利用工作，但对档案的利用、开发中的档案形成者、档案利用者和档案馆的权利和义务关系，以及本办法与其他知识产权法律关系如何处理等，缺乏具体的可操作的依据和规定。这在一定程度上影响档案利用的广度与深度，因此，必须尽快做好完善档案利用法规体系的工作。我国有多项法律法规对信息人及信息活动实施法律保障与制约，在知识产权和档案信息利用安全方面的法律建设尤为迅速并具有针对性，如《商标法》、《专利法》、《档案法》、《保守国家秘密法》、《著作权法》、《促进科技进步成果转化法》等，这些基本法律法规制度将对档案信息利用工作发挥重要的制约和指导作用。

7.8.4　电子档案利用中的安全防范问题

电子档案利用中的安全防范问题其实质就是网络的安全防范问题。所谓的网络安全，就是为防范能被利用或用来对数据进行未授权访问而采取的相应措施。

7.8.4.1　电子档案利用中的网络的不安全性的主要来源

（1）物理上的不安全性，如硬件设备的损坏和遗失等。

（2）线缆连接的不安全性，如网络监听、非法接入等。

（3）身份鉴别的不安全性，如口令圈套、口令破解等。

（4）程序上的不安全性，如病毒、代码炸弹、特洛伊木马等。

（5）系统漏洞造成的不安全性，如乘虚而入、配置和初始化等。

（6）网络黑客的攻击等。

7.8.4.2　实现网络安全防范应采取的主要措施

（1）修复操作系统漏洞，堵住后门。主要的方法是安装补丁程序、升级系统、手工修补等。

（2）制定网络安全传输协议，如安全超文本传输协议、安全会话层协议等。

（3）信息加密及密码技术。

（4）网络防火墙技术，防火墙通过监测，限制和更改穿越它的数据流，从而实现网络的安全防范与保护。

（5）采用实时监测等具体方法，防范特洛伊木马、炸弹和网络病毒。

（6）监视端口状态和更改端口。

网络安全方面涉及的问题还有很多。但是，可以在技术允许的范围内尽量杜绝一切认为可能引起的不安全因素，加强安全防范意识和安全防范工作，切实保证网络的安全与可靠。

7.9 电子文件时代的人员素质

7.9.1 电子文件管理对档案人员的新要求

电子环境下档案工作人员的素质要求是由档案管理工作的新特点决定的。主要体现在以下方面：

(1) 技术性。现代办公环境中，文件、档案一体化管理的实现必须以高科技为依托，应落实在用计算机编程语言开发的文件、档案工作自动化系统的平台上。

(2) 全程性。文件、档案一体化的管理模式将文件工作和档案工作之间的人为界限渐渐淡化，两者有机地融为一体，互相渗透。从文件产生、接收之初到归档保存是一个完整的、密切联系的过程，任何一个环节都会对其他环节产生影响。

(3) 互动性。文件办理的过程与机构业务活动开展的同步运行。档案信息的开发利用直接影响机构决策的及时性与科学性，文件、档案工作与业务活动的密切联系在一体化环境下得到充分体现。业务人员在业务开展过程中也会渐渐地对文件、档案管理系统产生依赖，两者是互动的关系。

(4) 全员性。文件工作是机构业务和管理活动的主要工具与信息通道，档案工作是机构现行工作的信息源，机构的每一项工作、每一位工作人员与文件、档案工作都存在着密不可分的联系，文件、档案工作因而也具有全员参与的特性。

7.9.2 培养电子档案管理人员的途径

电子文件归档，电子档案保存及开发利用，都要靠档案管理人员。由于电子档案的信息内容是数字化，文、档处理需要一体化，电子档案保存是技术化，开发利用形式又是多样化，造成电子档案的管理与纸质档案的管理，有着截然不同的区别，形成了电子档案管理的特殊性。电子文件归档及其电子档案保存及开发利用，是一件新生事物。培养和造就一批电子档案管理人员，是当务之急，必须引起档案界、教育界及社会各界的高度重视。培养电子档案管理人员主要有以下三种途径：

(1) 各高等院校的档案专业，要把电子档案管理人员的培养当做一件大事来抓。要按电子档案管理人员必备知识和技能的要求，拟定教学大纲，组织教材编写，招收新生，进行系统的培训，尽快造就成批的电子档案管理人员，以适应电子档案管理迅猛发展的需要。

(2) 从社会上广泛召集具有理工专业的大学本科学历，懂电子计算机软硬件技术或数字通信技术的工程技术人员，由档案系统的教育部门组织，进行一年左右的短期集中培训，就档案学概论、档案管理学、文书学、档案文献编纂学、档案保护技术学等，进行系统教育，帮助他们提高档案意识，掌握档案管理的基本理论、管理环节、管理原则、方法及保护技术等，以适应对电子档案管理的需要。

(3) 从档案战线抽调一批具有大学本科学历，并具备档案管理基础知识，且对电子档案有一定了解的档案人员，由档案系统的教育部门组织，对他们进行自然科学的基础学科、微电子技术、电子计算机软硬件技术、数字通信及电子计算机网络技术、电子计算机在档案部门应用技术等方面的系统培训，以适应电子档案管理的需要。

7.9.3 电子档案管理人员必备的知识结构

人类的社会实践活动赋予档案以十分丰富的内容，对这些内容丰富的社会历史遗产进行科学的管理，无疑对档案工作者在知识结构上提出了较高的要求。档案工作各环节所进行的一系列独特而复杂的专门工作，又需要档案工作者熟练掌握档案学理论知识和实际操作技能。档案工作者文化素养的高低直接影响着档案工作效率的高低和发展速度的快慢。档案工作者在知识结构上的一个显著特点就是知识面的广与博，这一点应当成为档案教育区别于其他专业教育的基础，也是档案工作者加强其自身修养时必须注意的地方。

在电子文件时代，与传统的文档管理不同，档案工作者应成为高素质、复合型的专门人才，除了具有基本的文化科学知识、档案专业知识外还应有较高的外语水平、丰富的法律知识和熟练掌握现代信息技术、网络通信技术，否则就根本无法介入电子文件的形成和保管，也不可能维护电子档案的完整与安全，与各种危害电子档案的诸多因素进行有效斗争。

7.9.3.1 基础知识

电子档案的管理人员，必须具备电子计算机应用及自然科学基础知识：如高等数学、物理学、化学、电子学、微电子技术、电子计算机技术、电子计算机软件技术、现代通信及电子计算机网络技术、办公自动化及电子计算机辅助设计技术、设备维护及标准化知识等。同时，还要掌握城建档案管理相关的基础知识，学习语文知识、历史知识以及现代化管理知识等。

7.9.3.2 专业知识

面对各种计算机、网络等技术含量的专业设施，需要一批具有相关专业知识的电子档案管理人员进行日常维护、维修，从而保障各种专业设施的正常运行。另一方面，随着专业技术水平的提高和信息化进程的加快，各种应用管理软件需要不断升级、更新，相应的软件开发人员也是不可缺少的。档案管理人员不但要了解档案信息管理的有关知识，还要对计算机系统的维护、保密和反黑客任务有充分的认识。例如，对于数字化档案的保密问题，我们就必须严格遵守安全保密机制。在档案管理软件的研制、安装和使用上，必须符合《计算机信息系统保密管理暂行规定》（国保发［1998］1号）文件的各项要求，加强系统访问控制、数据保护和系统安全监控管理等基本功能，确保档案数据安全。

7.9.4 电子档案的用户教育

随着信息技术的普及，人们的信息观念越来越强，信息检索将像读书识字一样，成为人们的一个基本技能。但这种技能不是天生的，必须要经过后天不断地学习和训练，对于电子档案的用户更需要培训和扶持。要通过各种途径加强对各类用户的教育，在大、中、小学的信息课中加进电子文件检索的知识训练，提高检索技能和检索意识，并将常用的档案机构的站点写进教材，使潜在的用户预先具有相应的知识准备，以便将来更好地利用电子档案。

档案是承载人类文化、延续人类记忆的重要载体，要让浩如烟海的档案信息资源充分地发挥出来，除了档案工作人员平时做好档案利用服务工作之外，对档案用户教育也是一件非常紧迫而有意义的工作。档案用户教育是指档案机构对其服务对象进行档案意识、档案信息及服务业务等诸多方面的宣传、介绍，实施档案利用的技术培训，以提高用户的档案素质和利用档案的能力。为了切实提高档案利用率，档案机构必须针对用户利用档案的不同需求，在全社会开展不同形式的用户教育工作。

7.9.4.1 加强档案用户教育的必要性

开展档案用户教育，无论对档案工作本身，还是对档案用户都具有极其重要的意义。首先，它能使档案工作的社会价值得到广泛承认。档案用户教育将使愈来愈多的人认识到，档案工作不仅仅是一项普通的管理工作，更是一项社会意义极其重要的工作。其次，有助于提高档案工作效率。随着档案用户教育工作的深入开展，广大用户的档案素质将得到提高，对档案机构来说，简单、低水平的档案服务将会减少，档案工作机构可以集中精力开展丰富的、高水平的档案信息服务，并不断开拓新的服务领域。再次，有利于用户对档案信息需求的表达。在档案用户教育的过程中，用户的档案意识得到加强，从而唤起用户潜在的档案信息需求，并向实际需求转化，实现对档案信息的利用。最终，促使用户更有效地利用档案信息资源。档案用户教育不仅可以使用户广泛了解档案信息内容，而且可以使用户掌握档案利用的方法与手段，从而提高档案信息的综合运用能力。

7.9.4.2 开展档案用户教育的原则

档案用户由社会各阶层人员组成，他们在个人兴趣、常识、职业、需求等方面的差别，决定了档案用户教育的对象和内容具有一定的复杂性，必须按照一定的原则来进行。

（1）计划性原则。档案用户教育是档案馆工作的重要内容，是一项长期的任务，是一个连续的过程。用户群体的动态性、技术与资源的发展性，决定了只要档案馆存在，只要档案信息资源开发利用活动存在，就必须连续不断地进行用户教育；对于用户来说，在不同的年龄阶段、不同的知识结构状态、不同的信息需求目标，均需接受相应的用户教育。因此，档案馆应将用户培训工作列入日程，根据具体情况制定切实可行的计划，包括中长期计划和近期目标，根据用户的不同情况分别实施，并坚持不懈地长期开展下去，不断提高用户自主利用信息的能力。

（2）普及性原则。在现代社会中，档案用户教育应具有普遍性，既要注意各种现实用户的教育，更要加强对未来用户和潜在用户的教育。可以说，用户教育的普及率是关系到档案利用率的重要因素，也是提供优质服务的关键环节。

（3）针对性原则。主要是指档案用户教育的内容应具有较强的针对性：既要针对传统条件下用户的职业特点、文化素养、信息能力，"因材施教"，确定其教育内容的深度和广度，又要兼顾现代技术条件下用户的不同需求，为用户提供准确可靠的资料或指引检索路径、搜索引擎，保证用户多角度、全方位查阅到所需要的档案信息。

7.9.4.3 档案用户教育的基本内容

（1）城建档案意识教育。强化城建档案意识是用户教育的启蒙教育，城建档案意识的自觉性的形成，是人的观念由低级到高级不断更新、完善、发展的运动过程。城建档案馆的生机与活力直接来源于人的自觉意识，社会公众城建档案意识的增强会促使他们积极主动地关心城建档案馆、利用城建档案馆的档案。

（2）档案检索知识教育。我们不但要使公众认识、了解城建档案馆，更重要的是要学会利用城建档案，可以使用多种方法，多种途径查阅各种解密的城建档案材料。同时，也要学会相关的文献检索语言和方法，便于查找最新的文献资料，从而提高城建档案文献的利用率。

（3）现代化知识教育。以计算机技术为代表的现代技术的发展和应用，给人们带来了获取信息的先进手段，应用现代化设备是城建档案馆的发展趋势。因此，对城建档案用户进行缩微技术、声像（视听）技术、光盘技术的培训和指导非常重要。让用户在得到服务的同时还得到城建档案知识和技能的教育，通过培训，逐步使他们了解现代化的档案馆，掌握现代化设备的使用方法，从而更好地加以利用。

7.9.4.4 档案用户教育的方法

（1）宣传教育法。这是对用户进行教育的重要方法。既可利用档案业务培训班之机，亦可利用档案法制宣传之时；既可配合形势制作图片展览，亦可利用爱国主义阵地进行教育推介宣传。

（2）媒介教育法。这种方法的特点是运用公共媒体向用户进行教育，如城建档案知识电视讲座、电视大奖赛、广播讲座以及融教育性和艺术性的公益广告等。媒体教育法因其受众面广，对普及城建档案知识和提高用户城建档案意识很有效。

（3）当面辅导教育法。这是指城建档案馆服务人员、咨询人员在向用户提供服务、咨询时结合当时情况，当面给用户讲解有关知识和使用方法，对当前情况的辅导，解决当前问题，又是对将来的辅导，让用户避免将来对同样问题的疑惑。

（4）用户指南教育法。这是指由城建档案馆编写档案用户指南并发放给用户从而进行教育的方法。用户指南的内容应当包括用户利用馆藏档案资料及档案馆信息服务所涉及的知识与技能，具体应包括：档案信息资源布局简介、档案馆信息系统要述、档案信息检索的一般方法、检索工具介绍、档案信息服务项目介绍、信息服务设施及其使用方法、新型信息载体的功能与使用方法、信息网络资源共享操作等等。指南除具有普遍性外，还应根据本馆特点，档案信息资源状况做特殊、重点介绍。总之，通过用户指南，使用户掌握城建档案信息的检索方法，进而提高用户信息获取与鉴别能力，为实现用户的自我服务打好基础。

思 考 题

（1）电子文件的基本特征是什么？
（2）电子文件和电子档案的关系是什么？如何理解电子档案的定义？
（3）城建电子文件的收集有哪些要求？
（4）移交城建电子档案有什么意义？
（5）城建电子档案内容的安全主要包括哪几个方面？
（6）如何理解城建电子档案利用中的安全防范问题？
（7）电子文件管理对档案人员有何要求？

第二部分

工程识图与竣工图编制

第二部分

工程识图及工程绘图绘制

第8章 识图基础

内 容 提 要

工程界是用图样表达建筑物、构筑物，了解房屋建筑的构造知识和投影原理是表达工程图不可或缺的基础，能识读工程图纸是城建档案从业人员必须具备的基本技能。本章主要介绍了房屋建筑的构造、投影的基本知识、工程中常用的投影图以及形体常见的图示方法等。

8.1 房屋建筑的构造

8.1.1 房屋建筑概述

8.1.1.1 建筑构成要素概述

建筑包括建筑物和构筑物，其中建筑物是指人们为了满足从事生产、生活和进行各种社会活动的需求，利用所掌握的建筑技术，运用科学规律和美学原理而创造的空间环境，如厂房、住宅、商场等。而构筑物是为满足生产、生活的某一方面需要，建造的某些工程设施，如水池、水塔、烟囱、支架等。

建筑构成的基本要素是建筑功能、建筑技术、建筑形象。三者之间关系既统一又相互制约。建筑功能是人们建造房屋的具体目的和使用要求的综合体现，任何建筑物都具有使用功能。由于各类建筑的用途不尽相同，因此就产生了不同的建筑。建筑功能往往会对建筑的结构形式、平面空间构成、内部和外部空间的尺度、形象产生直接的影响。由于建筑个性不同，因此建筑形式千变万化，建筑功能在其中起决定性的作用。建筑技术是由不同的建筑材料和建筑设备（如给排水、采暖通风、电气、卫生、运输等设备）构成的，建筑材料又构成了不同的结构形式，把设计图纸变成实物还需要施工技术的保证，所以物质技术条件是构成建筑的重要因素。再好的设计构想如果没有技术作保证，就只能停留在图纸上，不能成为建筑实物本身，物质技术条件在限制建筑发展空间的同时也促进了建筑的发展。例如，高强度建筑材料的产生、结构设计理论的成熟、建筑内部垂直交通设备的应用，就促进了建筑往大跨度、高方向的发展。建筑形象是指建筑的艺术形象，是以其平面空间组合、建筑体型和立面、材料的色彩和质感、细部的处理及刻画来体现的。不同的时代、不同的地域、不同的人群可能对建筑形象又有不同的理解，但建筑的艺术形象仍然需要符合美学的一般规律。由于建筑的使用年限较长，同时也是构成城市景观的主体，因此成功的建筑应当反映时代特征、反映民族特色、反映文化色彩，并与周围的建筑和人文环境相协调。

8.1.1.2 建筑的分类

1. 按建筑的使用性质分类

（1）民用建筑

民用建筑是指供人们居住及进行社会活动等非生产性活动的建筑，又分为居住建筑和公共建筑。居住建筑指供人们生活起居用的建筑物，包括住宅、公寓、宿舍等。公共建筑指供人们进行社会活动的建筑物，包括办公、科教、文体、商业、医疗、邮电、广播、通信、交通建筑等。公共建筑的类型很多，功能和体量有较大的差异，有些大型公共建筑内部功能比较复杂，可能同时具备两个或两个以上的功能，这类建筑称为综合性建筑。

（2）工业建筑

工业建筑指供人们进行工业生产活动的建筑。一般包括生产用建筑及辅助生产、动力、运输、仓储用建筑，如机械加工车间、机修车间、锅炉房、车库、仓库等。

（3）农业建筑

供人们进行农牧业的种植、养殖、贮存等用途的建筑，如温室、拖拉机站、粮仓等。

2. 按建筑高度或层数分类

《民用建筑设计通则》GB 50352—2005将住宅建筑依层数划分为1层～3层为低层住宅，4层～6层为多层住宅，7层～9层为中高层住宅，10层及11层以上为高层住宅。除住宅建筑之外的民用建筑高度不大于24m者为单层和多层建筑，大于24m者为高层建筑（不包括建筑高度大于24m的单层公共建筑）。超高层建筑指40层以上，高度100m以上的建筑物。低层住宅在大城市中应当控制建造。七层及七层以上或住宅入口层楼面间距室外设计地面的高度超过16m以上的住宅必须设置电梯。在中、小城市应合理控制中高层住宅的修建，以便减少由于设置电梯而增加的建筑造价和使用维护费用。

3. 按建筑结构类型分类

（1）砖木结构

砖木结构指建筑中竖向承重结构的墙、柱等采用砖或砌块砌筑，楼板、屋架等用木结构。

（2）混合结构

混合结构指建筑中竖向承重结构的墙、柱等采用砖或砌块砌筑，柱、梁、楼板、屋面板等采用钢筋混凝土结构。

（3）框架结构

梁、板、柱采用钢筋混凝土结构，通过梁和柱将受力传导给基础的结构。适用于跨度大、荷载大、高度大的多层和高层建筑。

（4）剪力墙结构

剪力墙指在框架结构内增设的抵抗水平剪切力的墙体。因高层建筑所要抵抗的水平剪力主要是地震引起，故剪力墙又称抗震墙。

（5）钢结构

梁、板、柱全部采用钢材建造。最大优点是自重轻，钢结构建筑的自重只相当于同样的钢筋混凝土建筑自重的三分之一，自重轻就使得在有限的基础条件下，能够将建筑盖的更高，所以钢结构普遍被应用于超高层建筑中。

8.1.1.3 建筑物的等级划分

民用建筑的等级包括耐久等级、耐火等级和工程等级三个方面的内容。

1. 耐久等级

建筑物耐久等级的指标是耐久年限，耐久年限的长短是根据建筑物重要程度决定的。建筑物的耐久等级一般分为五级，其具体划分方法见表8-1。

建筑物的耐久年限　　　　　　　　　　　　　　　　　　表8-1

建筑等级	适 用 范 围	耐久年限
一	具有历史性、纪念性、代表性的重要建筑物，如纪念馆、博物馆等	100 年以上
二	重要的公共建筑物，如一级行政机关办公大楼、大剧院等	50～100 年
三	比较重要的公共建筑和居住建筑，如医院、高等院校、工业厂房等	40～50 年
四	普通的建筑物，如文教、交通、居住建筑及一般性厂房等	15～40 年
五	简易建筑和使用年限在 15 年以下的临时建筑	15 年以下

2. 耐火等级

耐火等级取决于房屋主要构件的耐火极限和燃烧性能。耐火极限指从受到火的作用起，到失去支持能力，或发生穿透性裂缝，或背火一面温度升高到220℃时所延续的时间，单位为小时。燃烧性能是指建筑构件在明火或高温辐射的情况下，能否燃烧或燃烧的难易程度。建筑构件按照燃烧性能分为非燃烧体（或不燃烧体）、难燃烧体和燃烧体三种。建筑耐火等级高的建筑，其主要组成构件耐火极限时间长。我国《高层民用建筑设计防火规范》GB 50045—1995（2005 版）和《建筑设计防火规范》GB 50016—2006 规定，将高层民用建筑的耐火等级分为两级，民用建筑的耐火等级分为四级，其划分方法分别见表 8-2 和表 8-3，对于不同耐火等级的建筑物，其最大允许的层数、长度和面积，在《建筑设计防火规范》GB 50016—2006 中也做了具体规定。

高层民用建筑构件的燃烧性能和耐火极限　　　　　　　表8-2

构件名称	燃烧性能和耐火极限（h）	耐 火 等 级	
		一级	二级
墙	防火墙	不燃烧体 3.00	不燃烧体 3.00
	承重墙，楼梯间、电梯井的墙和住宅单元之间的墙	不燃烧体 2.00	不燃烧体 2.00
	非承重外墙、疏散走道两侧的隔墙	不燃烧体 1.00	不燃烧体 1.00
	房间隔墙	不燃烧体 0.75	不燃烧体 0.50
柱		不燃烧体 3.00	不燃烧体 2.50
梁		不燃烧体 2.00	不燃烧体 1.50
楼板、疏散楼梯、屋顶承重构件		不燃烧体 1.50	不燃烧体 1.00
吊 顶		不燃烧体 0.25	不燃烧体 0.25

民用建筑构件的燃烧性能和耐火极限（h） 表8-3

名称构件		耐火等级			
		一级	二级	三级	四级
墙	防火墙	不燃烧体 3.00	不燃烧体 3.00	不燃烧体 3.00	不燃烧体 3.00
	承重墙	不燃烧体 3.00	不燃烧体 2.50	不燃烧体 2.00	难燃烧体 0.50
	非承重外墙	不燃烧体 1.00	不燃烧体 1.00	不燃烧体 0.50	燃烧体
	楼梯间的墙、电梯井的墙、住宅单元之间的墙、住宅分户墙	不燃烧体 2.00	不燃烧体 2.00	不燃烧体 1.50	难燃烧体 0.50
	疏散走道两侧的隔墙	不燃烧体 1.00	不燃烧体 1.00	不燃烧体 0.50	难燃烧体 0.25
	房间隔墙	不燃烧体 0.75	不燃烧体 0.50	难燃烧体 0.50	难燃烧体 0.25
柱		不燃烧体 3.00	不燃烧体 2.50	不燃烧体 2.00	难燃烧体 0.50
梁		不燃烧体 2.00	不燃烧体 1.50	不燃烧体 1.00	难燃烧体 0.50
楼板		不燃烧体 1.50	不燃烧体 1.00	不燃烧体 0.50	燃烧体
屋顶承重构件		不燃烧体 1.50	不燃烧体 1.00	燃烧体	燃烧体
疏散楼梯		不燃烧体 1.50	不燃烧体 1.00	不燃烧体 0.50	燃烧体
吊顶（包括吊顶搁栅）		不燃烧体 0.25	难燃烧体 0.25	难燃烧体 0.15	燃烧体

3. 工程等级

建筑的工程等级以其复杂程度为依据，共分为六级，其具体划分见表8-4。

建筑工程等级划分 表8-4

工程等级	工程主要特征	工程范围举例
特级	1. 国家重点项目或国际性活动为主的特高级大型公共建筑； 2. 有历史意义或技术要求特别复杂的中小型公共建筑； 3. 30层以上建筑； 4. 高大空间有声、光等特殊要求的建筑	国宾馆、国家大会堂、国际会议中心、国际贸易中心、国际大型航空港、国际综合俱乐部、重要历史纪念建筑、国家级图书馆、博物馆、美术馆、剧院、音乐厅、三级以上人防
一级	1. 高级大型公共建筑； 2. 有地区性历史意义或技术要求复杂的中、小型公共建筑； 3. 16层以上、29层以下或超过50m高的公共建筑	高级宾馆、旅游宾馆、高级招待所、别墅、省级展览馆、博物馆、图书馆、科学实验研究楼（包括高级学校）、高级学堂、高级俱乐部、300床以上的医院、疗养院、医疗技术楼、大型门诊楼、大中型体育馆、室内游泳馆、室内滑冰馆、大城市火车站、航运站、候机楼、摄影棚、邮电通信楼、综合商业大楼、高级餐厅、四级人防、五级平战结合人防等
二级	1. 中高级、大中型公共建筑； 2. 技术要求较高的中小型建筑； 3. 16层以上、29层以下住宅	大专学校教学楼、档案楼、礼堂、电影院、部或省级机关办公楼、300床以下（含300）医院、疗养院、地或市级图书馆、文化馆、少年宫、俱乐部、排演厅、风雨操场、大中城市汽车客运站、中等城市火车站、邮电局、多层综合商场、风味餐厅、高级小住宅等

续表

工程等级	工程主要特征	工程范围举例
三级	1. 中级、中型公共建筑； 2. 7层以上（含7层）、15层以下有电梯的住宅或框架结构的建筑	中学、中等专科学校的教学楼、实验楼、电教楼、社会旅馆、饭馆、招待所、浴室、邮电所、门诊部、百货楼、托儿所、幼儿园、综合服务楼、1～2层商场、多层食堂、小型车站等
四级	1. 一般中小型公共建筑； 2. 7层以下无电梯住宅、宿舍及砖混结构建筑	一般办公楼、中小学教学楼、单层食堂、单层汽车库、消防车库、消防站、蔬菜门市部、粮站、杂货店、阅览室、理发室、水冲式公共厕所等
五级	1、2层单功能，小跨度结构建筑	1、2层单功能的小跨度结构建筑

8.1.2 房屋建筑的基本构成

不论是工业建筑还是民用建筑通常是由基础（或地下室）、主体结构（墙、柱、梁、板或屋架等）、门窗、楼地面、楼梯（或电梯）、屋顶等六个主要部分组成，如图8-1所

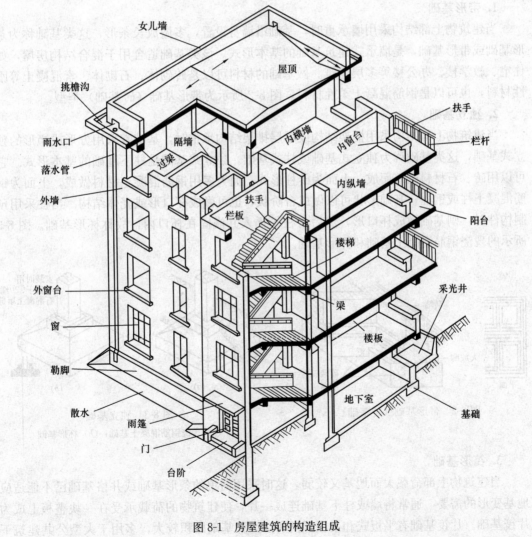

图 8-1 房屋建筑的构造组成

示。房屋的各组成部分在不同的部位发挥着不同的作用，基础是房屋最下部的承重构件，墙（或柱）是垂直方向的承重、围护构件，楼地层由楼层与地层组成，既是水平承重构件又是竖向分隔构件，楼梯是上下层的交通联系构件，供人们上下楼层和紧急疏散之用，屋顶是位于建筑物最顶上的承重、围护构件。门窗中门起联系房间作用，窗的主要作用是采光和通风。建筑物除了上述六大主要组成部分之外，对不同使用功能的建筑，还有一些附属的构件和配件，如阳台、雨篷、台阶、散水、勒脚、通风道等。另外，为了生活、生产的需要，还要安装给排水系统，电气的动力和照明系统，采暖和空调系统，如为高层和高档建筑，还配备电信管网和煤气系统提供生活需要。房屋建筑按结构构造建成后，在外界荷载作用下，由屋顶、楼层，通过板、梁、柱和墙传到基础，再传给地基。了解房屋建筑构造组成对阅读施工图有所帮助。

8.1.2.1 房屋建筑中基础的构造

基础是建筑物的地下部分，是房屋中传递建筑上部荷载到地基的承重构件。基础的类型结合房屋所受的荷载和结构形式而不同，按基础构造型式分为：

1. 带形基础

当建筑物上部结构采用墙承重时，基础沿墙身设置，多做成长条形，这类基础称为条形基础或带形基础，是墙承式建筑基础的基本形式。该类基础适合用于混合结构房屋，如住宅、教学楼、办公楼等多层建筑。做基础的材料可以是砖砌体、石砌体、素混凝土等刚性材料，也可以是钢筋混凝土柔性材料。图 8-2 所示为带形基础（砖基础）类型。

2. 独立基础

当建筑物上部结构采用框架结构或单层排架结构承重时，基础常采用方形或矩形的独立式基础，这类基础称为独立基础或柱式基础。独立式基础是柱下基础的基本形式。它可以用砖、石材料砌筑而成，上面为砖柱形式；而大多用钢筋混凝土材料做成，上面为钢筋混凝土柱或钢柱。基础形状可以做成台阶状，也可做成杯口形或壳体结构。当柱采用预制构件时，则基础做成杯口形，然后将柱子插入并嵌固在杯口内，故称杯形基础。图 8-3 所示的现浇钢筋混凝土基础和杯形基础。

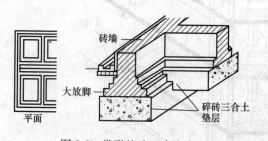

图 8-2 带形基础（砖基础）

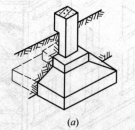
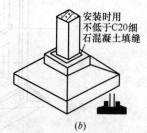

图 8-3 独立基础
(a) 现浇钢筋混凝土基础；(b) 杯形基础

3. 筏形基础

当建筑物上部荷载大而地基又较弱，这时采用简单的条形基础或井格基础已不能适应地基变形的需要，通常将墙或柱下基础连成一片，使建筑物的荷载承受在一块整板上成为片筏基础。片筏基础有平板式和梁板式两种。这种基础面积较大，多用于大型公共建筑下面，它由基板、反梁组成，在梁的交点上竖立柱子用来支撑房屋的骨架，其外形如图 8-4 所示。

4. 箱形基础

当板式基础做得很深时，常将基础改做成箱形基础。箱形基础是由钢筋混凝土底板、顶板和若干纵、横隔墙组成的整体结构，基础的中空部分可用作地下室（单层或多层的）或地下停车库。箱形基础整体空间刚度大，整体性强，能抵抗地基的不均匀沉降，较适用于高层建筑或在软弱地基上建造的重型建筑物。箱形基础的形状如图 8-5 所示。

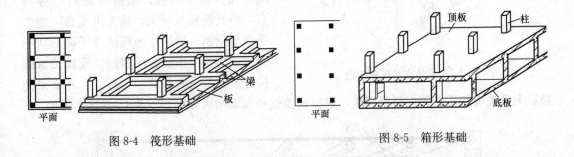

图 8-4 筏形基础　　　　　图 8-5 箱形基础

5. 桩基础

桩基础是在地基土表层软弱土厚度大于 5m 时，或上部荷载相对很大时采用的基础类型。桩基础由基桩和连接于桩顶的承台共同组成。若桩身全部埋于土中，承台底面与土体接触，则称为低承台桩基；若桩身上部露出地面而承台底位于地面以上，则称为高承台桩基。建筑桩基通常为低承台桩基础。高层建筑中，桩基础应用广泛。桩基组成如图 8-6 所示。

8.1.2.2 房屋建筑中墙、柱、梁、板的构造

1. 墙体的构造

墙体是房屋中起承重作用、围护作用和分隔作用的构件。根据墙在房屋中位置的不同可分为外墙和内墙，外墙是指房屋四周与室外空间接触的墙，内墙是位于房屋建筑内部的墙体。

按照墙的受力情况又分为承重墙和非承重墙。凡直接承受上部传来荷载的墙，称为承重墙；凡不承受上部荷载只承受自身重量的墙，称为非承重墙。

按照所用墙体材料的不同可分为砖墙、石墙、砌块墙、轻质材料隔断墙、混凝土墙、玻璃幕墙等。墙体在房屋中的构造如图 8-7 所示。

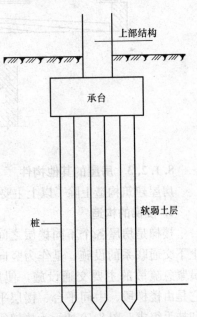

图 8-6 桩基础的组成

2. 柱、梁、板的构造

柱子是独立支撑结构的竖向构件，它在房屋中承受梁和板这两种构件传来的荷载。梁是跨过空间的横向承重构件，它在房屋中承担其上的板传来的荷载，再传到支承它的柱或墙上。板是水平承重构件，它通常支承在梁上、墙上或直接支承在柱上，把所受的荷载再

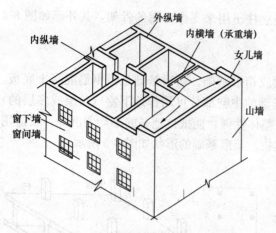

图 8-7 墙体在房屋中构造

传给它们。在装配式的单层工业厂房中，一般都采用预制好的构件进行安装骨架；框架结构或框剪结构则往往是柱、梁、板现场浇制而成，现浇式钢筋混凝土楼板和墙体系指在施工现场通过支模、绑扎钢筋、整体浇筑混凝土及养护等工序而成型的构件。这种楼板和墙体具有整体性好、刚度大、利于抗震、梁板布置灵活等特点，但其模板耗材大，施工进度慢，施工受季节限制。适用于地震区及平面形状不规则或防水要求较高的房间。现浇楼板的构造形式常见有板式、梁板式、井字梁楼板、无梁楼板和压型钢板组合楼板。梁板式楼板和无梁楼板分别如图 8-8、图 8-9 所示。

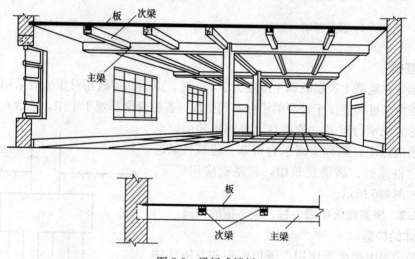

图 8-8 梁板式楼板

8.1.2.3 房屋的其他构件

房屋建筑构造上除了以上主要构件外，还有楼梯、阳台、雨篷、屋架、台阶等。

1. 楼梯的构造

楼梯是房屋各个不同楼层之间需设置的上下交通联系的设施，是作为竖向交通和人员紧急疏散的主要交通设施，使用最广泛。它是由楼梯段、中间平台、楼层平台、栏杆和扶手组成。图 8-10 所示为楼梯的组成。

楼梯的平台及梯段支承在平台梁上。楼梯踏步的高度和宽度有尺度要求，踏步面上要设置防滑措施。楼梯踏步的高度和宽度按下面公式计算：

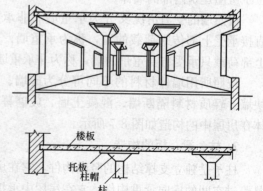

图 8-9 无梁式楼板

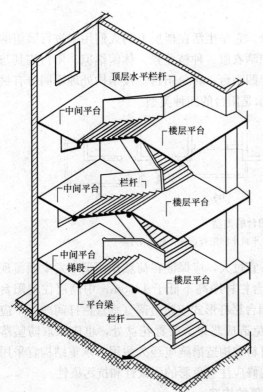

$$2h+b\leqslant 600\sim 620\text{mm}$$

式中 h——踏步的高度；
b——踏步的宽度。

其宽度的比例根据建筑物使用功能要求不同而不同。根据设计规范规定，一般住宅的踏步高为 150～175mm，宽为 260～300mm；办公楼的踏步高 140～160mm，宽为 280～340mm；而幼儿园的踏步高为 120～150mm，宽为 260～280mm。

楼梯在结构构造上分板式楼梯和梁式楼梯两种，在外形上分为单跑式、双跑式、螺旋形楼梯等。楼梯的坡度一般在 20°～45°之间。楼梯段上下人流的空间，最小处应大于或等于 2m，梯段通行处应大于等于 2.2m，这样才便于人及物的通行，如图 8-11 所示。楼梯休息平台宽度不应小于梯段的宽度，并满足防火规范要求，这些都是楼梯设计尺度的基本要求。大多数楼梯段至少有一侧是临空的，为了保证在楼梯上行走时的安全，梯段和平台的临空边缘设置栏杆。栏杆顶部供

图 8-10 楼梯的组成

人们依扶用的连续杆件，称为扶手。构造上楼梯的栏杆形式有栏板式的、栏杆式的，扶手则有木扶手、金属扶手等。栏杆和扶手的高度除幼儿园可低些，取 600mm，其他都不应小于 900mm 以上，扶手高度尺寸如图 8-12 所示。

楼梯的踏步面层可以做成木质的、水泥的、水磨石的、磨光花岗石的、地面砖的或在水泥面上铺地毯。

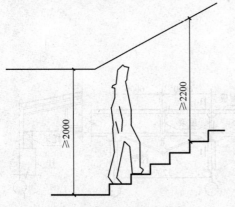

图 8-11 梯段通行高度示意

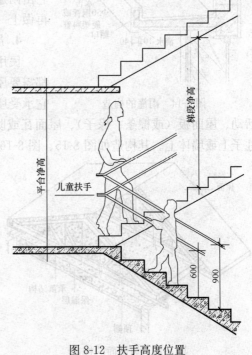

图 8-12 扶手高度位置

2. 阳台的构造

阳台在住宅建筑中是不可缺少的组成部分。它是生活在楼层上的人们用来进行眺望的室外空间，人们利用这个空间还可以在其上晾晒衣服、种植盆景、休闲纳凉。阳台按其与外墙的相对位置分为挑阳台、凹阳台、半挑半凹阳台、转角阳台。按结构处理不同分有挑梁式、挑板式、压梁式及墙承式。图8-13所示是阳台的四种类型。

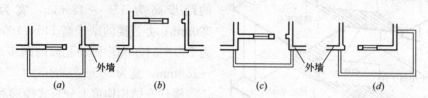

图8-13 阳台的类型

(a) 挑阳台；(b) 凹阳台；(c) 半挑半凹阳台；(d) 转角阳台

阳台设计要求包括悬挑阳台的挑出长度不宜过大，应保证在荷载作用下不发生倾覆现象，以1.2～1.8m为宜。低层、多层住宅阳台栏杆净高不低于1.05m，中高层住宅阳台栏杆净高不低于1.1m，但也不大于1.2m。阳台栏杆形式应防坠落（垂直栏杆间净距不应大于110mm），防攀爬（不设水平栏杆），以免造成恶果。放置花盆处，也应采取防坠落措施。其次注意阳台的坚固耐久，阳台所用材料和构造措施应经久耐用，承重结构宜采用钢筋混凝土，金属构件应做防锈处理，表面装修应注意色彩的耐久性和抗污染性。

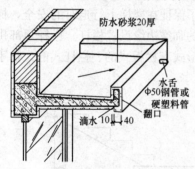

图8-14 雨篷的构造

3. 雨篷的构造

雨篷是房屋建筑入口处遮挡雨雪、保护外门免受雨淋的物件。雨篷大多是悬挑在墙外，一般不上人。它由雨篷梁、雨篷板、挡水口等组成，根据建筑需要再做上一些装饰。图8-14所示是雨篷的外形构造。

4. 屋架和屋盖构造

民用建筑中的坡屋面和单层工业厂房中的屋盖，都需要屋架承重构件。屋架的跨度一般在12～30m。它承受屋面上所有的荷载，如风压、雪重、维修人的活动、屋面板（或檩条、椽子）、屋面瓦或防水层、保温层的重量。屋架一般两端支承在柱子上或墙体上。其构造如图8-15、图8-16所示。

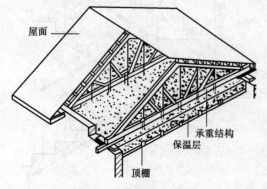

图8-15 坡屋面的构造

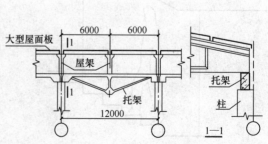

图8-16 工业厂房的屋架

5. 台阶的构造

台阶是建筑室内外的联系构件，由踏步和平台组成。它的断面构造形式如图 8-17 所示。台阶可以用砖砌成后做面层，也可以用混凝土浇筑成，更可以用石材铺砌成。面层可以做成普通的水泥砂浆、水磨石、磨光花岗石、防滑地面砖和天然石材等。

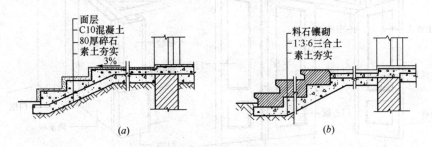

图 8-17　台阶的断面构造

8.1.2.4　房屋中的门窗、地面和装饰构造

1. 门窗的构造

门窗是建筑不可缺少的主要组成构件，门和窗不但有通风采光等作用，还兼有建筑装饰的作用。窗是房屋中阳光和空气流通的"口子"；门则主要是人流出入房间的通道，当然也是空气和阳光要经过的通道"口子"。门和窗属于围护构件，不承重，有时兼起安全保护、隔声、隔热、防寒、防风雨的作用。

门和窗按其所用材料不同分为木门窗、钢门窗、钢木组合门窗、铝合金门窗、塑料或塑钢门窗、不锈钢门窗、玻璃制成的无框厚玻璃门窗等。门窗构件与墙体的连接，不同的门窗材料用不同的方法。木门窗用木砖和钉子把门窗框固定在墙体上，然后用五金件把门窗安装上去；钢门窗用铁脚（燕尾扁铁连接件）铸入墙上预留小孔之中，固定住门窗，钢门扇是钢铰链用铆钉固定在框上的；铝合金门窗是把框上设置的安装金属条，用射钉固定在墙体上，门扇则用铝合金铆钉固定在框上；塑料门窗基本上与铝合金门窗相似。其他门窗也都有它们特定的方法和墙体相连接。

按照构造形式不同，门可以分为夹板门、镶板门、半截玻璃门、拼板门、双扇门、联合门、推拉门、平开大门、弹簧门、钢木大门、旋转门等；窗有平开窗、推拉窗、中悬窗、上悬窗、下悬窗、立转窗、提拉窗、百叶窗、纱窗等。

根据所在位置不同，门有围墙门、栅栏门、院门、大门（外门）、内门（房门、厨房门、厕所门），还有防盗门等；窗有外窗、内窗、高窗、通风窗、天窗、"老虎窗"等。

从门窗构造来看，门有门框、门扇，框又分为上冒头、中贯档、门框、边梃等，门扇由上冒头、中冒头、下冒头、门边梃、门板、玻璃芯子等构成。如图 8-18 所示木门的组成。

窗由窗框、窗扇组成，窗框由上冒头、中冒头、下冒头组成；窗扇由门扇梃、窗扇的上、下冒头和安装玻璃的窗棂构成，如图 8-19 所示。

2. 楼地面的构造

楼面和地面是人们生活中经常接触行走的平面，楼地面的表层必须清洁、光滑、坚固、耐久。楼板层从上至下主要由面层、结构层和顶棚层组成，根据建筑物的使用功能不同，在楼板层中设置附加层。地面层是分隔建筑物最底层房间与下部土体的水平构件，地

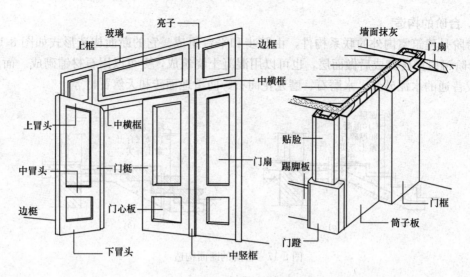

图 8-18 木门的组成

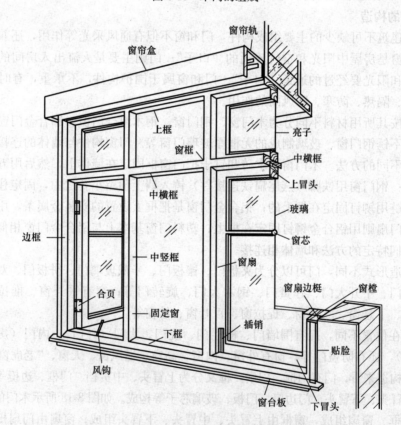

图 8-19 窗的组成

面层从下至上由基层、垫层和面层等基本层次组成，有时有附加层。

面层：是楼板上表面的构造层，也是室内空间下部的装修层。面层对结构层起着保护作用，使结构层免受损坏，同时，也起装饰室内的作用。

结构层：是楼板层的承重部分，包括板、梁等构件。结构层承受整个楼板层的全部荷载，并对楼板层的隔声、防火等起主要作用。地面层的结构层为垫层，垫层将所承受的荷载及自重均匀地传到夯实的地基上。

附加层：主要有管线敷设层、隔声层、防水层、保温或隔热层等。管线敷设层是用来敷设水平设备暗管线的构造层；隔声层是为隔绝撞击声而设的构造层；防水层是用来防止水渗透的构造层；保温或隔热层是改善热工性能的构造层。

顶棚层：是楼板层下表面的构造层，也是室内空间上部的装修层，顶棚的主要功能是保护楼板、安装灯具、装饰室内空间以及满足室内的特殊使用要求。

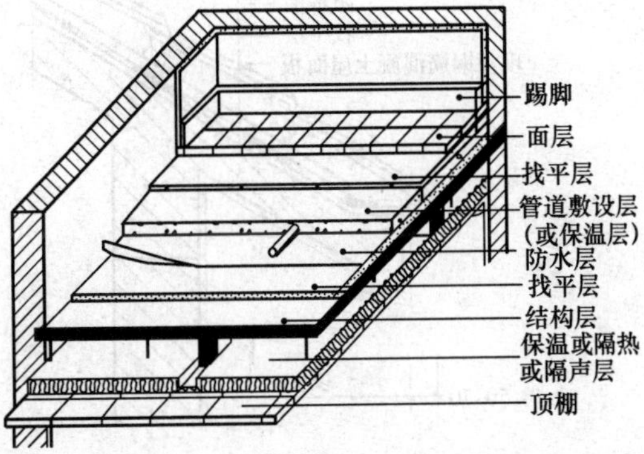

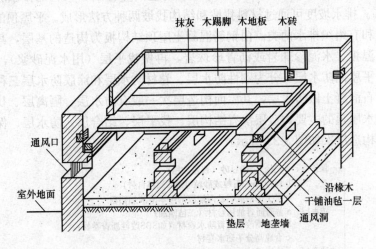

图 8-20 块料面层的构造组成

如图 8-20 所示块料面层地面构造组成。其他面层有木板面层（即木地板）、塑料面层（即塑料地板）、沥青砂浆及沥青混凝土面层、菱苦土面层、不发火（防爆）面层等。图 8-21 所示为架空木地面的构造图。

图 8-21 架空木地面的构造

3. 屋盖及屋面防水层的构造

房屋建筑的屋盖是房屋顶部的围护结构，它起到防风雨、日晒、冰雪、保温、隔热的作用；在结构上也起到支撑建筑顶部荷载的作用。屋顶的设计要求一般包括强度和刚度要求、防水和排水要求、保温隔热要求和建筑艺术要求。常见的屋盖体系有坡屋顶和平屋顶两种类型。坡屋顶通常用屋架、檩条、屋面板和瓦屋面组成；平屋面则是在屋顶的平板上做保温层、找平层、防水层，无保温层的有时做架空隔热层。

（1）坡屋顶的构造

坡度大于10%的屋面为坡屋顶屋面，设置坡度应便于排除雨水，材料具有一定的防水能力。屋面坡度的形成可以是硬山搁檩或屋架的坡度形成。如图 8-22 所示平瓦屋面剖面图，构造层次是屋面板、防水层、顺水条、挂瓦条、平瓦等。

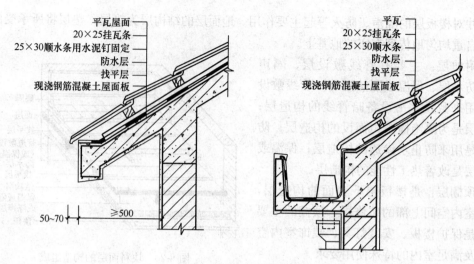

图 8-22 平瓦屋面构造

（2）平屋顶的构造

屋面坡度小于5%的屋顶为平屋面。平屋顶的屋面应有1%～5%的排水坡，常用的坡度为2%～3%。排水坡度可通过材料找坡和结构找坡两种方法形成。平屋顶的排水方式分为无组织排水和有组织排水两类。由钢筋混凝土屋顶结构板为构造的基层，其上可做保温层，如挤塑保温板、水泥珍珠岩或沥青珍珠岩，再做找平层（用水泥砂浆），最后做防水层和保护层。平屋面防水层又分为刚性防水层、卷材防水层和涂膜防水层三种。刚性防水屋面，是以细石混凝土做防水层，其屋面构造层次一般有防水层、隔离层、找平层、结构层等；卷材防水屋顶的主要构造层次有结构层、找平层、结合层、防水层、保护层等；卷材防水屋面的构造层次如图8-23所示。

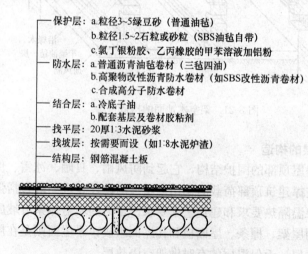

图 8-23 卷材防水屋面的层次

4. 房屋建筑内外装饰和构造

建筑装饰是增加房屋建筑的美感，体现建筑艺术的手段。装饰分为室外装饰和室内装饰，室外装饰是在建筑的外部如墙面、屋顶、柱子、门、窗、勒脚、台阶等表面进行美化。室内装饰是在房屋内对墙面、顶棚、门、窗、卫生间等进行建筑美化。

(1) 墙面的装饰

外墙面上装饰可以在水泥抹灰面上做出各种线条的墙面上涂以各种色彩涂料或用饰面材料粘贴进行装饰，如墙面砖、锦砖、大理石、镜面花岗石等；玻璃幕墙和石材幕墙目前也很盛行。

内墙面的装饰一般以清洁、明快为主，最普通的是抹灰面加内墙涂料，或粘贴墙纸，较高级的做石膏面或木板、胶合板进行装饰。墙面的装饰构造层次如图8-24所示。

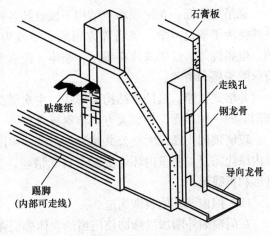

图 8-24 石膏板墙体构造

(2) 屋顶的装饰

屋顶的装饰中，古建筑中如飞檐、戗角，高屋建瓴的脊势给建筑带来庄重与气派。现代建筑中的女儿墙、大檐子、空架势的屋顶装饰构造，也给建筑增添了情趣。

(3) 柱子的装饰构造

如果毛坯的混凝土柱直接外露，则不会给人带来美感，而当它外面包上一层石材或不锈钢的面层材料时，就会令人赏心悦目。图8-25所示是柱子外包镜面石板等的构造断面示意图。

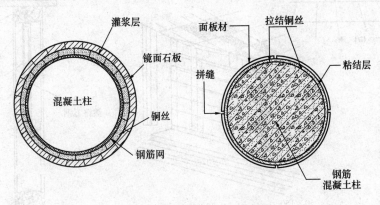

图 8-25 石板饰面柱构造断面

(4) 顶棚的装饰构造

顶棚是室内装饰的重要组成部分，也是室内空间装饰中最富有变化，引人注目的界面，其透视感较强，通过不同的处理，配以灯具造型能增强空间感染力，使顶面造型丰富多彩，新颖美观。顶棚形式有：

平整式顶棚：这种顶棚构造简单，外观朴素大方、装饰便利，适用于教室、办公室、展览厅等，它的艺术感染力来自顶面的形状、质地、图案及灯具的有机配置。

凹凸式顶棚：这种顶棚造型华美富丽，立体感强，适用于舞厅、餐厅、门厅等，要注意各凹凸层的主次关系和高差关系，不宜变化过多，要强调自身节奏韵律感以及整体空间的艺术性。

悬吊式顶棚：在屋顶承重结构下面悬挂各种折板、平板或其他形式的吊顶，这种顶棚往往是为了满足声学、照明等方面的要求或为了追求某些特殊的装饰效果，常用于体育馆、电影院等。近年来，在餐厅、茶座、商店等建筑中也常用这种形式的顶棚，使人产生特殊的美感和情趣。

井格式顶棚：是结合结构梁形式，主次梁交错以及井字梁的关系，配以灯具和石膏花饰图案的一种顶棚，朴实大方，节奏感强。

玻璃顶棚：现代大型公共建筑的门厅、中厅等常用这种形式，主要解决大空间采光及室内绿化需要，使室内环境更富于自然情趣，为大空间增加活力。其形式一般有圆顶形、锥形和折线形。

(5) 门窗及其他装饰构造

在门窗的外圈加以修饰使门窗的立体感更强，再在门窗的选形上、本身花饰上增加线条或图案，也起到装饰效果。为了室内适用和美观，木质花式隔断目前建筑中广泛采用。图 8-26 所示为竹木花式隔断的形式。

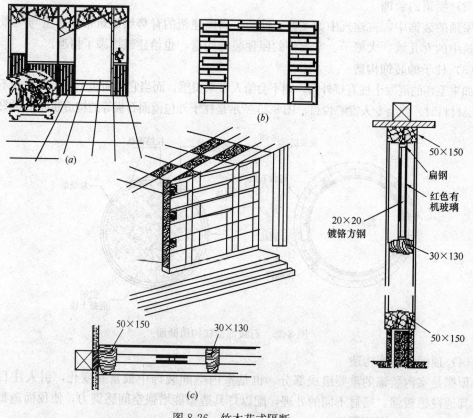

图 8-26 竹木花式隔断

8.1.3 水电安装等在房屋建筑中的构造

完整的房屋建筑必须具备给排水、电器、暖卫、空调和电梯，配套于房屋构造中。

8.1.3.1 电气方面的构造

在房屋外电线入户必须有配电箱，通过配电箱出来的线路（线路分别为明线和暗线，暗线是用铁管埋置于墙、柱或顶棚内的），再送电到各个电气配件上。电气设施在房屋上是不可缺的构造。其中电气配件有灯座、开关、插座、接线闸等，另外还有动力线路，连到一些设备的动力配电线或闸刀开关上。这些在识读电气图中可以看到。

8.1.3.2 给水系统的构造

给水系统是从城市管道分支进入房屋的，有进水水表（水表设置在水表井中），入户主管、分管，管径因用量的大小而有所不同，供水管又分为立管和水平管，管路上的构造有法兰、管接头、三通、弯头、丝堵、阀门、分水表、单向阀等，形成供水系统。供至使用地点的阀处（俗称水龙头），或冲厕所的水箱中。有时在房屋顶上还设置水箱，调节水压不够时的用水，有时也在一个区域中建造水塔供水。

8.1.3.3 排水系统的构造

排水是房屋中的污水排出房屋外的构造系统。排水有排水源，如洗涤池、洗菜池、厕所、浴洗池等。由这些地方排出流向污水管道再排到室外窨井、化粪池至城市污水管道。房屋内污水管道现在开始使用合格的塑料管，管路上亦有如存水弯头、弯头、三通、管子接头、清污口、地漏等构造，污水通过水平管及立管排至室外。污水管道、水平管及立管则在建筑装饰构造中隐蔽起来。

8.1.3.4 暖卫系统的构造

在我国北方地区的建筑中设置供暖设施，俗称"暖气"。它由锅炉房通过供热管道将热水或蒸汽送到每幢房屋之中。供蒸汽的管道要承受较大的压力，供热用给水系统管材安装。其构造和给水系统一样有法兰、管接、弯头等组成。有所不同的是送到室内后是接在根据需要而设置的散热器上，散热器组成有进入热水的进入管和排除冷却水的排出管。卫生设置是指排水系统中污水源处的一些装置，如浴缸、脸盆、洗手池等。目前这些卫生设备的档次、外观、质量不断提高，成为室内装饰的一种设施。

8.1.3.5 空调和电梯的构造

1. 空调

空调设施是使房屋内温度和湿度保持一定值的装置。由空调机房把一定温度（夏季低于25℃，冬季高于15℃）及湿度的空气，通过通风管道送到房屋内，由进风口、排风口和通风管组成。需要保温又粗大的管道可以隐蔽在吊顶内，在进入室内的通风口下，一般设置调节开关，根据需要调节风量。

2. 电梯

电梯分竖向各层间的升降电梯和层间的自动扶梯。前者在医院、高层建筑、高级的多层建筑中应用，后者在商场、车站用得比较多。电梯由卷扬机、梯笼、平衡重、钢丝绳、滑道等组成，土建上要建造专门的电梯井道，施工时要按图中尺寸准确的建造好这个竖向通道，每层还要留出出入的门洞。如图 8-27 所示。自动扶梯两端支座在房屋的结构上，它由机架、电动机、传送带、梯步等组成。图8-28所示是自扶动梯的平面、立面、剖面示意图。

房屋的建筑施工图是设计人员设计意图的表达，如何把图纸上的内容变成建筑实体，首先应准确读懂施工图纸，这对搞好施工很重要。随着建筑材料、施工技术的不断发展，建筑设计、建筑艺术也将不断更新，我们了解和掌握房屋构造的知识，对学会看懂建筑施工图有相当大的帮助。

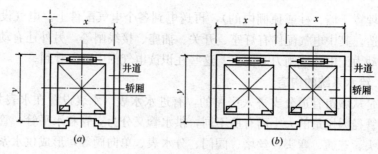

图 8-27 电梯井道平面
(a) 单台电梯井；(b) 两台电梯井道

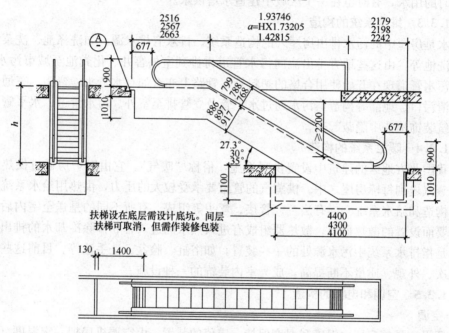

图 8-28 自动扶梯的平面、立面、剖面示意图

8.1.4 建筑节能

我国有近 400 亿 m² 建筑，仅有 1‰ 为节能建筑，其余无论从建筑围护结构还是采暖空调系统来衡量，均属于高耗能建筑，国民经济要实现可持续发展，推行建筑节能势在必行。建筑节能是指在建筑物的规划、设计、新建（改建、扩建）、改造和使用过程中，执行节能标准，采用节能型的技术、工艺、设备、材料和产品，提高保温隔热性能和供暖供热、空调制冷制热系统效率，加强建筑物用能系统的运行管理，利用可再生能源，在保证室内热环境质量的前提下，减少供热、空调制冷制热、照明、热水供应的能耗。

8.1.4.1 建筑整体及外部环境的节能改造

建筑整体及外部环境设计是在分析建筑周围气候环境条件的基础上，通过选址、规划、外部环境和体型朝向等设计，使建筑获得一个良好的外部微气候环境，达到节能的目的。具体措施包括：

1. 合理选址

建筑选址主要是根据当地的气候、土质、水质、地形及周围环境条件等因素的综合状况来确定。建筑设计中，既要使建筑在其整个生命周期中保持适宜的微气候环境为建筑节能创造条件，同时又要不破坏整体生态环境的平衡。

2. 合理的外部环境设计

在建筑位置确定之后，应研究其微气候特征。根据建筑功能的需求，应通过合理的外部环境设计来改善既有的微气候环境，创造建筑节能的有利环境。主要方法有：①在建筑周围布置树木、植被，既能有效地遮挡风沙、净化空气，还能遮阳、降噪；②创造人工自然环境，如在建筑附近设置水面，利用水来平衡环境温度、降风沙及收集雨水等。

3. 合理的规划和体型设计

合理的建筑规划和体型设计能有效地适应恶劣的微气候环境。它包括对建筑整体体量、建筑体型及建筑形体组合、建筑日照及朝向等方面的确定。像蒙古包的圆形平面，圆锥形屋顶能有效地适应草原的恶劣气候，起到减少建筑的散热面积、抵抗风沙的效果。对于沿海湿热地区，引入自然通风对节能非常重要，在规划布局上，可以通过建筑的向阳面和背阴面形成不同的气压，即使在无风时也能形成通风，在建筑体型设计上形成风洞，使自然风在其中回旋，得到良好的通风效果从而达到节能的目的。日照及朝向选择的原则是冬季能获得足够的日照并避开主导风，夏季能利用自然通风并尽量减少太阳辐射。然而建筑的朝向、方位以及建筑总平面的设计应考虑多方面的因素，建筑受到社会历史文化、地形、城市规划、道路、环境等条件的制约，要想使建筑物的朝向同时满足夏季防热和冬季保温通常是困难的，因此，选择出适合这一地区气候环境的最佳朝向和较好朝向是关键。

8.1.4.2 新能源的利用

在节约能源、保护环境方面，新能源的利用起至关重要的作用。新能源通常指非常规的可再生能源，包括有太阳能、地热能、风能、生物质能等。常州中亿房地产开发有限公司开发的大型住宅项目中意宝地，车库使用下沉式花园车库，形成无能耗的阳光车库。户户都有太阳能的节能装置，将太阳能设置在窗外，避免只有顶层几楼有热水供应，并采用了天然水回收系统，使得水源更加充足。如今人们在建筑上不仅能利用太阳能采暖，太阳能热水器还能将太阳能转化为电能，并且将光电产品与建筑构件合为一体，如光电屋面板、光电外墙板、光电遮阳板、光电窗间墙、光电天窗以及光电玻璃幕墙等，使耗能变成产能。在利用地热能时，一方面可利用高温地热能发电或直接用于采暖供热和热水供应；另一方面可借助地源热泵和地道风系统利用低温地热能。风能发电较适用于多风海岸线山区和易引起强风的高层建筑，在英国和香港已有成功的工程实例。但在建筑领域，较为常见的风能利用形式是自然通风方式。如通过建筑物背面的格子窗进风，建筑物正面顶部墙上的格子窗排风，形成贯穿建筑物的自然通风。

8.1.4.3 建筑节能构造

1. 供暖系统节能

供暖系统节能有三方面的措施。①利用计算机、平衡阀及其专用智能仪表对管网流量进行合理分配，既改善了供暖质量，又节约了能源；②在用户散热器上安设热量分配表和温度调节阀，用户可根据需要消耗和控制热能，以达到舒适和节能的双重效果；③采用新型的保温材料包敷送暖管道，以减少管道的热损失。近年来低温地板辐射技术被证明节能效果比较好，它是采用交联聚乙烯（PEX）管作为通水管，用特殊方式双向循环盘于地面层内，冬天向管内供低温热水（地热、太阳能或各种低温余热提供）；夏天输入冷水可降低地表温度（目前国内只用于供暖）。该技术与对流散热为主的散热器相比，具有室内温度分布均匀、舒适、节能、易计量、维护方便等优点。

2. 建筑围护结构节能

建筑物围护结构的能量损失主要来自外墙、门窗、屋顶，开发高效、经济的保温、隔热材料和切实可行的构造技术，以提高围护结构的保温、隔热性能和密闭性能。

（1）墙体节能技术

复合墙体是墙体节能的主流，墙体的复合技术有内附保温层、外附保温层和夹心保温层三种。复合墙体构造如图 8-29 所示。复合墙体一般用块体材料或钢筋混凝土作为承重结构，与保温隔热材料复合，或在框架结构中用薄壁材料加以保温、隔热材料作为墙体。目前建筑用保温、隔热材料主要有岩棉、矿渣棉、玻璃棉、聚苯乙烯泡沫、膨胀珍珠岩、膨胀蛭石、加气混凝土及胶粉聚苯颗粒浆料发泡水泥保温板等。其中胶粉聚苯颗粒浆料，它是将胶粉料和聚苯颗粒轻骨料加水搅拌成浆料，抹于墙体外表面，形成无空腔保温层。聚苯颗粒骨料是采用回收的废聚苯板经粉碎制成，而胶粉料掺有大量的粉煤灰，这是一种废物利用、节能环保的材料。

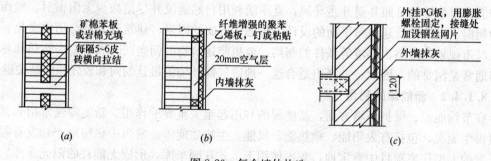

图 8-29 复合墙体构造

(a) 中填保温材料外墙；(b) 内保温外墙；(c) 外保温外墙

（2）门窗节能技术

门窗具有采光、通风和围护的作用，在建筑艺术处理上起重要的作用。现代建筑物的门窗面积越来越大，包括全玻璃的幕墙建筑，这就对外维护结构的节能提出了更高的要求。对门窗的节能处理主要是改善材料的保温隔热性能和提高门窗的密闭性能，从门窗材料来看，近些年出现了铝合金断热型材、铝木复合型材、钢塑整体挤出型材、塑木复合型材以及 UPVC 塑料型材等一些技术含量较高的节能产品。其中使用较广的是 UPVC 塑料型材，它所使用的原料是高分子材料——硬质聚氯乙烯。它不仅生产过程中能耗少、无污染，而且材料导热系数小，多腔体结构密封性好，因而保温隔热性能好。UPVC 塑料门窗正逐渐取代钢、铝合金等能耗大的材料。门窗玻璃将普通玻璃加工成中空玻璃，镀贴膜玻璃（包括反射玻璃、吸热玻璃）高强度 LOW2E 防火玻璃（高强度低辐射镀膜防火玻璃）、采用磁控真空溅射方法镀制含金属银层的玻璃及智能玻璃。智能玻璃能感知外界光的变化并做出反应，它有两类，一类是光致变色玻璃，在光照射时，玻璃会感光变暗，光线不易透过；停止光照射时，玻璃复明，光线可以透过。在太阳光强烈时，可以阻隔太阳辐射热；天阴时，玻璃变亮，太阳光又能进入室内。另一类是电致变色玻璃，在两片玻璃上镀有导电膜及变色物质，通过调节电压，促使变色物质变色，调整射入的太阳光，这些玻璃都有很好的节能效果。

（3）屋顶节能技术

屋顶的保温、隔热是围护结构节能的重点之一。在寒冷的地区屋顶设保温层，以阻止室内热量散失；在炎热的地区屋顶设置隔热降温层以阻止太阳的辐射热传至室内；而在冬冷夏热地区（黄河至长江流域），建筑节能则要冬、夏兼顾。保温常用的技术措施是在屋顶防水层下设置导热系数小的轻质材料用作保温，如膨胀珍珠岩、玻璃棉等（此为正铺法）；也可在屋面防水层以上设置聚苯乙烯泡沫（此为倒铺法）。屋顶隔热降温的方法有架空通风、屋顶蓄水或定时喷水、屋顶绿化等。

8.2 投影的基本知识

工程图样是依据投影原理形成的，绘图的基本方法是投影法。因此，要看懂建筑工程图，必须了解投影的规律及成图原理。

8.2.1 投影的基本概念

8.2.1.1 投影法

在日常生活中，存在着投影现象。例如，物体在日（灯、烛）光的照射下，留在地面或墙面上的影子，这个过程就是投影过程。具体地说，在平面（纸）上画出物体的图形，就要设有投影面（一个或几个）和投影线，投影线通过物体上各顶点后与投影面相交，则在投影面上得到物体的图形，这种图形就叫投影，又称为视图，好像观察者站在远处观看物体后获得的图形，这样获得视图的方法叫做投影法。如图 8-30 所示。

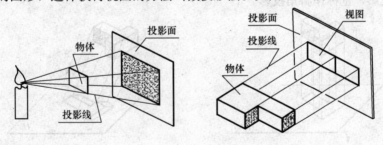

图 8-30　投影形成示意图

8.2.1.2 投影法的分类

从照射光线（投影线）的形式可以看出，光线的发出有两种：一种是平行光线，例如遥远的太阳光；另一种是不平行光线，如图 8-30 所示的烛光或白炽灯泡的光。前者称为平行投影，后者称为中心投影。

1. 中心投影

如图 8-31 所示，设 S 点为一白炽灯泡，称为投影中心。自 S 发出的投影线有无数条，经三角板三个顶点 A、B、C 的三条投影线，延长与投影面（H）相交得三个点 a、b、c，$\triangle abc$ 就是空间 $\triangle ABC$ 的投影。由投影中心产生的投影称为中心投影法。图 8-31 所示也属于中心投影法。

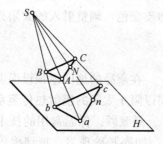
图 8-31 中心投影法

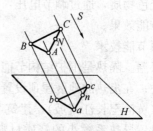
图 8-32 平行投影法

2. 平行投影

照射物体的投影线若互相平行（如太阳光），因为太阳离地球非常遥远，所以太阳光从窗口射进来，投影线是互相平行的，窗子在地面出现黑白分明的影子。这种投影线互相平行的投影方法，叫做平行投影法。

如图 8-32 所示，设空间△ABC（物体），经其三个顶点 A、B、C 的三条投影线互相平行，并与投影面（H）相交得三点 a、b、c。△abc 即为△ABC 在投影面 H 上的平行投影。

平行投影中，按投影线与投影面的位置关系分为正投影和斜投影。

（1）正投影

投影线不但彼此互相平行，而且与投影面 H 垂直（如图 8-33 所示），所得的投影叫做正投影，也称作直角投影。

（2）斜投影

投影线沿着投影方向 S，不仅彼此互相平行，且与投影面 H 倾斜，如图 8-34 所示的投影称为斜投影，也称作斜角投影。

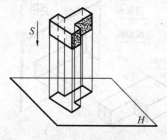
图 8-33 正投影

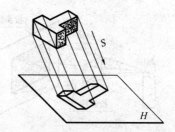
图 8-34 斜投影

8.2.2 工程中常用的投影图

8.2.2.1 正投影图

利用正投影原理，物体正放能获得物体某个方向的真实形状和大小的图形。如图 8-35 所示，用正投影法从房屋的 A、B、C 三个方向，分别向互相垂直的投影面上作投影，每个投影面上各得到一个相应的投影图。然后，把三个投影面连同面上的图按照一定的规则展开，所得的三个图形称作三面正投影图，如图 8-36 所示。

用正投影图来表示房屋具有作图简单，能够反映物体真实大小，符合施工、生产需要的优点，因此，国家的有关标准中规定，把正投影法作为绘制建筑工程图样的主要方法。

正投影图是绘制土建施工图纸的基本形式。

正投影图是由多个单面图综合表示物体的形状,因此,这种图具有直观性较差的缺点,对于没有识图基础的人不易看懂。

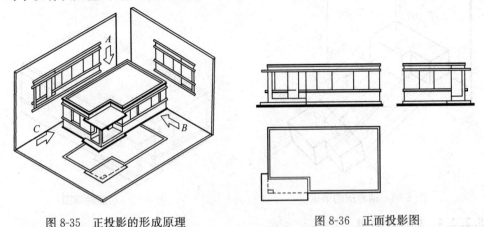

图 8-35　正投影的形成原理　　　　　图 8-36　正面投影图

8.2.2.2　透视投影图

透视投影图是运用中心投影的原理,绘制出物体在一个投影面上的中心投影,简称透视图。这种图真实、直观形象逼真,且符合人们的视觉习惯。在土建工程图中,常用透视图来表现房屋、桥梁及其他建筑物的方案设计图,看起来显得自然且具有真实感,与照相机摄得的景物相似,形象逼真,符合人们观看物体的视觉习惯。但是,它所表现的物体有近大远小的变形,反映不出物体各部分的真实形状及尺寸,并且作图繁杂,因此,不能作为施工图纸直接使用。例如在建筑设计中透视图可以用来表示建筑物内部空间或形体外貌,具有强烈的三维空间透视感,能直观地表现建筑的造型、空间布置、色彩和外部环境等,如图 8-37 所示。

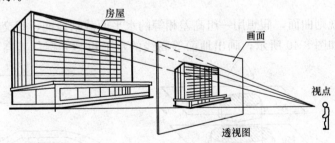

图 8-37　透视图的形成原理

8.2.2.3　轴测投影图

利用平行投影原理,选择特定的投影方向 S(如图 8-38 所示),将物体往单一的投影面 P 上投影,所得的图形称为轴测投影图。

轴测图的特点是能够在一个图形中,同时表现出物体的顶面、前面和侧面的形状,因而这种图和透视图相似,富有立体感。在如图 8-38 所示中,设物体的长、宽、高三个方向为三根轴(即图中的 X、Y、Z),它们的投影分别是 X_1、Y_1、Z_1。换句话说,轴测图中的 X_1、Y_1、Z_1 三个方向的长度以一定的关系代表了物体的长、宽、高三个方向的长度，并且可以度量。这种图沿着轴的方向可以测量长度，故称"轴测图"，如图 8-39 所示为一幢房屋的轴测图。

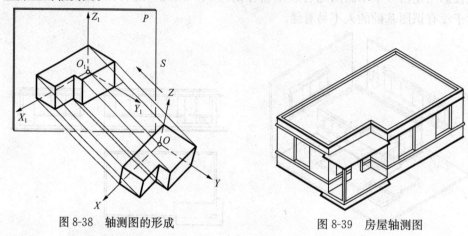

图 8-38 轴测图的形成　　图 8-39 房屋轴测图

8.2.2.4 标高投影图

标高投影图是标有高度数值的水平正投影图。它是运用正投影原理来反映物体的长度和宽度，其高度用数字来标注，工程中常用这种图示来表示地面的起伏变化、地形、地貌等。作图时常用一组间隔相等而高程不同的水平剖切平面剖切地物，其交线反映在投影图上称为等高线。将不同高度的等高线自上而下投影在水平投影面上时，即得到了等高线图，称为标高投影图。

在标高投影中，水平投影面 H 被称为基准面。而标高就是空间点到基准面 H 的距离。一般规定：H 面的标高为零，H 面上方的点标高为正值，下方的点标高为负值，标高的单位以 m 计。标高投影图是一种单面正投影图，它与比例尺相配合或是通过在图中标明比例来表达物体的空间形状和位置。标高投影的长度单位，如在图中没有特别说明，均以 m 计。

地形面是非规则曲面，假想用一组高差相等的水平面截割地面，截交线便是一组不同高程的等高线。如图 8-40 所示，画出地面等高线的水平投影并标注其高程，即得地形面

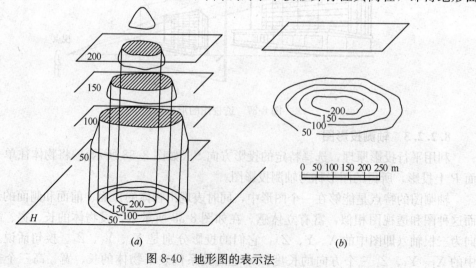

(a)　　(b)

图 8-40 地形图的表示法

的标高投影，地形面的标高投影也称地形图。

8.2.3 三面视图及其对应关系

在正投影中，又以所用投影面的数量不同而分为单面视图和多面视图。土建施工用图一般为多面视图，并且习惯上不加"多面"二字。

8.2.3.1 单面视图和两面视图

物体在一个投影面上的投影称为单面视图。通过物体上各顶点的投影线（它们互相平行且垂直投影面），与投影面相交而得的图形反映物体的一个侧面实形和两个方向尺寸。如图8-41（a）所示，反映物体的正面形状和长、高两个方向尺寸。

在建筑工程图中，经常使用单面视图表示房屋的局部构造和构配件。如图8-41（b）所示就是用一个视图表示简易的木屋架。

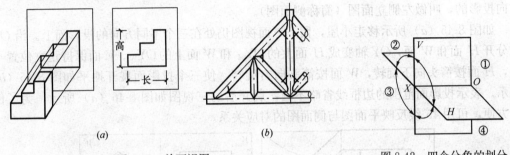

图 8-41　单面视图　　　　　　　　图 8-42　四个分角的划分

物体在两个互相垂直的投影面上的投影称为两面视图。在如图8-42所示中，设正立投影面（简称正面），用字母 V 表示；水平投影面（简称平面），用字母 H 表示；V 面和 H 面相交的交线称为投影轴，用 OX 表示。V、H、OX 组成两投影面体系，将空间划分为四个分角：第一分角、第二分角、第三分角和第四分角。本书只讲述第一分角中各种形体的投影。将构件放在 V 面之前、H 面之上，如图8-43（a）所示，按箭头 A 和 B 的投影方向分别向 V、H 面正投影，在 H 面上所得的图形称作平面图，在 V 面上的投影称作正立面图（简称正面图）。

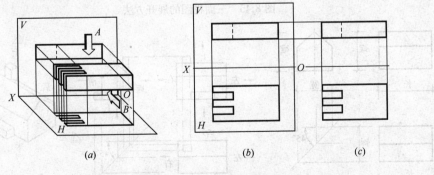

图 8-43　构件的两面视图

物体的投影是在空间进行的，但所画出的视图应该是在图纸平面上。为此，设想两个投影面及面上的两个视图需要展开摊平。根据《国家标准》的有关规定，投影面的展开必须按照统一的规则，即：V 面不动，H 面绕 OX 轴向下旋转90°，这时，H 面重合于 V

面，如图8-43（b）所示。表示投影面范围的边框线省略不画，形成构件的两面视图，如图8-43（c）所示。

8.2.3.2 三面视图

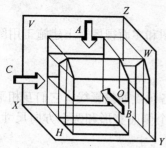

图8-44 三面视图的形成

为了更清楚地表示物体的形状，在两投影面体系中，再设立一个与V面、H面都垂直的侧立投影面（简称侧面），用字母W表示，于是形成三投影面体系，其三根投影轴OX、OY、OZ互相垂直，并相交于原点O。在三面体系中放置一个要表示的小屋，并使其主要表面分别平行于投影面，然后按箭头A、B、C方向，分别向H、V、W面投影，获得三面视图（如图8-44所示）。在H、V面上的视图已作叙述。在侧面（W面）上的投影，是从左边C方向投影的，叫做左侧立面图（简称侧面图）。

如图8-45（a）所示移走小屋，留下三面视图仍处在三个不同方向的投影面上。沿OY轴分开H面和W面，OY轴变成H面上的OY_H和W面上的OY_W。V面保持正立位置不动，H面按箭头向下旋转，W面按箭头向右旋转，使三个投影面展开摊平如图8-45（b）所示。表示投影面范围的边框线省略不画，展开后的三视图如图8-46（a）所示，为了作图方便，可用45°线反映平面图与侧面图的对应关系。

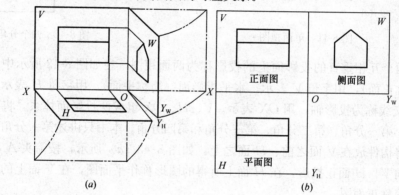

图8-45 三面视图的展开方法

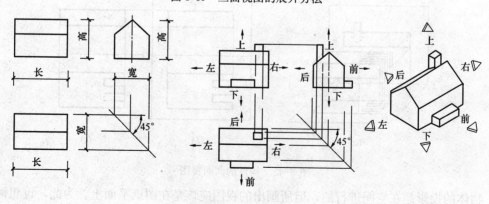

图8-46 三面视图的方位关系

8.2.3.3 三面视图的对应关系

从三面视图的形成和展开过程中，可以明确以下关系：

1. 三面视图的位置关系

平面图在正面图的下面，左侧面图在正面图的右边，如图 8-45 (b) 所示。三图位置不改变。

2. 三面视图的三等关系

三面视图中，每个图反映物体两个方向的尺寸，即正面图反映物体的长和高；平面图反映物体的长和宽；侧面图反映物体的高和宽。在如图 8-46 (a) 所示中，正面图和平面图的长度相等并对正；正面图和侧面图中的高度相等并且平齐；平面图、侧面图中的宽度相等。归纳起来就是："长对正、高平齐、宽相等"的三等关系。

3. 三面视图对物体的方位关系

在如图 8-46 (b) 所示中，平面图反映小屋的前后和左右。例如，从小屋的平面图可以看出，烟囱是在右后方，台阶是在中前方；正面图反映小屋的上、下和左、右，例如，烟囱在右上，台阶在中下；侧面图反映小屋的上、下和前、后，烟囱在后上方，台阶在前、下方。

8.3 形体的常见图示方法

前面讲过了投影基本知识和基本原理，用投影原理表达工程形体的图形，称为视图。结合工程实际，视图本身又有一些规定的表达方法和习惯表达方法。

8.3.1 视图

8.3.1.1 六面视图

在第二节中讲的投影，只有正面投影、水平投影和侧面投影，一共是三面投影。然而，在工程上表达一个形体的形状，有时画出它的三面投影图之后，还是不能完整地表达清楚。遇到这种情况，就要考虑如何更全面地用投影方法，把形体更加完整表达清楚。如图 8-47 所示，右上角 (a) 是物体的立体图，从它的上、下、左、右、前、后六个方向去看，可画出六面投影图，这里叫做"六面视图"；中间的正面投影图 (b)，这里称之为"主视图"；主视图右邻的侧面投影图 (c)，这里叫做"左视图"；主视图下边的水平投影图 (d)，这里称为"俯视图"；主视图左邻的投影图 (e)，称之为"右视图"（是从物体的右侧向左看，按投影规律画出来的投影图）；主视图上方的投影图 (f) 这里称为"仰视图"（是从物体的下方仰头往上看，按投影规律画出来的投影图）；左视图右侧投影图 (g)，这里称为"后视图"（是从物体的后方往前看，按投影规律画出来的投影图）。

8.3.1.2 房屋的立面图和屋顶平面图

从六面视图的角度来分析房屋，除开活动房屋以外，破土动工兴建的房屋都没有仰视图。就房屋的视图来说，可以有五个视图。房屋的视图又有自己的名称叫法，如主视图——正立面图；左视图——左侧立面图；右视图——右侧立面图；后视图——背立面图；俯视图——屋顶平面图（屋面图）。

以指北针为基准，立面图有时以东、西、南和北为它的前缀以示方向区别，如"南立

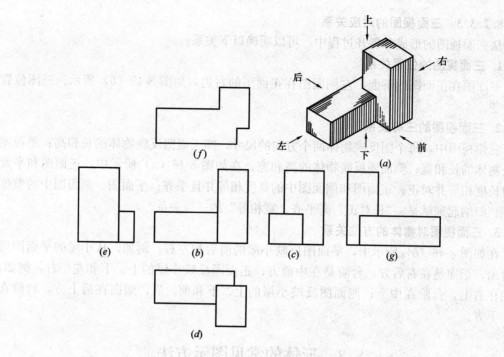

图 8-47 六面视图
(a) 六面视图；(b) 主视图；(c) 左视图；(d) 俯视图；(e) 右视图；
(f) 仰视图；(g) 后视图

面图"或"北立面图"等。但是，更为普遍的立面图名称，是以墙与柱的轴线编号为其立面图的前缀，这类注写方法将在识读建筑施工图的章节中详细讲述。房屋的立面图和屋面图，如图 8-48 所示。

8.3.1.3 复合立面图

对于房屋造型和装饰对称的立面图，有时也采取简化的画法。如房屋的正立面是对称

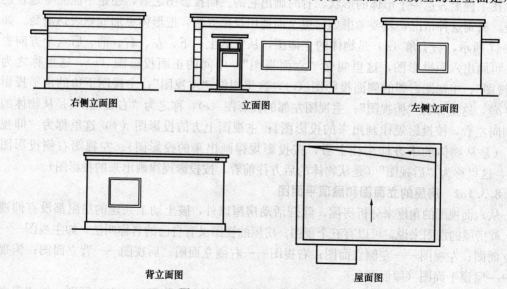

图 8-48 房屋的立面图和屋面图

的，同时，房屋的背立面也是对称的，但正立面和背立面的装饰并不一样。如图 8-49 所示，根据房屋的特点，中间画有对称符号，左半部画的是正立面图，右半部画的是背立面图。

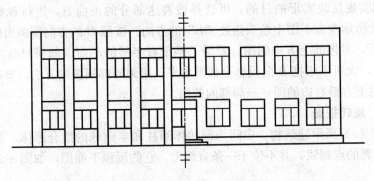

图 8-49　房屋的立面图

8.3.1.4　局部视图

当物体的形状较长或较大，其构造变化只发生在局部时，可只画有变化的那一小部分。比如有一等断面的工字钢较长，它只是在一端钻有几个孔，如图 8-50 所示。这时，它的俯视图就不必全部都画出来，就只画有孔的一端局部的视图就可以了，余下的用波浪线断开就行了。

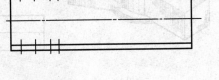

8.3.1.5　向视图

有了前面介绍过的六面视图，似乎对于一个复杂的形体，就能够

图 8-50　局部视图

实现完美地表达了。然而，实际上并不完全是这样的。如图 8-51 所示的左方，正立面和屋顶平面图表达的这个小建筑物，只能看清楚正面的门，而屋顶平面图表示的另两个，没有表达清楚到底是门还是窗户，具体形状如何。如果加画左侧立面、右侧立面和背立面

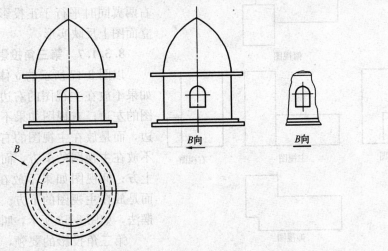

图 8-51　向视图

图，都不能使要表达的东西平行某一个投影面，换句话说，就是观察的方向，都不能反映实形。

为了达到实现反映实形的目的，可选择被表达部分的正前方，进行观察，并绘制投影，如图 8-51 所示左方下图中箭头指处"B"的方向。按照 B 的方向所画出的投影图，叫做"B 向视图"，见图的上方中间图，看清了是带有半圆的小窗。如果只是为了表达这个小窗子的形状，大可不必把 B 向投影全都画出来，用画局部视图的方法，要省事得多。如图 8-51 所示的上方最右边的图——局部视图。

8.3.1.6 旋转视图

如图 8-52（a）所示建筑物，中间为回转体圆柱和半圆球的组合形体，其两翼为长方体。但是，两翼的点划线，并不位于一条直线上。它的屋顶平面图，如图 8-52（b）所示，

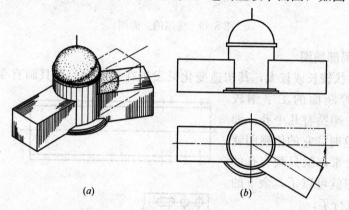

图 8-52 旋转视图

可以如实地反映实际形状。但是，画立面图时，要想使左翼平行于正投影面，左翼获得投影反映实形时，右翼就倾斜于正投影面而不能反映实形。若让右翼平行于正投影面，左翼同样不能满足要求。因此，为了能使画出的立面图同时反映两翼的实形，就假想：如图 8-52（b）所示屋顶平面图，左翼平行正投影面不动，将右翼绕中间回转体的回转轴旋转，旋转到平行于正投影面的位置，这样就可以实现左右两翼同时平行于正投影面，从而同时在立面图上反映实形。

8.3.1.7 第三角投影

以图 8-47 所示的立体图为例，左视图如果不放在主视图的右边，而是放在主视图的左边；右视图如果不放在主视图的左边，而是放在主视图的右边；俯视图如果不放在主视图的下方，而是放在主视图的上方；仰视图如果不放在主视图的上方，而是放在主视图的下方。这样的视图位置摆法，如图 8-53 所示，叫做第三角投影。

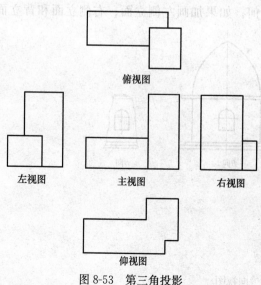

图 8-53 第三角投影

第三角投影的要领，简单地说，就是从物体的哪个方向观察所画出的视图，就

放在主视图的哪一侧（方）。

结构图常采用第三角投影，识读时注意与主视图对照。如图 8-54 所示小三角形钢结构，上弦杆和竖杆分别采用了第三角投影，分别画在各杆的旁边。

8.3.1.8 展开视图

在工程中，有时按照物体的直接投影画出来的视图，不能施工，如图 8-55 所示金属件的主视图（图 8-55 的上方），两端各弯

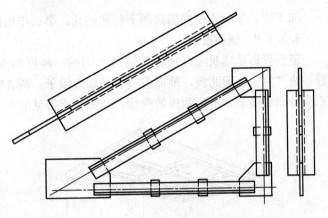

图 8-54 三角形钢结构节点图

起 135°和 45°。为了能够表达清楚设计意图如原材料的下料和加工形状，可以假想在主视图上，把金属杆舒展摊平。图上是用假想线型——细双点划线表示展开后的主视图，然后，再根据原始主视图和展开后的主视图，画出它的俯视图。

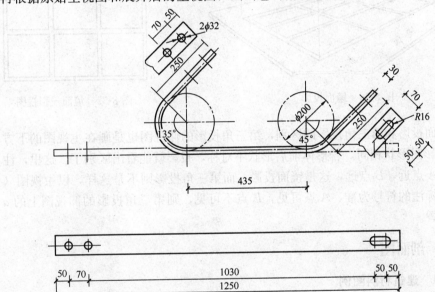

图 8-55 展开视图

从主视图可以看出板厚是 30mm，宽为 70mm。但是，从主视图上不能直接读出板的总长。总长是由五段尺寸加起来的：左端 250mm；左方弧长；中间 435mm；右方弧长；右端 250mm。计算弧长时，首先要把角度换算弧度：135°等于 $3\pi/4$；45°等于 $\pi/4$。左端弧长等于弧度乘以半径（半径为 100mm）

$$3\pi/4 \times 100\text{mm} = 236\text{mm}$$

右端弧长等于：

$$\pi/4 \times 100\text{mm} = 79\text{mm}$$

总长为：

$$250\text{mm} + 236\text{mm} + 435\text{mm} + 79\text{mm} + 250\text{mm} = 1250\text{mm}$$

加工时，第一步根据俯视图下料和钻孔；第二步根据原始主视图进行弯板。

8.3.1.9 镜面投影

镜面投影是建筑工程顶棚装饰时常用的一种投影方法。如图 8-56 所示，空中水平悬着一块"井"字形肋板，地面上放着一块大镜子，两者间平行，假想在镜子正上方，视线垂直镜面看镜子，镜中肋板的映像，肋都是看得见的实线，如图 8-57 所示。

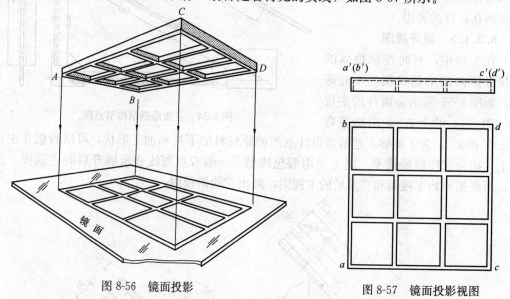

图 8-56 镜面投影　　　　　　　　图 8-57 镜面投影视图

注意镜面投影和第三角投影的区别，第三角投影的仰视图也是画在主视图的下方，图 8-56 两者投影图形状相同，若形体前后形状不对称，投影就能看出区别了。这里，注上符号来分析，A 点近，B 点远，这是镜面投影；而第三角投影则不是这样，以主视图（上方的视图）上标注的符号为准，A 点可见，B 点不可见，则第三角投影的仰视图上的 a 与 b 就调换了位置。

8.3.2 剖面图

8.3.2.1 建筑材料图例

建筑材料图例是用于建筑工程图中，所绘制的剖面图或断面图的材料符号。图例中带有斜线的，其疏密度程度，随其所采用的比例大小不同而有所不同，常用建筑材料图例，见表 8-5。

部分建筑材料图例　　　　　　　　表 8-5

序号	名称	图例	说明
1	自然土壤		包括各种自然土壤
2	夯实土壤		
3	砂、灰土		靠近轮廓线点较密

续表

序号	名称	图例	说明
4	砂砾石、碎砖三合土	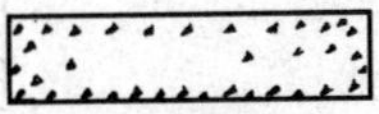	
5	天然石材	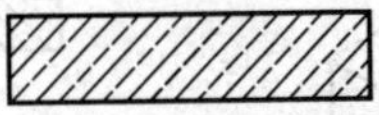	包括岩层、砌体、铺地、贴面等材料
6	毛石		
7	普通砖	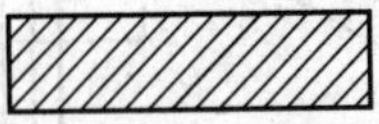	包括砌体和砌块
8	耐火砖	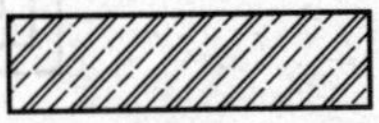	包括耐酸砖等
9	空心砖	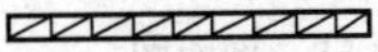	包括各种多孔砖
10	饰面砖		包括铺地砖、马赛克、陶瓷锦砖、人造大理石等
11	混凝土		承重的混凝土
12	钢筋混凝土		承重的钢筋混凝土
13	焦渣、矿渣	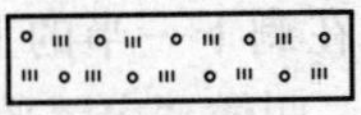	包括与水泥、石灰等混合的焦渣、矿渣
14	多孔材料		包括水泥珍珠岩、沥青珍珠岩、泡沫混凝土、非承重加气混凝土、泡沫塑料、软木等
15	纤维材料	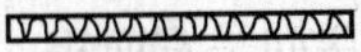	包括麻丝、玻璃棉、矿渣棉、木丝板、纤维板等
16	松散材料	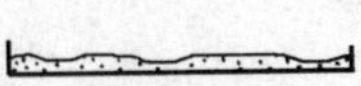	包括木屑、石灰木屑、稻壳等
17	木材		
18	胶合板	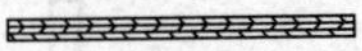	应注明几层胶合板

8.3.2.2 剖面的概念

视图是对空间形体从外部观察，绘制出的图形，它不能清楚表达形体内部构造复杂的程度。剖面图是假想用一个剖切平面将形体剖切，移去介于观察者和剖切平面之间的部分，对剩余部分向投影面所作的正投影图。剖切平面通常为投影面平行面或垂直面，剖面图的形成如图 8-58（a）所示，如果不切开这个构件，它里面的形状、构造、尺寸和材料，用视图是无法表达清楚的。剖切后，里边看得一清二楚，这时再对着它画出的图，就是图

8-58（b）上面的图——1-1 剖面图。在俯视图两侧画有剖切符号，并注上"1"的字样。

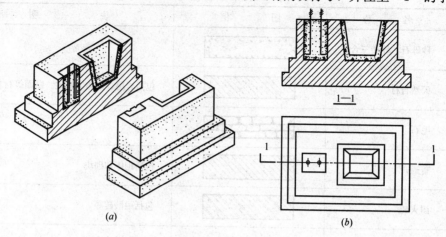

图 8-58　剖面图

8.3.2.3　房屋平面图和房屋剖面图

房屋的视图——房屋的立面图和屋顶平面图，它们只能表示房屋的外貌，房屋内部的布置全然不知。要想表达房间的划分和房屋的构造，就得借用前面刚讲过的假想剖切物体的办法，才能看见房屋里面构造。

1. 房屋平面图

参看图 8-48 房屋的立面图，假想用一块水平的切割平面，在窗台以上一定距离，把房屋割切成上下两半，挪走上边的一半，在剩下一半的上方，从上往下看（如图 8-59 所示），所画出的投影图（剖切后的俯视图），叫做"房屋平面图"，简称"平面图"，如图 8-60 所示。被剖切到的承重结构（这里是墙）的轮廓线，在平面图上是粗实线。窗间墙的内墙皮和外墙皮，都是用中实线表示的。中间两条中实线表示窗子。这样一来，窗洞处共四条中实线。门洞处在平面图上，本来没有线，此处外门的门外台阶平面略低于室内地面，所以有一条线。从平面图上可以看到房间长宽面积、门窗的数目和位置、台阶及墙厚等。注意，表达平面图时是不需要在立面图旁标注剖切符号的。

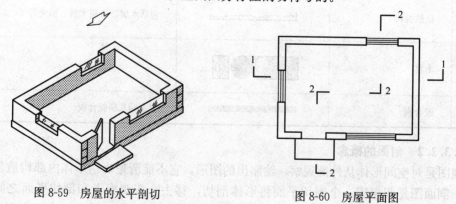

图 8-59　房屋的水平剖切　　　　　图 8-60　房屋平面图

2. 房屋剖面图

平面图上只能表示长和宽的尺寸以及水平方向的构造，却不能表达沿着高度方向的尺寸和构造。这时假想沿着房屋高度的方向进行剖切，移去一部分，画出另一部分的投影。注意首先要在如图 8-60 所示房屋平面图上，找好剖切部位，如"1-1"图上剖切符号的地方，把房子切开，挪走挡视线的一半，面对剩下的一半，如图 8-61 所示，画出它的投影，就是如图 8-62 所示的"1-1 剖面图"。

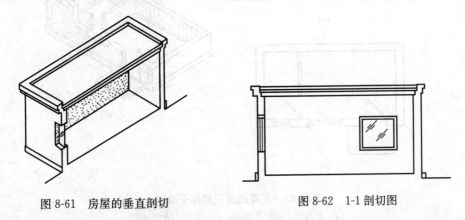

图 8-61　房屋的垂直剖切　　　　　　图 8-62　1-1 剖切图

同时，剖面图的画法，还可以在房屋平面图（图 8-60）上，沿着剖切符号"2、2、2、2"的"阶梯"方向切割房屋，如图 8-63 所示，前后两面墙上的门和窗，同时剖到了，然后，按"2-2"箭头所指方向看过去，画它的投影图——即如图 8-64 所示的"2-2 剖面图"。

从"1-1 剖面图"和"2-2 剖面图"中，可以看出室内外的地面高度、砌墙厚度和高度、房间宽度和高度、门窗高度及其过梁、楼板和雨篷的安放位置等高宽方向尺寸和构造。

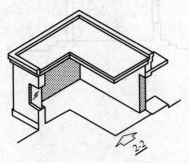
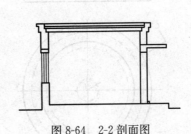

图 8-63　房屋的阶梯剖切　　　　　　图 8-64　2-2 剖面图

3. 带有不等高窗户的房屋平面图

如图 8-65（a）所示，房屋立面图两种规格的窗户大小各一，高低不齐。它的平面图的表达，是要把两个窗户都要画出来。也就是水平切割房屋时，通过大窗户以后，再往上面向小窗户那里做个阶梯形拐弯，如图 8-65（c）所示，剖完后，从上往下看，画出它的平面图——图 8-65（b）。

8.3.2.4　旋转剖面

如图 8-66 所示回转体建筑物，用一块铅垂的切割平面剖不到偏左侧的窗子时，就用两块铅垂的切割平面，其中一块剖门，另一块剖窗。两块切割平面，相交于回转体建筑物

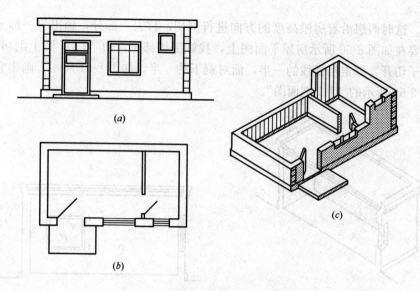

图 8-65　不等高窗户房屋平面图
(a) 立面图；(b) 平面图；(c) 房屋的水平剖切

的回转中心轴处。左侧切割平面绕轴旋转至平行侧投影面，然后，画它的侧面投影——就是"C-C 剖面图"。

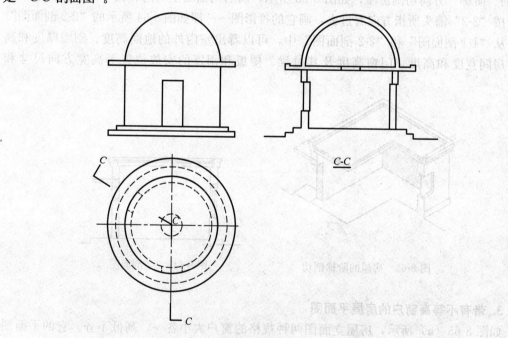

图 8-66　旋转剖面图

8.3.2.5　半剖图

有一个烟囱基础，如图 8-67 所示。形体是对称的，如果用主视图表达高宽形状，里面的构造表达不清楚；如果用剖面图来表达，外观形貌又看不见了。假想如图 8-67 所示，将物体右前四分之一剖掉，图(a)画的是视图，图(b)画的是剖面，里外都看清楚了。这就是对于对称形体采取半剖的优点。

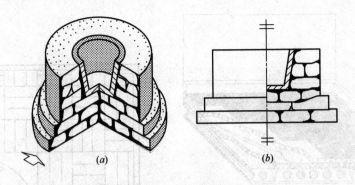

图 8-67　半剖面图

前面讲的是建筑构件的半剖例子。现在再举一个钢筋混凝土实心板例子，如图 8-68 所示，图（a）是立体图，图（b）是半剖图。可以看出图（b），左半是视图，制作模板用的；右半是剖面，绑扎钢筋用的。

8.3.2.6　局部剖面

局部剖面，也叫做破碎剖面。它是假想把物体破碎一小部分，然后对着能看见的内部，画出它的投影图，就是局部剖面图。如图 8-69 所示一个小亭子，只要把它的俯视图的一小部分屋面连同一小部分墙体假想打掉，整个小亭子外貌和内部，就全都表达清楚了。

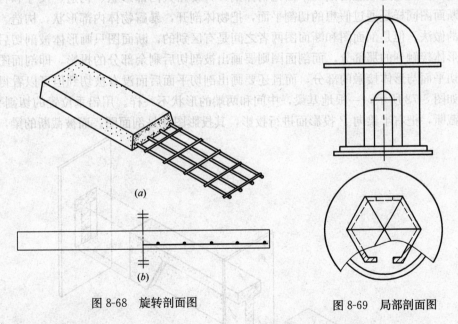

图 8-68　旋转剖面图　　　　　　图 8-69　局部剖面图

8.3.2.7　分层剖面

如图 8-70 所示的楼板的构造立体图，如果用画剖面图的方法表达多层构造也是可以做到的。但是，如果想在平面图把多层构造表达清楚，可以考虑采用如图 8-71 所示的分层剖面的方法表达。楼面表层是地板块，往下依次为胶结材料、矿渣混凝土、毡油层、隔音层、空心板、混合砂浆和涂料等。

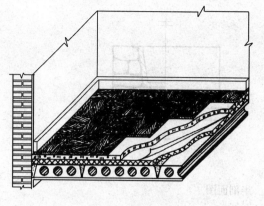
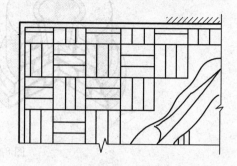

图 8-70 楼板的构造　　　　　　　　图 8-71 分层剖面图

8.3.3 断面图

8.3.3.1 断面的概念

房屋建筑中由屋架、门窗框此类杆件组成的结构构件和建筑配件，除了要知道它们的长度以外，还应了解采用什么材料和它们的宽窄、厚薄或粗细等尺寸，所用材料是用建筑材料图例符号加以表达的。

剖面图是通过假想的剖切平面把物体剖开，暴露其内部形状、构造、尺寸和材料的做法；断面图同样是通过假想的切割平面，把物体剖开，暴露物体内部形状，构造、尺寸和材料的做法。但是剖面图和断面图两者之间是有区别的，断面图只画形体被剖切后剖切平面与形体接触到的那部分，而剖面图则要画出被剖切后剩余部分的投影，即剖面图不仅要画剖切平面与形体接触的部分，而且还要画出剖切平面后面没有被切到但可以看得见的部分。如图 8-72 所示，一根地基梁，中间和两端的形状不一样。用铅垂位置的切割平面 D，把梁截断，把右半梁向 P 投影面进行投影，其投影图便是剖面图。而被截断的梁，与切割

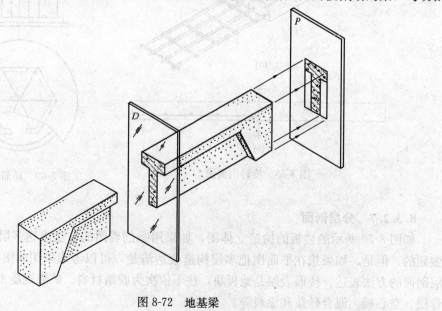

图 8-72 地基梁

平面 D 贴合接触的局部形状，就是断面图。又如图 8-73 所示，在主视图上标注"1、1"剖面剖切符号处，截往右看，所画出的投影图，就是 1-1 剖面图。在主视图上标注"2、2"断面剖切符号处，截断梁的局部形状，就是"2-2"断面图。注意，断面图也有观看方向，数字或字母注写在哪个方向，就是向哪个方向观察。

8.3.3.2 移出断面

图 8-74（a）所示是在"T"形钢筋混凝土梁上，画有一条垂直它的细点划线，对称于细点划线，画的断面图，就叫做"移出断面"。(b) 图则是一对角钢的移出断面。

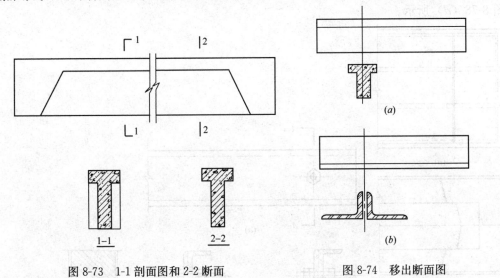

图 8-73 1-1 剖面图和 2-2 断面　　　　图 8-74 移出断面图

8.3.3.3 杆件中断处断面

有时，为了便于读图，在杆件中间的断裂线或波浪线的间隙，画有断面图，如图 8-75 所示。

8.3.3.4 断面的第三角投影

图 8-76（a）所示是钢屋架的中间下弦节点的立体图。从该图（b）中断面图的位置可以明白，这就是断面图的第三角投影。也就是说，从哪个方向看的形状，就把图放在哪一边。

图 8-75 中断断面图

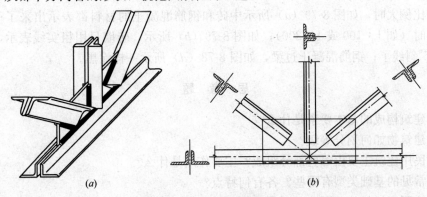

图 8-76 钢屋架中间下弦节点

263

8.3.3.5 折倒（重合）断面

图 8-77（a）所示是在楼板平面图上，垂直剖切得到的断面图，放倒与楼板平面图重合在一起。断面图习惯涂黑（描图纸涂红笔）。图（b）是厂房屋顶平面图的折倒断面。建筑工程图中的折倒断面的轮廓线，通常用粗实线表示。图（c）是外窗线脚的折倒断面。

8.3.3.6 表示断面材料的几个注意问题

（1）如图 8-78 所示，相邻两个相同材料图例，斜线方向相反，如图 8-78（b）所示；或斜线同向，但须错开，如图 8-78（c）所示；比例很小不便画材料时，则予以涂黑，如图 8-78（d）所示。

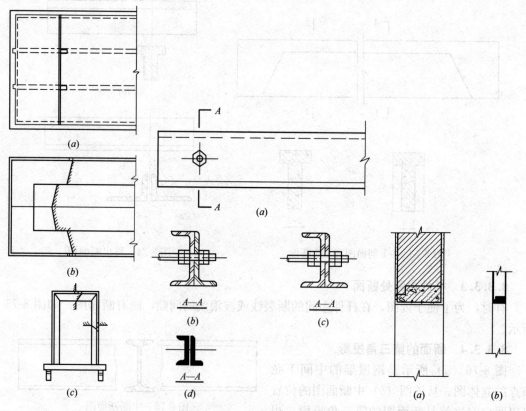

图 8-77 重合断面　　图 8-78 断面材料注意问题（一）　　图 8-79 断面材料注意问题（二）

（2）比例大时，如图 8-79（a）所示中砖和钢筋混凝土的材料都表示出来了；当图的比例很小时（如 1∶100 或 1∶200），如图 8-79（b）所示，砖墙只用粗实线表示，里面也省略了 45°斜线了；钢筋混凝土过梁，如图 8-78（d）所示一样涂黑。

思 考 题

（1）建筑构成的基本要素是什么？
（2）建筑物如何划分等级？
（3）民用建筑主要由哪些部分组成？主要作用是什么？
（4）常见的基础类型有哪些？各有何特点？
（5）按所用材料的不同墙可以分为哪些类型？

(6) 现浇钢筋混凝土楼板有哪几种类型？
(7) 简述阳台结构的几种布置方式。
(8) 办公楼的踏步高和宽一般取多少？
(9) 试述投影的基本概念和组成部分的名称。
(10) 投影法有几种？正投影图有哪些特点？
(11) 工程上常用的投影图有哪些？简述其含义。
(12) 试述三面视图的对应关系有哪些？
(13) 什么是镜像投影法？
(14) 什么叫剖面图？什么叫断面图？它们有何区别？
(15) 什么是全剖面图？什么是局部剖面图？它们分别应用于何种情况？
(16) 在什么情况下画半剖面图？画图时有何规定？
(17) 剖面和断面的标注应考虑哪些方面？
(18) 断面图有几种？它们是根据什么来划分的？

第9章 识读建筑施工图

内 容 提 要

图样是工程界的"技术语言",工程图符合制图规则才能满足设计、施工、存档的要求。一套完整的房屋建筑工程图由建筑施工图、结构施工图、给排水施工图、暖通空调施工图、建筑煤气和建筑电气施工图组成。建筑体量的大小和结构的复杂程度决定图纸数量的多少。本章主要介绍工程制图的一般规定、建筑工程图基本知识以及识读建筑总平面图、建筑平面图、立面图、剖面图和建筑详图等。

9.1 工程图概述

为了使工程制图规格基本统一,图面清晰简明,保证图面质量,符合设计、施工、存档的要求,学员必须熟悉和掌握《房屋建筑制图统一标准》GB/T 50001—2010、《建筑结构制图标准》GB/T 50105—2010、《建筑给水排水制图标准》GB/T 50106—2010、《暖通空调制图标准》GB/T 50114—2010 等制图国家标准(简称国标),其中工程图样的内容、格式、画法、尺寸标注、技术要求、图例符号等,都有统一的规定。

9.1.1 工程制图的一般规定

9.1.1.1 图纸幅面规格

1. 图纸幅面尺寸

图纸幅面即图纸本身的大小规格,绘制图样时,应根据图样的大小来选择图纸的幅面,表9-1是"国标"中规定的图纸幅面尺寸,必要时可沿长边加长,但加长的尺寸必须按照国标 GB/T 50001—2010 的规定。

幅面及图框尺寸(单位:mm) 表9-1

尺寸代号＼幅面代号	A0	A1	A2	A3	A4
$b×l$	841×1189	594×841	420×594	297×420	210×297
c	10			5	
a	25				

2. 图框格式

无论图样是否装订,均应在图纸内画出图框,图框线用粗实线绘制,需要装订的图样，其格式如图9-1（a）所示。为了复制或缩微摄影的方便，可采用对中符号，对中符号是从周边画入图框内约5mm的一段粗实线，如图9-1（b）所示。

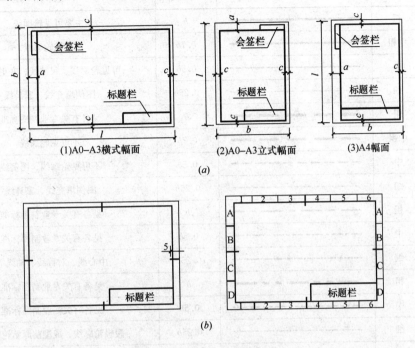

图9-1 图框格式及标题栏位置

3. 标题栏和会签栏

在每张图纸的右下角均应有标题栏，标题栏的位置应按图9-2（a）所示的方式配置。标题栏的具体格式、内容和尺寸可根据各设计单位的需要而定，图9-2（a）所示标题栏的格式可供读者参考。

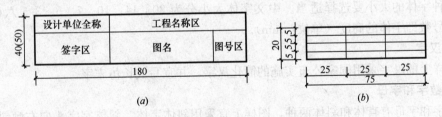

图9-2 标题栏和会签栏

会签栏是图纸会审后签名用的。会签栏的格式如图9-2（b）所示，栏内填写会签人员所代表的专业、姓名、日期。一个会签栏不够用时，可另加一个，两个会签栏应并列。不需会签的图纸，可不设会签栏。

9.1.1.2 图线

画在图纸上的线条统称图线。在绘制工程图样时，为了表示图中不同的内容，必须使用不同类型的图线。表9-2列出了工程图样中常用的线型的名称和一般用途。每个图样应根据其复杂程度及比例，选用适当的线宽，比例较大的图样选用较宽的图线。粗线的宽度 b 可在0.13mm、0.18mm、0.25mm、0.35mm、0.5mm、0.7mm、1.0mm、1.4mm中选取。

工程图样中常用的线型的名称和一般用途　　　表 9-2

名　称		线　型	线　宽	一　般　用　途
实线	粗	———————	b	主要可见轮廓线
	中粗	———————	$0.7b$	可见轮廓线
	中	———————	$0.5b$	可见轮廓线、尺寸线、变更云线
	细	———————	$0.25b$	图例填充线、家具线
虚线	粗	— — — — —	b	见各有关专业制图标准
	中粗	— — — — —	$0.7b$	不可见轮廓线
	中	— — — — —	$0.5b$	不可见轮廓线、图例线
	细	- - - - - - -	$0.25b$	图例填充线、家具线
单点长画线	粗	—·—·—·—	b	见各有关专业制图标准
	中	—·—·—·—	$0.5b$	见各有关专业制图标准
	细	—·—·—·—	$0.25b$	中心线、对称线、轴线等
双点长画线	粗	—··—··—	b	见各有关专业制图标准
	中	—··—··—	$0.5b$	见各有关专业制图标准
	细	—··—··—	$0.25b$	假想轮廓线、成型前原始轮廓线
折断线	细	———⋏———	$0.25b$	断开界线
波浪线	细	～～～～	$0.25b$	断开界线

9.1.1.3 字体

图样中书写的汉字、数字、字母必须做到：字体端正、笔画清楚、排列整齐、间隔均匀。各种字体的大小要选择适当。中文字体大小分为 20、14、10、7、5、3.5 六种号数，字体的号数即字体的高度（单位：mm）。

1. 汉字

图样上的汉字采用国家公布实施的简化汉字，并宜写成长仿宋字。

2. 数字和字母

数字和字母有直体和斜体两种，图样上宜采用斜体字体。斜体字字头向右倾斜，与水平线约成 75°角。

长仿宋字体的示例如

工业民用建筑厂房屋平立剖面详图
结构施说明比例尺寸长宽高厚砖瓦
木石土砂浆水泥钢筋混凝截校核梯

斜体字的示例如

1234567890Φαβγ

ABCDEFGHIJKLM

NOPQRSTUVWXYZ

abcdefghijklmnopqr

stuvwxyz

9.1.1.4 比例

图样中的图形与实物相对应的线性尺寸之比称为比例。

工程图样所使用的各种比例，应根据图样的用途与所绘物体的复杂程度进行选取。国标规定绘制图样时一般应采用表 9-3 中规定的比例，并优先选用表中的常用比例。图样不论放大或缩小，在标注尺寸时，应按物体的实际尺寸标注。每张图样均应填写比例，如"1：1"、"1：100"等。

绘图所用的比例   表 9-3

常用比例	1：1、1：2、1：5、1：10、1：20、1：50、1：100、1：150、1：200、1：500、1：1000、1：2000
可用比例	1：3、1：4、1：6、1：15、1：25、1：30、1：40、1：60、1：80、1：250、1：300、1：400、1：600、1：5000、1：10000、1：20000、1：50000、1：100000、1：200000

9.1.1.5 尺寸标注

图样上除了画出建筑物及其各部分的形状外，还必须准确地、详尽地和清晰地标出尺寸，以确定其大小，作为施工时的依据。建筑物的真实大小应以图样上所注的尺寸数值为依据，与图形的大小及绘图的准确度无关。图样中的尺寸以 mm 为单位时，不需标注计量单位的代号或名称。尺寸标注是一项十分重要的工作，必须认真仔细，准确无误。尺寸由尺寸线、尺寸界线、尺寸起止符号和尺寸数字四部分组成，如图 9-3 所示。

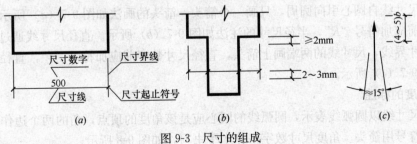

图 9-3 尺寸的组成

标注尺寸注意以下几点：

1. 尺寸线

用细实线绘制，图样中的其他图线（如轮廓线、对称中心线等）一律不能用来代替尺寸线。

2. 尺寸界线

用细实线绘制，图样中的轮廓线、轴线或对称中心线等也可用来作为尺寸界线。

3. 尺寸起止符号

表示尺寸起止符号有两种：一种是标注线性尺寸时用中粗短实线绘制，倾斜方向为沿着尺寸界线顺时针旋转45°，其长度约为2mm，见图9-3。另外一种是在标注角度尺寸、半径和直径尺寸时用箭头表示，尺寸箭头的画法见图9-3（c）。

4. 尺寸数字

尺寸数字应根据其读数方向，在靠近尺寸线的上方中部注写，如没有足够的位置，中间相邻的各种尺寸数字可错开注写，也可引出注写，最外侧的尺寸数字可在尺寸界线的外侧注写，如图9-4所示。

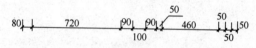

图9-4 尺寸数字的注写方式（单位：mm）

注写尺寸数字时，数字的方向应按如图9-5所示的规定注写。阴影线所画的30°区域内尽量避免注写尺寸数字。

5. 尺寸的排列与布置

尺寸宜注写在图样轮廓线以外，尽量避免与其他尺寸线、图线、数字、文字及符号相交，任何图线不得穿过尺寸数字。不可避免时，应将尺寸数字处的图线断开，如图9-6所示。排列互相平行的尺寸线时应从图样轮廓线向外排列，先是较小的尺寸线，后是较大的尺寸线或是总尺寸的尺寸线。互相平行的尺寸线，间距尽量一致，为7~10mm。

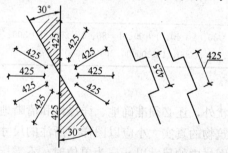

图9-5 尺寸数字的注写方向（单位：mm）

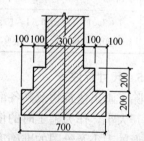

图9-6 尺寸排列方式（单位：mm）

6. 半径、直径尺寸的标注

半径尺寸线自圆心引向圆周，只画一个箭头，箭头的画法如图9-7（a）所示。半径尺寸的数字前应加符号"R"，半径尺寸的注法如图9-7（b）所示。直径尺寸线通过圆心，以圆周为尺寸界线，尺寸线的两端画上箭头，直径尺寸数字前应加符号"ϕ"，直径尺寸的注法见图个9-7（c）所示。

7. 角度的标注

角度尺寸线以圆弧线表示，圆弧线的圆心应是该角度的顶点，角的两个边作为尺寸界线，起止符号用箭头。角度尺寸数字一律水平书写，如图9-8所示。

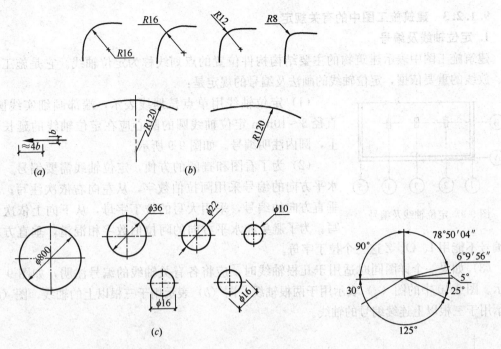

图 9-7 半径、直径尺寸的注法　　图 9-8 角度尺寸的注法

9.1.2 建筑工程图的基本规定

9.1.2.1 房屋施工图的分类

在建造一幢房屋之前，首先必须画出该房屋的全套设计图纸，这套图纸主要包括以下几部分内容：

1. 图纸目录和施工总说明

图纸目录包括：全套图纸中每张图纸的名称、内容、图号等。施工总说明包括：工程概况、建筑标准、载荷等级。如果是地震区，还应有抗震要求以及主要施工技术和材料要求等。对于较简单的房屋，图纸目录和施工总说明可以放在"建筑施工图"中的"总平面图"内。

2. 建筑施工图

由建筑总平面图、建筑平面图、建筑立面图、建筑剖面图、建筑详图等组成。

3. 结构施工图

由基础平面图、楼层结构平面图、结构构件详图等组成。

4. 设备施工图

由给水、排水施工图，采暖、通风施工图，电气施工图。

9.1.2.2 房屋施工图图纸图号编排方法

为了图纸的保存和查阅，必须对每张图纸进行编号。房屋施工图按照建筑施工图、结构施工图、设备施工图分别分类进行编号。如在建筑施工图中分别编写出"建施1"、"建施2"……在结构施工图中分别编写"结施1""结施2"……在设备施工图中分别编写"设施1"、"设施2"……

9.1.2.3 建筑施工图中的有关规定

1. 定位轴线及编号

建筑施工图中表示建筑物的主要结构构件位置的点划线称为定位轴线。它是施工定位、放线的重要依据，定位轴线的画法及编号的规定是：

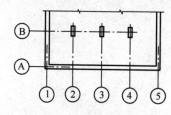

图 9-9 定位轴线及编号

（1）定位轴线用单点长划线表示，端部画细实线圆，直径 8～10mm 定位轴线圆的圆心应在定位轴线的延长线上，圆内注明编号。如图 9-9 所示。

（2）为了看图和查阅的方便，定位轴线需要编号。沿水平方向的编号采用阿拉伯数字，从左向右依次注写；沿垂直方向的编号，采用大写的拉丁字母，从下向上依次注写。为了避免和水平方向的阿拉伯数字相混淆，垂直方向的编号不能用 I、O、Z 这三个拉丁字母。

（3）如果一个详图同时适用于几根轴线时，应将各有关轴线的编号注明，如图 9-10 所示。图 9-10 中的图（a）表示用于两根轴线，图（b）表示用于三根以上的轴线，图（c）表示用于三根以上连续编号的轴线。

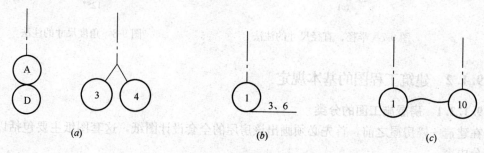

图 9-10 轴线编号的标注

（4）对于次要位置的确定，可以采用附加定位轴线的编号，编号用分数表示。分母表示前一根轴线的编号，分子表示附加轴线的编号，编号宜用阿拉伯数字顺序编写。如图 9-11 所示。图 9-11（a）表示在 3 号轴线之后附加的第一根轴线；图 9-11（b）表示在 B 轴后附加的第三根轴线。

2. 标高

建筑物中的某一部位与所确定的水准基点的高差称为该部位的标高。在图纸中，为了标明某一部位的标高，我们用标高符号来表示。标高符号用细实线画出，如图 9-12（a）所示。标高符号为一等腰直角三角形，三角形的高为 3mm。三角形的直角尖角指向需要标注部位，长的横线之上或之下注

图 9-11 附加轴线的标注

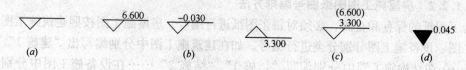

图 9-12 标高的标注

写标高的数字。标高以 m 为单位。标高数字在单体建筑物的建筑施工图中注写到小数点后的第三位，在总平面图中注写到小数点后的第二位。零点的标高注写成±0.000，负数标高数字前必须加注"－"号，正数标高数字前不加注任何符号，如图 9-12（b）所示。

如需要同时标注几个不同的标高时，其标注方法如图 9-12（c）所示。总平面图中和底层平面图中的室外平整地面标高符号用涂黑三角形表示，三角形的尺寸同前，不加一长横线，标高数字注写在右上方或写在右面和上方均可，如图 9-12（d）所示。标高有绝对标高和相对标高两种。一般在总平面图上标注绝对标高，其他各图均标注相对标高，两者之间的关系可从总平面图或总说明中查阅。

绝对标高（亦称海拔高度）：我国把青岛附近黄海的平均海平面定为绝对标高的零点，其他各地的标高都以它作为基准。

相对标高：在建筑物的施工图中，如果都用绝对标高，不但数字繁琐，而且不易得出各部分的高差。因此，除了总平面图外，一般都采用相对标高，即把底层室内主要地坪标高定为相对标高的零点，再由当地附近的水准点（绝对标高）来测定拟建建筑物底层地面的标高。

3. 指北针和风向频率玫瑰图

（1）指北针在底层平面图上应画上指北针符号。指北针一般用细实线画一直径为 24mm 的圆，指北针尾端的宽度宜为圆的直径 1/8，约 3mm，如图 9-13 所示。

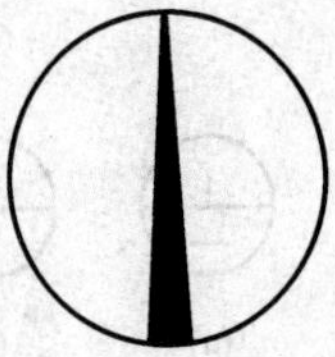

（2）风向频率玫瑰图（简称风玫瑰图）

图 9-13　指北针

风玫瑰图是根据某一地区多年平均统计的各个方向吹风次数的百分数值，一般用 8 个或 16 个方位表示并按一定比例绘制。风玫瑰图上所表示的风的吹向是指从外面吹向该地区中心的。在建筑总平面图上，通常应按当地的实际情况绘制风玫瑰图。全国各主要城市的风玫瑰图请参阅《建筑设计资料集》。如图 9-14 所示画出了北京、上海的风玫瑰图。实线——全年风向频率；虚线——夏季风向频率，按 6、7、8 三个月统计。有的总平面图上只画指北针而不画风玫瑰图。

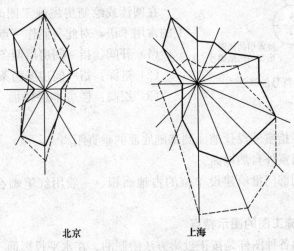

北京　　　　　上海

图 9-14　风玫瑰图

4. 详图索引符号和详图符号

表示详图与基本图、详图与详图之间关系的一套符号，称为索引符号与详图符号，亦称为索引标志与详图标志。

图纸中某局部结构如需要画出详图，应以索引符号引出，即在需要画出详图的部位编上索引符号，并在所画的详图上画上详图符号，两者必须对应一致，以便看图时查找相互有关的图纸。索引符号的画法是在需要画详图的部位用细实线画出一条引出线，引出线的一端用细实线画一个直径为 10mm 的圆，上半圆内的数字表示详图的编号，下半圆内的符号或数字表示详图所在的位置，或者详图所在的图纸编号。如图 9-15（a）所示表示详图就在本张图纸内；图 9-15（b）所示表示详图在编号为 5 的图纸内；图 9-15（c）所示表示详图采用的是标准图册编号为 J103 的标准详图，详图在图纸编号为 3 的图纸中。

当索引的详图是局部剖面（或断面）的详图时，应在被剖切的部位绘制一短粗实线表示剖切位置线，并以引出线引出索引符号，引出线所在一侧为投影方向，如图 9-16 所示。

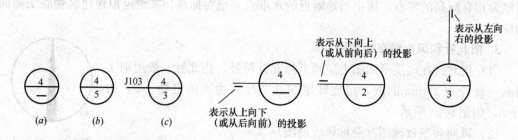

图 9-15　索引符号的画法　　　　图 9-16　局部剖面的索引标志画法

详图符号的画法在画出的详图上，必须标注详图符号。详图符号是用粗实线画出一直径为 14mm 的圆，圆内注写详图的编号。若所画详图与被索引的图样不在同一张图纸内，可用细实线在详图符号内画一水平直径，上半圆注写详图编号，下半圆注写被索引的详图所在图纸的编号，如图 9-17 所示。

图 9-17　详图符号的画法

5. 一些常用术语的含义

在阅读或绘制房屋施工图时，经常会碰到建筑上的常用术语，对此我们作一点简单的解释。

（1）开间：指一间房屋两条横向轴线间的距离。

（2）进深：指一间房屋两条纵向轴线间的距离。

（3）层高：楼房本层楼面（或地面）到上一层楼面垂直方向的尺寸。

（4）埋置深度：指室外设计地面到基础底面的垂直距离。

（5）地坪：多指室外自然地面。

（6）红线：规划部门批给建设单位的占地面积，一般用红笔画在图纸上，产生法律效力。

9.1.2.4　房屋施工图的图示特点

（1）施工图中的各种图样是按正投影方法绘制的。在水平投影面（H 面）上画出的是平面图，在正投影面（V 面）上画出的为立面图，在侧投影面（W 面）上画出的是剖面图或侧立面图。在图纸幅面大小允许的情况下，可以将平面图、立面图、剖面图或侧立面图按投影关系画在同一张图纸上，如果图纸幅面过小，则平、立、剖或侧立面图可以分别单独画出。

（2）由于房屋的尺寸都比较大，所以施工图都采用较小的比例画出，而对于房屋内部比较复杂的结构，则采用较大比例的详图画出。

（3）由于房屋的构、配件和材料种类较多，为了作图的简便起见，"国家标准"中规定了用一些图形符号来代表一些常用的构配件、卫生设备、建筑材料，这种图形符号称为"图例"。

9.2 识读建筑总平面图及首页图

9.2.1 建筑总平面图的形成和内容

建筑总平面图（简称总平面图），是表示新建房屋与周围总体情况的图纸，它是在画有等高线或加上坐标方格网的地形图上，画上原有的和拟建的房屋的外轮廓的水平投影图。

平面图反映出建筑物的平面形状、位置、朝向、相互关系和周围地形、地物的关系。对一些简单的工程，总平面图可不画出等高线。等高线就是在总平面图中用细实线画出地面上标高相同处的位置，并注上标高的数值。如图 9-18 所示是一幢宿舍楼的总平面图。

总平面图是新建房屋施工定位、土方工程和其他专业（如给水排水、供暖、电气及煤气等工程）的管线总平面图和施工总平面图设计布置的依据。

9.2.1.1 总平面图的主要内容

（1）新建的建筑物的名称、层数、室内外地面的标高、新建房屋的朝向等。

（2）新建房屋的位置。总平面图中应详细地绘出其定位方式，新建建筑物的定位方式有三种：第一种利用新建建筑物和原有建筑物之间的距离定位。第二种是利用施工坐标确定新建建筑物的位置。第三种是利用新建建筑物与周围道路之间的距离确定新建建筑物的位置。

（3）新建的道路、绿化场地、管线的布置等。因总平面图所反映的范围较大，常用的比例为 1∶500、1∶1000、1∶2000、1∶5000 等。

（4）原有房屋的名称、层数以及与新建房屋的关系，原有的道路、绿化及管线情况。

（5）将来拟建的建筑物、道路及绿化等。

（6）指北针、风玫瑰图等。

（7）规划红线的位置。建筑物、道路与规划红线的关系及其坐标。

（8）周围的地形、地貌等。如地形变化大，应画出相应的等高线。

9.2.1.2 图例

阅读总平面图之前，必须了解图上一些图例符号的含义，这部分内容请参阅《总图制图标准》GB/T 50103—2010 中总平面图图例，表 9-4 给出总平面图部分图例。

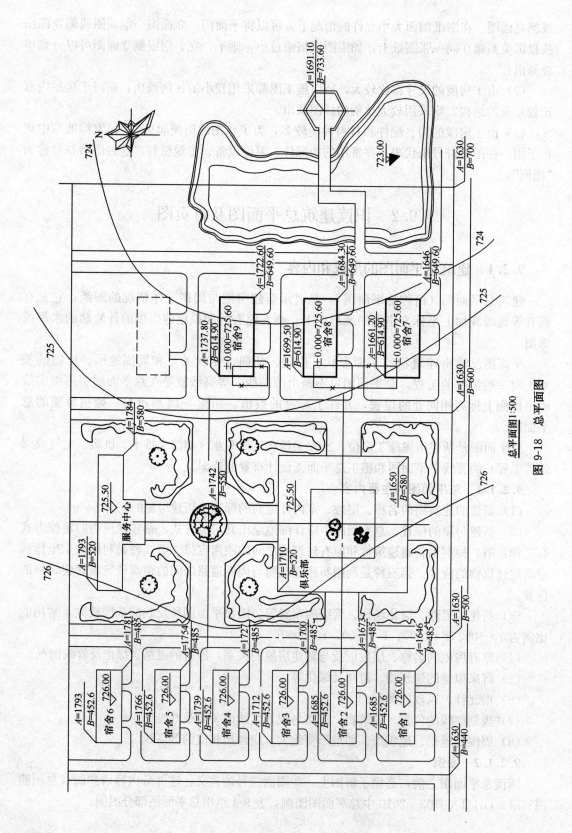

图 9-18 总平面图

9.2.2 识读建筑总平面图

总平面图图例 GB/T 50103—2010 表9-4

序号	名称	图例	说明
1	新建建筑物	（图例：① 12F/2D H=59.00m，X=Y= 坐标，含虚线轮廓）	1. 新建建筑物以粗实线表示与室外地坪相接处±0.00外墙定位轮廓线； 2. 建筑物一般以±0.00高度处的外墙定位轴线交叉点坐标定位，轴线用细实线表示，并表明轴线号； 3. 根据不同设计阶段标注建筑编号，地上、地下层数，建筑高度，建筑出入口（同一图纸用一种表示方法）； 4. 地下建筑物以粗虚线表示轮廓；建筑上部外挑建筑用细实线表示，上部连廊用细虚线表示并标注位置
2	原有建筑物	（细实线矩形）	用细实线表示
3	计划扩建的预留地或建筑物	（中粗虚线矩形）	用中粗虚线表示
4	拆除的建筑物	（带×的矩形）	用细实线表示
5	建筑物下面的通道	（图例）	—
6	挡土墙	（图例：5.00 / 1.50）	挡土墙根据不同设计阶段的需要标注 墙顶标高 墙底标高
7	围墙及大门	（图例）	—
8	坐标	1. X=105.00 Y=425.00 2. A=105.00 B=425.00	1. 表示地形测量坐标系； 2. 表示自设坐标系； 坐标数字平行于建筑标注
9	方格网交叉点标高	−0.50 | 77.85 / 78.35	78.35为原地面标高； 77.85为设计标高； −0.50为施工高度； —表示挖方（+表示填方）
10	填方区、挖方区、未整平区及零点线	（图例）	+表示填方区； —表示挖方区； 中间为未整平区； 单点长画线为零点线

续表

序号	名称	图例	说明
11	填挖边坡		—
12	洪水淹没线	 --------	洪水最高水位以文字标注
13	室内地坪标高	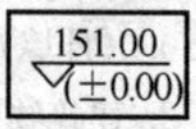 151.00 (±0.00)	数字平行于建筑物书写
14	室外地坪标高	▼143.00	室外标高也可采用等高线表示
15	新建道路	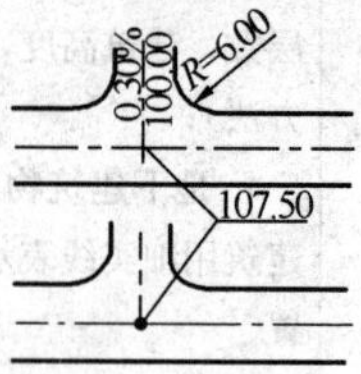 R=6.00 107.50	"R=6.00"表示道路转弯半径;"107.50"为道路中心线交叉点设计标高,两种方式均可,同一图纸采用一种方式表示;"100.0"为变坡点之间的距离;"0.30%"表示道路坡度;"→"表示坡向
16	原有道路		—
17	计划扩建道路	---- ----	—
18	拆除的道路	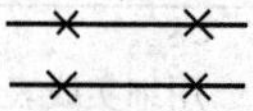 —×—×—	—
19	桥梁	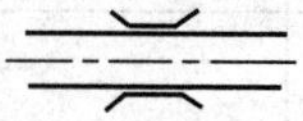 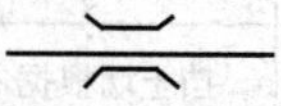	1. 上图为公路桥,下图为铁路桥; 2. 用于旱桥时应注明
20	常绿针叶乔木	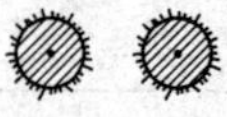	—

如图 9-18 所示某单位宿舍楼总平面图为例说明识读建筑总平面图的方法。

(1) 了解图名、比例。该施工图为总平面图,比例 1:500。

(2) 了解工程性质、用地范围、地形地貌和周围环境情况。从图中可知,本次新建 3 栋住宅楼(粗实线表示),编号分别是 7、8、9,位于一住宅小区,建造层数都为 6 层。新建建筑右面是一小池塘,池塘上有一座小桥,过桥后有一六边形的小厅。新建建筑左面为一层俱乐部(已建建筑,细实线表示),俱乐部中间有一天井。俱乐部后面是服务中心,服务中心和俱乐部之间有一花池,花池中心的坐标 $A=1742$m,$B=550$m。已建成的 6 栋 6 层住宅楼在俱乐部右面。计划扩建一栋住宅楼(虚线表示)在新建建筑前面。

(3) 了解建筑的朝向和风向。从图中可知,新建建筑的方向坐北朝南。图中右上方带指北针的风玫瑰图,表示该地区全年以东南风为主导风向。

(4) 了解新建建筑的准确位置。图中新建建筑采用建筑坐标定位方法,坐标网格 100m×100m,所有建筑对应的两个角全部用建筑坐标定位,从坐标可知原者建筑和新建建筑的长度和宽度。如服务中心的坐标分别是 $A=1793$、$B=520$ 和 $A=1784$、$B=580$，表示服务中心的长度为 $(580-520)\,m=60m$，宽度为 $(1793-1784)\,m=9m$。新建建筑中 7 号宿舍的坐标分别为 $A=1661.20$、$B=614.90$ 和 $A=1646$、$B=649.60$，表示该新建建筑的长度为 $(649.6-614.9)\,m=34.70m$，宽度为 $(1661.20-1646)\,m=15.20m$。

9.2.3 首页图

首页图是建筑施工图的第一张图纸，主要内容包括图纸目录、施工总说明、工程做法、门窗表。图纸目录说明工程有哪几类专业图样组成，各专业图样的名称、张数和图纸顺序，以便查阅图样。施工总说明是对图样中无法表达清楚的内容用文字加以详细的说明，其主要内容有：建筑工程概况、建筑设计依据、所选用的标准图集的代号、建筑装修、构造的要求。规模小的工程可以将总平面图和首页图合并在一起，形成第一张建筑施工图。

9.3 识读建筑平面图

9.3.1 建筑平面图的形成

建筑平面图是用一个假想的水平剖切平面沿略高于窗台的位置水平剖切房屋，移去上面部分，将剩余部分向水平面做正投影，所得的水平剖面图，称为建筑平面图，简称平面图。建筑平面图反映新建建筑的平面形状、房间的位置、大小、相互关系、墙体的位置、厚度、材料、柱的截面形状与尺寸大小，门窗的位置及类型。建筑平面图是施工时定位放线、砌墙、安装门窗、室内外装修及编制工程预算的重要依据。

多层建筑的平面图一般由底层平面图、标准层平面图、顶层平面图组成。一般情况下，房屋有几层，就应画几个平面图，并在图的下方注写相应的图名，如底层平面图、二层平面图等。但当建筑的二层至顶层之间的楼层，其构造、布置情况基本相同，画一个平面图即可，将这种平面图称之为中间层（或标准层）平面图。另外还有屋顶平面图，屋顶平面图是从建筑物上方向下所做的平面投影，主要是表明建筑物屋顶上的布置情况和屋顶排水方式。

平面图按剖面图的图示方法绘制，即被剖切平面剖切到的墙、柱等轮廓线用粗实线表示，未被剖切到的部分如室外台阶、散水、楼梯以及尺寸线等用细实线表示，门的开启线用中实线表示。建筑平面图常用的比例是 $1:50$、$1:100$ 或 $1:200$，其中 $1:100$ 使用最多。在建筑施工图中，比例小于 $1:50$ 的平面图、剖面图，可不画出抹灰层，但宜画出楼地面、屋面的面层线；比例大于 $1:50$ 的平面图、剖面图应画出抹灰层、楼地面、屋面的面层线，并宜画出材料图例；比例等于 $1:50$ 的平面图、剖面图宜画出楼地面、屋面的面层线，抹灰层的面层线应根据需要而定；比例为 $1:100\sim1:200$ 的平面图、剖面图可画简化的材料图例（如砌体墙涂红、钢筋混凝土涂黑等），但宜画出楼地面、屋面的面层线。

9.3.2 建筑平面图的内容

1. 建筑平面图的图例符号

建筑平面图是用图例符号表示的，这些图例符号应符合《建筑制图标准》GB/T

50104—2010 的规定，因此应熟悉常用的图例符号。部分图例见表 9-5。

建筑构造及配件图例　　　　　　　　　表 9-5

序号	名称	图例	说明
1	楼梯	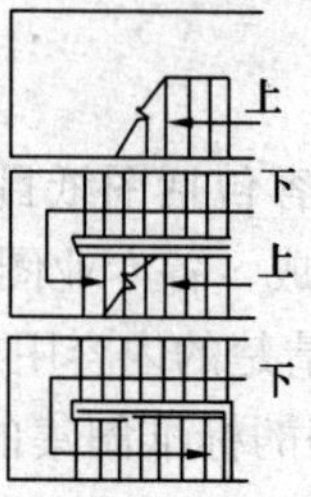	1. 上图为底层楼梯平面，中图为中间层楼梯平面，下图为顶层楼梯平面； 2. 楼梯及栏杆扶手的形式和梯段踏步应按实际情况绘制
2	坡道	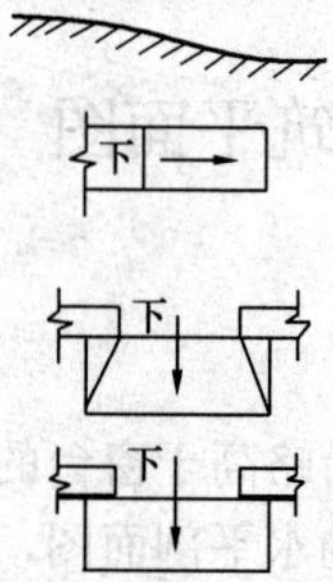	上图为长坡道，下图为门口坡道
3	平面高差	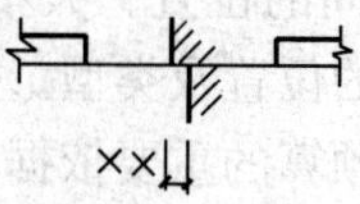	适用于高差小于 100mm 的两个地面或楼面相接处
4	检查孔	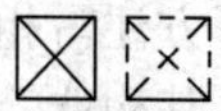	左图为可见检查孔； 右图为不可见检查孔
5	孔洞		阴影部分可以涂色代替
6	坑槽	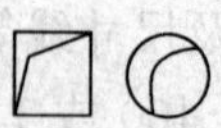	
7	墙预留洞	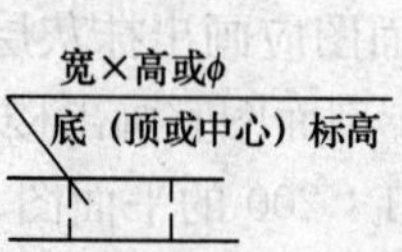 宽×高或φ 底（顶或中心）标高	1. 以洞中心或洞边定位； 2. 宜以涂色区别墙体和留洞位置
8	墙预留槽	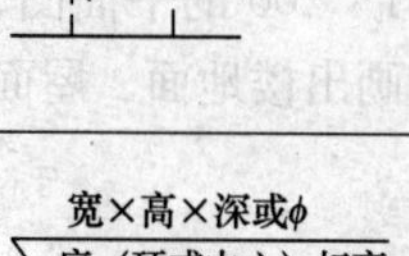 宽×高×深或φ 底（顶或中心）标高	

续表

序号	名　称	图　例	说　明
9	烟道	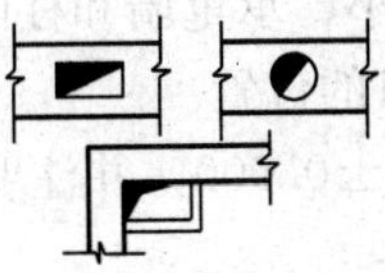	1. 阴影部分可以涂色代替； 2. 烟道与墙体同一材料，其相接处墙身线应断开
10	通风道	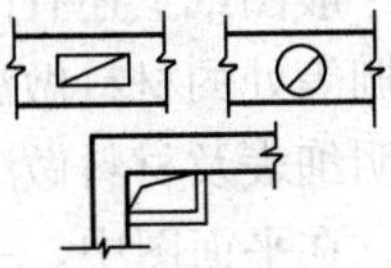	
11	空门洞	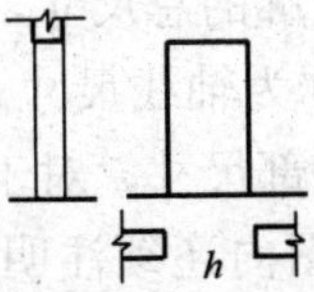	h 为门洞高度
12	单扇门（包括平开或单面弹簧）	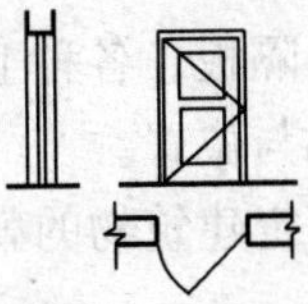	1. 门的名称代号用 M； 2. 图例中剖面图左为外、右为内，平面图下为外、上为内； 3. 立面图上开启方向线交角的一侧为安装合页的一侧，实线为外开，虚线为内开； 4. 平面图上门线应 90°或 45°开启，开启弧线应绘出； 5. 立面图上的开启线在一般设计图中可不表示，在详图及室内设计图中应表示； 6. 立面形式应按实际情况绘出
13	双扇门（包括平开或单面弹簧）	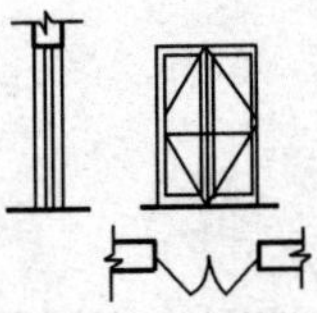	
14	对开折叠门	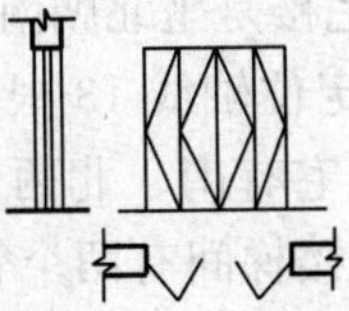	
15	墙外单扇推拉门	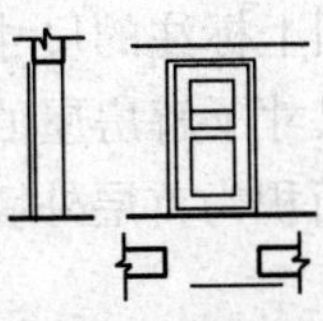	
16	墙外双扇推拉门	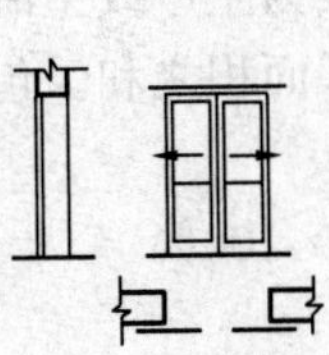	

2. 建筑平面图的主要内容

(1) 建筑物平面的形状及总长、总宽等尺寸，了解建筑物的规模和占地面积。

(2) 建筑物内部各房间的名称、尺寸、大小、承重墙和柱的定位轴线、墙的厚度、门窗的宽度等，以及走廊、楼梯（电梯）、出入口的位置。

(3) 各层地面的标高。一层地面标高定为±0.000，并注明室外地坪的绝对标高，其余各层均标注相对标高。

(4) 门、窗的编号、位置、数量及尺寸。一般图纸上还有门窗数量表用以配合说明。

(5) 室内的装修做法。如地面、墙面及顶棚等处的材料做法。较简单的装修用文字直接注明在平面图内；较复杂的工程应另列房间明细表及材料做法表。

(6) 标注出建筑物及其各部分的平面尺寸。在平面图中，一般标注三道外部尺寸。最外面一道尺寸为建筑物的总长和总宽，表示外轮廓的总尺寸，又称外包尺寸；中间一道为房间的开间及进深尺寸，表示轴线间的距离，称为轴线尺寸；里面一道尺寸为门窗洞口、墙厚等尺寸，表示各细部的位置及大小，称为细部尺寸。对于底层平面图，还应标注室外台阶、花池、散水等局部尺寸。此外，在平面图内还须注明局部的内部尺寸，以表示内门、内窗、内墙厚及内部设备等尺寸。

(7) 其他细部的配置和位置情况，如楼梯、隔板、各种卫生设备等。

(8) 室外台阶、花池、散水和雨水管的大小与位置。

(9) 在底屋平面图上画有指北针符号，以确定建筑物的朝向，另外还要画上剖面图的剖切位置，以便与剖面图对照查阅。

9.3.3 识读建筑平面图

1. 识读底层平面图

如图 9-19 所示为某单位住宅楼底层平面图。

(1) 了解平面图的图名、比例。从图中可知该图为底层平面图，比例 1：100。

(2) 了解建筑的朝向。从指北针得知该住宅楼是坐北朝南的方向。

(3) 了解建筑的平面布置。该住宅楼横向定位轴线 13 根，纵向定位轴线 6 根，共有两个单元，每单元两户，其户型相同，每户住宅有南、北两个卧室，一个客厅（阳面）、一间厨房、一个卫生间、一个阳台（凹阳台）、楼梯间有两个管道井。A 轴线外面 750mm×600mm 的小方格表示室外空调机的隔板。

(4) 了解建筑平面图上的尺寸。建筑平面图上标注的尺寸均为未经装饰的结构表面尺寸。了解平面图所注的各种尺寸，并通过这些尺寸了解房屋的占地面积、建筑面积、房间的使用面积，平均面积利用系数 K。建筑占地面积为首层外墙边线所包围的面积。如该建筑面积为 $34.70m \times 15.20m = 527.44m^2$。

使用面积是指建筑物各层平面布置中可直接为生产或生活使用的净面积总和。

建筑面积是指各层建筑外墙结构的外围水平面积之和。包括使用面积、辅助面积和结构面积。

平均面积利用系数 $K=$ 使用面积/建筑面积 $\times 100\%$

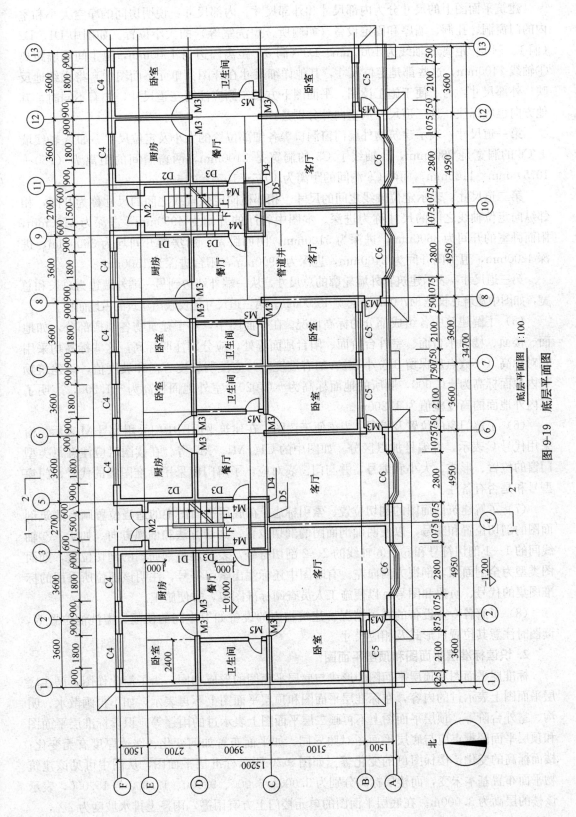

图 9-19 底层平面图

建筑平面图上的尺寸分为内部尺寸和外部尺寸。内部尺寸：说明房间的净空大小和室内的门窗洞、孔洞、墙厚和固定设备（如厕所、盥洗室等）的大小位置。如图中 D1、D2（洞 1、洞 2）距离 E 轴线为 1000mm、D3（洞 3）距离门边为 1000mm，卫生间隔墙距离①轴线 2400mm，这些都是定位尺寸，其他详细尺寸在详图（单元平面图中）将详细地反映。外部尺寸：为了便于施工读图，平面图下方及左侧应注写三道尺寸，如有不同时，其他方向也应标注。这三道尺寸从里向外分别是：

第一道尺寸：表示建筑物外墙门窗洞口等各细部位置的大小及定位尺寸。如 A 轴线墙上 C6 的洞宽是 2800mm，B 轴线上 C5 的洞宽是 2100mm，两窗洞间的距离为（750＋1075）mm＝1125mm，而两 C6 洞间的距离为 1075＋1075＝2150mm。

第二道尺寸：表示定位轴线之间的尺寸。相邻横向定位轴线之间的尺寸称为开间，相邻纵向定位轴线之间的尺寸称为进深。本图中客厅的开间为 4950mm，进深为 5100mm，阳面卧室的开间为 3600mm，进深为 5100mm，阴面卧室、厨房的开间均为 3600mm，进深 4200mm，卫生间开间为 2400mm，进深为 3900mm，阳台进深为 1500mm。

第三道尺寸：表示建筑物外墙轮廓的总尺寸，从一端外墙边到另一端外墙边为总长和总宽，如图中建筑总长是 34700mm，总宽 15200mm。第三道尺寸能反映出建筑的占地面积。

（5）了解建筑中各组成部分的标高情况。在平面图中，对于建筑物各组成部分，如地面、楼面、楼梯平台面、室外台阶面、阳台地面等处，应分别注明标高，这些标高均采用相对标高（小数点后保留 3 位小数），如有坡度时，应注明坡度方向和坡度值，该建筑物室内地面标高为±0.000，厕所的地面标高为－0.020，室外地面标高为－1.200，表明了室内外地面的高度差值为 1.200m。

（6）了解门窗的位置及编号。为了便于读图，在建筑平面图中门采用代号 M 表示、窗采用代号 C 表示，并编号加以区分。如图中的 C1、M1、M2 等。在读图时应注意每类型门窗的位置、形式、大小和编号，并与门窗表对应，了解门窗采用标准图集的代号、门窗型号和是否有备注。

（7）了解建筑剖面图的剖切位置、索引标志。在底层平面图中的适当位置画有建筑剖面图的剖切位置和编号，以便明确剖面图的剖切位置、剖切方法和剖视方向。如④、⑤轴线间的 1—1 剖切符号和⑤、⑥轴线的 2—2 剖切符号，表示建筑剖面图的剖切位置，剖面图类型为全剖面图，剖视方向向左。有时图中还标注出索引符号，注明该部位所采用的标准图集的代号、页码和图号，以便施工人员查阅标准图集，方便施工。

（8）了解各专业设备的布置情况。建筑物内的设备如卫生间的便池、盥洗池位置等，读图时注意其位置、形式及相应尺寸。

2. 识读标准层平面图和顶层平面图

标准层平面图和顶层平面图的形成与底层平面图的形成相同。为了简化作图，已在底层平面图上表示过的内容，在标准层平面图和顶层平面图上不再表示，如不再画散水、明沟、室外台阶等；顶层平面图上不再画二层平面图上表示过的雨篷等。识读标准层平面图和顶层平面图重点应与底层平面图对照异同，如平面布置如何变化、墙体厚度有无变化、楼面标高的变化、楼梯图例的变化等。如图 9-20 所示标准层平面图，从图中可见该建筑物平面布置基本未变，而楼层标高分别为 3.000、6.000、9.000、12.000 与 15.000，表示该楼的层高为 3.000m。在底层平面图的单元楼门上方有雨篷，雨篷上排水坡度为 2%，

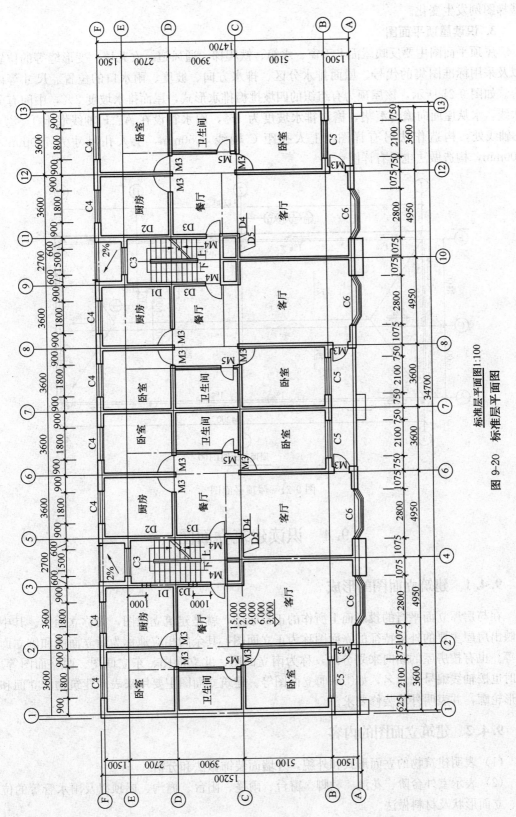

图 9-20 标准层平面图

楼梯图例发生变化。

3. 识读屋顶平面图

屋顶平面图主要反映屋面上天窗、水箱、铁爬梯、通风道。女儿墙、变形缝等的位置以及采用标准图集的代号、屋面排水分区、排水方向、坡度、雨水口的位置、尺寸等内容。如图 9-21 所示,该屋顶为有组织的四坡挑檐排水形式,屋面排水坡度 2%,中间有分水线,水从屋面向檐沟汇集,檐沟排水坡度为 1%,雨水管设在 A、F 轴线墙上①、⑦、⑬轴线处,构造作法另有详图。上人孔距 C 轴线 2050mm,上人孔尺寸为 700mm×600mm,构造做法也另有详图。

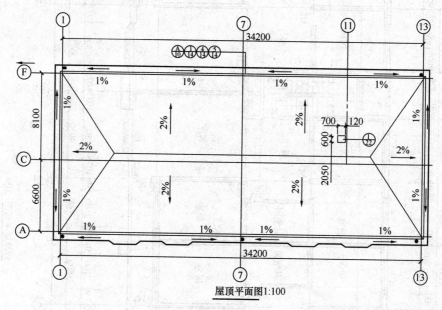

图 9-21 屋顶平面图

9.4 识读建筑立面图

9.4.1 建筑立面图的形成

在与房屋立面平行的投影面上所作的正投影图,就是建筑立面图,简称立面图。其中反映出房屋主要的外貌特征的立面图称为正立面图,其余的相应地称为背立面图和侧立面图等。也有按房屋的朝向来划分的,称为南立面图、北立面图、东立面图、西立面图等。有时也按轴线编号来命名,如①~⑩立面图等。建筑立面图主要用来表示建筑物的立面和外形轮廓,并表明外墙装修要求。

9.4.2 建筑立面图的内容

(1) 表明建筑物的立面形式和外貌,外墙面装饰做法和分格。

(2) 表示室外台阶、花池、勒脚、窗台、雨篷、阳台、檐沟、屋顶以及雨水管等的位置、立面形状及材料做法。

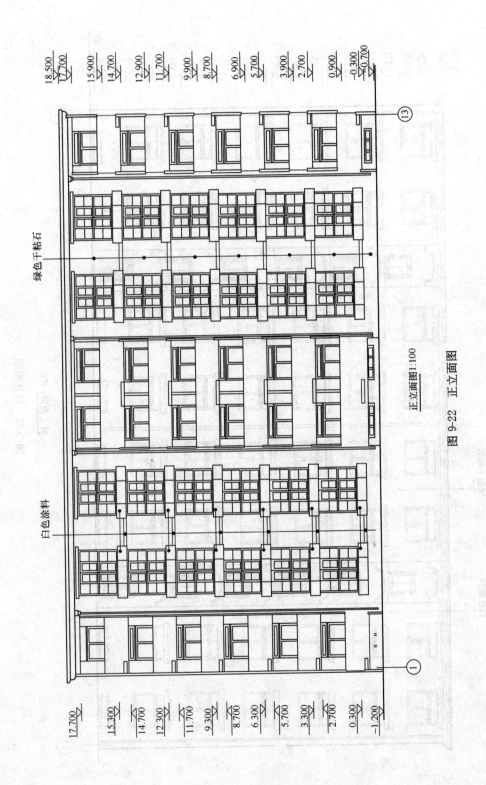

图 9-22 正立面图

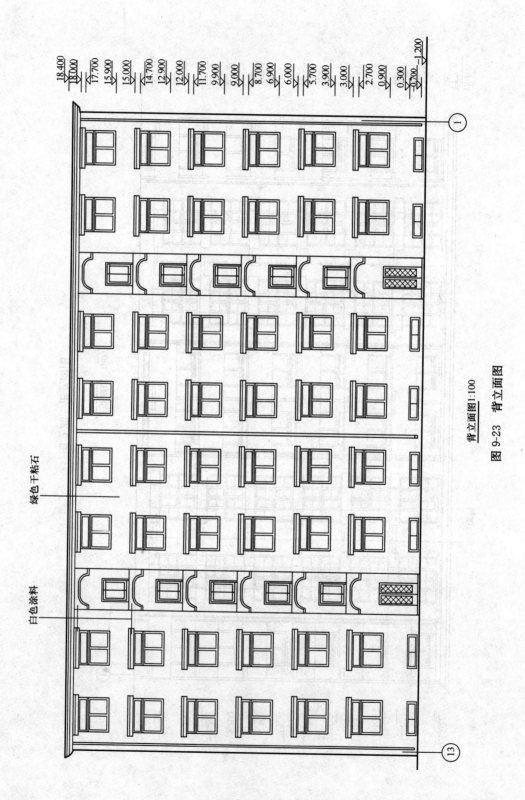

图 9-23 背立面图

(3) 反映立面上门窗的布置、外形及开启方向（用图例表示）。
(4) 用标高及竖向尺寸表示建筑物的总高以及各部位的高度。

9.4.3 识读建筑立面图

图 9-22 所示为某单位住宅楼正立面图，图 9-23 所示为背立面图。

(1) 从正立面图上了解该建筑的外貌形状，并与平面图对照深入了解屋面、雨篷、台阶等细部形状及位置。从图中可知，该住宅楼为六层，客厅窗为外飘窗，窗下墙呈八字形，相邻两户客厅的窗下墙之间装有空调室外机的隔板，每两卧室窗上方也装有室外空调机隔板，屋面为平屋面。

(2) 从立面图上了解建筑的高度。从图中看到，在立面图的左侧和右侧都注有标高，从左侧标高可知室外地面标高为 -1.200，室内标高为 ± 0.000，室内外高差 1.2m，一层客厅窗台标高为 0.300，窗顶标高为 2.700，表示窗洞高度为 2.4m，二层客厅窗台标高为 3.300，窗顶标高为 5.700，表示二层的窗洞高度为 2.4m，依次相同。从右侧标高可知地下室窗台标高为 -0.700，窗顶标高为 -0.300，得知地下室窗高 0.4m，一层卧室窗台标高为 0.900，窗顶标高 2.700，知卧室窗高 1.8m，以上各层相同，屋顶标高 18.5m，表示该建筑的总高为 $(18.5+1.2)$ m＝19.7m。

(3) 了解建筑物的装修做法。从图中可知建筑以绿色干粘石为主，只在飘窗下以及空调机隔板处刷白色涂料。

(4) 了解立面图上的索引符号的意义。

(5) 建立建筑物的整体形状。阅读建筑平面图和立面图，应建立该住宅楼的整体形状，包括建筑造型、外观形状、高度、装修的颜色、材质等。

(6) 从背立面图中可知该立面上主要反映各户阴面次卧室的外窗和厨房的外窗以及楼梯间的外窗及其造型。

9.5 识读建筑剖面图

9.5.1 建筑剖面图的形成

假想用一个铅垂剖切平面将房屋剖开，移去靠近观察者的那一部分，所得到的正投影图叫做建筑剖面图，简称剖面图。剖面图的剖切位置，应选择在内部结构和构造比较复杂与典型的部位，并应通过门窗洞的位置。剖面图的图名应与平面图上标注的剖切位置的编号一致，如 Ⅰ—Ⅰ 剖面图等。如果用一个剖切平面不能满足要求时，允许将剖切平面转折起来绘制剖面图。习惯上，剖面图中可不画出基础，截面上材料图例和图中的线型选择，均与平面图相同。剖面图一般从室外地坪开始向上直画到屋顶。

建筑剖面图是表示建筑物内部垂直方向的结构形式、分层情况、内部构造及各部位高度的图样。

9.5.2 建筑剖面图主要内容

(1) 表示被剖切到的房屋各部位，如各楼层地面、内外墙、屋顶、楼梯、阳台、散水、雨罩等的构造做法。

（2）用标高和竖向尺寸表示建筑物的总高、层高、各楼层地面的标高、室内外地坪标高以及门窗等各部位的高度。剖面图中的高度尺寸也有三道：第一道尺寸靠近外墙，从室外地面开始分段标出窗台、门、窗洞口等尺寸；第二道尺寸注明房屋各层层高；第三道尺寸为房屋建筑物的总高度。

（3）表示建筑物主要承重构件的位置及相互关系，如各层的梁、板、柱及墙体的连接关系等。

（4）表示屋顶的形式及泛水坡度等。

（5）索引符号。在剖面图中，对于需要另用详图说明的部位或构件，都要加索引符号，以便互相查阅、核对。

（6）施工中需注明的有关说明等。

9.5.3 识读建筑剖面图

如图 9-24 所示为住宅楼的 2—2 剖面图。

（1）先了解剖面图的剖切位置与编号，从底层平面图（图 9-19）上可以看到 2—2 剖

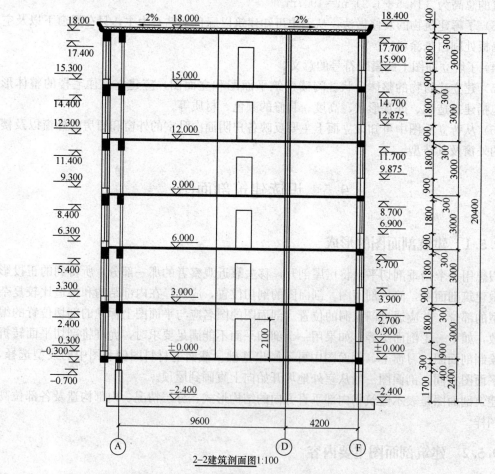

图 9-24　2—2 剖面图

面图的剖切位置在⑤、⑥轴线之间，断开位置从客厅、餐厅到厨房，切断了客厅的飘窗和厨房的外窗。

（2）了解被剖切到的墙体、楼板和屋顶，从图9-24中看到，被剖切到的墙体有A轴线墙体、D轴线墙体和F轴线的墙体及其上的窗洞。识读到挑檐的形状及屋面排水坡度为2%。

（3）了解可见的部分，2-2剖面图中可见部分主要是入户门，门高2100mm，门宽在平面图上表示为900mm。

（4）了解剖面图上的尺寸标注。从左侧的标高可知飘窗的高度，从右侧的标高可知厨房外窗的高度。建筑物的层高为3000mm，从地下室到屋顶的高度为20.4m。

9.6 识读建筑详图

建筑详图就是把房屋的细部或构、配件的形状、大小、材料和做法等，按正投影的原理，用较大的比例绘制出来的图样。它是建筑平面图、立面图和剖面图的补充，有时建筑详图也称大样图。建筑详图主要表示以下内容：建筑构配件（如门、窗、楼梯、阳台）的详细构造及连接关系；建筑物细部及剖面节点（如檐口、窗台、明沟、楼梯扶手、踏步、楼层地面、屋顶层等）的形式、做法、用料、规格及详细尺寸；施工要求及制作方法。

建筑详图主要有：外墙详图、楼梯详图、阳台详图、门窗详图等。下面介绍建筑施工图中常见的详图。

9.6.1 识读外墙身详图

外墙身详图也叫外墙大样图，是建筑外墙剖面图的放大图样，假想用一个垂直于墙体轴线的铅垂剖切平面，将墙体某处从防潮层到屋顶剖开，得到的建筑剖面图的局部放大图即为外墙详图。外墙详图主要用来表示外墙各部位的详细构造、材料做法及详细尺寸。如檐口、圈梁、过梁、墙厚、雨罩、阳台、防潮层、室内外地面、散水等。

在画外墙详图时，一般在门窗洞口中间用折线断开，实际上成了几个节点详图的组合，有时也可不画整个墙身的详图，而是把各个节点的详图分别单独绘制。在多层房屋中，各层构造情况基本相同，可只画墙脚、檐口和中间部分三个节点，即画底层，中间层和顶层的三个部位组合图。门窗一般采用标准图集，为了简化作图，通常采用省略方法画，即门窗在洞口处断开。

9.6.1.1 外墙身详图的内容

（1）外墙墙脚主要是指一层窗台及以下部分，包括散水（或明沟）、防潮层、踢脚、一层地面、勒脚等部分的形状、大小材料及其构造情况。

（2）中间部分主要包括楼板层、门窗过梁、圈梁的形状、大小材料及其构造情况。还应表示出楼板与外墙的关系。

（3）檐口应表示出屋顶、檐口、女儿墙、屋顶圈梁的形状、大小、材料及其构造情况。

墙身大样图一般用1:20的比例绘制，由于比例较大，各部分的构造如结构层、面层的构造均应详细表达出来，并画出相应的图例符号。

9.6.1.2 识读外墙身详图

图 9-25 所示为某住宅的墙身大样图，识读时应按如下顺序进行。

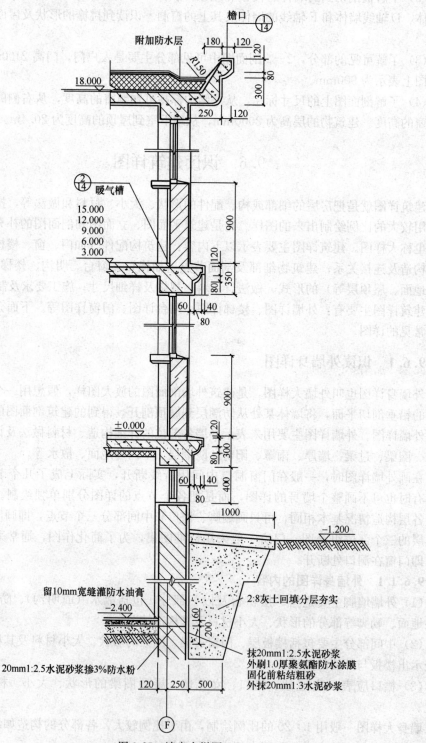

图 9-25 墙身大样图（一）

(1) 了解墙身详图的图名和比例。该图为住宅楼③轴线的大样图。比例1∶200。

(2) 了解墙脚构造。从图中看到，该楼墙脚防潮层采用20mm厚1∶2.5水泥砂浆内掺3%防水粉。地下室地面与外墙相交处留10mm宽缝，灌防水油膏。外墙外表面的防潮做法是：先抹20mm厚1∶2.5水泥砂浆，水泥砂浆外刷1.0mm厚聚氨酯防水涂膜，在涂膜固化前粘结粗砂，再抹20mm厚1∶3水泥砂浆。散水留缝做法与地下室相同，地下室顶板贴聚苯保温板。由于目前通用标准图集中有散水、地面、楼面的做法，因而在墙身大样图中一般不再表示散水、楼、地面的做法，而是将这部分做法放在施工说明的工程做法表中具体反映。

(3) 了解中间节点可知窗台高900mm；120mm宽的暖气槽做法另见详图；楼板与过梁浇注成整体，楼板标高3.000m、6.000m、9.000m、12.000m、15.000m表示该节点适应于二～六层的相同部位。

(4) 了解檐口部位。从图中可知檐口的具体形状及尺寸，檐沟是由保温层形成，檐沟处附加一层防水层，檐口顶部做法有详图。

图9-26所示为飘窗处墙体的详细做法。从图中可以看到，墙身大样图（二）与墙身大样图（一）基本相同，如檐口的做法、墙脚防潮层、散水、墙体防潮做法等，而该详图主要表示客厅飘窗的做法，窗内护窗栏杆的做法。

9.6.2 识读楼梯详图

楼梯是建筑中上下层之间的主要垂直交通工具，目前最常用的楼梯是钢筋混凝土材料浇制的。楼梯一般由四大部分组成：楼梯段、休息平台、栏杆和扶手，另外还有楼梯梁、预埋件等。如图9-27所示。

楼梯按形式分有单跑楼梯、双跑楼梯、三跑楼梯、转折楼梯、弧形楼梯、螺旋楼梯等。由于双跑楼梯具有构造简单、施工方便、节省空间等特点，因而目前应用最广。双跑楼梯是指每层楼有两个梯段连接。楼梯按传力途径分有板式楼梯和梁板式楼梯，板式楼梯的传力途径是荷载由板传至平台梁，由平台梁传至墙或梁，再传给基础或柱梁板式楼梯的荷载由梯段传至支撑梯段的斜梁，再由斜梁传至平台梁。板式楼梯和梁板式楼梯如图9-28所示。

由于楼梯构造复杂，建筑平面图、立面图和剖面图的比例比较小，楼梯中的许多构造无法反映清楚，因此，建筑施工图中一般均应绘制楼梯详图。

楼梯详图是由楼梯平面图、楼梯剖面图和楼梯节点详图三部分构成。

9.6.2.1 楼梯平面图

楼梯平面图就是将建筑平面图中的楼梯间比例放大后画出的图样，比例通常为1∶50。包含有楼梯底层平面图、楼梯标准层平面图和楼梯顶层平面图等。楼梯平面图是距地面1m以上的位置，用一个假想的剖切平面，沿着水平方向剖开（尽量剖到楼梯间的门窗），然后向下作投影得到的投影图。楼梯平面图一般应分层绘制。如果中间几层的楼梯构造、结构、尺寸均相同的话，可以只画底层、中间层和顶层的楼梯平面图。底层平面图是从第一个平台下方剖切的，将第一跑楼梯段断开（用倾斜30°、45°的折断线表示），因此只画半跑楼梯，用箭头表示上或下的方向，以及一层和二层之间的踏步数量，如上20，表示一层至二层有20个踏步。楼梯标准层平面图是从中间层房间窗台上方剖切，既应画出被

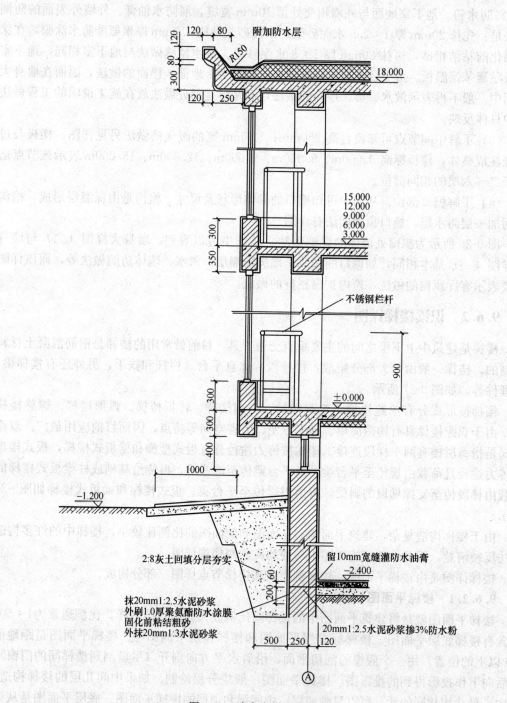

图 9-26 墙身大样图（二）

剖切的上行部分梯段，还要画出由该层下行的部分梯段，以及休息平台。楼梯顶层平面图是从顶层房间窗台上剖切的，没有剖切到楼梯段（出屋顶楼梯间除外），因此平面图中应画出完整的两跑楼梯段，及中间休息平台，并在楼梯口处注"下"及箭头。

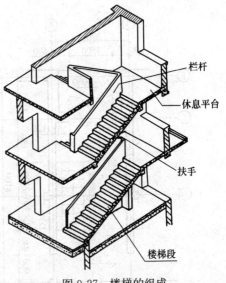

图 9-27 楼梯的组成

1. 楼梯平面图内容

(1) 楼梯间的位置。用定位轴线表示。

(2) 楼梯间的开间、进深、墙体的厚度。

(3) 梯段的长度、宽度以及楼梯段上踏步的宽度和数量。通常把梯段长度尺寸和每个踏步宽度尺寸合并写在一起，如 10×300mm＝3000mm，表示该梯段上有 10 个踏面，每个踏面的宽度为 300mm，整跑梯段的水平投影长度为 3000mm。

(4) 休息平台的形状和位置。

(5) 楼梯井的宽度。

(6) 各层楼梯段的起步尺寸。

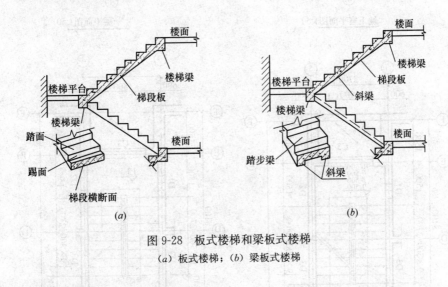

图 9-28 板式楼梯和梁板式楼梯
(a) 板式楼梯；(b) 梁板式楼梯

(7) 各楼层的标高、各平台的标高。

(8) 在底层平面图中还应标注出楼梯剖面图的剖切符号。

2. 识读楼梯平面图

现以如图 9-29 所示某住宅楼楼梯平面图为例说明其识读方法。

(1) 了解楼梯间在建筑物中的位置。从图 9-20 中可知该楼有两部楼梯，分别位于 C－E 轴线和 3－5 轴线与 9－11 轴线的范围内。

(2) 了解楼梯间的开间、进深、墙体的厚度、门窗的位置。从图 9-29 中可知，该楼梯间开间为 2700mm，进深为 6600mm，墙体的厚度：外墙为 370mm，内墙为 240mm，

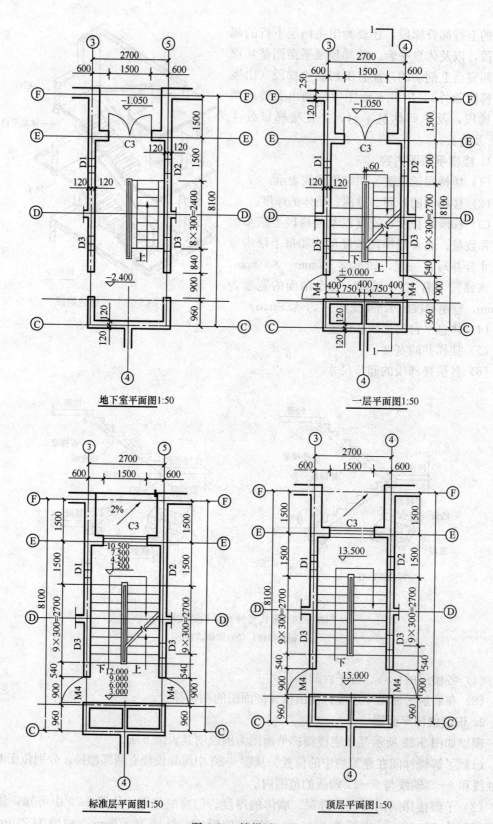

图 9-29 楼梯平面图

门窗居外墙中，洞宽都为 1500mm。

（3）了解楼梯段、楼梯井和休息平台的平面形式、位置、踏步的宽度和数量。该楼梯为双跑式，梯段的宽度为 1170mm，每楼梯段有 9 个踏步，踏步宽 300mm，整段楼梯水平投影长度为 2700mm，梯井的宽度为 120mm，平台的宽度为（1500－120）mm = 1380mm。

（4）了解楼梯的走向以及上下行的起步位置，该楼梯走向如图中箭头所示，两面平台的起步尺寸分别为：地下室 840mm，其他层 540mm。

（5）了解楼梯段各层平台的标高，图中入口处地面标高为－1.050，其余平台标高分别为 1.500、4.500、7.500、10.500、13.500。

（6）在底层平面图中了解楼梯剖面图的剖切位置及剖视方向。

9.6.2.2 识读楼梯剖面图

楼梯剖面图是用假想的铅垂剖切平面通过各层的一个梯段和门窗洞口将楼梯垂直剖切，向另一未剖到的梯段方向投影，所作的剖面图。楼梯剖面图主要表达楼梯踏步、平台的构造、栏杆的形状以及相关尺寸。比例一般为 1∶50、1∶30 或 1∶40，习惯上如果各层楼梯构造相同，且踏步尺寸和数量相同，楼梯剖面图可只画底层、中间层和顶层剖面图，其余部分用折断线将其省略。楼梯剖面图应注明各楼楼层面、平台面、楼梯间窗洞的标高、踢面的高度。踏步的数量以及栏杆的高度。

下面以如图 9-30 所示的某住宅楼楼梯剖面图为例，说明楼梯剖面图的识读方法。

（1）了解楼梯的构造形式，从图中可知该楼梯的结构形式为板式楼梯，双跑。

（2）了解楼梯在竖向和进深方向的有关尺寸，从楼层标高和定位轴线间的距离可知该楼层高 3000mm，进深 6600mm。

（3）了解楼梯段、平台、栏杆、扶手等的构造和用料说明。

（4）被剖切梯段的踏步级数，从图中 7×150mm＝1050mm 表示从楼门入口处至一层地面需上 7 个踏步，从 10×150mm＝1500mm 得知每个梯段的踢面高 150mm，整跑楼梯段的垂直高度为 1500mm。以上各梯段的构造与此梯段相同。

（5）了解图中的索引符号，从而知道楼梯细部做法。

9.6.2.3 识读楼梯节点详图

楼梯节点详图主要表达楼梯栏杆、踏步、扶手的做法，如采用标准图集，则直接引注标准图集代号，如采用的形式特殊，则用 1∶10、1∶5、1∶2 或 1∶1 的比例详细表示其形状、大小、所采用材料以及具体做法。如图 9-31 所示，为该楼梯的两个节点详图。该详图主要表示踏步防滑条的做法，即防滑条的具体位置和采用的材料。

9.6.3 识读其他详图

（1）门窗详图。一般门窗包括立面图、节点大样图等内容。如图 9-32 所示是塑钢水平推拉窗构造节点详图。节点详图是针对构件某个部位剖切后画出的投影图。为了简明一般不画窗的剖面图，以节点详图代替，它表明各部件断面形状、用料、尺寸等，剖切编号对应与立面图上断面剖切符号。

（2）有特殊设备的详图，如卫生间详图等。由于在各层建筑平面图中，采用的比例较小，一般为 1∶100，所表示出的卫生间某些细部图形太小，无法清晰表达，所以需要放大

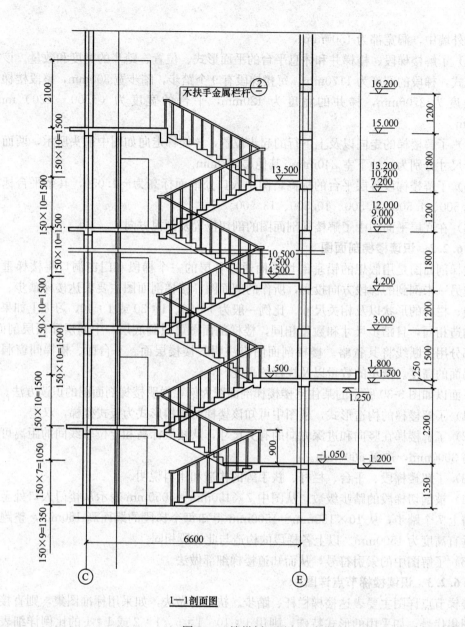

1—1 剖面图

图 9-30 楼梯剖面图

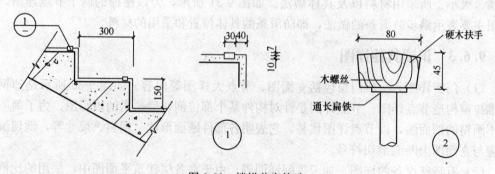

图 9-31 楼梯节点构造

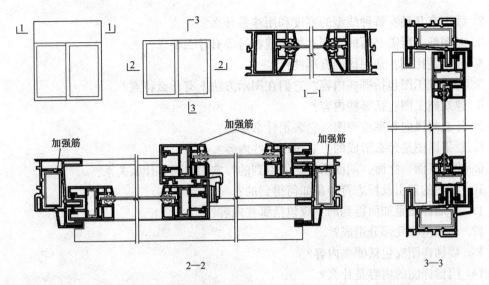

图 9-32 塑钢窗节点详图

比例绘制,选择的比例一般为 1∶50、1∶20。以此来反映卫生间的详细布置与尺寸标注,这种图样称为卫生间详图。如图 9-33 所示是一卫生间详图,根据图示的定位轴线和编号,可以方便地知道它在各层平面图中的位置,更可以了解内部卫生设备的类型、数量、布置位置、相应尺度和详图索引符号等。一般卫生洁具为采购产品,不用标注详细尺寸,只需定位即可。图中两处标高,指明了卫生间室内和门外走廊的建筑标高,箭头显示排水方向,坡度为 1‰。

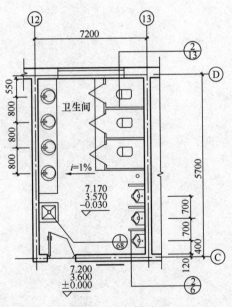

图 9-33 卫生间详图

思 考 题

1. 图纸幅面有几种规格?标题栏、会签栏画在图纸什么位置?

2. 线型有几种？每种线型的宽度和用途是什么？
3. 对图纸上所需书写的文字、数字或符号等有什么要求？
4. 什么是比例？常用比例有哪些？
5. 房屋施工图包括哪些内容？它们在图示方法上有什么特点？
6. 建筑施工图包括哪些内容？
7. 什么叫风向频率玫瑰图？它表示什么意思？
8. 总平面图是怎么形成的？它包括哪些内容？
9. 建筑平面、立面、剖面图是如何得到的？它们之间有什么关系？
10. 详图的索引及标志符号是如何得到的？
11. 外墙详图是如何得到的？应包括哪些内容？
12. 楼梯由哪几部分组成？
13. 楼梯详图应包括哪些内容？
14. 门窗详图的内容是什么？

第10章 识读结构施工图

内 容 提 要

建筑物外部造型千姿百态,不论其造型如何,都靠承重骨架体系来支撑,这种体系为建筑结构。结构的布置图是房屋承重结构的整体布置图,主要表示结构构件的位置、数量、型号及相互关系。常用的结构平面布置图有基础平面布置图、楼层结构平面图、柱网平面图等。本章主要介绍了结构施工图的基本知识、识读基础和楼层结构施工图、识读钢结构施工图、地质勘探图、构筑物施工图和查阅构配件图等。

10.1 结构施工图概述

10.1.1 结构施工图的基本知识

表示建筑物的各承重构件(如基础、承重墙、柱、梁、板、屋架、屋面板等)的布置、形状、大小、数量、类型、材料做法以及相互关系和结构形式等图样称为结构施工图,简称"结施"。

10.1.1.1 结构施工图的内容
(1) 结构设计说明。
(2) 结构平面图。包括:基础平面图,楼层结构平面图,屋面结构平面图,柱网平面图等。
(3) 构件详图。包括:梁、板、柱以及基础结构详图,楼梯结构详图,屋架结构详图,其他详图如支撑详图等。

结构施工图主要作为施工放线,构件定位,挖基槽,支模板、绑钢筋,浇筑混凝土,安装梁、板、柱等构件以及编制预算、备料和作施工组织计划等的依据。

10.1.1.2 常用构件代号和钢筋符号

建筑结构构件种类繁多,为了图示简明、清晰、便于阅读,"国标"规定了各种构件的代号,现将常用的构件代号列表说明,见表10-1。

常用结构构件的代号 表10-1

序号	名称	代号	序号	名称	代号	序号	名称	代号
1	板	B	9	屋面梁	WL	17	框架柱	KZ
2	屋面板	WB	10	吊车梁	DL	18	柱	Z
3	空心板	KB	11	圈梁	QL	19	基础	J
4	密肋板	MB	12	过梁	GL	20	梯	T
5	楼梯板	TB	13	连系梁	LL	21	雨篷	YP
6	盖板或沟盖板	GB	14	基础梁	JL	22	阳台	YT
7	墙板	QB	15	楼梯梁	TL	23	预埋件	M
8	梁	L	16	屋架	WJ	24	钢筋网	W

另外在结构施工图中，为了便于标注和识别钢筋，每一种类钢筋都用一个符号表示，表 10-2 中列出的是常用钢筋符号。

常用钢筋符号　　　　　　　　　　表 10-2

钢筋牌号	符号	钢筋牌号	符号
HPB300	Φ	RRB400	Φ^R
HRB335	Φ	冷拔低碳钢丝	Φ^b
HRB400	Φ	冷拉Ⅰ级钢筋	Φ^L

10.1.2 钢筋混凝土构件图

10.1.2.1 钢筋混凝土知识

混凝土是由水泥、砂、石子和水，按一定的比例混合搅拌，然后注入定型模板内，再经振捣密实和养护凝固后，就形成坚硬如石的混凝土构件。混凝土构件的抗压强度较高。混凝土的强度等级分为 C15、C20、C25、C30、C35、C40、C45、C50、C55、C60、C65、C70、C75 及 C80 等十四个等级，数字越大，表示混凝土抗压强度越高。混凝土虽然抗压强度很高，但抗拉强度较低，在受拉状态下容易发生断裂。因此为了提高混凝土的抗拉能力，常在混凝土构件的受拉区域内配置一定数量的钢筋。由混凝土和钢筋这两种材料构成整体的构件，称为钢筋混凝土构件。钢筋混凝土构件可以在施工现场浇制，称为现浇钢筋混凝土构件；也可以在工厂预先生产制作，称为预制钢筋混凝土构件。

10.1.2.2 钢筋的分类和作用

钢筋混凝土结构中，配置的钢筋按其作用不同，可分为以下几种：

1. 受力筋

受力筋是钢筋混凝土结构中承受拉（或压）应力的钢筋。如图 10-1（a）、（b）所示。

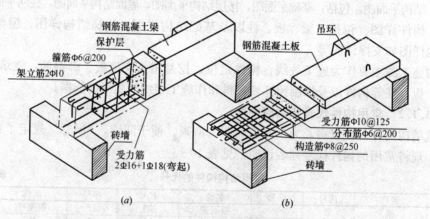

图 10-1　混凝土构件的内部结构

2. 箍筋

亦称为钢箍，在构件内主要起着固定受力筋位置的作用，并可承受部分剪应力。如图 10-1（a）所示。

3. 架立筋

用于梁类构件中,主要用来固定梁内箍筋的位置,使构件中的钢筋骨架成型。如图 10-1(a)所示。

4. 分布筋

用于板类构件中,与板内的受力筋垂直布置,其主要作用是固定受力筋的位置,同时将承受的载荷均匀地传给受力筋,并可抵抗混凝土硬化时收缩及温度变化时而产生的应力。如图 10-1(b)所示。

5. 其他

因构件的构造要求和施工安装要求而配置的构造筋,如腰筋、吊环、预埋锚固筋等。

10.1.2.3 钢筋的弯钩

为了增强钢筋在混凝土构件中的锚固能力,我们可以使用表面带有人字纹或螺纹的受力筋。如果受力筋是光圆钢筋,则在钢筋的两端要做成弯钩的形状。钢筋两端的弯钩形式和画法如图 10-2 所示。在图 10-2 中,图(a)和图(b)分别画出了半圆弯钩和直弯钩的形式,上面的图中分别标注了弯钩的尺寸,下面的图则是两种弯钩的简化画法。图(c)仅画出了钢箍的简化画法,钢箍弯钩的长度,一般分别在两端各伸长 50mm 左右。

10.1.2.4 保护层

为了加强钢筋与混凝土的粘结力,并防止钢筋的锈蚀,在钢筋混凝土构件中,钢筋至构件的表面应有一定厚度的混凝土,这层混凝土就叫做保护层。《混凝土结构设计规范》GB 50010—2010 中 8.2.1 条,规定设计使用年限为 50 年的混凝土

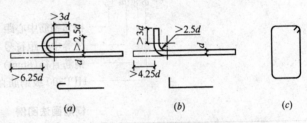

图 10-2 常见的钢筋弯钩形式
(a) 钢筋的半圆弯钩;(b) 钢筋的直弯钩;(c) 钢箍的弯钩

结构,最外层钢筋的保护层厚度应符合表 10-3 的规定;设计使用年限为 100 年的混凝土结构,最外层钢筋的保护层厚度不应小于表 10-3 中数值的 1.4 倍。普通钢筋及预应力钢筋,其混凝土保护层厚度(钢筋外边缘至混凝土表面的距离)不应小于钢筋的公称直径,且应符合表 10-3 的规定。一般设计中是采用最小值的。

混凝土保护层的最小厚度(mm)   表 10-3

环境类别	板、墙、壳	梁、柱、杆
一	15	20
二 a	20	25
二 b	25	35
三 a	30	40
三 b	40	50

10.1.2.5 钢筋混凝土结构图的内容和表达方法

钢筋混凝土结构图由结构布置平面图和构件详图组成。结构布置平面图表示承重构件的布置、类型和数量。构件详图分为配筋图、模板图、预埋件详图及材料用量表等。配筋图着重表示构件内部的钢筋配置、形状、数量和规格,包括立面图、截面图和钢筋详图。

模板图只用于较复杂的构件,以便于模板的制作和安装。

1. 配筋图

为了表示构件内部钢筋的配置情况,假定混凝土是透明体,在图样上只画出构件内部钢筋的配置情况,这样的图称为配筋图。配筋图中的钢筋用粗实线画出,外形轮廓用细实线表示。在截面图中被剖切到的钢筋用黑圆点表示,未被剖切到的钢筋仍然用粗实线表示,在结构施工图中钢筋的常规画法见表10-4。

2. 钢筋的标注法

在配筋图中,要标注出钢筋的等级、数量、直径、长度和间距等,一般采用引出线方式标注,通常有两种标注形式。

(1) 标注钢筋的级别、根数、直径。如梁内的受力筋和架立筋。

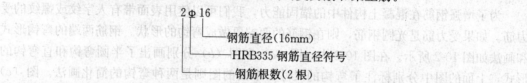

(2) 标注钢筋级别、钢筋直径及相邻钢筋中心距。如梁内的箍筋及板内的分布筋。

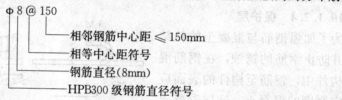

钢筋画法图例　　　　　　　　　　　　　　　表10-4

序号	名　称	图　例	说　明
1	钢筋横断面	●	—
2	无弯钩的钢筋端部		下图表示长,短钢筋投影重叠时,短钢筋的端部用45°短划线表示
3	带半圆形弯钩的钢筋端部		—
4	带直钩的钢筋端部		—
5	带丝扣的钢筋端部		—
6	无弯钩的钢筋搭接		—
7	带半圆弯钩的钢筋搭接		—
8	带直钩的钢筋搭接		—
9	花篮螺丝钢筋接头		—

续表

序号	名称	图例	说明
10	—	(底层) (顶层)	在结构楼板中配置双层钢筋时,底层钢筋的弯钩应向上或向左,顶层钢筋的弯钩则向下或向右
11	—	JM/YM	钢筋混凝土墙体配双层钢筋时,在配筋立面图中,远面钢筋的弯钩应向上或向左而近面钢筋的弯钩向下或向右(JM近面,YM远面)
12	—		若在断面图中不能表达清楚的钢筋布置,应在断面图外增加钢筋大样图(如:钢筋混凝土墙,楼梯等)
13	—		图中所表示的箍筋、环筋等若布置复杂时,可加画钢筋大样及说明

在上述两种标注形式中,一般应将钢筋编号。编号的方法是从要标注的钢筋处画一条引出线,引出线的一端画一直径为6mm细实线圆,圆内注写出该钢筋的编号数字,引出线的上侧写出此类钢筋的根数、种类等。如图10-3所示。

10.1.2.6 识读钢筋混凝土梁配筋图

1. 配筋立面图和截面图

钢筋混凝土梁配筋图由配筋立面图和截面图表示出它的外形轮廓及梁内各钢筋的配置

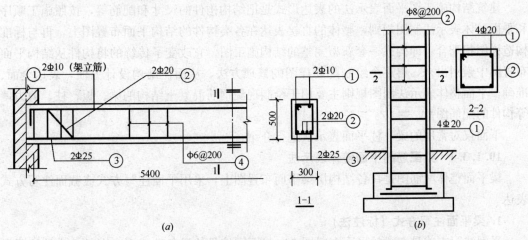

图10-3 钢筋混凝土梁、柱配筋图
(a) 梁配筋图;(b) 柱配筋图

情况。如图 10-3 所示。配筋图中除了表达出钢筋在构件中的位置、形状之外，还要对每一类钢筋进行编号，并标注出钢筋的种类、数量和规格等。

在立面图中还要标出构件的主要尺寸，如梁的长度、净跨尺寸等。截面图中钢筋的编号、种类、数量等均应与立面图一致，其注法也相同。

2. 钢筋明细表

钢筋混凝土梁结构图除了配筋图外，还需将构件中所采用的钢筋列出一个详细的表格，见表 10-5。钢筋明细表包括钢筋编号、形状尺寸、规格、根数。钢筋明细表是钢筋施工下料、设计计算构件用钢量及编制预算的主要依据。在实际操作中，由于钢筋的弯曲长度有延伸，在施工时应在钢筋长度中减去其延伸长度。

钢 筋 表　　　　　　　　表 10-5

钢筋编号	钢筋规格	简 图	长度(mm)	每根件数	总根数	总长(m)	重量累计(kg)
①	Φ12		3640	2	2	7.28	7.41
②	Φ12		4204	1	1	4.204	4.55
③	Φ6		3490	2	2	6.980	1.55
④	Φ6		700	18	18	12.600	2.80

10.1.3　钢筋混凝土构件的平面整体表示法

为了提高设计效率、简化绘图、缩减图纸数量，并且使施工看图、记忆和查找方便，我国推出了国家标准图集如《混凝土结构施工图平面整体表示方法制图规则和构造详图》(11G101-1)。该图集包括两大部分内容：平面整体表示法制图规则和标准构造详图。该标准中介绍的平面整体表示法易随机修正，大大简化了绘图过程。

建筑结构施工图平面表示法的表达形式是把结构构件的尺寸和配筋等，按照施工顺序和平面整体表示法制图规则，整体的直接表达在各类构件的结构平面布置图上，再与标准构造详图相配合，即构成一套新型完整的结构施工图。它改变了传统的将构件从结构平面布置图中索引出来，再逐个绘制配筋详图的繁琐方法，从而使结构设计方便，表达全面、准确。平面整体表示法制图规则主要用于绘制现浇钢筋混凝土结构的梁、板、柱、剪力墙等构件的配筋图。

下面仅对常用的梁、柱平面表示法进行介绍。

10.1.3.1　梁配筋的平面整体表示法

梁平面整体配筋图是在各结构层梁平面布置图上，采用平面注写方式或截面注写方式表达。

1. 梁平面注写方式（标注法）

平面注写方式是在梁的平面布置图上，将不同编号的梁各选一根，在其上直接注明梁代号、断面尺寸 $b×h$（宽×高）和配筋数值。当某跨断面尺寸或箍筋与基本值不同时，则将其特殊值从所在跨中引出另注。平面注写方式是在梁平面布置图上分别在不同编号的梁中各选一根梁，在其上注写截面尺寸和配筋具体数值的方式表达梁平法施工图，如图10-4所示。

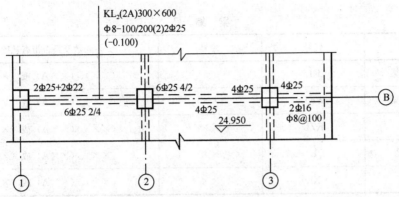

图10-4 梁平面整体配筋图平面注写方式

平面注写包括集中标注和原位标注。集中标注表达梁的通用数值，梁集中标注的内容为四项必注值和一项选注值，它们分别是：

(1) 梁编号。梁编号为必注值，编号方法见表10-6。

(2) 梁截面尺寸。梁截面尺寸为必注值，用 $b×h$ 表示。当有悬挑梁，且根部和端部的高度不相同时，用 $b×h_1/h_2$ 表示。

(3) 梁箍筋。梁箍筋为必注值，包括箍筋级别、直径、加密区与非加密区间距及肢数。

(4) 梁上部贯通筋和架立筋根数。

(5) 梁顶面标高高差。此项为选注值。梁顶面标高高差是指相对于结构层楼面标高的高差值。

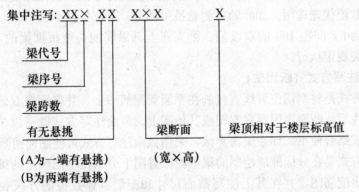

原位注写表达梁的特殊数值。将梁上、下部受力筋逐跨注写在梁上、梁下位置，

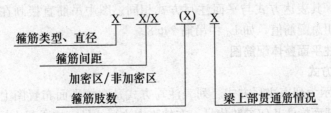

如受力筋多于一排时，用斜线"/"将各排纵筋自上而下分开。另外，当同排钢筋为两种直径时，可用"+"号相连表示。梁侧面配有抗扭钢筋时，可冠以"*"号注写在梁的一侧。

梁 编 号　　　　　　　　　　　　　　　　　表 10-6

梁类型	代号	序号	跨数及是否带有悬挑
楼层框架梁	KL	××	(××)、(××A) 或 (××B)
屋面框架梁	WKL	××	(××)、(××A) 或 (××B)
框支梁	KZL	××	(××)、(××A) 或 (××B)
非框架梁	L	××	(××)、(××A) 或 (××B)
悬挑梁	XL	××	(××)、(××A) 或 (××B)

如图 10-4 所示表达了在③轴线上梁的情况，引出线部分为集中标注。KL_2 (2A) 300×600 中 KL_2 表示 2 号框架梁，(2A) 中的 2 表示梁共有两跨，A 表示一端有悬挑，梁断面 300mm×600mm；Φ8-100/200 (2) 2Φ25 表明此梁箍筋是 ϕ8 间距 200mm，加密区间距 100mm，2Φ25 表示在梁上部贯通直径为 25mm 的钢筋 2 根；(-0.100) 表示梁顶相对于楼层标高 24.950 低 0.100m，在 B 轴与①~②轴之间梁下部中间段 6Φ25 2/4 为该跨梁下部配筋，上一排纵筋为 2Φ25，下一排纵筋为 4Φ25 全部伸入支座。在①轴处梁上部注写的 2Φ25+2Φ22，表示梁支座上部有 4 根纵筋，2Φ25 放在角部，2Φ22 放在中部。当梁支座两边的上部纵筋相同时，可仅在一边标注配筋值，另一边省略不注，如②轴梁上端所示。当集中注写的数值中某一项（或几项）数值不适用于某跨或某悬挑部分时，则按其不同数值原位注写在该跨或该悬挑部分处，施工时按原位标注的数值优先选用。如③轴右侧悬挑梁部分，下部标注Φ8@100，表示悬挑部分的箍筋通长都为Φ8 间距 100 的双肢箍。梁支座上部纵筋的长度根据梁的不同编号类型，按标准中的相关规定执行。

2. 梁截面注写方式（断面法）

截面注写方式是将剖切位置线直接画在平面梁配筋图上，并将原来双侧注写的剖切符号简化为单侧注写，断面详图画在本图或其他图上。截面注写方式既可以单独使用，也可与平面注写方式结合使用，如在梁密集区，采用截面注写方式可使图面清晰。

截面注写方式是在分标准层绘制的梁平面布置图上分别在不同编号的梁中各选择一根梁用剖面号引出配筋图，并在其上注写截面尺寸和配筋具体数值的方式表达梁平法施工图。如图 10-5 所示，在截面配筋图上注写截面尺寸 $b×h$、上部筋、下部筋、侧面筋和箍筋的具体数值时，其表达方式与平面注写方式相同。图中吊筋直接画在平面图中的主梁上，用引出线注明总配筋值，如 L_3 中吊筋 2Φ8。

10.1.3.2 柱平面整体配筋图

1. 列表注写方式

如图 10-6 所示为列表注写方式。列表注写方式是在柱平面布置图上分别在同一编号的柱中选择一个截面标注几何参数代号；在柱表中注写柱号、柱段起止标高、几何尺寸与

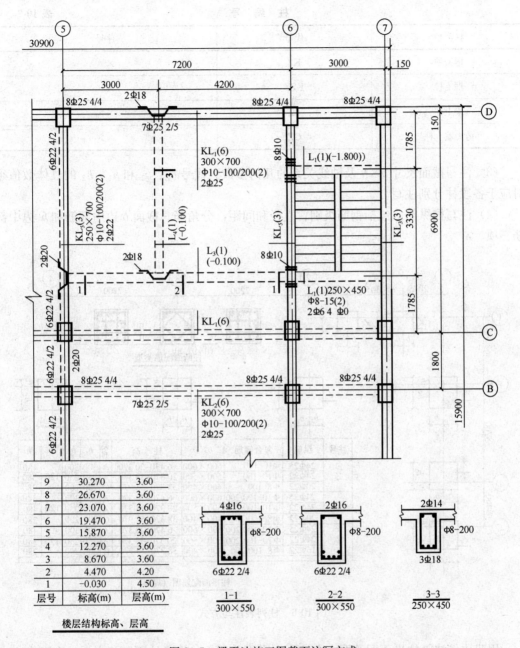

图 10-5 梁平法施工图截面注写方式

配筋的具体数值,并配以各种柱截面形状及其箍筋类型图的方式表达柱平法施工图。柱的编号方法见表 10-7。

柱表注写的内容有:

(1) 注写柱编号。柱编号由类型编号和序号组成。

(2) 注写各段柱的起止标高。自柱根部往上以变截面位置或截面未变但配筋改变处为界分段注写。

柱　编　号			表 10-7
柱类型	代号	序号	
框架柱	KZ	××	
框支柱	KZZ	××	
梁上柱	LZ	××	
剪力墙上柱	QZ	××	

(3) 注写截面尺寸 $b \times h$ 及轴线关系的几何参数。代号 b_1、b_2 和 h_1、h_2 的具体数值须对应于各段柱分别注写。

(4) 注写柱纵筋。包括钢筋级别、直径和间距，分角筋、截面 b 边中部筋和 h 边中部筋三项。

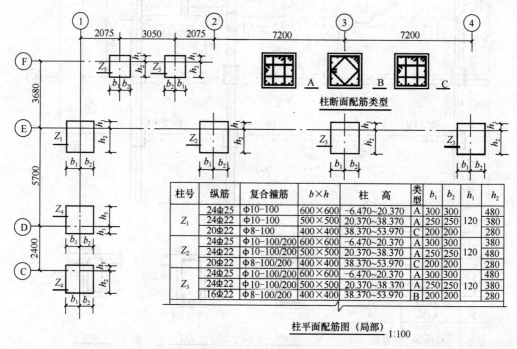

图 10-6　柱列表注写方式

用双比例法画柱平面配筋图，在柱所在平面位置 L，将各柱断面放大后，在两个方向上分别注明同轴线的关系，将柱配筋值、配筋随高度变化值及断面尺寸、尺寸随高度变化值与相应的柱高范围成组对应，在图上注明。柱箍筋间距加密区与非加密区间距值用"/"线分开。

2. 截面注写方式

柱平法施工图截面注写方式是在分标准层绘制的柱平面布置图的柱截面上分别在同一编号的柱中选择一个截面，以直接注写截面尺寸和配筋具体数值的方式表达柱平法施工图，图 10-7 是柱平法施工图截面注写方式示例。

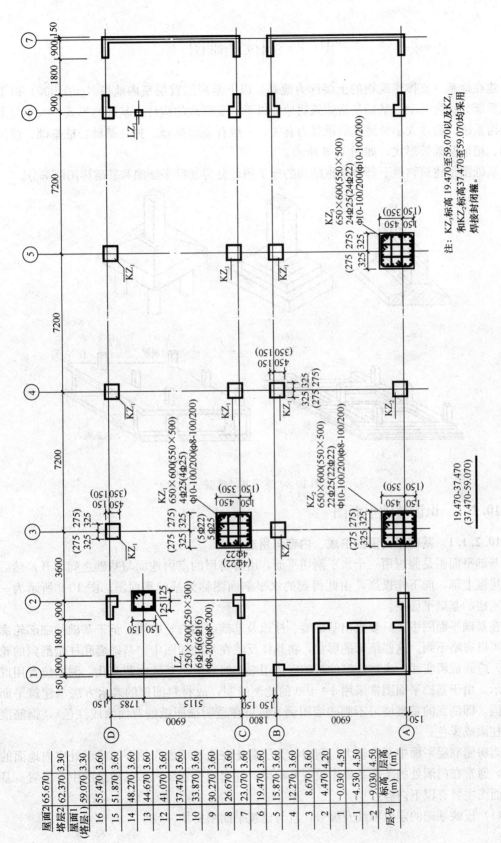

图10-7 柱平法施工图截面注写方式示例

10.2 识读基础图

建在地基(支撑建筑物的土层称为地基)以上至房屋首层室内地坪(±0.000)以下的承重部分称为基础。基础是指建筑物地面以下承受荷载的构件。基础的形式、大小与上部结构系统、荷载大小及地基的承载力有关,一般有条形基础、独立基础、桩基础、筏形基础、箱形基础等形式,如图 10-8 所示。

基础图是建筑物地下部分承重结构的施工图,分为基础平面图和基础详图两部分。

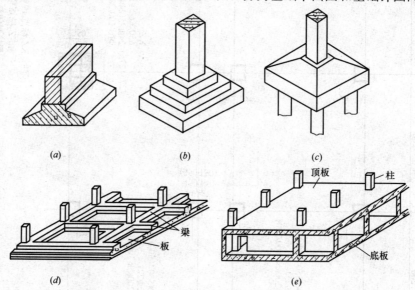

图 10-8 常见基础类型

10.2.1 识读基础平面图

10.2.1.1 基础平面图的形成、内容与用途

基础平面图是假想用一个水平剖切平面,沿着房屋的室内地面与基础之间切开,然后移去房屋上部,向下作投影,由此得到的水平剖面图称为基础平面图。图 10-9 所示为一幢住宅楼的基础平面图。

在基础平面图中,只要画出基础墙、柱以及基础底面的轮廓线,至于基础的细部轮廓线都可以省略不画。这些细部的形状,将具体反映在基础详图中。基础墙和柱是剖到的轮廓线,应画成粗实线,未被剖到的基础底部用细实线表示。基础内留有孔、洞的位置用虚线表示。由于基础平面图常采用 1:100 的比例绘制,故材料图例的表示方法与建筑平面图相同,即剖到的基础墙可不画砖墙图例(也可在透明描图纸的背面涂成红色),钢筋混凝土柱涂成黑色。

当房屋底层平面中开有较大门洞时,为了防止在地基反力作用下,门洞处室内地面的开裂,通常在门洞处的条形基础中设置基础梁,并用粗点划线表示基础梁的中心位置。基础平面图主要有以下内容:

(1) 反映基础的定位轴线及编号,且与建筑平面图要相一致。

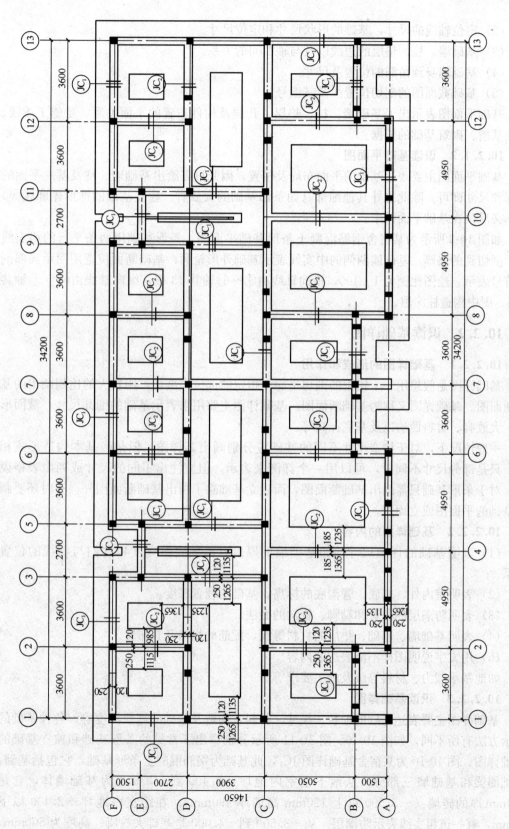

图10-9 某住宅基础平面布置图

(2) 定位轴线的尺寸,基础的形状尺寸和定位尺寸。

(3) 基础墙、柱、垫层的边线以及与轴线间的关系。

(4) 基础墙身预留洞的位置及尺寸。

(5) 基础截面图的剖切位置线及其编号。

基础平面图表示出了基础墙、柱、垫层、孔洞及构件布置的平面关系,是施工放线、开挖基槽、砌筑基础的依据。

10.2.1.2 识读基础平面图

基础平面图主要表达基础的平面布局及位置。因此只需绘出基础墙、柱及基底平面的轮廓和尺寸即可。除此之外其他细部(如条形基础的大放脚、独立基础的锥形轮廓线等)都不必反映在基础平面图中。

如图10-9所示为某宿舍钢筋混凝土条形基础平面图。条形基础用两条平行的粗实线表示剖切到的墙厚,基础墙两侧的中实线表示基础外形轮廓,基础断面位置用图示局部剖切符号表示。绘图比例为1∶100,横向轴线由①~⑬轴共13根,纵向轴线由Ⓐ~Ⓕ轴共5根。图中构造柱涂黑。

10.2.2 识读基础详图

10.2.2.1 基础详图的形成和作用

基础详图是假想用一个铅垂的剖切平面在指定的部位作剖切,用较大的比例画出的基础断面图。基础详图又称为基础断面图。基础详图主要用来表示基础的细部尺寸、截面形状、大放脚、材料做法以及基底标高等。

一般情况下,对于构造尺寸不同的基础应分别画出其详图,但是当基本构造形式相同,只是部分尺寸不同时,可以用一个详图来表示,但应注出不同的尺寸或列出表格说明。对于条形基础只需画出基础断面图,而独立基础除了画出基础断面图外,有时还要画出基础的平面图或立面图。

10.2.2.2 基础详图的内容

(1) 表明基础的详细尺寸,如基础墙的厚度,基础底面宽度和它们与轴线的位置关系。

(2) 表明室内外、基底、管沟底的标高,基础的埋置深度。

(3) 表明防潮层的位置和勒脚、管沟的做法。

(4) 表明基础墙、基础、垫层的材料等级,配筋的规格及其布置。

(5) 用文字说明图样不能表达的内容。

如地基承载力、材料等级及施工要求等。

10.2.2.3 识读基础详图

基础详图主要表达基础的形状、尺寸、材料、构造及基础的埋置深度等。各种基础的图示方法有所不同,如图10-10、图10-11所示分别举出了常见的条形基础和独立基础的基础详图。图10-10为某宿舍基础详图JC_1,此基础为钢筋混凝土条形基础,它包括基础、基础圈梁和基础墙三部分。从地下室室内地坪-2.400到-3.500为基础墙体,它是370mm厚的砖墙(-3.500以上120mm高墙厚490mm)。在距室内地坪-2.400以下60mm,有一道粗实线表示防潮层。从-3.500到-4.000是基础大放脚,高度为500mm,

宽度为2400mm，在基础底板配有一层Φ12@100的受力钢筋和一层Φ8@200的分布筋。基础圈梁JQL与基础大放脚浇筑在一起，顶面标高为-3.500，其截面尺寸为：宽450mm，高500mm，配筋为上下各4Φ14钢筋，箍筋为Φ6@250的双肢箍。基础下有110mm厚的C15素混凝土垫层。

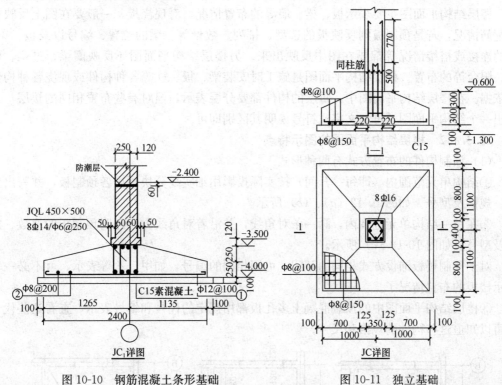

图10-10 钢筋混凝土条形基础

图10-11 独立基础

图10-11为一锥形的独立基础。它除了画出垂直剖视图外，还画出了平面图。垂直剖视图清晰地反映了基础柱、基础及垫层三部分。基础底部为2000mm×2200mm的矩形，基础为高600mm的四棱台形，基础底部配置了Φ8@150、Φ8@100的双向钢筋。基础下面是C15素混凝土垫层，高100mm。基础柱尺寸为400mm×350mm，预留插筋8Φ16，钢筋下端直接插入基础内部，上端与柱中的钢筋搭接。

10.3 识读楼层结构平面图和构件详图

10.3.1 楼层结构平面图概述

10.3.1.1 楼层结构平面图的形成、用途和内容

在结构施工图中，表示建筑物上部的结构布置的图样，称为结构布置图。在结构布置图中，以结构平面图的形式为最多。楼层结构平面图是假想用一个水平剖切平面沿着楼面将房屋剖切后作的楼层水平投影，称为楼层结构平面图，也称为楼层结构平面布置图。

它是用来表示每层楼层的梁、板、柱、墙的平面布置，现浇钢筋混凝土楼板的构造与配筋，以及它们之间的结构关系。

楼层结构平面图包括以下内容：
(1) 建筑物各层结构布置的平面图；
(2) 各节点的截面详图；
(3) 构件统计表、钢筋表和文字说明。

楼层结构平面图主要表示板、梁、墙等的布置情况。对现浇板，一般要在图上反映板的配筋情况，若是预制板则反映板的选型、排列、数量等。梁的位置、编号以及板、梁、墙的连接或搭接情况等都要在图中反映出来。另楼层结构平面图还反映圈梁、过梁、雨篷、阳台等的布置。楼层结构平面图是施工时安装梁、板、柱等各种构件或现浇各种构件的依据。在楼层结构平面图中，每层的构件都要分层表示，但对有些布置相同的楼层，只画出一个结构平面图，再加文字或符号说明其区别即可。

10.3.1.2 楼层结构平面图的图示特点

(1) 预制构件的布置方式有两种形式

①结构单元范围内（即每一开间）按实际投影用细实线分块画出各预制板，并写出数量、规格及型号。如图 10-12 (a)、(b) 所示。

②在每一结构单元范围内，画一条对角线，并沿着对角线方向注明预制板的块数、规格及型号。如图 10-12 (c) 所示。

对于预制楼板铺设方式相同的开间，可用相同的编号，如甲、乙等表示，就不必一一表示楼板的布置情况了。

③楼层结构平面图中的预制混凝土多孔板都用规定的代号和编号表示，查看这些代号就可以知道这些构件的规格和尺寸。

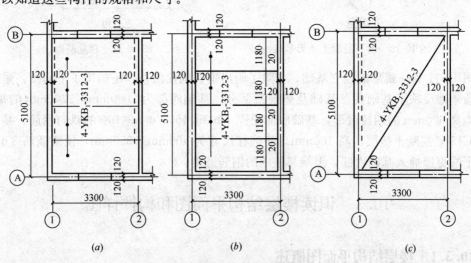

图 10-12 楼层结构平面图的表示方法

对于预制混凝土多孔板的标注方法见江苏省标准图集。

过梁设置在门窗洞口的上部，主要是为了承受上部的载荷，并将载荷传递到门窗两侧的墙上。过梁的构造有砖砌过梁和钢筋混凝土过梁两种。钢筋混凝土过梁的断面形状如图 10-13 所示。在过梁的标注中分别用阿拉伯数字 1、2、3 来表示矩形断面、小挑口断面和大挑口断面。

对于各种梁（如楼面梁、雨篷梁、阳台梁、圈梁和门窗过梁等）在结构平面布置图中用粗单点划线表示它们的中心线位置。

（2）现浇构件（或局部现浇构件），则应在图内画出钢筋的布置情况，每一种钢筋只画一根，或只画主筋，其他钢筋可从节点详图中查阅。如图10-14所示。

（3）习惯上把楼板下的墙体和门窗洞位置线等不可见线不画成虚线，而改画成细实线，如图10-14所示。

（4）楼梯间的结构布置，一般在结构平面图中不予表示，只用对角线表示楼梯间，这部分内容在楼梯详图中表示。

（5）结构平面图的定位轴线必须与建筑平面图一致。

（6）当楼层平面图完全对称时，可只画一半，中间用对称符号表示。

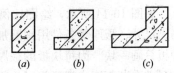

图 10-13 钢筋混凝土过梁的断面形式

(a) 矩形断面；(b) 小挑口断面；(c) 大挑口断面

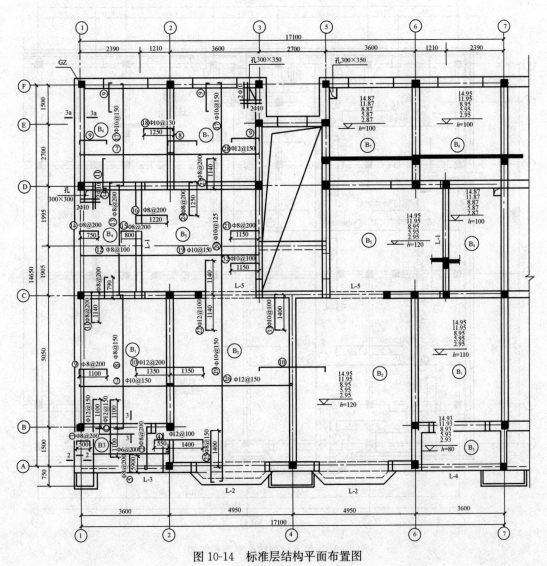

图 10-14 标准层结构平面布置图

10.3.2 识读楼层结构平面图

如图 10-14 所示,绘图比例为 1∶50,图上被剖切到的构造柱被涂黑。楼板按相同配筋、尺寸、板厚等条件用圆圈加编号的形式标出,楼板配筋用粗实线按规定画法画出,一种板只画一块。因每块板的板厚、标高不尽相同,所以需要一一标出,并在高低变化处画出了重合断面图。楼梯间因为需另画详图,这里仅画一条对角线并标注说明。

10.3.3 识读屋顶结构平面图

屋顶结构平面图表达内容与楼层结构平面图基本相同。如图 10-15 所示。但屋顶结构形式有时会有变化(如平屋顶、坡屋顶等),在图中要用适当的方法表示出来。

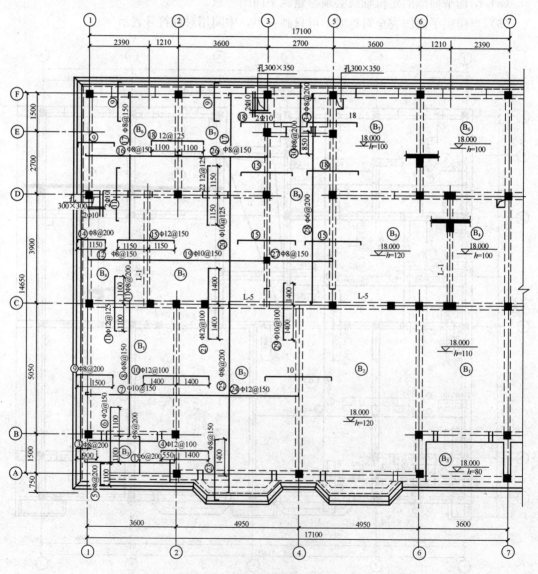

图 10-15 单元屋顶结构平面布置图

图 10-15 是某住宅单元屋顶结构平面图，绘图比例 1∶50，四周反檐外其他结构线均为虚线（如墙、梁等）。楼板配筋与楼层结构平面图基本相同，只增加了楼梯间上部板的配筋。

10.3.4　识读楼梯结构详图

楼梯结构详图由各层楼梯的结构平面图、楼梯的结构剖面图和配筋图组成。

10.3.4.1　楼梯结构平面图

楼梯结构平面图主要表明各构件（如楼梯梁、梯段板、平台板以及楼梯间的门窗过梁等）的平面布置的代号、大小、定位尺寸以及它们的结构标高。

楼梯结构平面图与"建施"中的楼梯建筑平面图这两者尽管都是反映楼梯的平面布置情况，但它们是有区别的。楼梯结构平面图主要表示楼梯间各构件的情况，而楼梯建筑平面图主要表示楼梯段的水平长度和宽度、各级踏步的宽度、平台的宽度和栏杆扶手的位置。楼梯结构平面图中的轴线编号应和建筑施工图一致，剖切符号一般只在底层楼梯结构平面图中表示。钢筋混凝土楼梯的不可见轮廓线用细虚线表示，可见轮廓线用细实线表示，剖到的砖墙轮廓线用中实线表示。底层、二层、顶层楼面的楼梯梁顶面处，用水平面剖切后，向下投影所画出的，可以看出，楼梯平台，楼梯梁和楼梯段都是现浇结构。

如图 10-16 所示为楼梯结构平面图，从图中看出楼梯位于ⓒ～Ⓔ轴与③～⑤轴线间，从地下室上到第一休息平台（标高－1.070m）共有 9 级踏步，每步宽 300mm；TB_1、TB_2 分别是踏步板 1、踏步板 2 的编号，从图 10-16（c）中看到 TB_1、TB_2 的长为 2400mm，宽均为 1170mm，其中 TB_1 只在中间 670mm 范围内有踏步，两边为斜平板。TL_1 表示支撑楼梯平台板的平台梁。XB_1、XB_2 表示两个休息平台板，其标高分别为－1.070m、－0.020m，板厚 $h=80$mm。在图 10-16（b）中画出了平台板 XB_1、XB_2 的配筋情况。

10.3.4.2　楼梯结构剖面图

楼梯结构剖面图表示楼梯的承重构件竖向布置、构造和连接情况。如图 10-17 所示为一楼梯结构剖面图（对照图 10-16（c）地下室楼梯结构平面图中的剖切符号），它表示了剖切到的踏步板、楼梯梁和未剖切到的可见的踏步板的形状和联系情况，也表示了剖切到楼梯平台的预制板和过梁。在楼梯结构剖面图中，应标注出楼层高度和楼梯平台的高度。这些高度均不包括面层厚度，可用结构标高标注。此外还需标注出梁底的结构标高。

如图 10-17（a）所示是 1—1 楼梯剖面面，主要表示了 TB、TL、XB 在竖向的位置、标高、结构情况。由图中看出 TB_1、TB_2 各一块，TB_3、TB_4 各 5 块，TL_1 12 根，各构件在空间的位置一目了然。图 10-17（b）、（c）、（d）、（e）分别为 TB_1、TB_2、TB_3、TB_4 的剖面图；图 10-17（f）为平台梁 TL_1 的剖面图。从图 10-17（b）可以看出，从地下室－2.420m 到－1.070m 共有 9 步，每步高 150mm。

10.3.4.3　楼梯构件详图

在楼梯结构剖面图中，由于比例较小，构件连接处钢筋重影，无法详细表示各构件配筋时，可用较大的比例画出每个构件的配筋图，即楼梯构件详图。

如图 10-17（b）、（c）、（d）、（e）、（f）为楼梯构件详图，也就是楼梯配筋详图。从图

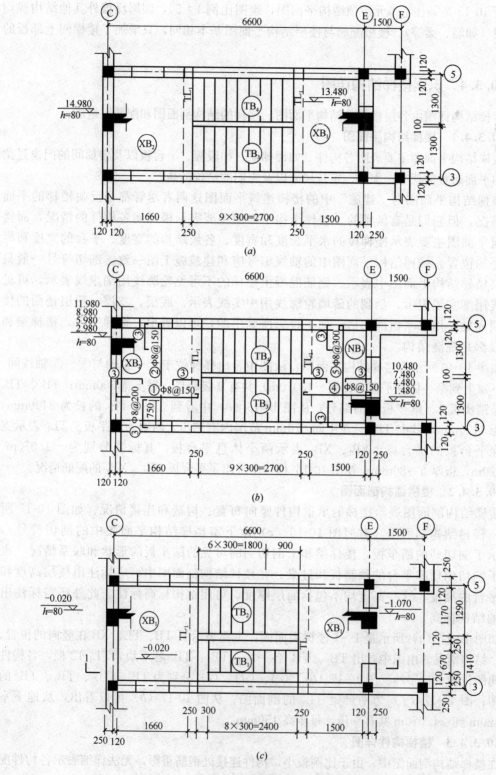

图 10-16 楼梯结构平面图
(a) 顶层楼梯结构平面图；(b) 标准层楼梯结构平面图；(c) 地下室楼梯结构平面图

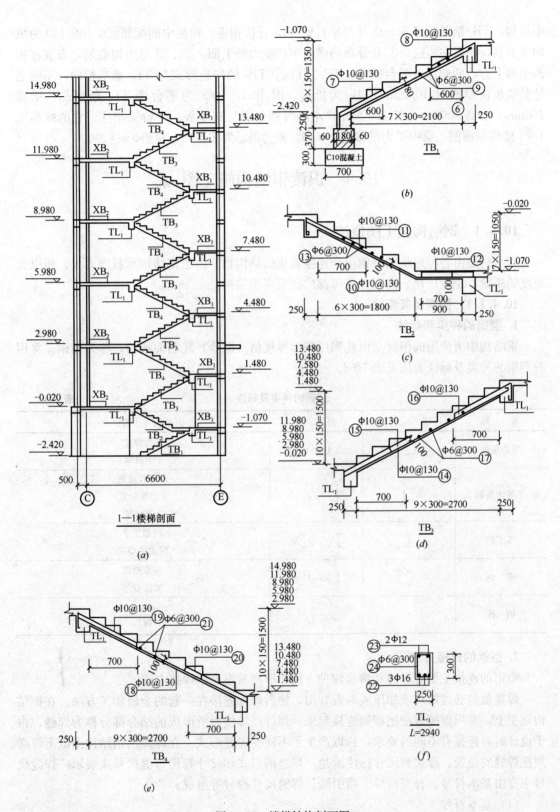

图 10-17 楼梯结构剖面图

中可知，TB$_1$ 踏步板厚 80mm 并与平台梁 TL$_1$ 直接相连，梯板中的配筋⑥Φ10@130 为纵向受力筋，布置在板底；⑨号分布筋横向布在受力筋上面，⑦、⑧号为构造筋，布置在板两端的上方，两端深入平台梁内。TB$_2$、TB$_3$、TB$_4$ 的构造形式与 TB$_1$ 基本相同，不同之处是踏步板厚改为 100mm，TB$_2$ 为折板。图 10-17（f）为平台梁 TL$_1$ 断面图，梁宽 250mm，梁高 300mm，长 2940mm，左右两侧分别与踏步板、平台梁相连，它的标高见 1—1 楼梯剖面图，梁中受力筋㉒为 3Φ16，架力筋㉓为 2Φ12，箍筋Φ6@200。

10.4 识读钢结构施工图

10.4.1 钢结构施工图概述

钢结构是由各种形状的型钢组合连接而成的结构物。由于钢结构承载能力大，所以大跨度的桥梁、工业厂房、高层建筑等都广泛采用钢结构。

10.4.1.1 型钢及其连接

1. 型钢的种类和标注

钢结构中所使用的钢材是由轧钢厂按标准规格（型号）轧制而成的，称为型钢。常用的型钢的种类及标注方法见表 10-8。

型钢的种类及标注　　　　　表 10-8

名　称	截　面	标　注	说　明
等边角钢	∟	∟$b \times t$	b 为肢宽 t 为肢厚
不等边角钢	∟$_B$	∟$B \times b \times t$	B 为长肢宽 b 为短肢宽 t 为肢厚
工字钢	I	I$_N$　QI$_N$	轻型工字 钢加注 Q 字
槽钢	[	[$_N$　Q[$_N$	轻型槽钢 加注 Q 字
钢板	—	$\dfrac{-b \times t}{L}$	宽×厚 板长

2. 型钢的连接方法

型钢的连接主要有焊接和铆接两种方法，下面着重介绍焊接方法。

焊接就是通过加热或加压或两者并用，使得焊件连接在一起的金属加工方法。在钢结构施工上，常用焊接方法把型钢连接起来。焊件经焊接后所形成的结合部分称为焊缝。由于设计时对连接有不同的要求，所以产生了不同的焊缝形式。在焊接的钢结构图纸上，必须把焊缝的位置、形式和尺寸标注清楚。焊缝的形式和尺寸等用焊缝代号来表示。焊缝代号主要由基本符号、补充符号、指引线、焊缝尺寸符号等组成。

（1）基本符号

基本符号是表示焊缝横剖面形状的符号，它采用近似于横剖面形状的符号来表示，具体参见《焊缝符号表示法》GB/T 324—2008。常用的基本符号见表 10-9。

常用基本符号　　　　　　　　　　表 10-9

焊缝名称	焊缝形式	符　　号
I 形焊缝		‖
V 形焊缝		V
单边 V 形焊缝		V
带钝边 U 形焊缝		Y
角焊缝		╲
点焊缝		○

(2) 补充符号

补充符号是用来补充说明有关焊缝或接头的某些特征如表面形状、焊缝分布、施焊地点等），部分补充符号见表 10-10。

(3) 指引线

指引线一般由箭头线和基准线（实线和虚线）组成，其画法如图 10-18 所示。指引线指向焊缝处，横线一般应与主标题栏平行。焊缝符号在横线上的标注方法如下：如果焊缝的外表面（焊缝面）在接头和箭头同侧，标注在横线上；如果焊缝的外表面在接头的其他侧，标注在横线下；如果焊缝在接

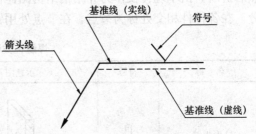

图 10-18　焊接指引线的画法

头的平面内，则穿过横线。必要时，可在横线末端加一尾部，作为其他说明之用（如焊接方法等）。具体标注示例，见表 10-11。

(4) 焊缝符号及焊缝尺寸标注

焊缝尺寸一般不标注。如设计或生产需要注明焊缝尺寸时，可见表 10-12 中常见焊缝符号和焊缝尺寸标注示例进行标注。

10.4.2　识读钢屋架结构详图

钢屋架结构详图是表示钢屋架的形式、大小、型钢的规格、杆件的组合和连接的图样。主要包括屋架简图、屋架详图（包括节点图）、杆件详图、连接板详图、预埋件详图以及钢材用量表等。图 10-19 就是一个梯形钢屋架的结构详图。

部分补充符号　　　　　　　　　　　　　表 10-10

名　称	符号	示意图	标注示例	说　明
三角焊缝符号	⌐	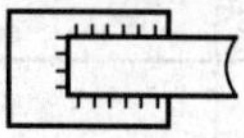	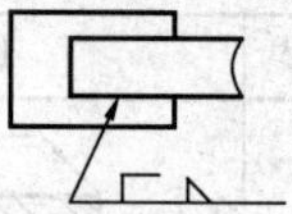	表示三面施焊的角焊缝
周围焊缝符号	○	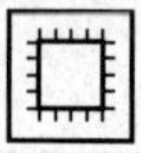	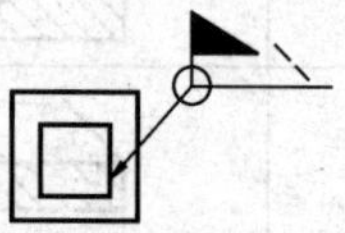	表示现场沿工件周围施焊的角焊缝
现场符号	▜	—		

10.4.2.1 屋架简图

屋架简图是用以表达屋架的结构形式，各杆件的计算长度，作为放样的一种依据。在简图中，屋架各杆件用单线画出，一般画在图纸的左上角或右上角。对于左右对称屋架，可以画出一半多一点，然后用折断线断开。如图 10-19 所示。屋架上方的杆件称上弦杆，下方的杆件称为下弦杆，中间的杆件称为腹杆，腹杆包括斜杆和竖杆。屋架简图中要注明屋架的跨度（24000）、高度（3190）以及节点之间杆件的长度等尺寸。

10.4.2.2 屋架详图

屋架详图是用较大的比例画出的屋架立面图。对于对称的屋架也可以只画出一半多一点后折断。由于现在仅作为介绍钢结构图样概念的示例，所以图中只画出了左端的一小部分。在各杆件相交处称为节点，在节点处用钢板（节点板）把各杆件连接在一起。

焊缝种类和表示方法　　　　　　　　　　　表 10-11

名　称	符号	示意图	标注示例	
I 形焊缝	‖			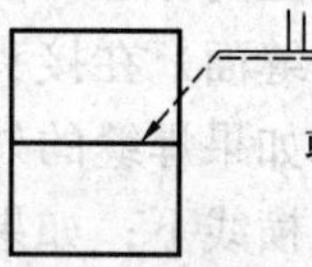 或 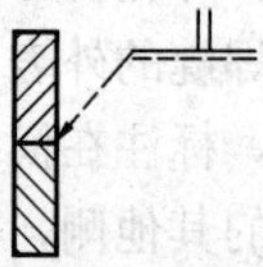
V 形焊缝	V			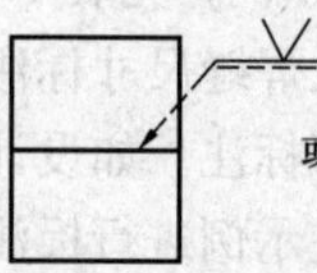 或 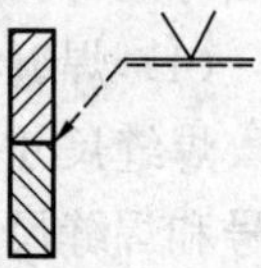
带钝边 V 形焊缝	Y			或

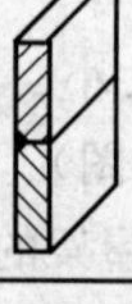

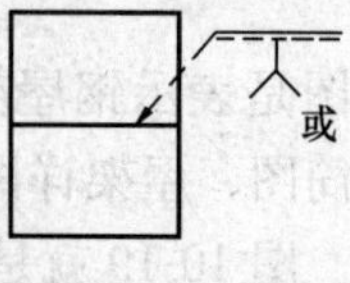

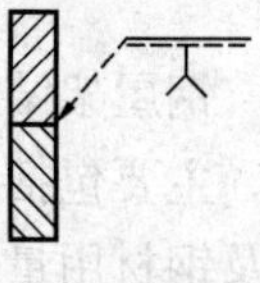

续表

名　称	符号	示意图	标注示例
单边V形焊缝	 ∨		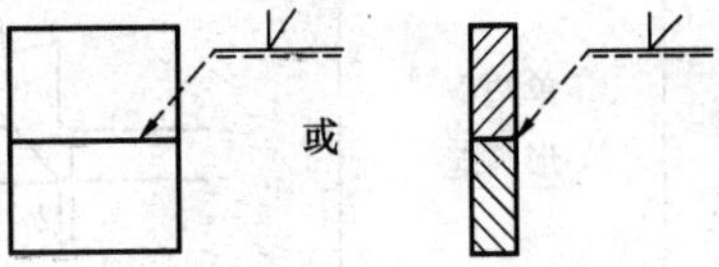
带钝边单边V形焊缝	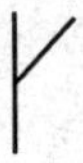 ⊻		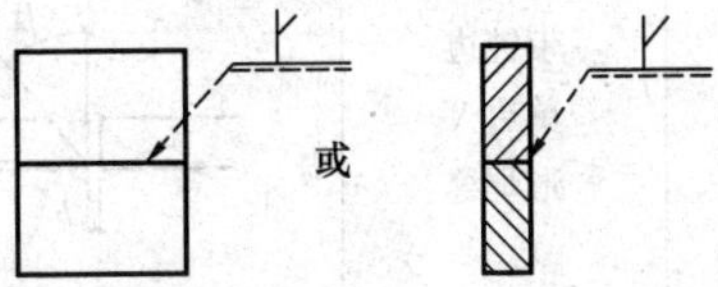
角焊缝	 ∠	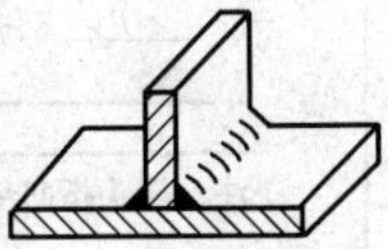	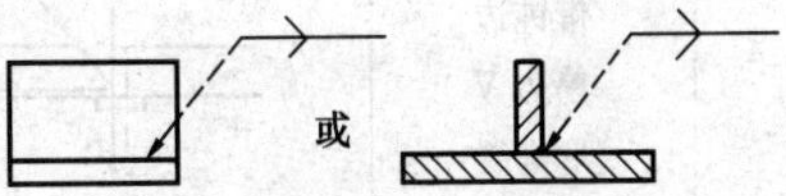
点焊缝	 ○	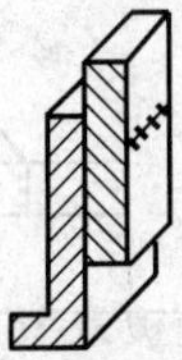	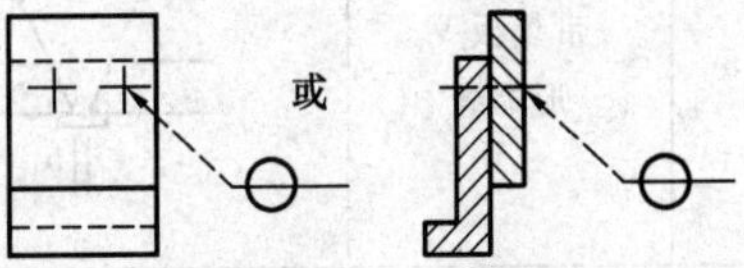

下面我们以图 10-19 为例，说明如何识读屋架结构详图。

从图中可以看出，上弦杆 2L180×110×12 为两根不等边角钢组成，长肢宽为 180mm，短肢宽为 110mm，肢厚为 12mm，指引线下面的长度 11960mm 为上弦杆的长度。上弦杆两根角钢之间连接板标注为 8—80×8 和 130 表示上弦杆通过 8 块宽度为 80mm、厚度为 8mm、长度为 130mm 的扁钢焊接在一起，连接板的作用是使两角钢通过连接板焊接，加强整体性，增强刚性。下弦杆的识读方法同上弦杆。左端的竖杆为 2L75×5 表示竖杆由两根等边角钢组成，角钢肢宽 75mm，肢厚 5mm，角钢长为 1788mm。竖杆由两块扁钢作为连接板焊接在一起，由两根扁钢标注为 2—60×8 和 95 表示宽为 60mm、厚为 8mm、长为 95mm。至于图中其他的竖杆和斜杆的识读方法同上，请读者自己阅读。

常见焊缝符号和焊缝尺寸的标注　　　　　　　　　　表 10-12

序号	焊缝名称	形　式	标注法	符号尺寸（mm）
1	V形焊缝	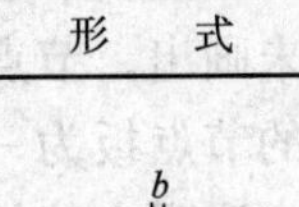	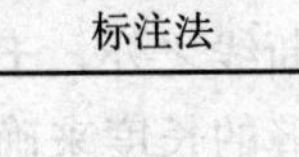	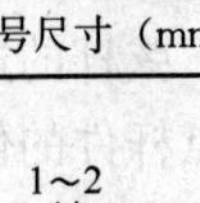 1～2

续表

序号	焊缝名称	形 式	标注法	符号尺寸（mm）
2	单边V形焊缝	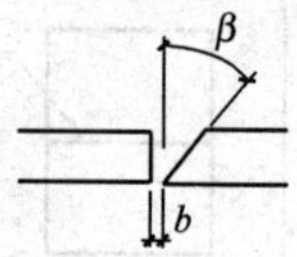	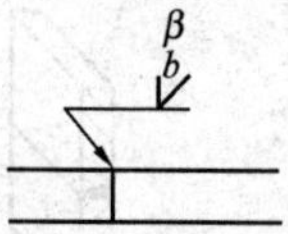 注：箭头指向剖口	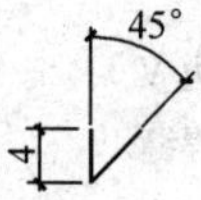 45°, 4
3	带钝边单边V形焊缝	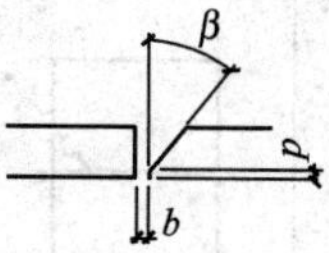	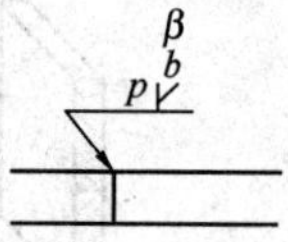	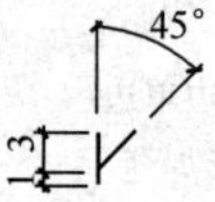 45°, 3
4	带垫板带钝边单边V形焊缝	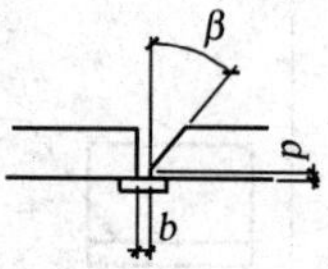	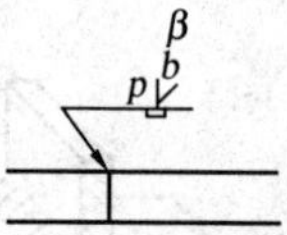 注：箭头指向剖口	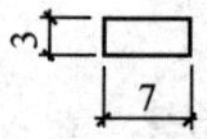 3, 7
5	带垫板V形焊缝	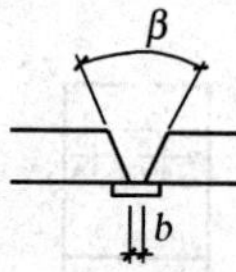	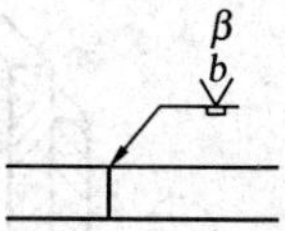	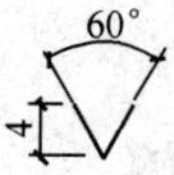 60°, 4
6	Y形焊缝	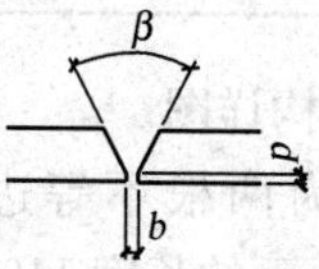	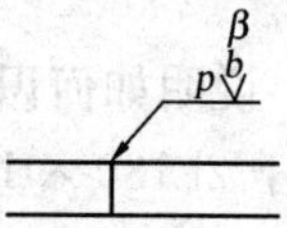	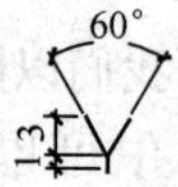 60°, 3

  钢屋架两侧下端的节点是支座节点，常将支座节点下面的垫板和柱子中的预埋钢板相焊接，使屋架和柱安装连接在一起。在钢屋架节点处，各杆件和节点板的连接情况及有关尺寸，也常常另画节点详图表示。如图10-20所示就是图10-19的钢屋架中编号为2的一个下弦节点的详图。这个节点是由两根斜杆和一根竖杆通过节点板和下弦杆焊接而形成的。两根斜杆分别由两根等边角钢L90×6组成，竖杆由两根等边角钢L50×6组成。下弦杆件由不等边角钢L180×110×10组成。由于每根杆件都由两根角钢所组成，所以在两角钢间有连接板。图中画出了斜杆和竖杆的扁钢连接板，且注明了它们的宽度、厚度和长度尺寸。下弦杆的连接板已在折断线之外，于是在图中未画出。节点板的形状和大小，根据每个节点杆件的位置和计算焊缝的长度来确定，图中的节点板为一矩形板，注明了它的尺寸。在节点详图中不仅应注明各型钢的规格尺寸，也应注明它的长度尺寸；除了连接板按图上所标明的块数沿各杆件的长度均匀分布安排外，在图中也应注明各杆件的定位尺寸（如105、190和165）和连接板的定位尺寸（250、210、34和300）。

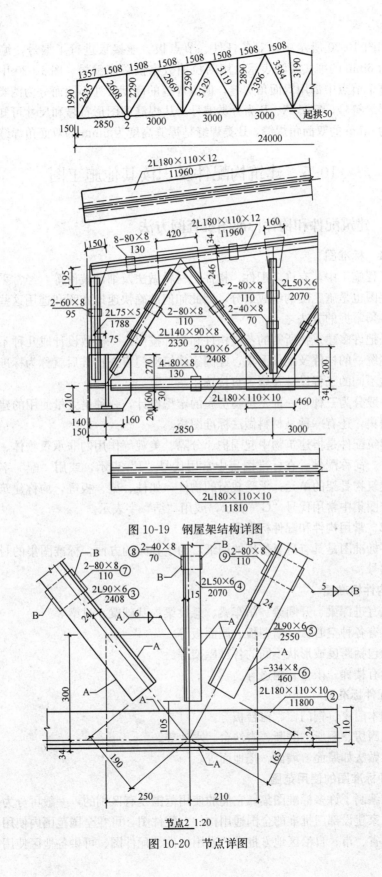

图 10-19 钢屋架结构详图

节点2 1:20

图 10-20 节点详图

另外在如图 10-20 所示中，对各杆件、节点板、连接板进行了编号，编号如图中所示，以直径为 6mm 的细实线圆表示，用阿拉伯数字按顺序编号。图 10-20 中标注了焊缝代号，虽然这个节点中都用双面角焊缝，但因焊缝的高度尺寸不同而分为两类，采用分类编号的相同焊缝符号，字母 A、B 为分类编号。从焊缝的图形符号和尺寸可知，A 类焊缝是焊缝高度为 6mm 的双面角焊缝，B 类焊缝是焊缝高度为 5mm 的双面角焊缝。

10.5　建筑构配件及识读其他施工图

10.5.1　建筑配件和构件标准图及查阅方法

10.5.1.1　标准图

在建筑工程施工中，有许多配件、构件、材料做法及细部装修等，经常采用标准图或通用图。这些图也是施工图的组成部分，因此如何准确快速地查阅和选用这些标准图或通用图，也是必须掌握的方法之一。

标准图是把许多建筑物所需的各类构件和配件按照统一模数设计成几种不同规格的标准图集，这些统一的构件及配件图集，经国家建筑部门审查批准后就称为标准图。这些图可供全国各地不同的工程设计及施工直接选用。

标准图一般分为三种，一种是整幢房屋的定型设计，一种是大量使用的建筑构件和建筑配件标准图集，还有一种是材料做法标准图集。

所谓的建筑配件是指建筑物中起围护、分隔、美观等作用的非承重物体、如门、窗等称为建筑配件，简称配件。在标准图集中常用代号"J"表示，或用"配"字表示。而建筑构件是指建筑物骨架的单元，承受载荷的物件，如柱、梁、板等，均称建筑构件，简称构件。在标准图集中常用代号"G"表示，或用"结"字表示。

10.5.1.2　常用构件和配件标准图

构、配件标准图是具有重复使用的图纸，为了查阅的方便，标准图集的封面上都写明了本图集的编号。

1. 常用构件标准图

(1) 梁类有进深梁、开间梁、吊车梁、悬挑梁、基础梁、过梁等。
(2) 板类有各种空心板、槽型板、屋面板等。
(3) 屋架包括跨度或形状不同的各种屋架等。
(4) 其他有楼梯、阳台、雨篷等。

2. 常用配件标准图

(1) 窗类木门窗、钢门窗、窗台板等。
(2) 其他厨房、厕所的隔断、盥洗台、水池等。
(3) 材料做法如屋面、墙面、楼地面等。

3. 构配件标准图的使用范围

我国目前编制了许多标准图集，它们的使用范围是有区别的，一般可分为以下三类：

(1) 经国家建设部门批准的全国通用构件、配件图，可在全国范围内使用。
(2) 由各省、市、自治区地方批准的通用构件、配件图、可供各地区使用。

(3) 各设计单位编绘的图集，仅供各单位内部使用。

全国通用的标准图集，通常采用"J××××"或"建×××"代号表示建筑标准配件类的图集，用"G×××"或"结×××"代号表示建筑标准构件类的图集。

10.5.1.3 标准图的查阅方法

1. 根据说明，先找图集

根据施工图中的设计说明或图纸目录，或者索引符号上所注明的标准图集（或通用图册）的名称、编号及编制单位，查找选用的图集。

2. 明确要求，注意细则

根据选用的标准图集的总说明，明确设计依据、适用范围、选用条件、施工要求、采用材料、技术经济指标、验收要求及注意事项等。

3. 了解含义，查找目标

要了解选用图集的代号及编号的含义和表示方法。一般标准图均用代号与编号表示。构件、配件的名称均以它们的汉语拼音的第一个字母为代表（即代号）。代号和编号表明构件、配件的类别、规格及大小。

4. 选中所需，对号入座

最后根据所选标准图集的目录和构、配件的代号及编号，在本图集内查到所需详图。

10.5.2 识读地质勘探图

任何建筑的基础都建造在地基上，地基土的好坏直接影响建筑的质量，而地质勘探图是反映地基土层的基础资料，对工程的影响很大，地质勘探图与结构施工图中的基础图有密切的关系，所以施工人员除了要看建筑施工图外，应能看懂该建筑坐落处的地基的地质勘探图。一般地，地质勘探图及其相应资料都伴随基础施工图一起交给施工单位的，在看图时可结合基础图一起看地质勘探图。施工前除了读懂基础的构造，还需了解地基的构造层次和土质的性能，明确基础要埋置在某个深度的理由，基础底部位于什么土层中。看了勘探图及资料之后，可以检查基础施工的开挖深度的土质、土色、成分是否与勘探情况符合，如发现异常则应及时提出，及时采取应对措施，防止造成工程事故。

10.5.2.1 地质勘探图的概念

地质勘探图是利用钻机钻取一定深度内底层土后，经过土工试验确定该处地面以下一定深度内土的成分和分布状态的图纸。地质勘探前要根据该建筑物的大小、层高，以及该处地貌变化情况，确定钻孔的数量、深度及平面布置，以提供能满足建筑基础设计需要的钻探资料。施工人员阅读该类图纸只是为了核对施工土方时的准确性和防止异常情况的出现，以便顺利施工，确保工程质量。根据国家规定，土方工程施工完成以后，基础施工之前还应请设计勘探部门验收签字后才能进行基础施工。

10.5.2.2 地质勘探图的内容

地质勘探图又叫工程地质勘查报告，一般包括两大部分内容：文字和图表。文字部分有工程概况、勘察目的、勘察任务、勘察方法及完成工作量、依据的规范标准、工程地质、水文条件、岩土特征及参数、场地地震效应等，最后对地基作出一个综合的评价，提出承载力等。图表部分包括平面图、剖面图、钻孔柱状图、土工试验成果表、物理力学指标统计表、分层土工试验报告表等。地质勘察部门必须对取得的土质资料提出结论和建

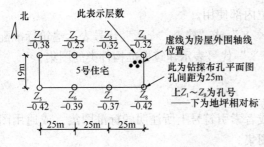

图 10-21 地质钻孔平面布置图

议，以此作为设计人员进行基础设计的参考和依据。

1. 识读建筑物外形及探点图

如图 10-21 所示为某工程的平面示意图，在建筑外形图上布了 8 个钻孔点，孔点用小圆圈表示，在孔边用数字编号。编号下一横道，横道下的数字代表孔面的标高，有的是 -0.380m，有的是 -0.250m（说明孔面比 ± 0.000 低 38cm 及 25cm）。钻孔时就按照布点图进钻取土样。这里要说明的是 ± 0.000 是该房屋的相对标高，不是地面的绝对标高。

2. 识读工程地质剖面图

地质勘探的剖面图是将平面上布的钻孔连成一线，以该连线作为两孔之间地质的剖切面的剖切处，由此绘出两钻孔深度范围内其土质的土层情况。例如我们将平面图中 1～4 孔连成一线剖切后可以得到剖面图 10-22 左半部分。其中 I_2 类土约深 3～4m，在孔 4 的位置深约 5m。I_3 类土最深点又在孔 4 处，深度为 8.4m，其大致厚度约有 4m 左右，即用 I_3 类土深度减去 I_2 类土深度就为该 I_3 类土的厚度。从图上再看出 I_3 类土为 II 类土，从图 10-22 上还可以读出该处地下水位为 -2.5m，以及各钻孔的深度。要说明的是图上孔与孔之间的土层采用直线分布表示，这是简化的方法，实际土层的变化是很复杂的。但作为钻探工作者不能臆造两孔之间的土层变化，所以采用直线表示作为制图的规则。其中图 10-22 右半部分是 5～8 钻孔剖面图。

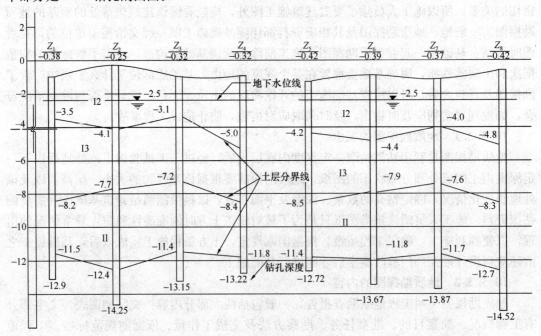

图 10-22 工程地质剖面图

3. 土层描述表

从土层剖面图看出了该建筑物地面下的一定深度内，有三类不同土质的土层。见表

10-13。可以看出不同土层采用不同代号,如 I_2 代号表示为杂填土土层,不同土层的土质也是不同的。其中的湿度、密度、状态能告诉我们土质的含水率、孔隙度、手感和色味,给人直观性强。因此施工人员看懂地质勘探图,便于与施工现场环境结合,这对掌握土方工程施工和完成房屋基础工程施工是很重要的。

土层描述表　　　　　　　　　　表 10-13

土层代号	土类	色味	厚度(m)	湿度	密度	状态	承载力(kN/m²)	其他
I_2	杂填土	—	3.10~5.00	稍湿	稍密	杂	70	—
I_3	素填土	褐色	3.50~4.70	湿	稍密	软塑	70	—
I_1	黏土	灰色	2.90~4.70	稍湿	中密	可塑	160/180	—

10.5.3　识读构筑物施工图

构筑物一般指不能直接提供给人们进行生产、生活和社会活动的场所。如水塔、烟囱、栈桥、堤坝、蓄水池等。它们结构体系具有独立性,可以单独成为一个结构体系,为工业生产及民用生活服务。常见的构筑物有烟囱、水塔、料仓、水池、油罐、电厂的冷却塔、高压电线的支架、挡土墙等。构筑物的外部装饰都很简单,有的甚至不加建筑装饰,构筑物要求结构坚固安全,耐久实用。下面结合烟囱了解其构造,达到能读懂构筑物的施工图。

10.5.3.1　烟囱概述

烟囱是在生产或生活中采用燃料的设施,用来排除烟气的高耸构筑物。它由基础、囱身(包括内衬)和囱顶装置三部分组成。材料上可以用砖、钢筋混凝土、钢板等做成。钢筋混凝土材料建成的烟囱,由于刚度好,结构稳定,高度已达 200m 以上。钢筋混凝土烟囱构造组成如下:

(1) 烟囱基础:在地面以下的部分均称为基础,它是由基础底板(很高的烟囱,底板下还要做桩基础),底板上有圆筒形囱身下的基座组成。基础底板和外壁用钢筋混凝土材料做成,用耐火材料做内衬。

(2) 囱身:烟囱在地面以上部分称为囱身。它也分为外壁和内衬两部分,外壁在竖向有 1.5%~3% 的坡度,是一个上口直径小,下部直径大的细长、高耸的截头圆锥体。外壁是钢筋混凝土浇筑而成,施工中采用滑膜施工方法建造;内衬是放在外壁筒身内,离外壁混凝土有 50~100mm 的空隙,空隙中可放隔热材料,也可以是空气层。内衬可用耐热混凝土浇筑做成。

(3) 囱顶:囱顶是囱身顶部的一段构造。它的外壁部分模板要使囱口形成一些线条和凹凸面,以示囱身结束,烟囱高度到位。顶部需要安装避雷针、爬梯、顶部的休息平台和护栏等。

10.5.3.2　识读烟囱施工图

1. 识读烟囱外形图

烟囱外形图主要表示烟囱的高度,断面尺寸的变化,外壁坡度的大小,各部位的标高以及外部的一些构造。如图 10-23 所示是烟囱的外形图。从图中我们可以看出烟囱高度从地面作为±0.000 点算起有 120m 高。±0.000 以下为基础部分，另有基础图纸，囱身外壁为 3%的坡度，外壁为钢筋混凝土筒体，内衬为耐热混凝土，上部内衬由于烟气温度降低采用机制黏土砖。囱身分为若干段，可见图上标出的尺寸。有 15m 段及 20m 段两种尺寸。并在分段处的节点构造用圆圈画出，另绘详图说明。外壁与内衬之间填放隔热材料，而不是空气隔热层。在囱身底部有烟囱入口位置和存烟灰斗和下部的出灰口等，可以结合识图注解看外形图。

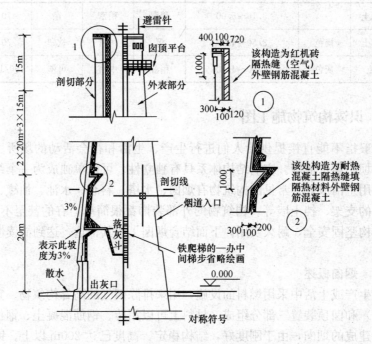

图 10-23 烟囱的外形图

2. 识读烟囱基础图

烟囱基础图主要表示基础大小和形状、基底直径、基底标高、底板厚度和配筋、基础筒身直径、壁厚、配筋及有关构造。如图 10-24 所示为烟囱基础图。烟囱基础一般指埋在自然地坪以下的部分。它包括基础底板、基础筒体、外伸圆形板，本烟囱还有钢筋混凝土预制打入桩的桩基，在图上可以看到其桩头伸入底板的示意图，具体的我们可以看图 10-24。从图中可以看出烟囱基础钢筋混凝土的具体构造。首先看出底板的埋深有 4m；基础底的直径为 18m；底板下有 10cm 素混凝土垫层；桩基头伸入底板 10cm；底板厚为 2m。其次可以分别看出底板和基筒以及筒外伸肢底板等处的配筋构造。底板配筋从图 10-24（b）中可以看出分为上下两层的配筋，且分为环向配筋和辐射向配筋两种。具体配筋可见图上注明的规格及间距。竖向剖视图在图 10-24（a）中可以看出，囱壁处的配筋构造和向上伸入上部筒体的插筋。同时可以看出伸出肢的外挑处的配筋。其使用钢筋的等级和规格及间距图上也作了注明。注意绘制时用对称符号把图面进行了分划。另外图上只表示了上下层的两层钢筋，而在施工时如何架空起来，这就要配置中间的支撑钢筋，俗称撑铁。而图纸设计时没有表达，在施工时应予考虑。在图 10-24（a）

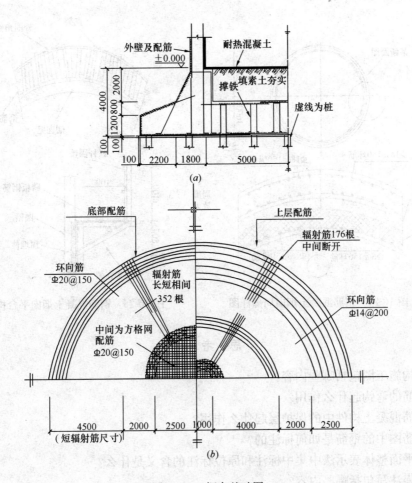

图 10-24 烟囱基础图

中,用虚线表示的弓形铁即为施工时应考虑制作的,到绑扎时可以使用,其具体数量、钢筋直径应经施工计算确定。

3. 识读烟囱外壁配筋图

一般在外形图上选取某一横断面,来说明囱壁的配筋构造。如图 10-25 所示。该横断面外直径为 10.4m,壁厚为 30cm,内为 10cm 隔热层和 20cm 耐热混凝土。外壁为双层双向配筋,环向内外两层钢筋;纵向也是内外两层配筋。配筋的规格和间距图上均有注明,可以结合文字说明读图。注意在内衬耐热混凝土中,也配置了一层竖向和环向的构造钢筋,防止耐热混凝土产生裂缝。

4. 识读烟囱顶部构造节点图

烟囱顶部构造节点图表示囱顶的构造和附加件的联结。在烟囱总体的外形图上,我们看到顶部环绕烟囱有一个平台,这部分构造较下部内容要多些,因此顶部有单独的施工图。如图 10-26 所示。在图中可以看到平台局部的平面构造示意图,平台侧向构造的剖视图,囱壁及预埋件的局部构造图,具体可以结合识图文字进行了解。钢筋混凝土烟囱施工图数量根据材料和体量的不同而不同。这里所示的图例仅仅是其中的主要部分,只要懂得了它的构造和看图方法,识读钢筋混凝土烟囱的施工图将成为容易的事情。

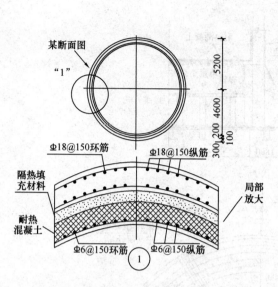
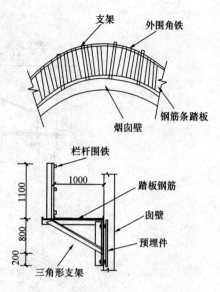

图 10-25　钢筋混凝土烟囱局部详图　　　图 10-26　钢筋混凝土烟囱平台构造图

思 考 题

1. 结构施工图包括哪些内容？
2. 钢筋的弯钩起什么作用？
3. 钢筋混凝土构件中的保护层起什么作用？
4. 配筋图中的钢筋是如何标注的？
5. 梁平面整体表示法中集中标注和原位标注的含义是什么？
6. 柱表注写包括哪些内容？
7. 什么是基础平面图？
8. 楼梯结构详图组成内容是什么？
9. 什么是钢屋架结构详图？
10. 什么是标准图？怎样查阅？
11. 什么是地质勘探图？从图上能反映哪些信息？
12. 钢筋混凝土烟囱有哪些构造组成？

第 11 章　识读设备施工图

内 容 提 要

在房屋建筑工程中，除了土建施工以外还要包括一些配套设备的施工图，主要包括给水、排水、供暖、通风、煤气、电气和照明等。本章主要介绍如何识读室内给水排水施工图、煤气管道施工图、建筑电气施工图和采暖通风工程图等。

11.1　识读给排水和煤气管道施工图

11.1.1　识读室内给水施工图

室内给水工程的任务就是在保证水质、水压、水量的前提下，将水自室外给水总管引入室内，并分别送到各用水点。

11.1.1.1　室内给水系统的分类和组成

室内给水系统按供水对象及要求的不同，可以分为以下几种类型：

（1）生活给水系统：供日常生活饮用、洗涤等用水。
（2）生产给水系统：供生产及冷却设备等用水。
（3）消防给水系统：专供各消防灭火装置用水。

在一般房屋中，给水系统只设一个，使用上对水质、水压、水量有特殊要求的可分设几个系统，但消防用水在室内要单设一个系统。

室内给水系统的组成包括基本组成和附属部分，后者根据城市给水管网的水压情况，在室内给水系统中附加一些其他必需的加压、沉淀设备，如水泵、加压塔、水箱、贮水池等。其基本组成的内容如下：

（1）引入管：自室外给水总管引至室内的管段。
（2）水表节点：位于引入管的中间，常设有水表井，在水表前后端分别设有阀门、泄水口等。
（3）给水管网：由给水干管、立管、支管组成室内给水管道网。
（4）控水、配水器材或用水设备：如管道中部的阀门、支管端部的龙头及卫生设备等均属该范畴。

11.1.1.2　室内给水管网的布置形式

1. 下行上给式（如图 11-1a）

当城市给水管网水压能满足使用要求时，或在底层加设泵站时，可将给水干管敷于地下，水流经立管、支管从下至上，直接送至各用水及配水设备。这种管网布置形式构造简单，造价低，但对城市给水管网的水质、水压及水量要求较高。

2. 上行下给式（图 11-1b）

当城市给水管网的水压及水量在用水高峰期不足时，可以在房屋的屋顶设置水箱，利用用水低峰期将水引至屋顶水箱贮存，再由水箱将水供至各用水及配水设备。这种管网布置形式能较好地保证高层用户的用水，但造价高、构造较复杂，且水质容易被第二次污染。比较简单的建筑，也可将给水与排水平面图绘制在一起。若多个楼层给水、排水平面式样相同，也可用一个标准层平面代替。

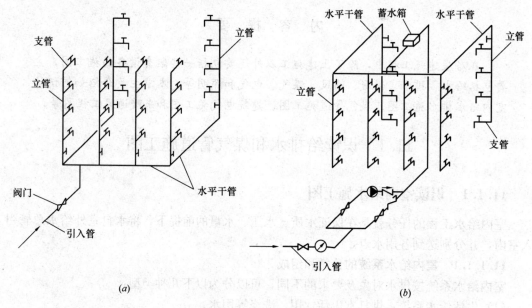

图 11-1 室内给水管网布置
(a) 直接供水的水平环形下行上给式；(b) 设水泵、水箱的枝状上行下给式

11.1.1.3 室内给水施工图的内容

室内给水施工图主要包括给水平面图、给水系统图、节点详图和说明等几个部分，下面分别简述如下。

1. 室内给水平面图（图 11-2）

室内给水平面图是以建筑平面图为基础（建筑平面以细线画出）表明给水管道、用水设备、器材等平面位置的图样。室内给水平面图主要内容：

(1) 表明房屋的平面形状及尺寸、用水房间在建筑中的位置。

(2) 表明室外水源接口位置、底层引入管的位置以及管道直径等。

(3) 表明用水器材和设备的位置、编号、管径、型号及安装方式等。支管的平面走向、管径及有关平面尺寸等。

2. 室内给水系统图（图 11-3）

室内给水系统图是表明室内给水管网和用水设备的空间关系及管网、设备与房屋的相对位置、尺寸等情况的图样，一般采用 45°三等正面斜轴测绘制。给水系统图具有较好的立体感，与给水平面结合，能较好地反映给水系统的全貌，是对给水平面图的重要补充。

室内给水系统图主要内容：

(1) 表明建筑的层高、楼层位置（用水平线示意）、管道及管件与建筑层高的关系等，

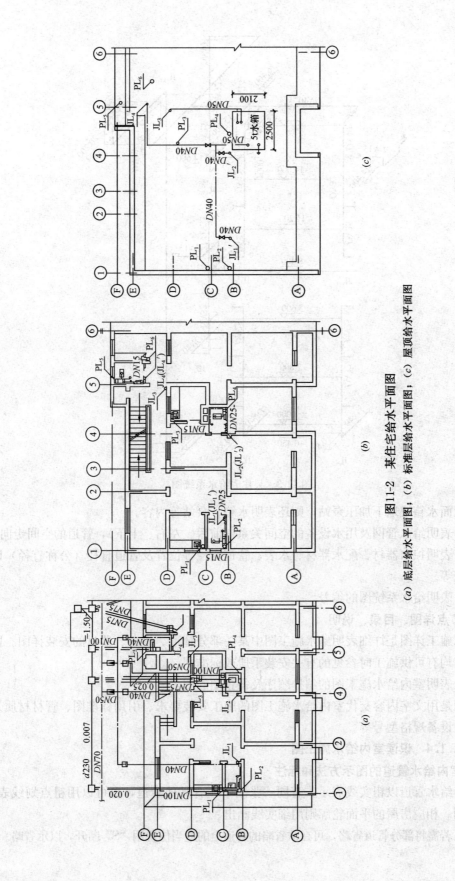

图 11-2 某住宅给水平面图
(a) 底层给水平面图；(b) 标准层给水平面图；(c) 屋顶给水平面图

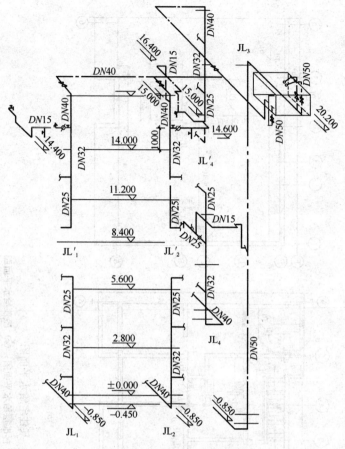

图11-3 某住宅给水系统图

如设有屋面水箱或地下加压泵站,则还表明水箱、泵站等内容。

(2) 表明给水管网及用水设备的空间关系(前后、左右、上下),管道的空间走向等。

(3) 表明控水器材、配水器材、水表、管道变径等位置及管道直径(公称直径)以及安装方法等。

(4) 表明给水系统图的编号。

3. 节点详图、目录、说明

给水施工详图是详细表明给水施工图中某一部分管道、设备、器材的安装详图。国家及各省市均有可供施工时参见的有关安装手册或标准图。

目录表明室内给水施工图的编排顺序及每张图的图名。

说明是用文字内容交代室内给水施工图的施工安装要求、引用标准图、管材材质及连接方法、设备规格型号等。

11.1.1.4 识读室内给水施工图

1. 室内给水管道的图示方法和标注

(1) 给水管道以粗实线表示,若同一张图中还有其他管道,也可以用粗点划线表示,以示区别。相应房屋的平面轮廓则用细实线画出。

(2) 若需将部分管道省略,可在欲省略的管道上的适当位置用"S"断开,以示省略。

(3) 当多根管道投影重叠时，可假设前面管道被截开（用省略符号对应画出），层层显露出下面的管道。

(4) 当管道交叉时，位于前面的（上面的）管道完整画出，位于后面的（下面的）管道断开表示。

(5) 在管道图中，用 DN 表示管径（公称直径），以 mm 为单位，且一般不予注写。

(6) 有关管道连接件及配件（如短接、活接头、堵头等）在图中均不标注，弯头、三通等仅表示相应管子的直径。

2. 给水器材及设备图例符号

在室内给水施工图中，给水器材及设备一般用图例符号表示。图例符号应按照《建筑给排水制图标准》GB/T 50106—2010 绘制。表 11-1 是常用室内给水器材图例。

常用室内给水器材图例　　　　　　　表 11-1

序号	名称	图例	序号	名称	图例
1	生活给水管	——J——	11	止回阀	
2	多孔管		12	水嘴	平面 系统
3	弯折管	高 低 低 高	13	室内消火栓（单口）	平面 系统
4	管道交叉	低 高	14	室内消火栓（双口）	平面 系统
5	法兰连接管		15	室外消防栓	
6	承插连接管		16	淋浴喷头	
7	活接头连接管		17	水表井	
8	管堵		18	管道固定支架	
9	截止阀		19	潜水泵	
10	闸阀		20	水泵接合器	

3. 识读室内给水施工图示例

室内给水施工图具有首尾相连、有始有终，不突然产生、也不突然消失，管道来龙去脉很清楚等特点。识读时要根据图示特点循序渐进地进行，先从目录入手，了解设计说明，根据给水系统的编号，沿水流方向，由干管、立管、支管到用水设备，识读时要将平面图与系统图结合起来，对照识读。

以图 11-2（a）为例，室外给水管为 $DN70$ 镀锌管，分两路引入，左边 $DN50$ 引入管经水表井后分开三支，分别送到左边户 JL_1（1～3 层）、中间户 JL_2（1～3 层）和右边户

JL₄（1~3层）。右边 DN50 引入管经水表井，送到位于楼梯一侧的 J₃，由图 11-2 (b)、图 11-2 (c) 和图 11-3 可知该立管将水送到屋面水箱后，再由水箱分别供给左边户 JL₁'（4~6层）、中间户 JL₂'（4~6层）和右边户 JL₄'（4~6层）。就户内供水，以左边户为例加以说明。左边户用水由立管 JL₁（JL₁'）接出 DN25 支管，经截止阀、水表，首先供给龙头，再给蹲便器供水，再拐弯穿墙，供给洗涤池水龙头。有关管径及标高在图中已注明。就屋顶给水平面而言，从图 11-2 (c) 和图 11-3 可见，水经 JL₃ 送到屋面水箱内（端部设有两个浮球阀），水箱放空和溢流连成一体排出，从水箱底接出供水主管。分别供给 JL₁'、JL₂'和 JL₄'。

4. 识读室内给水施工图注意事项

（1）室内给水管道具有很强的连贯性，从用水设备开始，顺着给水管道这条线就可以找到室外水源，反之亦然。

（2）某些细部的构造做法及尺寸数值，在图纸上一般不加说明，施工时应遵从有关设计规范和施工操作规程的规定。

（3）在轴测图中，相同布置的管网，可以省略不画，而注明"同某层"。建筑物的楼地面用细水平线表示并标注标高。管道所注标高除特别注明外均指管中心标高。

（4）卫生设备在平面图中注明其位置，而在系统图中则可不画。

（5）管道在室内布置分明装与暗装两种，当管道暗装时应特别说明。

（6）对建筑构造和尺寸不明时，应查阅土建施工图。

11.1.2 识读室内排水施工图

室内排水系统主要是将房屋卫生设备或生产设备排除的污水通过室内排水管排至室外排水窨井中。

11.1.2.1 室内排水系统分类和组成

按排水性质分为生活污水排水系统、生产污（废）水排水系统和雨水排水系统三类。

1. 室内排水系统的组成

室内排水系统是把各个用水设备内的污水经排水栓，排至横支管、立管、排出管，再排至窨井（化粪池）。

（1）卫生设备（生产设备）

清洁的水供到用水设备后，经使用即变为污水，卫生设备是室内排水的起点，主要用来收集污水（废水）并排至横支管。

（2）横支管

横支管是将各卫生设备排出的污（废）水排至立管。根据规定支管朝向立管应有一定坡度，横管≤135°转角处应设清扫口。

（3）排水立管

接收支管污（废）水，并排至排出管。立管上应按规定设置检查口。

（4）排出管

排出管是将立管污（废）水排至室外窨井（化粪池）。

（5）通气管

立管上端出屋面（顶部开口并加网罩）部分，用以进气、出气。

(6) 清扫口和检查口

清理、疏通排水管道用。

2. 排水管材与器材

(1) 管材

室内排水管一般采用铸铁坑管或 PVC 塑料管或带釉陶土管。其连接方式一般采用承插式，坑管及陶土管采用水泥麻丝接口，塑料管采用胶粘。室外排水管通常采用混凝土排水管，承插式水泥砂浆接口或平接式水泥砂浆接口。

(2) 排水器材（图 11-4、图 11-5）

地漏：一般为铸铁制成，也可用塑料件，主要用于排除地面积水。

图 11-4 排水地漏　　　　图 11-5 存水弯

存水弯：有 P 形和 S 形，其弯头处存水以堵住管内秽气进入室内。

检查口：排水立管上的清理设备，带螺栓的盖板可拆开，进行立管清理。如图 11-6 所示。

清扫口：用于清理横支管用。图 11-7 是 90°弯头所带清扫口式样。

图 11-6 检查口　　　　图 11-7 90°弯头清扫口

11.1.2.2 室内排水施工图的内容

室内排水施工图主要包括排水平面图、排水系统图、节点详图及说明等。对内容简单的建筑，其排水平面图、说明等可与室内给水施工图放在一起来表达。

1. 排水平面图

排水平面图是以建筑平面图为基础画出的，其主要反映卫生洁具、排水管材、器材的平面位置、管径以及安装坡度要求等内容，图中应注明排水立管的编号。如图 11-2 所示 (*a*)、(*b*) 是某住宅的给排水平面图。由于内容简单，给水、排水平面在一起绘制。

2. 排水系统图

排水系统图采用 45°三等正面斜轴测画出，表明排水管材的标高、管径大小、管件及用水设备下接管的位置、管道的空间相对关系、系统图的编号等内容。

如图 11-8 所示是图 11-2 中的中间户 PL_3 及 PL_4 排水系统图。

3. 节点详图及说明

节点详图主要是反映排水设备及管道的详细安装方式，可参见有关安装手册。说明可并入给、排水设计总说明中，用文字表明管道连接方式、坡度、防腐方法、施工配合等诸方面的要求。

11.1.2.3 室内排水施工图的识读

室内排水施工图的图示方法、反映的主要内容及供读要求等与室内给水施工图类似。下面主要将室内排水施工图与室内给水施工图在内容及图示上的差异作一介绍。

（1）室内排水施工图中管道、管件、卫生设备、器材等图例与给水施工图不同。常见室内排水器材、卫生设备、管件等图例，见表11-2。

（2）室内排水横管一般都有一定的坡度及坡向。识读室内排水施工图时，可以按污水排放的方向，由支管、排水立管至排出管循序渐进。若图中没有标注坡度，则应按照有关规范、规定执行。

（3）给排水平面及系统图中，管道图示间隙仅是示意，实际施工时应遵照有关规范、规定执行。以图 11-2（a）、图 11-2（b）及图 11-8 为例，中间一户的底层厕所蹲便器及厨房洗涤盆污水，共用一根 DN100 铸铁坑管单独排至室外窨

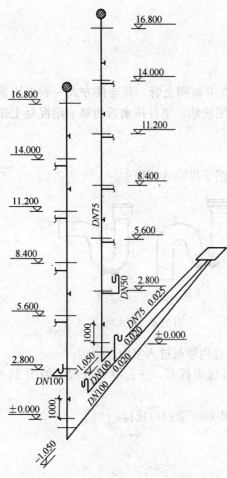

图 11-8 某住宅 PL₃ 及 PL₄ 排水系统图

井。楼层（2～6层）厕所内污水经由 PL₄（管径 DN100）排出，厨房内的污水由 PL₃（管径 DN75）排出。在排水立管的顶部设有透气管及网罩，另外在排水立管的一、三、五、六层距地 1000mm 处均设有检查口。

室内排水器材及卫生设备图　　　　　　　　　　　　　　表 11-2

序号	名 称	图 例	序号	名 称	图 例
1	存水弯		4	通气帽	
2	检查口		5	排水漏斗	
3	清扫口		6	圆形地漏	

续表

序号	名 称	图 例	序号	名 称	图 例
7	方形地漏		13	挂式小便斗	
8	管道承插连接	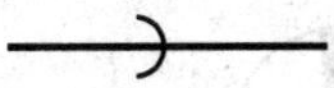	14	蹲式大便器	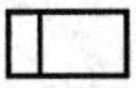
9	洗脸盆		15	坐式大便器	
10	浴 盆		16	小便槽	
11	化验盆洗涤盆	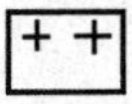	17	矩形化粪池	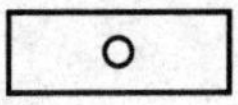 HC
12	污水池		18	圆形化粪池	 HC

11.1.3 识读煤气管道施工图

煤气管道的构造与上水管道基本上是相同的，内容分为平面图、系统图和安装节点详图，只是施工时要求的材质和密封性能要求很高。煤气管线一般没有规定的图例，但根据习惯绘法是用一划四点的线条表示煤气管线，以便于外线管道的综合图中辨出不同的管线。其他图形一般在图上均单独绘制图例加以说明即可。在构造上管线上装一凝水器及抽水装置、检漏管、用户的煤气表等。在地下部分不同于给水管道的是要做防腐，管道均用焊接来接长，闸阀要密封。

11.1.3.1 识读煤气管道的外线图

煤气外线图是表示煤气管道在进入建筑物前在室外地下的埋置布置图，如图11-9所示。

煤气外线图在图上要表示出管道的走向、标高、管径、闸门井、抽水凝水装置。如图

11-9 所示为两栋住宅外的煤气管道平面图,从图上可以看出这是一个建筑群中的煤气管道图,在西南角上有一个加压站,作用是提高市政主管道的煤气压力。加压站外有一座闸门井通过进入加压站及由加压站增压后出来的两根管子。出的主管通向东西两头去,供给这小区住宅所用。在图上通向两栋住宅的管子在主管线上有两座三通单闸门井。每栋楼的主管为外径 89mm,管壁厚 4.5mm;分管为外径 57mm,管壁厚 3.5mm,进入楼内。在外线图上的一些转角处均标有管道中心的绝对高值(煤气管标高和上水管一样以管中心为准)。图上还有凝水器处的抽水缸井的设置,可以结合图上识读文字说明进一步了解。

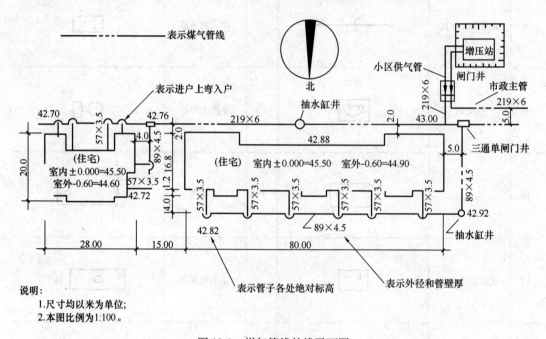

图 11-9 煤气管线外线平面图

11.1.3.2 识读煤气室内平面图及系统图

煤气室内平面图上有煤气灶、煤气表、管道走向、管径标志等内容。系统图上有立管及水平管的走向,还有阀门、清扫口、活接头等位置。如图 11-10、图 11-11 所示。从图 11-11 中看到这是住宅内厨房的煤气管线及煤气灶图。左图是首层平面、右图是标准层平面,首层平面上看出有管道入楼的位置离轴线 270mm,57×3.5 管道进入楼内进墙处有套管标出另有详图。图 11-10 系统图中 57×3.5 管道进墙后向上走穿过地坪用 89×4.5 的套管,到 0.95m 时拐弯,有两个清扫口再往上到 2m 处有一个闸阀,平面图上用圆圈加 T 型表示立管及闸阀位置,再往上两米左右一头通向煤气表。由表出管道到煤气灶,高度是由 2.57m 到 2.56m 到 0.735m。在 1.7m 处有一闸阀,1.5m 处有一点火棒。再往下用活接头通向煤气灶,另一头为竖向立管往二层以上通去。其他每层构造都相同。

11.1.3.3 识读煤气安装详图

煤气进墙及穿过楼板、地坪的做法均可以绘制施工详图、煤气闸门井的安装详图等。如图 11-12 所示是一个低压凝水器(抽水缸)的安装详图。上部为地面可见的井,下部为凝水器,中间为煤气管中的凝结水的管子。

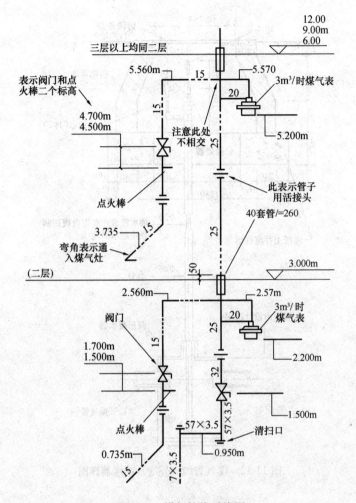

图 11-10 煤气管线系统图

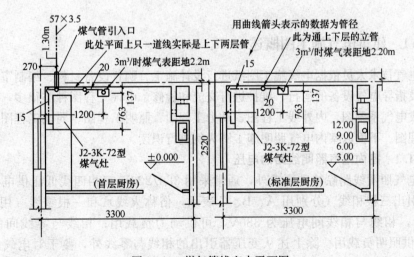

图 11-11 煤气管线室内平面图

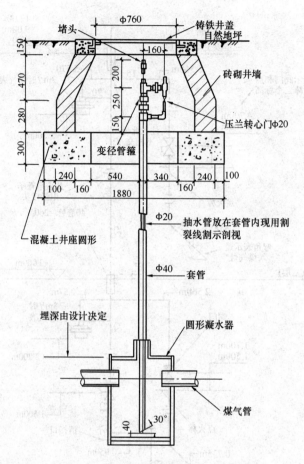

图 11-12 煤气管线（外线）凝水器详图

11.2 识读建筑电气施工图

11.2.1 建筑电气施工图概述

建筑电气技术人员依据电气施工图纸进行设计施工、购置设备材料、编制审核工程概预算，以及指导电气设备的运行、维护进行交流和检修。电气工程图种类很多，一般按功用可以分成电气系统图、内外线工程图、动力工程图、照明工程图、弱电工程图及各种电气控制原理图。下面以室内电气照明施工图为例进行识读。

11.2.1.1 室内电气照明线路的电压

室内电气照明线路除特殊要求外，通常采用 380/220V 三相四线低压供电。从变压器低压端引出三根相线（分别用 A、B、C 表示，俗称火线）和一根零线（用 O 表示，俗称零线），相线与相线间电压为 380V，可供动力负载用；相线与零线间的电压为 220V，可供照明负载用。除上述从变压器引出的相线与零线外，鉴于对电气及设备保护需要，还要设置专用接地线，接地线一端与电气、设备的外壳相连，另一端与室外接地极相连。

11.2.1.2 室内电气照明系统的组成

(1) 室外接户线：从室外低压架空线（或地下低压电缆）接至进户横担的一段线，通常就是上述的三相四线。

(2) 进户线：从横担至室内总配电盘（箱）的一段导线。它是室内供电的起端，一般为三相五线，除接户线外另一根为专用接地线。

(3) 配电盘（箱）：接受和分配电能，记录切断电路，并起过载保护作用。

(4) 干线：从总配电盘（箱）至各分配电箱的线路。

(5) 支线：从分配箱至各用电设备的线路，亦称为回路。

(6) 用电设备：消耗电能的装置。如灯具插座等。

11.2.1.3 室内电气照明器材及安装方法

1. 导线

导线的种类、规格、型号很多，用途也不尽相同。常用导线型号和名称见表 11-3。导线的敷设方法有两种：一种是明敷，可采用瓷夹、槽板、铝片卡、塑料卡等固定。它具有造价小、施工方便、便于维修等优点，但不够美观。另一种是暗敷，即导线穿入电管、焊接管、塑料管等预埋管材内（管内穿线总面积不超管子面积 40％ 且不超过 10 根），在接线盒内并头。它具有美观、安全等优点，但施工维修不够方便、价格高。

2. 开关

开关的种类很多，一般有空气开关、闸刀开关、灯具开关等。主要用来切断或接通电源，也兼有过流保护作用。

开关的安装方法有两种，一种是暗装式，即将开关装在开关箱内或嵌入墙内。另一种为明装式，开关明配于木基座上。

3. 电表

串联在线路中，用于记录用电量（千瓦时）。

4. 熔断器

串联于线路中，起到过流保护作用。

常用导线的型号和名称　　　　　　　　　　表 11-3

型　号		名　称
铜　芯	铝　芯	
BX	BLX	棉纱编织橡皮绝缘电线
BXF	BLXF	氯丁橡皮绝缘电线
BV	BLV	聚氯乙烯绝缘电线
	BLVV	聚氯乙烯绝缘加护套电线
BXR	—	棉纱编织橡皮绝缘软线
BXS	—	棉纱编织橡皮绝缘双绞软线
RX	—	棉纱总编织橡皮绝缘软线
RV	—	聚氯乙烯绝缘软线
RVB	—	聚氯乙烯绝缘平型软线
RVS	—	聚氯乙烯绝缘绞型软线（花线）
BVS	—	聚氯乙烯绝缘软线
YZ	YZW	中型橡胶套电缆
YC	YCW	重型橡胶套电缆

11.2.2 识读室内电气照明施工图

室内电气照明施工图是以建筑施工图为基础（建筑平面图用细实线绘制），并结合电气接线原理而绘制的，主要表明建筑物室内相应配套电气照明设施的技术要求，内容包括：目录、设备材料表、施工说明、系统图、平剖面图（平面图）。

11.2.2.1 图纸目录、设备材料表、施工说明

目录表明电气照明施工图的编制顺序及每张图的图名，便于查阅。

设备材料表表明材料及设备规格、数量、技术参数、供货厂家等。

设计说明中主要说明电源来路、线路材料及敷设方法，施工中的有关技术要求等。

11.2.2.2 系统图

电气系统图是说明电气照明或动力线路的分布情形的示意图。图上标有建筑物的分层高度、线的规格、类别、电气负荷（容量）的情形，如控制开关、熔断器、电表等装置。如图11-13所示是某住宅电气系统图，内容包括：配电箱的型号，开关规格、型号及特殊功能（如消防的强切），进、出线电缆或电线规格，出线的敷设方式，单相电源的相序分配，回路编号等，对于高低压柜的系统图，还要求有功率、电流的计算值等。

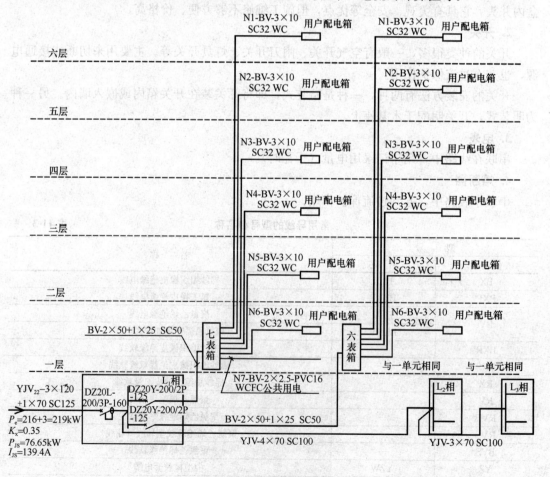

图 11-13 电气系统图

11.2.2.3 电气照明施工平面图

电气照明施工平面图是在建筑平面图的基础上绘制而成的。如图 11-14 所示是某住宅首层电气照明平面图，其主要内容如下：

(1) 电源进户线的位置、导线规格、型号、根数、引入方法（架空引入时注明架空高度，从地下敷设引入时注明穿管材料、名称、管径等）。

(2) 配电箱的位置（包括主配电箱、分配电箱等）。

(3) 各用电器材、设备的平面位置、安装高度、安装方法、用电功率。

(4) 线路的敷设方法，穿线器材的名称、管径，导线名称、规格、根数。

(5) 从各配电箱引出回路的编号。

(6) 屋顶防雷平面图及室外接地平面图，还反映防雷带布置平面，选用材料、名称、规格，防雷引下方法，接地极材料、规格、安装要求等。如图 11-15 所示。

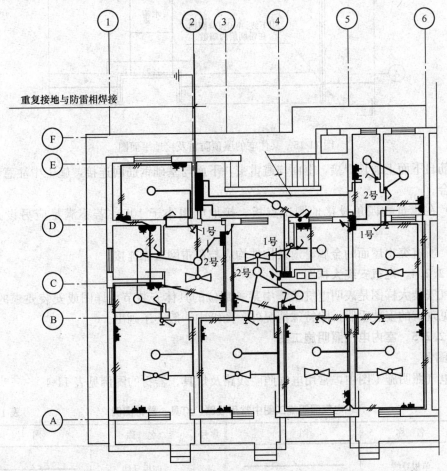

图 11-14 某住宅首层电气照明平面图

防雷工程平面图设计说明如下：

(1) 本建筑防雷按三类防雷建筑物考虑，用Φ8镀锌圆钢支出檐口在屋顶周边设置避雷带，每隔1m设置一处支持卡子，做法见相关图集。

(2) 利用Φ10镀锌圆钢作为防雷引下线，共分八处分别引下，要求作为引下线的构

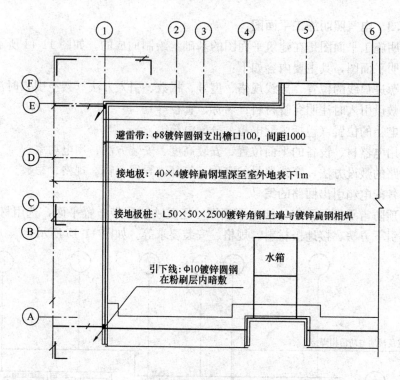

图 11-15 某住宅的屋顶防雷及接地平面图

造柱主筋自下而上通长焊接,上面与避雷带,下面与基础钢筋网连接,施工中注意与土建密切配合。

(3) 在建筑物四角设接地测试点板,接地电阻小于 10Ω,若不满足应另设人工接地体。

(4) 所有突出屋面的金属管道及构件均应与避雷网可靠连接。

11.2.2.4 电气安装大样图

电气安装大样图是表明电气工程中某一部位的具体安装节点详图或安装要求的图样,通常参见现有的安装手册,除特殊情况外,图纸中一般不予画出。

11.2.2.5 室内电气照明施工图

1. 图例

在电气照明施工图中,常用电气照明线路及灯具、器材的图例见表 11-4。

电气照明施工图中常用线路、灯具、器材图例　　　　表 11-4

序号	名 称	图 例	序号	名 称	图 例
1	单根导线	─/─	4	四根导线	─////─
2	两根导线	───	5	导线引上去	↗•
3	三根导线	─///─	6	导线引下来	↘•

续表

序号	名称	图例	序号	名称	图例
7	导线引上并引下		18	连接盒或接线盒	
8	导线由上引来并引下		19	照明配电箱	
9	导线由下引来并引上		20	单相插座	
10	电源引入线		21	带接地孔单相插座	
11	手动开关		22	带接地孔三箱插座	
12	断路器		23	插座箱	
13	熔断器		24	开关一般符号	
14	熔断器开关		25	单极开关	
15	电度线		26	双极开关	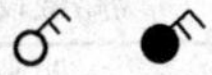
16	灯一般符号		27	三极开关	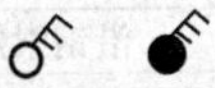
17	盒（箱）一般符号		28	单极拉线开关	

2. 文字符号

在电气照明施工图中，线路敷设方式、照明灯具安装方式等一般采用文字符号的形式来说明，具体见表 11-5。

（1）电气线路在平面图上的表示方法

导线的文字标注形式为： $a-b(c \times d)e-f$

式中 a——线路的编号；

b——导线的型号；

c——导线的根数；

d——导线的截面积（mm^2）；

e——敷设方式；

f——线路的敷设部位。

例如：WP_1-BV($3 \times 50 + 1 \times 35$)CTCE 表示：1号动力线路，导线型号为铜芯塑料绝缘线，3根 $50mm^2$、1根 $35mm^2$，沿顶板面用电缆桥架敷设。又如：WL_2BV(3×2.5)SC15WC 则表示：2号照明线路、3根 $2.5mm^2$ 铜芯塑料绝缘导线穿钢管沿墙暗敷。

(2) 照明及动力设备在平面图上的标注方法

①用电设备的文字标注为：$\dfrac{a}{b}$ 或 $\dfrac{a}{b}+\dfrac{c}{d}$

其中　　a——设备编号；

　　　　b——额定功率（kW）；

　　　　c——线路首端熔断器体或断路器整定电流（A）；

　　　　d——安装标高（m）。

②配电箱的文字标注为：ab/c 或 $a-b-c$，当需要标注引入线的规格时，则标注为：$a=\dfrac{b-c}{d\ (e\times f)-g}$。

例如：AP_4（XL-3-2）÷40 则表示 4 号动力配电箱，其型号为 XL-3-2，功率为 40kW。又如：AL_{4-2}（XRM-302-20）÷10.5 则表示第四层的 2 号配电箱，其型号为 XRM-302-20，功率为 10.5kW。

③照明灯具的标注形式为：$a-b\dfrac{c\times d\times l}{e}f$

例如：$10\text{-}YG_{2\text{-}2}\dfrac{2\times 40}{2.5}CH$ 则表示 10 盏型号为 YG2-2 的双管荧光灯，采用链吊式安装方式，高度为 2.5m。

文　字　符　号　表　　　　　　　　　　　　　　表 11-5

线路敷设方式	代　号	照明灯具安装方式	代　号
明敷	M	线吊式	X
暗敷	A	链吊式	L
沿钢索敷设	S	管吊式	G
用瓷瓶或瓷柱敷设	CP	吸顶式	D
用长钉敷设	QD	嵌入式	R
用塑料线槽敷设	CB	顶棚内安装	DR
用钢管敷设	G	墙壁内安装	BR
用电线管敷设	DG	壁装式	B
用塑料管敷设	VG		
沿梁或屋架下敷设	L		
沿柱敷设	Z		
沿墙敷设	Q		
沿天棚敷设	P		
沿楼地面敷设	D		

11.3　识读供暖、通风工程图

11.3.1　识读供暖工程图

供暖（供热）是北方房屋建筑需要装置的设备。供暖就是在冬期时由外界给房屋供给热量，保证人们正常生活和生产活动，通风装置是随社会发展和人民生活的提高，在房屋建筑中采用的设施。因此供暖工程的施工和通风工程的安装，都有一套施工图作为安装的依据。

11.3.1.1 供暖工程概述

1. 供暖工程

供暖工程是安装供给建筑物热量的管道、设备等系统的工程。如图 11-16 所示。供暖根据供热范围的大小分为局部供暖、集中供暖和区域供暖。以热媒不同又分为水暖（将水烧热来供热），汽暖管道送到建筑物内，通过散热器散热后，冷却的水又通过管道返回热源处，进行再次加热，以此往复循环。

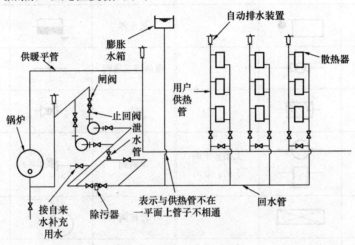

图 11-16 供暖设备体系图

此外，在供暖布管的方法上一般有四种形式：①上行式，即热水主管在上边，位置在顶棚高度下面一点；②下行式，即热水主管走在下边的，位置在地面高度上面一点；③单立式，即热水管和回水管是用一个立管的；④双立式，即热水管和回水管分别在两个管道中流动。双立式和下行式一般比较常用。

2. 图例

见表 11-6。

供暖施工图常用图例 表 11-6

名 称	图 例	说 明	名 称	图 例	说 明
管道	———	用于一张图内只有一种管道	方形伸缩器	⊐⊏	伸缩器亦称补偿器
	—A— —F—	用汉字拼音字母表示管道类别	套管伸缩器	⊏□⊐	
	— - — - —	用图示表示管道类别	波形伸缩器	─◇─	
供暖 供水（或汽）管 回（凝结）水管	———		弧形伸缩器	─⌒─	
保温管	∿∿∿		球形伸缩器	─○─	
软管	∧∧∧		流向	→	

续表

名 称	图 例	说 明	名 称	图 例	说 明
丝堵			散热器放风门	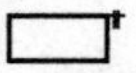	
滑动支架			手动排气阀		
固定支架		左：单管 右：多管	自动排气阀		
集气罐	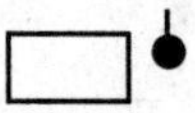		疏水器		
管道泵	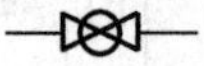		散热器三通阀		
过滤器	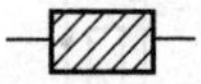		球阀		
除污器	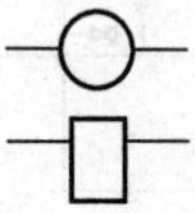	上图：平面 下图：立面	电磁阀		
暖风器	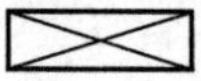		浮球阀	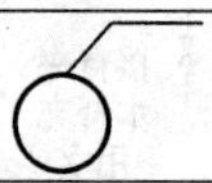	
截止阀	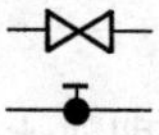		三通阀		
闸阀			四通阀		
止回阀			节流孔板	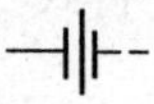	
安全阀			散热器	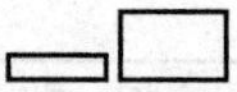	左：平面 右：立面
减压阀					

3. 供暖工程施工图的种类和内容

（1）施工图的种类

供热供暖施工图主要分为室外和室内两部分。室外部分表示一个区域的供暖管网，有总平面图，管道横剖面图，管道纵剖面图和详图。室内部分表示一栋建筑物内的供暖工程的系统，热源供给方式（如区域供暖或集中供暖；水暖或汽暖），散热器（俗称炉片）的型号，安装要求（如保温，挂钩，加放风等），检验和材料的做法和要求，以及非标准图例的说明和采用什么标准图的说明等。

（2）施工图的内容

总平面图：主要表示热源位置，区域管道走向的布置，暖气沟的位置走向，供热建筑物的位置，入口的大致位置等。

管道纵、横剖面图：主要表示管子在暖气沟内的具体位置，管子的纵向坡度、管径、保温情况、吊架装置等。

平面图：表明建筑物内供暖管道和设备的平面位置。如散热器的位置数量、水平干管、立管、阀门、固定支架及供热管道入口的位置，并注明管径和立管编号。

立管图（透视图）：表示管道走向、层高、层数、立管的管径、立管支管的连接和阀门位置，以及其他装置如膨胀水箱，泄水管，排气装置等。

详图：主要是供暖零部件的详细图样。有标准图和非标准图两类，用以说明局部节点的加工和安装方法。

11.3.1.2 识读供暖工程图

1. 识读供暖外线图

暖气外线一般都要用暖气沟来作为架设管道的通道，并埋在地下起到防护、保暖作用，图上一般将暖气沟用虚线表示出轮廓和位置。暖气管道则用粗线画出，一条为供热管线用实线表示，一条为回水管线用虚线表示。如图 11-17 所示为一个集中供热供暖工程的外线图。

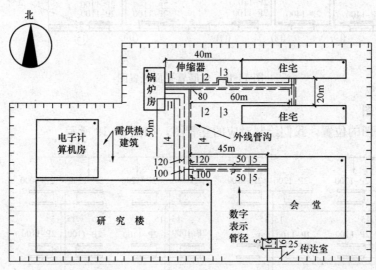

图 11-17 供暖管道外线平面图

我们在图上可以看到锅炉房（热源）的平面位置，需要供热建筑是一座研究楼、两栋住宅及一个会堂。平面图上还表示出暖气沟的位置尺寸，暖气沟出口及入口相邻。还有供管线膨胀的伸缩器。图上还绘有暖气沟横剖面的剖切位置，其中 1—1 剖面我们可以在详图一节中看到。

2. 识读供暖平面及立管图

供暖平面及立管图指暖气管在建筑物内布置的施工图。

（1）供暖平面图

下面以某教学楼中二、三、四楼局部平面，来看供暖平面图布置。如图 11-18 所示。从图上说明看出，该楼暖气片采用钢串片散热器。平面图上表示出了暖气片位置在窗口处，每处二片，并注有长度尺寸。在墙角处表示该处立管的位置，并对立管进行编号，以便看立管图时对照。

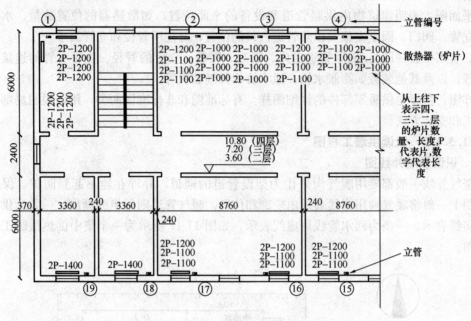

图 11-18　供暖管平面位置图

（2）立管图

对照平面图的位置，我们绘制对应的立管图，如图 11-19 所示。

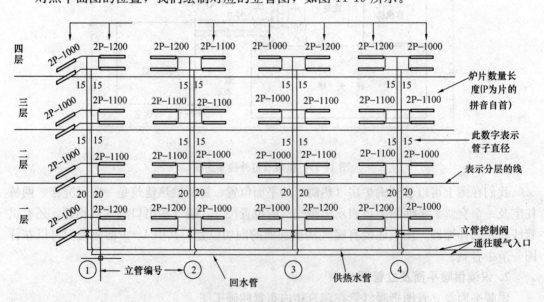

图 11-19　供暖管立体透视图

我们从图上看出这是一栋四层楼房，各层标高在平面图上及立管图上均已标出。立管上还标出了管径大小，在说明中还指出与暖气片相接的支管均为Φ15。图上还可以看出热

356

水从供热管先流进上面的炉片,后经过弯管流入下面炉片,再由下面炉片流回到回水管中去。炉片长度尺寸和片数在图上也同样标注,便于与平面图核对。通过识读供暖平面图和立管图,我们不仅可以看出供暖构造是属于下行式和双立式的结合,更可以了解到管道的直径、尺寸、数量、炉片的尺寸数量,依据这些可以备料施工,此外图上炉片的离地高度均未注明,施工时就按规范要求高度执行。

(3) 暖气施工详图

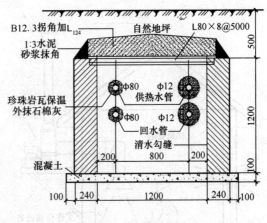

图 11-20　供暖系统详图

供暖工程施工详图主要为施工安装时用,以便了解详细做法和构造要求。有的要按详图制作成型。所以供暖施工详图亦是施工图中必不可少的一部分。如图 11-20 所示为一个外线暖气沟横剖面图,只要详细阅读识图上的说明,就能看懂图纸。另外还有进供暖房屋的入口装置图,散热器(炉片)钢串片形成的大样图,这里省略不画了。

11.3.2　识读通风工程图

11.3.2.1　通风工程概述

季节和天气的不同对人所处的空气环境有很大的影响。在长期的生产和生活实践中,人们为了创造具有一定的空气温度和湿度,保持清新的空气环境,使人们能正常生活和劳动,采用自然或人工的方法来调节空气。

房屋建筑上的窗户,就是起到调节空气的作用,它是利用自然空气流通的办法来调节空气。而当建筑物本身的功能已不能够解决这个问题时,如纺织厂的纺织车间,对空气要求有一定的温湿度;电子工业车间对空气要求控制含尘量,这些就要通过在建筑物内部增加建筑设备来调节空气。供热和通风就是常用来调节空气的建筑设备,供热采暖是冬季对室内空气加热以补充向外传热,用来维护空气环境温度的一种措施。通风是把空气作为介质,使之在室内的空气环境中流通,用来消除环境中危害的一种措施,主要指送风、排风、除尘、排毒方面的工程。空调是在前两者的基础上发展起来的,是使室内维护一定要求的空气环境,包括恒温、恒湿和空气洁净的一种措施。由于空调也要用流动的空气即风来作为媒介,因此往往把通风和空调融合成一体。事实上空调比通风更复杂些,它要把送入室内的空气净化、加热(或冷却)、干燥、加湿等各种处理,使温、湿度和清洁度都达到规定的要求。这里的通风工程是对通风和空调进行施工的过程。

11.3.2.2　通风构造

通风方式可以分为:局部排风,即在生产过程中由于局部地方产生危害空气,而用吸气罩等排除有害空气的方法,具体形式如图 11-21 所示。局部送风,工作地点局部需要一定要求的空气,可以采用局部送风的方法,如图 11-22 所示。全面通风,这是整个生产或生活空间均需进行空气调节的时候,就采用全面送风的方法,如图 11-23 所示。

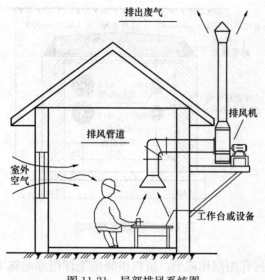

任何一个空调、通风工程都有一个循环系统,由处理部分,输送部分,分布部分以及冷、热源等部分组成。其全过程如图 11-24 所示。从图上可以看出送风道、回风道是属于输送部分,空气进口到送风机中间一段为处理部分,几个房间为分布部分。其中空气处理器部分一般有两种,一种是根据设计图纸现场施工的,其外壳常用砖砌或钢筋混凝土结构;另一种是工厂生产的定型设备,运到工地进行现场安装的,外壳一般是钢板。

看通风图纸只要看输送部分和分布部分的施工图,输送部分,送风道一般采用镀锌钢板或定型塑料风管做成。风道都安装在房间吊顶内。回风道一般采用砖砌地沟由地坪下通到回风机。

图 11-21 局部排风系统图

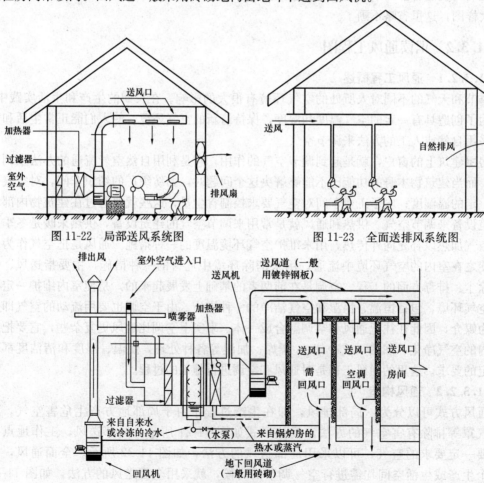

图 11-22 局部送风系统图　　　图 11-23 全面送排风系统图

图 11-24 送风回风空调系统图

11.3.2.3 通风空调工程图例

见表 11-7。

通风空调工程图例　　　　　　表 11-7

名 称	图 例	说 明	名 称	图 例	说 明
矩形风管	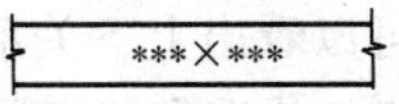 ***×***	宽×高(mm)	蝶阀	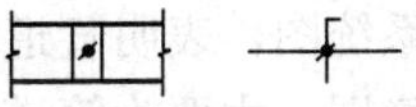	
圆形风管	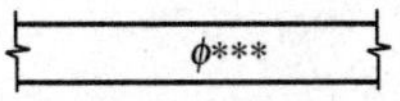 φ***	φ直径(mm)	防烟、防火阀	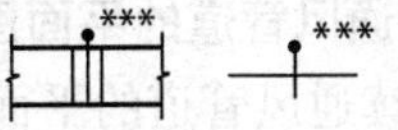	***表示防烟防火阀名称代号
风管向下	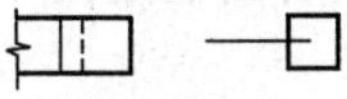		方形风口	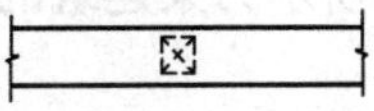	
风管向上			条缝形风口	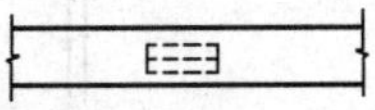	
软风管	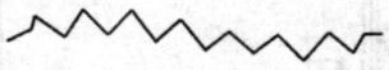		矩形风口		
圆弧形弯头			检修口	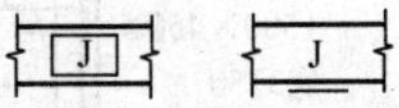	
消声弯头	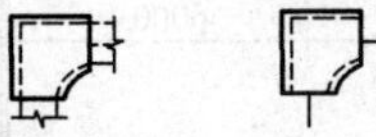		气流方向		左为通用表示法,中表示送风,右表示回风
风管软接头	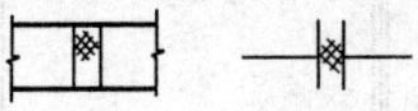		散热器与温控阀	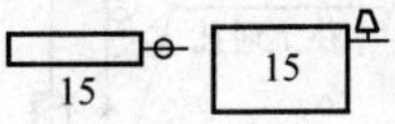	
插板阀	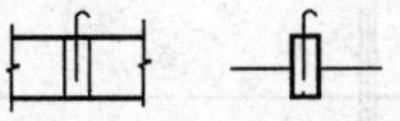		吊顶式排气扇	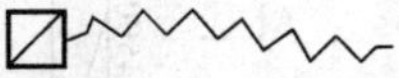	
余压阀	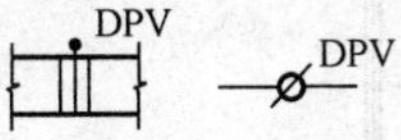 DPV		减振器		
止回风阀	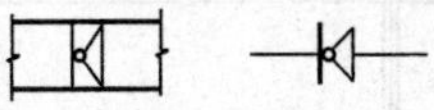		窗式空调器	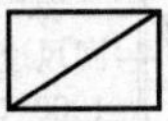	
对开多叶调节风阀	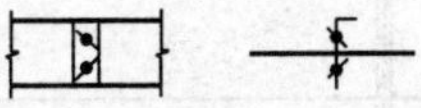		板式换热器	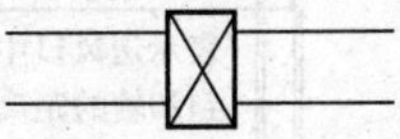	
三通调节阀	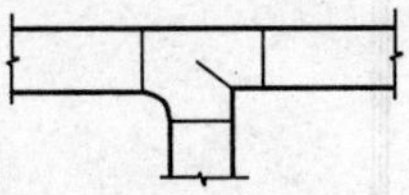		空气过滤器		

11.3.2.4 识读通风工程图

1. 通风图的种类和内容

通风图纸在整个房屋建筑中属于设备图纸一类,在目录表中的图号都注上设 x 的编号。通风设计尚未有全国统一标准的图例和代号,因此图上所用比例及代号均在设计说明中加以标志。图纸的设计说明还对工程概况,材料规格,保温要求,温、湿度要求,粉尘控制程度以及使用的配套设备等加以说明。

施工图内容分为:①平面图,主要表示通风管道、设备的平面位置与建筑物的尺寸关系。②剖面图,表示管道竖直方向的布置和主要尺寸,以及竖向和水平管道的连接,管道标高等。③系统图,表明管道在空间的曲折和交叉情形,可以看出上下关系,不过都用线条表示。④详图,主要为管道、配件等加工图,图上表示详细构造和加工尺寸。

2. 识读通风管道的平面图、剖面图

(1) 识读通风管道的平面图

图 11-25 所示为某建筑的首层通风平面布置图。从图上看出这是两个通风管道系统,

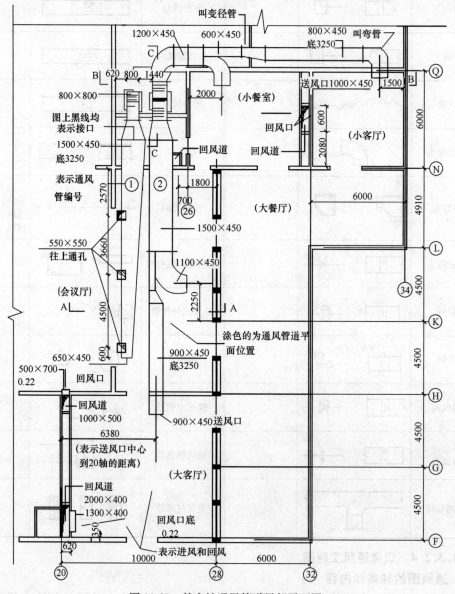

图 11-25 某宾馆通风管道局部平面图

为了明显起见管道上都涂上深颜色。看图时必须想象出这根管子不是在室内底部的平面上面，而是在这个建筑物的空间的上部，一般吊在吊顶内。其中一根是专给会议厅送风的管道；另一根是分别给大餐厅、大客厅、小餐厅、客厅四个房间送风的。图上用引出线标志出管道的断面尺寸，如1000×450即为管道宽100cm，高45cm的长方形断面。在引出线下部写的"底3250"，意思是通风管面离室内地坪的高为3.25m。图上还有风向进出的箭头，剖切线的剖切位置等。从平面图上我们仅能知道管道的平面位置，这还不能了解它的全貌，还需要看剖面图才能全面指导施工。

(2) 识读通风管道的剖面图

图11-26所示剖面图中，可以看出管道在竖向的走向和水平方向的联系。在A-A、B-B、C-C三个剖面中，A-A剖面是剖切两根风管的南端，切口处均用孔洞图形表示，并写出断面尺寸，一个是650×650，一个是900×450，底面离地坪为3.25m，还看到风管由首层竖向通到二层拐弯向会议厅送风，位置在会议厅的吊顶内。结合平面可以看出共三个拐弯管弯入二层向会议厅去，并标出送风口标高为4.900m。A-A剖面上还可以看到地面部分有回风道的入口，图上还注明回风道，必要时结合土建施工图一起识读。B-B剖面是看到北端风管的空间位置，图上标出了风管的管底标高，几个送风口的尺寸。C-C剖面主要表示送风管的来源、风管的竖向位置、断面尺寸、与水平管连接采用三通管、在三通管中有调节阀等。

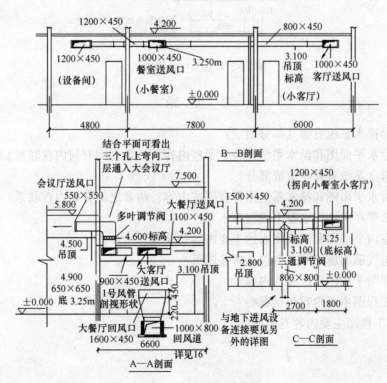

图11-26 通风管道详图

通过平面图和剖面图结合看，就可以了解室内风管如何安装施工。在看图中还应根据施工规范了解到风管的吊挂应预埋在楼板下，同时看图时应考虑配合施工管理时的需要。

(3) 识读通风施工的详图

详图主要用为制作风管等用，现介绍几个弯管、法兰的详图，作为对详图的了解。如图 11-27 所示法兰接口构造图。

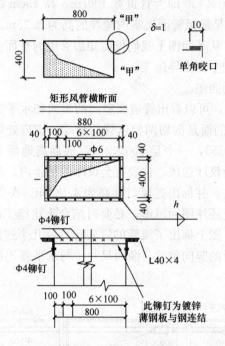

图 11-27　法兰接口构造图

思 考 题

1. 室内给排水系统有哪几部分组成？
2. 室内给水平面图和给水系统图各有哪些内容？两者之间有何内在联系？
3. 室内排水系统有哪些组成部分？
4. 室内排水平面图和排水系统图各有哪些内容？两者之间有何内在联系？
5. 为什么要在室内排水管上设置存水弯？
6. 煤气室内平面图和系统图表达主要内容是什么？
7. 室内电气照明施工图主要包括哪些图纸？
8. 电气照明平面图反映哪些内容？
9. 供暖工程图主要内容包括哪些？
10. 通风工程图主要内容有哪些？

第 12 章 识读市政工程图

内 容 提 要

市政工程包括的范围很广，路、桥、涵、隧道等均属于市政建筑。道路是一种供车辆行驶和行人步行的带状结构物，其基本组成包括路基、路面、防护工程和排水设施等。桥梁是跨越障碍（如河流、沟谷、其他道路、铁路等）的结构物，是交通路线上的重要组成部分，由上部结构、下部结构、附属结构组成。本章主要介绍市政工程图的基本知识及如何识读公路路线工程图、城市道路路线工程图、预应力钢筋混凝土桥梁的施工图等。

12.1 市政工程图概述

12.1.1 市政工程的分类和作用

市政工程根据修建的工程对象不同，市政工程可分为道路工程、桥梁工程、城市排水工程、城市防洪工程、城市给水、燃气和热力管网工程等。修建一项市政工程，无论是桥梁闸坝，还是道路排水工程，都需要一套完整的、符合施工要求和规范、能被工程人员看懂的工程图样。工程图样是市政工程界的技术语言，是工程技术人员表达设计意图、交流技术思想、指导生产施工的重要工具。

12.1.2 市政工程图的基本知识

一般的市政工程图是按照正投影的基本原理绘制的三面投影图。透视图常用于表现设计效果。在市政工程中，常用的两种图是基本图和工程详图。其图样表达一般采用平面图、立面图、剖面图和断面图等主要图示方法。

12.1.2.1 基本图

基本图是用来表明某项工程外部形状、内部构造以及相联系的情况整体内容。如图 12-1～图 12-3 所示的路线平面图、道路横断面图和路线纵断面图，就是道路工程的基本图。在施工过程中，基本图主要用作整体放样、定位放线等的依据。

12.1.2.2 工程详图

基本图一般选用的比例尺较小，往往不能把工程构筑物的某些局部形状（较复杂部位的细节）和内部详细构造显示清楚，因此需要用较大的比例，比较详细地表达某一部位结构或某一构件的详细尺寸和材料做法等，这种图样称为详图。例如图 12-4 所示人行道及侧石构造详图。

JD	a 左	a 右	R	T	L	E	ZY	YZ
255	38°39′		45	15.78	30.36	2.09	K53+346.88	K53+377.24
256		38°42′	90	31.61	60.79	5.39	+340.83	+401.62
257		51°10′	90	43.09	80.37	9.78	+583.45	+663.82
258	62°18′		30	18.13	32.62	5.05	+748.93	+781.60
259		25°45′	60	13.71	20.97	1.55	+815.01	+835.98
260	15°02′		150	20.24	40.23	1.36	+875.72	+915.05
261A	28°58′		51.90	13.41	26.24	1.70	+903.43	+989.27
261B	33°35′		51.90	15.66	30.42	2.31	+989.27	K54+019.69

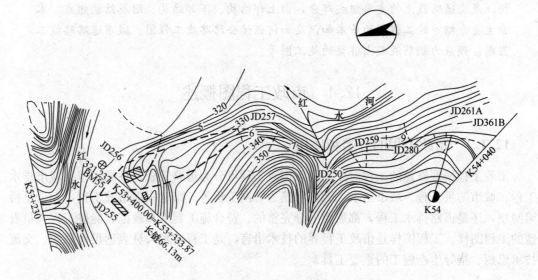

图 12-1 路线平面图

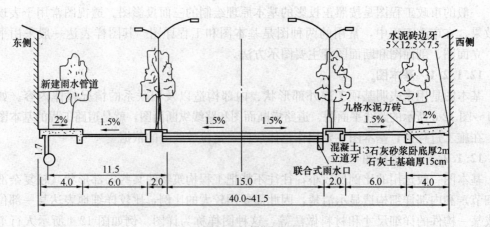

图 12-2 道路横断面图

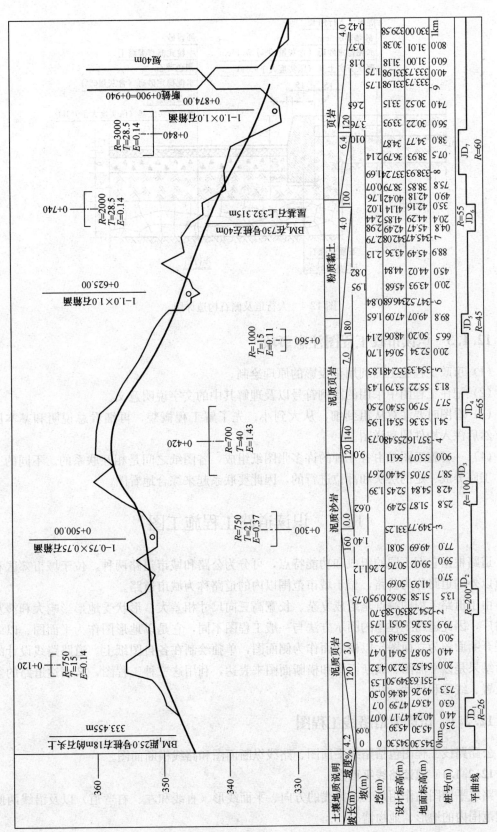

图12-3 路线纵断面图

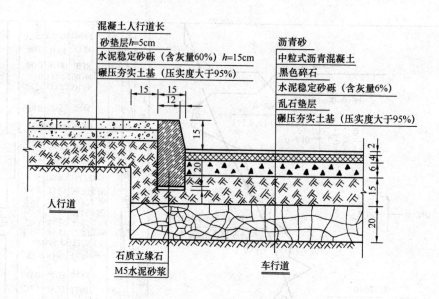

图 12-4 人行道及侧石构造详图

12.1.3 识读市政工程图注意事项

(1) 市政工程施工图利用正投影的原理绘制。
(2) 记住工程图中采用的图例符号以及理解其中的文字说明意义。
(3) 看图时要注意从粗到细，从大到小；先了解工程概貌，再细看总说明和基本图纸，然后深入构件图和详图。
(4) 一套施工图是由各工种的许多张图纸组成，各图纸之间是相互联系的。不同的工种、工序分成一定的层次和部位进行的，因此要联系起来综合地看图。

12.2 识读道路工程施工图

道路根据它们不同的组成和功能特点，可分为公路和城市道路两种。位于城市郊区和城市以外的道路称为公路，位于城市范围以内的道路称为城市道路。

由于道路工程的特点是组成复杂、长宽高三向尺寸相差大、形状受地形影响大和涉及学科广，因此道路工程图的图示方法与一般工程图不同，它是以地形图作为平面图、以纵向展开断面图为立面图、以横断面作为侧面图，单独绘制在各自图纸上。道路路线设计的最后结果是以平面图、纵断面图和横断面图来表达，利用这三种工程图，来表达道路的空间位置、线形和尺寸。

12.2.1 识读公路路线工程图

公路路线工程图包括路线平面图、路线纵断面图和路线横断面图。

12.2.1.1 识读路线平面图

路线平面图的作用是表达路线的方向、平面线形（直线和左、右弯道）以及沿线两侧一定范围内的地形、地物情况。

1. 图示方法

路线平面图是从上向下投影所得到的水平投影图，也就是用标高投影法所绘制的道路沿线周围区域的地形图。

2. 图示内容

路线平面图的主要内容包括地形和路线两部分。如图 12-5 所示为某公路从 K3+300 至 K5+200 段的路线平面图。

（1）地形部分

①比例。道路路线平面图所用比例一般较小，通常在城镇区为 1：500 或 1：1000，山岭区为 1：2000，丘陵区和平原区为 1：5000 或 1：10000。

②方位。在路线平面图上应用指北针或测量坐标网来指明道路在该地区的方位与走向。本图采用指北针的箭头所指为正北方向。方位的坐标网 X 轴向为南北方向（上为北），Y 轴向为东西方向。

③地形。平面图中地形起伏情况主要是用等高线表示，本图中相邻等高线之间的高差为 2m。根据图中等高线的疏密可以看出，该地区西南和西北地势较高，东北方有一山峰，高约 45m，沿河流两侧地势低洼且平坦。

④地貌地物。在平面图中地形图上的地貌地物如河流、房屋、道路、桥梁、电力线、植被等，都是按规定图例绘制的。常见的地形图图例见表 12-1。对照图例可知，该地区中部有一条白沙河自北向南流过，河岸两边是水稻田，山坡为旱地，并栽有果树。河西中部有一居民点，名为竹坪村。原有的乡间路和电力线沿河西岸平行，并通过该村。

⑤水准点。沿路线附近每隔一段距离，就在图中标有水准点的位置，用于路线的高程测量。如 $\otimes \frac{\mathrm{BM8}}{7.563}$，表示路线的第 8 个水准点，该点高程为 7.563m。

道路工程和地物图例　　　　　　　　　　表 12-1

名　称	图　例	名　称	图　例
机场	 ▲	果园	 ○ ○ ○
学校	⊗	港口	 ⚓
土堤	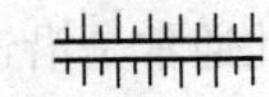 ⊥⊥⊥⊥⊥⊥⊥⊥	交电室	 ▄▟
河流	 ～～	水渠	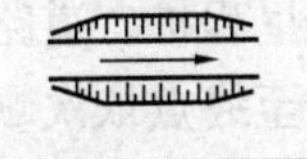 ═▶═
铁路	 ▬▬▬▬	冲沟	 ～～
小路	－ － － －	公路	 ═══

续表

名　称	图　例	名　称	图　例
低压电力线 高压电力线	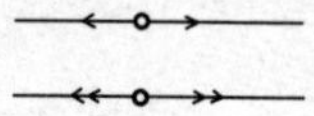	林地	
旱地	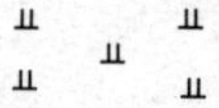	导线点	
井		水准点	
房屋	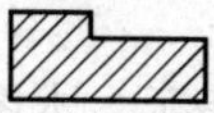	水田	
烟囱		三角点	
人工开挖		切线交点	
大车道		菜地	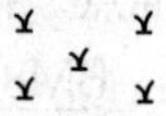
电讯线		图根点	
草地	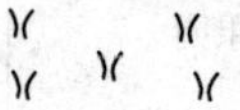	指北针	

（2）识读路线部分

①设计路线。用加粗实线表示路线，由于道路的宽度相对于长度来说尺寸小得多，公路的宽度只有在较大比例的平面图中才能画清楚，因此通常是沿道路中心线画出一条加粗的实线来表示新设计的路线。

②里程桩。道路路线的总长度和各段之间的长度用里程桩号表示。里程桩号应从路线的起点至终点依次顺序编号，在平面图中路线的前进方向总是从左向右的。里程桩分公里桩和百米桩两种，公里桩宜注在路线前进方向的左侧。用符号"⌀"表示桩位，公里数注写在符号的上方，如"K6"表示离起点 6km。百米桩宜标注在路线前进方向的右侧，用垂直于路线的细短线表示桩位，用字头朝向前进方向的阿拉伯数字表示百米数，注写在短线的端部，例如：桩号为 K6+400，说明该点距离路线起点为 6400m。

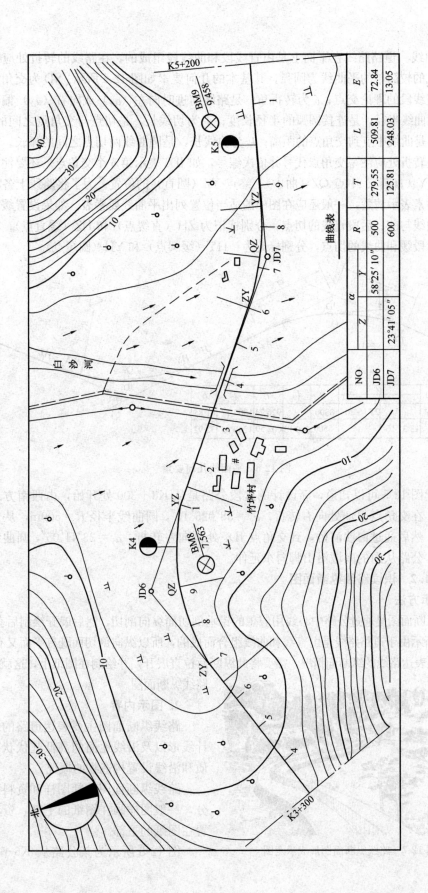

图12-5 路线平面图

③平曲线。道路路线在平面上是由直线段和曲线段组成的,在路线的转折处应设平曲线。最常见的较简单的平曲线为圆弧,其基本的几何要素如图 12-6 所示。JD 为交角点,是路线的两直线段的理论交点;α 为转折角,是路线前进时向左(αz)或向右(αy)偏转的角度;R 为圆曲线半径,是连接圆弧的半径长度;T 为切线长,是切点与交角点之间的长度;E 为外距,是曲线中点到交角点的距离;L 为曲线长,是圆曲线两切点之间的弧长。在路线平面图中,转折处应注写交角点代号并依次编号,如 JD6 表示第 6 个交角点。还要注出曲线段的起点 ZY(直圆)、中点 QZ(曲中)、终点 YZ(圆直)的位置。为了将路线上各段平曲线的几何要素表示清楚,一般还应在图中的适当位置列出平曲线要素表。如果设置缓和曲线则将缓和曲线与前、后段直线的切点,分别标记为 ZH(直缓点)和 HZ(缓直点);将圆曲线与前、后段缓和曲线的切点,分别标记为:HY(缓圆点)和 YH(圆缓点)。

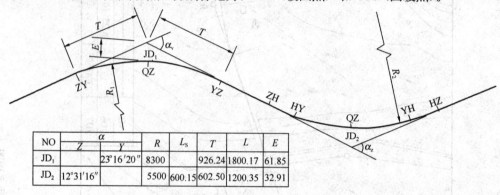

NO	α		R	L_S	T	L	E
	Z	Y					
JD₁		23°16′20″	8300		926.24	1800.17	61.85
JD₂	12°31′16″		5500	600.15	602.50	1200.35	32.91

图 12-6 平面线几何要素

通过读图 12-5 可以知道,新设计的这段公路是从 K3+300 处开始,由西南方地势较低处引来,在交角点 JD6 处向右转折,$\alpha_y = 58°025′10″$,圆曲线半径 $R = 500$m,从竹坪村北面经过,然后通过白沙河桥,到交角点 JD7 处再向左转折,$\alpha_y = 23°41′05″$,圆曲线半径 $R = 600$m,公路从山的南坡沿山脚向东延伸。

12.2.1.2 识读路线纵断面图

1. 图示方法

路线纵断面图是通过公路中心线用假想的铅垂剖切面纵向剖切,然后展开绘制后获得的。如图 12-7 所示由于道路路线是由直线和曲线组合而成的,所以纵向剖切面既有平面又有曲面,为了清楚地表达路线的纵断面情况,需要将此纵断面拉直展开,并绘制在图纸上,这就形成了路线纵断面图。

2. 图示内容

路线纵断面图主要表达道路的纵向设计线形以及沿线地面的高低起伏状况、地质和沿线设置构造物的概况。

路线纵断面图包括图样和资料表两部分,一般图样画在图纸的上部,资料表布置在图纸的下部。

图 12-8 所示为某公路从 K6+000 至

图 12-7 路线纵断面图形成示意图

图12-8 路线纵断面图

K7+600 段的纵断面图。

(1) 图样部分

①比例。纵断面图的水平方向表示路线的长度（前进方向），竖直方向表示设计线和地面的高程。由于路线的高差比路线的长度尺寸小得多，如果竖向高度与水平长度用同一种比例绘制，是很难把高差明显地表示出来，所以绘制时一般竖向比例要比水平比例放大10倍，例如本图的水平比例为1∶2000，而竖向比例为1∶200，这样画出的路线坡度就比实际大，看上去也较为明显。为了便于画图和读图，一般还应在纵断面图的左侧按竖向比例画出高程标尺。

②设计线和地面线。在纵断面图中，道路的设计线用粗实线表示，原地面线用细实线表示，设计线是根据地形起伏和公路等级，按相应的工程技术标准而确定的，设计线上各点的标高通常是指路基边缘的设计高程。地面线是根据原地面上沿线各点的实测中心桩高程而绘制的。比较设计线与地面线的相对位置，可决定填挖高度。

③竖曲线。设计线是由直线和竖曲线组成的，在设计线的纵向坡度变更处（变坡点），为了便于车辆行驶，按技术标准的规定应设置圆弧竖曲线。竖曲线分为凸形和凹形两种，在图中分别用"⌒"和"⌣"的符号表示。符号中部的竖线应对准变坡点，竖线左侧标注变坡点的里程桩号，竖线右侧标注竖曲线中点的高程。符号的水平线两端应对准竖曲线的始点和终点，竖曲线要素（半径 R、切线长 T、外距 E）的数值标注在水平线上方。在本图中的变坡点处桩号为 K6+600，竖曲线中点的高程为 80.50m，设有凸形竖曲线（$R=2000m$，$T=40m$，$E=0.42m$），在变坡点 K6+980 处设有凹形竖曲线（$R=3000m$，$T=50m$，$E=0.42m$），在变坡点 K7+300 处由于坡度变化较小，可注明不设竖曲线。

④工程构筑物。道路沿线的工程构筑物如桥梁、涵洞等，应在设计线的上方或下方用竖直引出线标注，竖直引出线应对准构筑物的中心位置，并注出构筑物的名称、规格和里程桩号。

例如图中在涵洞中心位置用"○"表示，并进行标注，表示在里程桩 K6+080 处设有一座直径为 100cm 的单孔圆管涵洞。

例：$\dfrac{4-20\,预应力混凝土连续\,T\,梁}{K128+600}$ 表示在里程桩 K128+600 处设有一座桥，该桥为预应力混凝土 T 型连续梁桥，共四跨，每跨 20m。

⑤水准点。沿线设置的测量水准点也应标注，竖直引出线对准水准点，左侧注写里程桩号，右侧写明其位置，水平线上方注出其编号和高程。如水准点 BM15 设置在里程 K6+240 处的右侧距离为 6m 的岩石上，高程为 63.14m。

(2) 资料表部分

路线纵断面图的测设数据表与图样上下对齐布置，以便阅读。这种表示方法，较好地反映出纵向设计在各桩号处的高程、填挖方量、地质条件和坡度以及平曲线与竖曲线的配合关系。

资料表主要包括以下项目和内容：

①地质概况。根据实测资料，在图中注出沿线各段的地质情况。

②坡度与坡长。标注设计线各段的纵向坡度和水平长度距离。表格中的对角线表示坡度方向，左下至右上表示上坡，左上至右下表示下坡，坡度和距离分注在对角线的上下两

侧。如图中第一格的标注"3.0/600",表示此段路线是上坡,坡度为3.0%,路线长度为600m。

③标高。表中有设计标高和地面标高两栏,它们应和图样互相对应,分别表示设计线和地面线上各点(桩号)的高程。

④填挖高度。设计线在地面线下方时需要挖土,设计线在地面线上方时需要填土,挖或填的高度值应是各点(桩号)对应的设计标高与地面标高之差的绝对值。

⑤里程桩号。沿线各点的桩号是按测量的里程数值填入的,单位为m,桩号从左向右排列。在平曲线的起点、中点、终点和桥涵中心点等处可设置加桩。

⑥平曲线。为了表示该路段的平面线型,通常在表中画出平曲线的示意图。直线段用水平线表示,道路左转弯用凹折线表示,右转弯用凸折线表示,有时还需注出平曲线各要素的值。

⑦超高。为了减小汽车在弯道上行驶时的横向作用力,道路在平曲线处需设计成外侧高内侧低的形式,道路边缘与设计线的高程差称为超高。如图12-9所示。

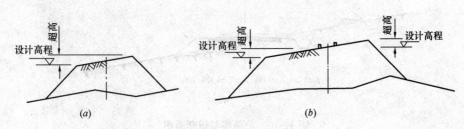

图 12-9　道路超高
(a)一般道路;(b)高速路

12.2.1.3　路线横断面图

1. 图示方法

路线横断面是用假想的剖切平面,垂直于路中心线剖切而得到的图形。

2. 路基横断面图

为了路基施工放样和计算土石方量的需要,在路线的每一中心桩处,应根据实测资料和设计要求,画出一系列的路基横断面图,主要是表达路基横断面的形状和地面高低起伏状况。路基横断面图一般不画出路面层和路拱,以路基边缘的标高作为路中的设计标高。

路基横断面图的基本形式有三种:

(1)路堤:即填方路基如图12-10(a)所示。在图下注有该断面的里程桩号、中心线处的填方高度以及该断面的填方面积。

图中边坡1:m可根据岩石、土壤的性质而定。1:m表示边坡的倾斜程度,m值越大,边坡越缓;m值越小,边坡越陡,路堤边坡坡度对一般土壤可采用1:1.5。

(2)路堑:即挖方路基如图12-10(b)所示。在图下注有该断面的里程桩号、中心线处的挖方高度以及该断面的挖方面积。

路堑边坡一般土壤为1.0:0.5~1.0:1.5。一般岩石为1.0:0.1~1.0:0.5。

(3)半填半挖路基:是前两种路基的综合,如图12-10(c)所示。图下仍注有该断面的里程桩号、中心线处的填（挖）方高度以及该断面的填（挖）方面积。

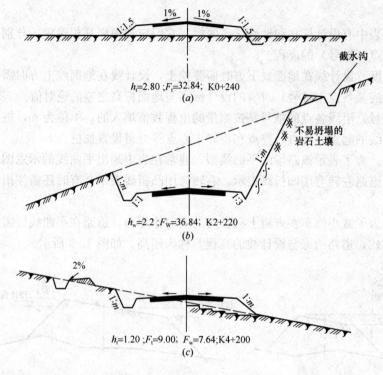

图 12-10　公路路基横断面图
h_t：填方高度；h_w：挖方高度；F_t：填方面积；F_w：挖方面积

12.2.2　识读城市道路路线工程图

城市道路一般由车行道、人行道、绿化带、分隔带、交叉口和交通广场以及高架桥高速路、地下道路等各种设施组成。典型的城市道路横断面布置形式通常称为"三块板形式"，中央较宽为双向行驶的机动车道，两侧是单向行驶的非机动车道，它们之间有绿化带隔开，最外边是人行道。

城市道路的线型设计结果也是通过平面图、纵断面图和横断面图表达的。它们的图示方法与公路路线工程图完全相同。由于城市道路所处的地形一般都比较平坦，并且城市道路的设计是在城市规划与交通规划的基础上实施的，交通性质和组成部分比公路复杂得多，因此体现在横断面图上，城市道路比公路复杂得多。

12.2.2.1　识读横断面图

城市道路横断面图是道路中心线法线方向的断面图。城市道路横断面图由车行道、人行道、绿带和分离带等部分组成。在城市里，沿街两侧建筑红线之间的空间范围为城市道路用地。

1. 城市道路横断面图布置的基本形式

根据机动车道和非机动车道不同的布置形式，道路横断面的布置有以下四种基本形式：

（1）"一块板"断面把所有车辆都组织在同一车行道上行驶，但规定机动车在中间，非机动车在两侧，如图 12-11 (a) 所示。

(2) "两块板"断面用一条分隔带或分隔墩从道路中央分开，使往返交通分离，但同向交通仍在一起混合行驶，如图 12-11 (b) 所示。

(3) "三块板"断面用两条分隔带或分隔墩把机动车和非机动车交通分离，把车行道分隔为三块：中间为双向行驶的机动车道，两侧为方向彼此相反的单向行驶非机动车车道，如图 12-11 (c) 所示。

(4) "四块板"断面在"三块板"断面的基础上增设一条中央分离带，使机动车分向行驶，如图 12-11 (d) 所示。

2. 横断面图的内容

横断面设计的最后成果用标准横断面设计图表示。图中要表示出横断面各组成部分及其相互关系。如图 12-12 所示为某路近期设计横断面图。为了清晰地表示高差变化情况，高度方向（纵向）采用了 1：50，水平方向（横向）采用 1：200 的绘图比例。

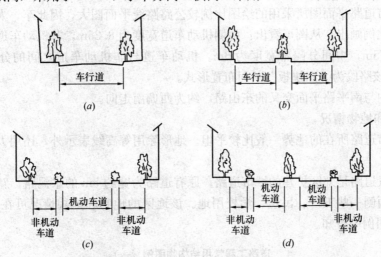

图 12-11　城市道路横断面布置的基本形式

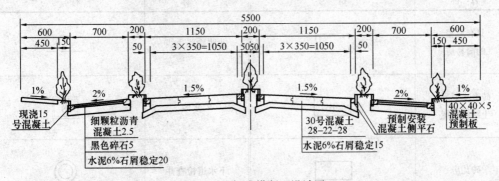

图 12-12　标准横断面设计图

图 12-12 表示了该路段采用了"四块板"断面形式，使机动车与非机动车分道单向行驶。两侧为人行道，中间有隔离带。图中还表示了各组成部分的宽度以及结构设计要求。

除了需绘制近期设计横断面图之外，对分期修建的道路还要画出远期规划设计横断面图。为了设计土石方工程量和施工放样，与公路横断面图相同，需绘出各个中线桩的现状横断面,并加绘设计横断面图,标出中线桩的里程和设计标高,称为施工横断面图。

12.2.2.2 识读平面图

城市道路平面图与公路路线平面图相似,它是用来表示城市道路的方向、平面线型和车行道布置以及沿路两侧一定范围内的地形和地物情况。

图 12-13 为一段城市道路南平路的平面图。它主要表示了环形交叉口和市区道路的平面设计情况。城市道路平面图的内容可分为道路和地形、地物两部分。

1. 道路情况

(1) 为了表示道路的长度,在道路中心线上标有里程。如图 12-13 所示的平面图表示从 K6+250～K6+730 一段道路的平面图。

(2) 道路的走向,用坐标图来确定(或画出指北针)。JD5 的坐标 $x=2892727.505$,$y=431963.005$,JD6 的坐标 $x=2892903.000$,$y=431223.000$,读图时可几张图拼接起来阅读。从指北针方向可知,道路的走向为北偏东方向。

(3) 城市道路平面图所采用的绘图比例较公路路线平面图大,因此车、人行道的分布和宽度可按比例画出。从图可看出:两侧机动车道宽度为 8.25m,非机动车道宽度为 5m,人行道为 4.75m,中间分隔带宽度为 6m。机动车道与非机动车道之间的分隔带宽度为 0.5m,所以该路段为"四块板"断面布置形式。

(4) 图中与南平路平面交叉的东山路,约为西偏南走向。

2. 地形和地物情况

(1) 城市道路所在的地势一般比较平坦。地形除用等高线表示外,还用大量的地形点表示高程。

(2) 本段道路是郊区扩建的城市道路,原有道路为宽约 5m 的水泥路。新建道路因此占用了沿路两侧一些工厂、民房、学校用地。该地区的地物和地貌情况可在表 12-2 和表 12-3 平面图图例中查知。

道路工程常用结构物图例(一) 表 12-2

名 称	符 号	名 称	符 号
只有屋盖的简易房	⌐ ¬ ⌐ ¬	非明确路边线	― ― ― ― ― ―
砖石或混凝土结构房屋	B	贮水池	水
砖瓦房	C	下水道检查井	◎
石棉瓦	D	通信杆	⌀
围 墙	――┴――		

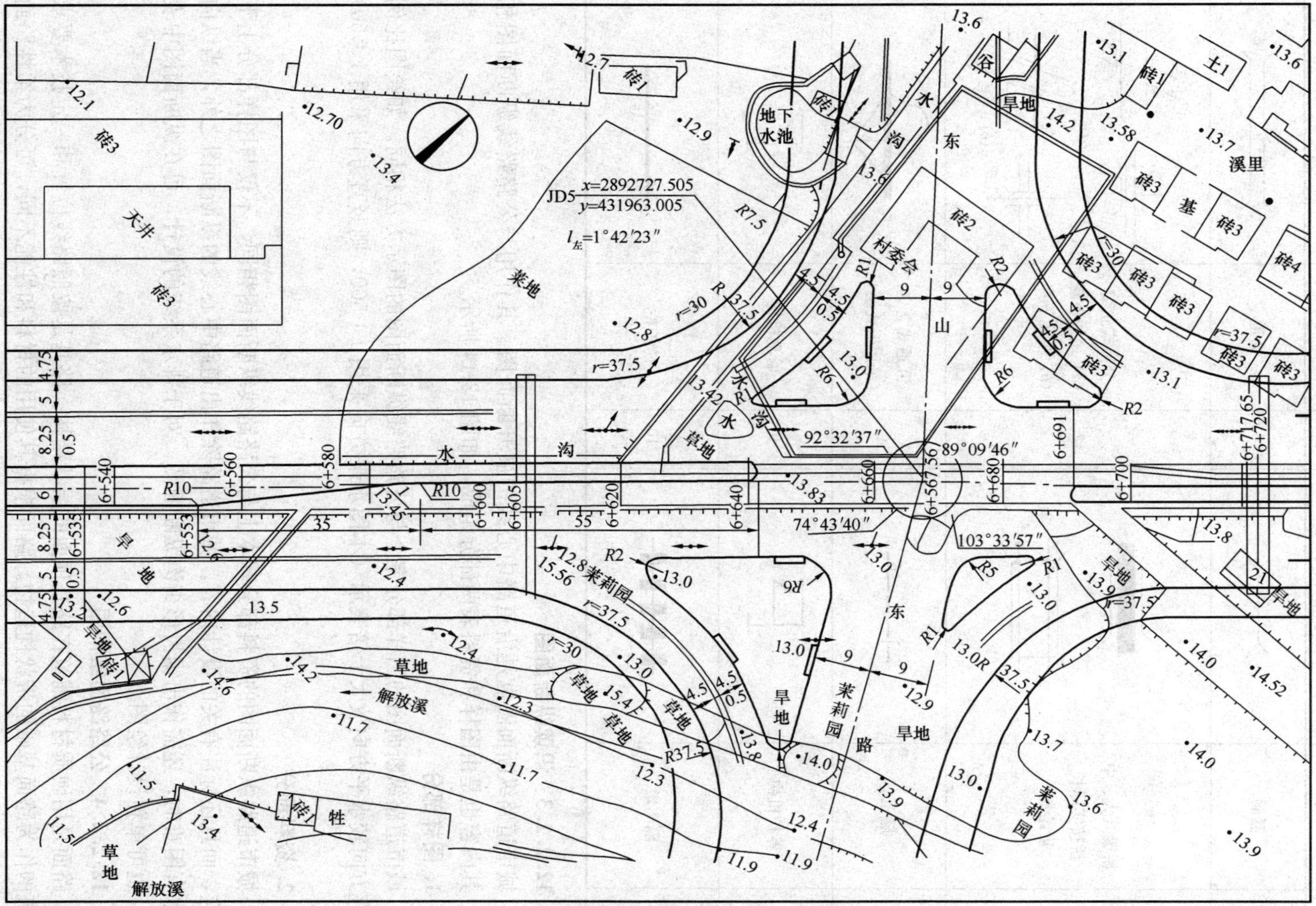

图12-13 南平路平面图

道路工程常用结构物图例（二） 表 12-3

序号	名称	图例	序号	名称	图例
1	涵洞	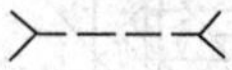	6	通道	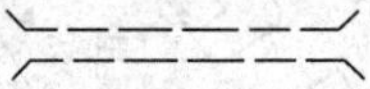
2	桥梁（大、中桥按实际长度绘制）	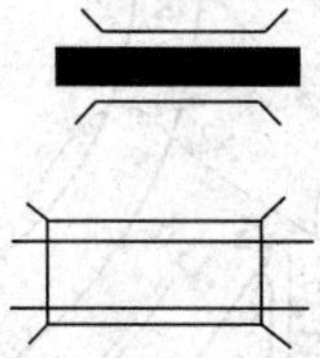	7	分离式立交 (a) 主线上跨 (b) 主线下穿	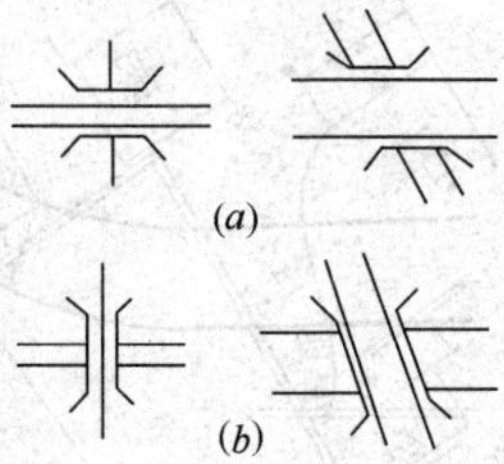
3	隧道	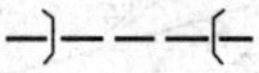	8	互通式立交 （采用形式绘）	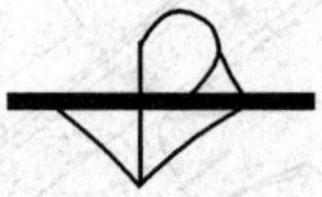
4	养护机构		9	管理机构	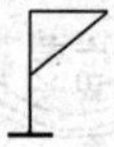
5	隔离墩		10	防护栏	

12.2.2.3 识读纵断面图

城市道路纵断面图也是沿道路中心线的展开断面图。其作用与公路路线纵断面图相同，其内容也是由图样和资料表两部分组成，如图 12-14 所示。

1. 图样部分

城市道路纵断面图的图样部分完全与公路路线纵断面图的图示方法相同。如绘图比例竖直方向较水平方向放大十倍表示（本图水平方向采用 1∶500，则竖直方向采用 1∶50）等。

2. 资料部分

城市道路纵断面图的资料部分基本上与公路路线纵断面图相同，不仅与图样部分上下对应，而且还标注有关的设计内容。城市道路除作出道路中心线的纵断面图之外，当纵向排水有困难时，还需作出锯齿形街沟纵断面图。对于排水系统的设计，可在纵断面图中表示，也可单独设计绘图。

12.2.2.4 公路路面结构图

路面是用硬质材料铺筑在路基顶面的层状结构。路基是按照路线位置和一定技术要求修筑的作为路面基础的带状构造物。路面根据其使用的材料和性能不同，可分为柔性路面和刚性路面两类。柔性路面如沥青混凝土路面、沥青碎石路面、沥青表面处治路面等，刚性路面如水泥混凝土路面。

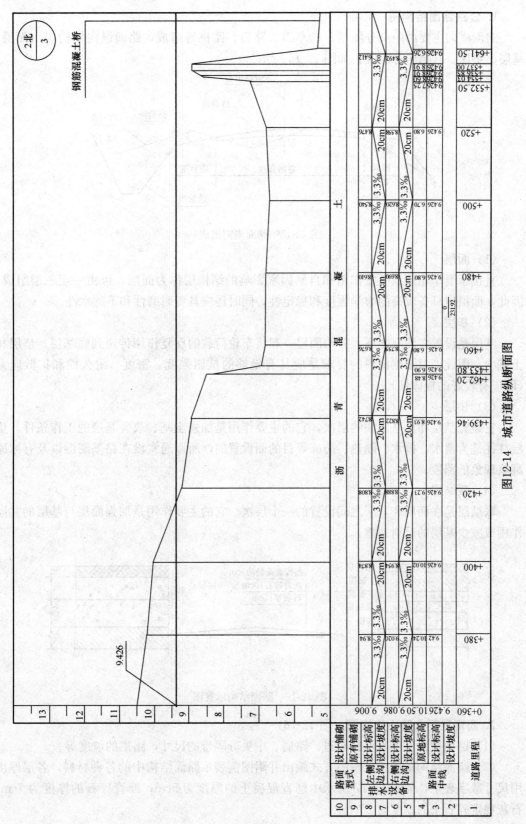

图12-14 城市道路纵断面图

1. 公路路面结构图

路面横向主要由中央分隔带、行车道、路肩、路拱等组成，路面纵向结构层由面层、基层、垫层、联结层等组成。如图 12-15 所示。

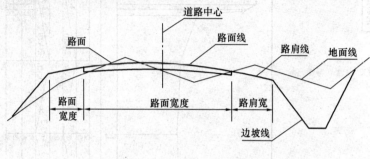

图 12-15　路面横向组成

(1) 面层

直接承受车轮荷载反复作用和自然因素影响的结构层称为面层，可由一至三层组成。因此，面层应具备较高的力学强度和稳定性，同时还应具备耐磨性和不透水性。

(2) 基层

基层是设置在面层之下，并与面层一起将车轮荷载的反复作用传递到底基层、垫层和土基中。因此，对基层材料的要求是应具有足够的抗压强度、密度、耐久性和扩散应力（即应有较好的板体性）。

(3) 垫层

它是底基层和土基之间的层次，它的主要作用是加强土基、改善基层的工作条件。垫层往往是为蓄水、排水、隔热、防冻等目的而设置的，所以通常设在路基潮湿以及有冰冻翻浆现象的路段。

(4) 联结层

联结层是在面层和基层之间设置的一个层次。它的主要作用是加强面层与基层的共同作用或减少基层的反射裂缝。

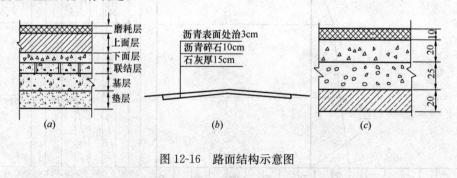

图 12-16　路面结构示意图

2. 沥青混凝土路面结构图（图 12-16）

(1) 路面横断面图表示行车道、路肩、中央分隔带的尺寸，路拱的坡度等。

(2) 路面结构图用示意图的方式画出并附图例表示路面结构中的各种材料，各层厚度用尺寸数字表示，如图 12-17 所示中沥青混凝土的厚度为 5cm，沥青碎石的厚度为 7cm，石灰稳定碎石土的厚度为 20cm。

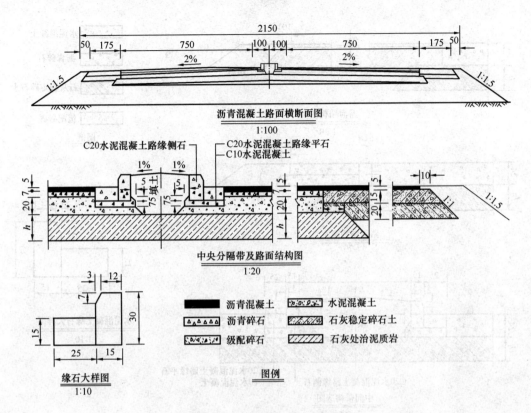

图 12-17 沥青混凝土路面结构图

行车道路面底基层与路肩的分界处，其宽度超出基层 25cm 之后以 1∶1 的坡度向下延伸。硬路肩的面层、基层和底基层的厚度分别为 5cm、15cm、20cm，硬路肩与土路肩的分界处，基层的宽度超出面层 10cm 之后以 1∶1 的坡度延伸至底基层的底部。

(3) 中央分隔带和缘石大样图

中央分隔带处的尺寸标注及图示，说明两缘石中间需要填土，填方顶部从路基中线向两线石倾斜，其坡度为 1%。路缘石和底座的混凝土标号、缘石的各部尺寸标出，以便按图施工。

(4) 路拱大样图

如图 12-18 所示，路拱的形式有抛物线、双曲线和双曲线中插入圆曲线等类型，以满足路面横向排水的要求。路拱大样图的任务就是清楚表达路面横向的形状，一般垂直向比例大于水平向比例。

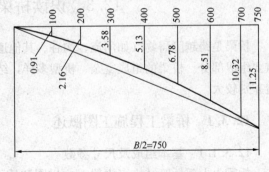

图 12-18 路拱大样图

3. 水泥混凝土路面结构图

如图 12-19 所示，当采用路面结构 A 图时，图中标注尺寸为 30cm，则表示路面基层的顶面靠近硬路处出路面宽出 30cm，并以 1∶1 的坡度向下分布。标注尺寸为 10cm，则表示硬路肩面层下的基层比顶面面层宽出 10cm。中央分隔带和路缘石的尺寸、构件位置、材料等用图示表示出来，以便按图施工。

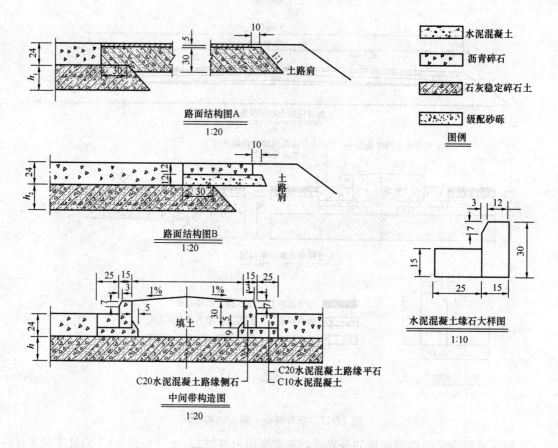

图 12-19 水泥混凝土路面结构图

12.3 识读桥梁工程施工图

桥梁是跨越障碍物（如河流、沟谷、其他道路、铁路等）的结构物，是交通路线上的重要组成部分。桥梁的组成复杂、桥型多样，结构体系、施工方法各异，各种桥型间的构造差别较大。

12.3.1 桥梁工程施工图概述

12.3.1.1 基本组成及尺寸参数

桥梁由上部桥跨结构（主梁或主拱圈和桥面系）、下部结构（桥台、桥墩和基础）及附属结构（栏杆、灯柱、护岸、排水设施）三部分组成。如图 12-20 所示。

桥跨结构是在路线中断时，跨越障碍的主要承载结构，称之为上部结构。桥墩和桥台是支承桥跨结构并将恒载和车辆等活载传至地基的建筑物，又称之为下部结构。支座是桥跨结构与桥墩和桥台的支承处所设置的传力装置。在路堤与桥台衔接处，一般还在桥台两侧设置石砌的锥形护坡，以保证迎水部分路堤边坡的稳定。

桥梁的常用尺寸参数包括：

(1) 计算跨径（L）：梁桥为桥跨结构两支承点（支座）之间的距离；拱桥为相邻两拱

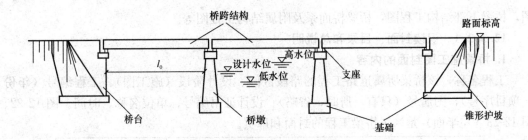

图 12-20 桥梁的组成示意图

脚截面形心间的水平距离。计算跨径主要用于桥梁结构计算。

(2) 净跨径（L_0）：设计洪水位上相邻两个桥墩（或桥台）之间的净距；拱桥为相邻拱脚截面最低点之间的水平距离。净跨径反映桥梁宣泄洪水的能力。

(3) 标准跨径（L_b）：梁桥为相邻桥墩中线之间的距离，或桥墩中线至桥台台背前缘之间的距离；拱桥是指净跨径。标准跨径是表征桥梁跨度的主要指标，一般单孔跨径即指标准跨径。《公路桥涵设计通用规范》JTG D60—2004 规定：当标准设计或新建桥涵的跨径在 50m 及以下时，宜采用标准化跨径，以便于预制、装配。桥涵标准化跨径规定为：0.75m、1.0m、1.25m、1.5m、2.0m、2.5m、3.0m、4.0m、5.0m、6.0m、8.0m、10m、13m、16m、20m、25m、30m、40m、45m、50m。

(4) 桥梁全长（L_q）：桥梁两端桥台侧墙或八字墙尾端间的距离；对于无桥台的桥梁为桥面系长度。

12.3.1.2 桥梁的分类

桥梁的分类方式很多，通常有：

(1) 按结构形式分为梁桥、拱桥、刚架桥、桁架桥、悬索桥、斜拉桥等。

(2) 按建筑材料分为钢桥、钢筋混凝土桥、石桥、木桥等。其中以钢筋混凝土梁桥应用最为广泛。

(3) 按桥梁全长和跨径的不同分为：特大桥、大桥、中桥和小桥。

(4) 按上部结构的行车位置分为：上承式桥、下承式桥和中承式桥。桥面布置在主要承重结构之上者称为上承式桥，布置在主要承重结构之下者称为下承式桥，布置在主要承重结构中间的称为中承式桥，如图 12-21 所示。

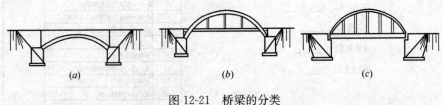

图 12-21 桥梁的分类
(a) 上承式桥；(b) 中承式桥；(c) 下承式桥

12.3.2 识读桥梁工程施工图

虽然各种桥梁的结构形式和建筑材料有所不同，但图示方法和内容基本相同。一套桥梁工程施工图包括封面、目录和总说明，桥位平面图，桥位地质断面图，桥梁总体布置图，桥梁下部结构工程图，桥梁桥面系及附属结构工程图等。

12.3.2.1　识读封面、目录和总说明

1. 桥梁施工图封面的内容

工程名称，该桥梁所属道路工程的路段区间、设计阶段（施工图）、工程编号（年份一项目序号），图册号（只有一册时，省略）、设计证书编号、单位名称、时间。图 12-22、图 12-23（左半面）是××桥梁工程的封面和扉页。

××市铁路建设处

××路工程(城北干道-312国道)

××桥施工图

××市市政工程设计研究院

200×年01月

图 12-22　××桥梁工程的封面

××路工程(城北干道-312国道)

××桥施工图

工程编号：200×－082

院　　长：________

总工程师：________

分管副总：________

项目负责人：________

××市市政工程设计研究院

证书编号：甲级×××-SJ

200×.01

图纸目录

序号	图纸名称
1	桥位平面布置图
2	设计总说明
3	全桥主要工程材料数量汇总表
4	桥梁总体布置图
5	桥面特征点标高图、空心板放置图
6	L=16m预应力板梁构造图
7	L=16m预应力板梁钢筋图
8	L=16m预应力板梁钢筋大样图
9	防震锚栓与支座构造图
10	桥面铺装构造图
11	伸缩缝构造图
12	人行道、分隔带构造图
13	栏杆构造图
14	北桥台一般构造图
15	南桥台一般构造图
16	桥台立面、侧面图
17	桥台钢筋图

图 12-23　××桥梁工程的扉页和目录

在该工程施工图封面（图 12-22）中能获取以下信息：该工程的建设单位是"××市铁路建设处"；该桥梁所属道路工程的路段区间是"××路工程（城北干道-312 国道）"；工程名称是"××桥施工图"；设计单位是"××市市政设计研究院"。在该工程扉页（图 12-23）中除了以上信息还有：工程编号、设计院设计证书编号、设计完成时间、设计项目负责人等信息。

2. 目录

施工图的目录对于识读施工图很重要，是整套施工图的索引。有时从目录中还能了解桥梁的组成、规模、构造等内容。目录的编排基本遵循"从整体到局部，先上部后下部"的规律。图 12-23（右半面）是××桥梁工程的目录。目录中知道本套桥梁施工图一共有 17 张图纸，文字描述了每张图纸的名称，同时了解到这座桥梁是标准跨径为 16m 的预应力简支板梁桥。

3. 设计总说明

桥梁施工图设计总说明的内容：设计依据，设计标准，工程概况，调查资料，设计技术指标和技术要点，施工注意事项，主要工程量统计等。

图 12-24 是××桥梁工程的施工图设计总说明。本设计总说明主要分为：工程概况，设计依据，基本资料，技术规范，地质概况，设计概况，主要材料，施工要点 8 个部分。

①工程概况：桥梁所在的路段、桩号、跨越的河流、桥梁的斜交角度等。

②设计依据：建设单位及设计委托书，设计单位的设计任务书，勘察单位的勘察报告等。

③基本资料：桥梁的设计荷载，桥梁横断面组成，桥梁的线形指标，桥梁的通航要求，桥梁的高程系统，桥梁的抗震标准等数据。

④技术规范：设计标准及规范。这部分要强调：施工人员必须严格按既定的规范、标准施工，否则很有可能在验收时达不到验收标准的要求，导致返工整改。

⑤地质概况：土层分布、土质描述、土的力学性能等信息，为桥梁基础施工提供依据。

⑥设计概况：桥梁上部结构类型、数据，桥面铺装结构，伸缩装置和支座类型等。

⑦主要材料：混凝土、预应力钢筋、普通钢筋、浆砌块石的种类、强度等级及相关数据。

⑧施工要点：是设计总说明中的重要部分，由于桥梁的施工方法很多，施工技术复杂，同一种桥型可以用不同方法进行施工。在本部分设计者会提供推荐施工方法和重要施工技术要点给施工人员进行参考。作为施工人员要仔细研读本部分内容，并做好与设计者的沟通、交流工作。

12.3.2.2　识读桥位平面图

桥位平面图主要用于表示桥梁在所属道路中的位置，桥梁与河道的关系，工程周边环境条件，桥梁的跨越形式、跨径分布等情况。

1. 识读桥位平面图

图 12-25 是××桥梁桥位平面布置图。

图中比例尺（1∶1000）、指北针、单位（m）、图纸索引（共 17 张图纸，这是第 1 张）等。从桥位平面图可以看出：图中打阴影线的即为该桥梁。丁横河接近东西走向，道路接

一、工程概况

本桥位于常州市青洋路城北子道-312围道JK0+890.0m处，跨丁塘河，道路中心线与桥梁中心线斜交69°，桥梁在道路平曲线范围内。

二、设计依据

1. 常州市铁路建设处《青洋路（城北子道-312围道）工程设计任务书》。
2. 本院2003-082号设计任务书。
3. 常州市规划勘测工程勘察院《青洋路丁塘河桥岩土工程勘察报告》（勘察编号：2003-1005）。

三、基本资料

1. 设计荷载：城—A级汽车荷载，人群4.5kPa。
2. 桥面布置：（0.5m人行护栏杆+2.5m人行道）+4.5m（非机动车道）+2m（分隔带）+12m（机动车道）。
3. 竖曲线（中央分隔带）：$R=8000$，$T=31.578$，$E=0.062$，$i_1=0.368\%$，$i_2=0.421\%$。
4. 平曲线：桥梁处于$R=1000$m平曲线上。
5. 横坡：人行道横坡2%，车行道横坡2%。
6. 通航要求：本河道无通航要求。
7. 高程系统：黄海基面高程系统（2002年成果）。
8. 抗震设防：本设计采用抗震设防烈度为7度。

四、技术规范

1. 《城市桥梁设计准则》（CJJ 11-93）。
2. 《城市桥梁设计荷载标准》（CJJ 77-98）。
3. 《公路桥涵通用设计规范》（JTJ 021-89）。
4. 《公路钢筋混凝土及预应力混凝土桥涵设计规范》（JTJ 023-85）。
5. 《公路桥涵地基与基础设计规范》（JTJ 024-85）。

五、地质概况

根据岩土工程勘测报告，拟建场地基地分为8个地质层位，各土层地物物理及物理力学性质描述见岩土工程勘测报告：①层粘土层层底标高-1.05～-2.24m，容许承载力为280kPa；②层素粘土层层底标高-2.05～-3.04m，容许承载力为220kPa；③层粉粘土层适合作为桥台浅基础持力层。根据地基条件，本设计采用人工填土强夯块石桥台，混凝土桥基。基础底标高-1.30m，以②层亚粘土层适合作为水桥基础持力层。

六、设计概况

桥宽$D=51m$，桥梁与道路中心线与道路中心线斜交，$L=16.00m$，桥面总宽$D=51m$。桥面采用部分整体化吸泥混凝土4cm宽GQF-C(40)型伸缩缝接缝，桥台处采用TCYB球冠形圆板式橡胶支座。

七、主要材料

1. 混凝土：
$L=16m$空心板、铰缝及桥面整体化现浇混凝土均为C40，人行道各构件均为C25号。

2. 预应力钢筋

本设计空心板采用270级钢绞线采用ASTM A416-87a标准270级钢绞线，$R^b_v=1860$MPa，松弛率为3.5%，钢绞线规格为$\phi12.70$。普通钢筋本设计详图中：Φ代表I级钢筋，Φ代表II级钢筋（GB1499-98）。

3. 普通钢筋本设计详图中：Φ代表I级钢筋，Φ代表II级钢筋（GB1499-98）。

4. 浆砌块石本设计桥台自身及翼墙采用10号，挡墙采用7.5号浆砌块石。

八、施工要点

1. 预应力钢绞线的有效长度范围内部分（图中虚线段）一定要采取有效的措施进行失效处理，一般采用硬塑料管等以免在砼中的钢绞线粘结。以防伸长度长度长度长度长度长度长度长度长度长度长度长度长度长度以免长度长度以免长度长度以免长度长度以免长度长度。

2. 预应力钢绞线采用双端张拉方式及长度长度采用双向钢束布置，使板两端的失效长度对称。

3. 预应力钢绞线采用张拉力种种张拉力法张拉力工种种张拉力种种种种种种种种种种种种种种种种种种种种种种种张拉力$\sigma_{PK}=0.72$，$R^b_v=1339$MPa，张拉力为132.17kN，伸长值根据施工钢筋真实布置另行计算。

4. 为使张拉铁箱锚板底均受50cm的砼影响，图中钢束编号空白处表示该处不设钢筋号数，钢绞线与张拉箱锚板底分开填充均受5cm的砼，不留施工缝。

5. 波纹钢绞线的排距：规格化、应力化、均匀化、分化完成，不得集体放松，不得集体放松施工钢束放置，迷筑上层混凝土前应冲冲冲冲，以便观察增加混凝土与钢的结合。

6. 为防止钢绞线产生滑毛现象，放松时采用电气加热方式，图中钢筋混凝土实标高度表示不设原施工钢筋标号。

7. 预应力空心板顶预制混凝土浇筑时间不得大于60天，否则可能产生较大的反收缩。

8. 在运输空心板时，要求采取可靠措施，不使预应力产生的弯起起起起作用，可单下图所示空心板起起吊加一个正弯矩。

9. 铰缝内的箍筋环形钢筋露出长度外伸长度控制在18cm左右，最长不得大于20cm。

10. 预应力空心板跨中钢筋张拉时间的天计张拉反扭换值，本设计以计算基础执行。

11. 桥台后混凝土应分层分层夯实，分层厚度按规范执行，密实度不小于95%，填土起2/3桥台高度时，必须先上板架，之后同上主体设计方案。

12. 浇制空心板前，应注意遵照所有预期钢筋均应整预预防。

13. 桥墩块实区基础混凝土施工完毕后，基坑开挖后，如发现地质与地质情况不符，应及时通知设计人员，以便作任施工。

14. 其他未尽事宜，按有关规范与图或与设计单位协商解决。

图12-24 ××桥梁工程的施工图设计总说明

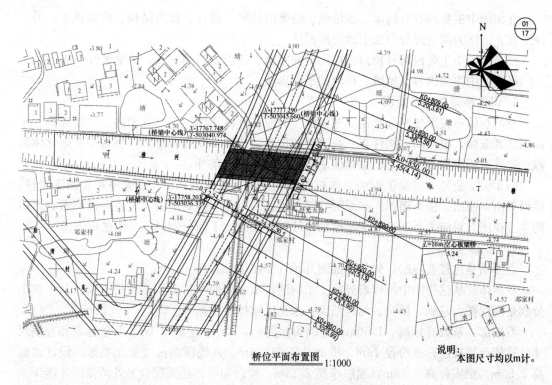

图 12-25 ××桥梁桥位平面布置图

近南北走向,桥梁跨越丁横河与河呈 69°交角,整座桥梁位于路线的平曲线上,周围环境以农田为主。本桥的跨径为 16m,单跨简支,桥梁中心桩号为 K0+890,桥梁宽度为 51m。桥梁中心线上还有 3 个控制点坐标,可以用于测量定位。

2. 识读桥位平面图的注意事项

首先通过图纸的目录找到桥位平面图。

其次根据全图,在图中找比例尺、指北针、单位等基本指标。通过指北针了解桥梁工程的走向,通过桥梁与周围地形地物的关系了解本工程所处的位置和环境情况。

最后针对图中的具体数据,进行深入的研读。如:找到桥梁工程中控制点的坐标、桩号;读出桥梁的跨径分布情况,单跨跨度,桥梁的宽度,桥梁与河道的斜交角度等。对于施工管理者,在识读桥位平面图时还会对工程周围环境进行分析,以便对施工场地布置进行规划。

12.3.2.3 识读桥梁总体布置图

桥梁的总体布置图是整套图纸中比较复杂的一张图,图中的内容多,透视关系复杂,数据量大;也是相对重要的一张图,通过桥梁总体布置图,能对桥梁的组成、跨径、尺度、上下部结构有全面的了解。

1. 桥梁总体布置图的内容

桥梁总体布置图主要由立面图、横断面图、平面图组成。这三个图在图纸中布置成"三视图"的位置关系,也即立面图在左上,横断面图在右上,平面图在立面图的下方。理论上应符合"长对正、高平齐、宽相等"的原则。为了更好地体现桥梁的内部构造,在三个图中常常还采用半剖面的方法表示。

立面图中主要内容有河床、水位线、桥梁的基础、墩台、桥跨结构、桥面体系，另外注意在立面图的两边经常会加上地质断面图。

横断面图中主要内容有桥跨结构的横向布置、桥面体系的构成、桥梁墩台、基础等。

平面图中主要内容有桥墩、桥台的平面形状。

2. 识读桥梁总体布置图

桥梁总体布置图要充分利用"三视图"的原理进行读图。做到立面图、横断面图、平面图三者兼顾，根据同一构件在三视图中的位置、形状，展开联想，在脑袋中产生立体影像。此外对桥梁构造的熟悉也是读懂总体布置图的前提条件。

图 12-26 是××桥梁工程的总体布置图。首先从整体上来看，这是座单跨简支梁桥。整幅图由立面图、横断面图、平面图三部分组成。由于图幅的限制，位置并没有做到严格的"三视图"对应关系，这样无疑增加了读图的难度。下面分别对三个图进行识读。

（1）识读立面图

立面图是比较直观的，先从立面图开始（如图 12-27 所示）。

看整体：从这张图中可以看到简支结构的桥型，即两个桥台间架设简支梁。从下往上分别是刚性扩大基础、桥台、河床断面、水面、梁体、桥面系。

看细部：基础底标高 -1.30m，基础顶标高 -0.30m，基础厚 1m。其他标高和竖向尺寸计算依此类推。标准跨径 16m，桥梁总长 21.24m。其他横向尺寸依此类推。设计水面高 1.80m，梁底标高 3.98m，通航净高 2.18m。桥台和梁体还需配合另外两张图才能深入了解。

在该图的左右两侧是地质断面图。可以看出桥台基础范围内有 3 个土层，土的种类从上至下分别为：杂填土、黏土和亚黏土。基础埋置在黏土层中，该土层称为持力层，持力层下面的亚黏土层称为下卧层。层与层交界面上的数字是标高（由于土层不可能是水平的，因此标高有一个范围）。土层中的 $[\sigma_0]$ 表示土体的强度，由图中可以看出黏土的强度大于亚黏土的强度，因此桥台的基础做在黏土层中是合理的。

图中左半幅为"半纵立面图"，右半幅为"半纵剖面图"。这样可以更好地表达构件的内部构造。如图梁体在跨中不对接就是因为立面图看到的是梁的侧面，剖面图看到的是梁的内部。同样，桥台也因为观察的位置不同，造成左右不完全相同。

（2）识读横断面图

通过识读横断面图能很好地看出桥梁的横向布置，本横断面图由于存在对称关系，所以图中只画了半幅横断面，即以桥梁中心线左右对称。如图 12-28 所示。

首先看标注下面的文字，能很方便地了解本桥梁横断面的组成，显然本桥梁所在的道路为四幅路形式。

其次能读出简支板梁在横向的布置，单侧非机动车道和人行道由 5 块中梁和 2 块边梁组成，机动车道由 30 块中梁和 2 块边梁组成（注意对称的关系）。还能读出桥面布置和桥面铺装层的结构。板梁下部就是墩台和基础。

最后还需详细研读每部分的尺寸，对照立面图，对桥梁构件全方位的掌握。

（3）识读平面图

本平面图分为两部分，左侧平面图是梁体部分，右侧剖面图是桥台部分。如图 12-29 所示。

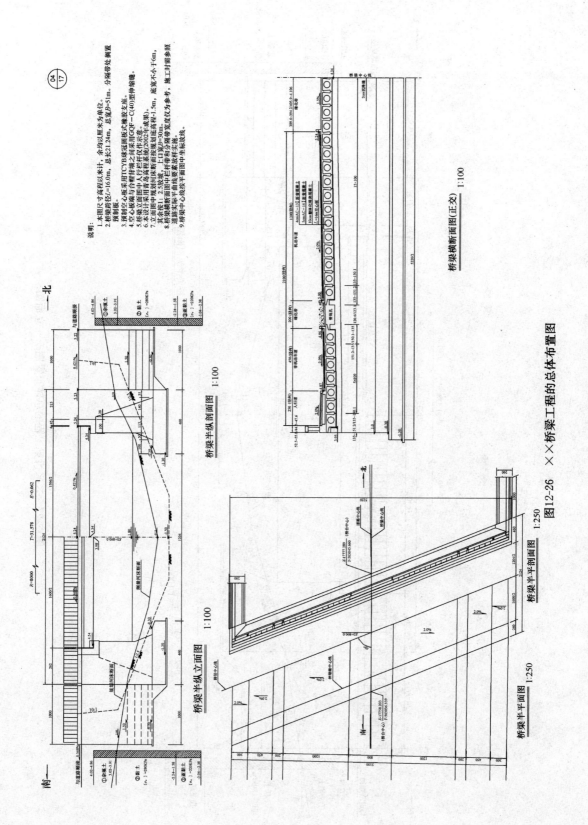

图12-26 ××桥梁工程的总体布置图

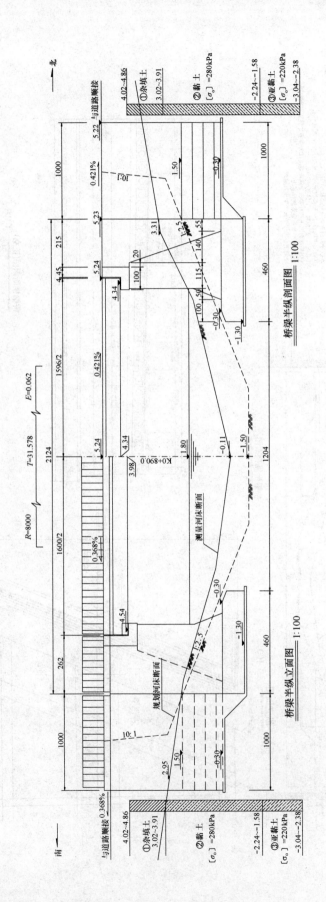

图12-27 ××桥梁工程的总体布置图——立面图

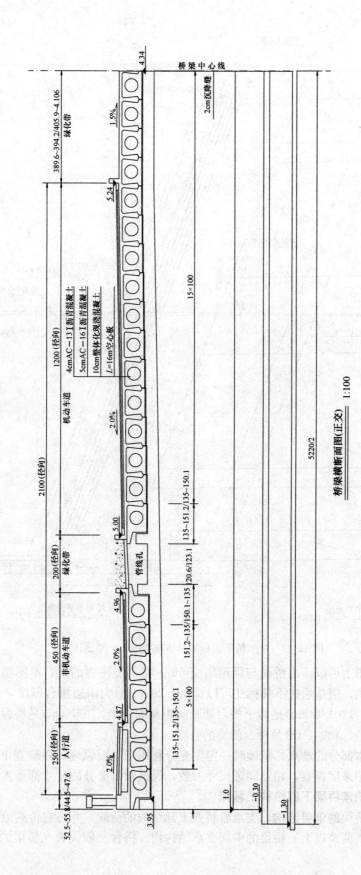

图12-28 ××桥梁工程的总体布置图——横断面图

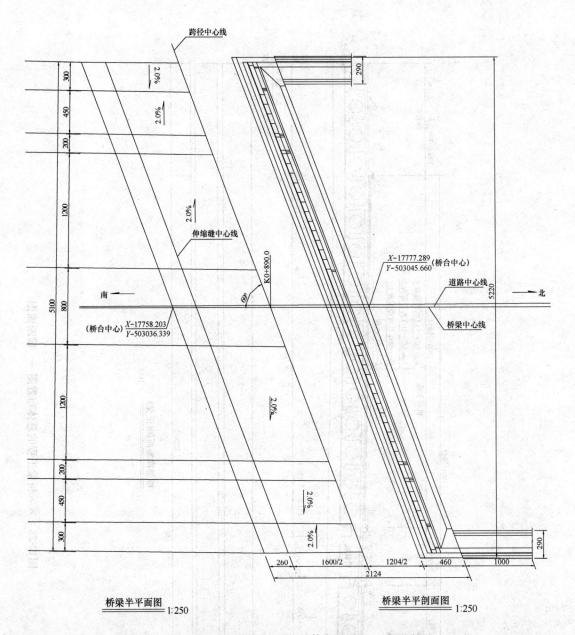

图 12-29 ××桥梁工程的总体布置图——平面图

从这张平面图上可以读出桥梁与河道斜交 69°。特别要注意的是，本图顺桥向的尺寸没有按实际比例画，但是通过下部标注可以读出：260(cm)为南边桥台厚度，1600/2(cm)即为跨径的一半，1204/2(cm)是两个桥台墙趾间距离的一半，460(cm)是桥台前墙的厚度（从基础墙趾算起），1000(cm)是桥台侧翼的长度。

桥台构造是本部分的难点，识读时一定要充分利用三视图原理，在脑袋里建立三维概念，并且对三个图来回观察，相互印证尺寸参数，保证对每部分的尺寸都落实到位。

12.3.2.4 识读桥梁下部结构工程图

桥梁墩台是桥梁的重要结构，支承着桥梁上部结构的荷载，并将它传给地基。

桥墩指多跨（两跨以上）桥梁的中间支承结构物。桥台一般设置在桥梁的两端，除了支承桥跨结构之外，它又是衔接两岸接线路堤的构筑物，起到挡土护岸的目的。

桥梁墩（台）主要由墩（台）帽、墩（台）身和基础三部分组成。如图 12-30 所示。

墩台从总体上可分为两种：一种是重力式墩台，另一种是轻型墩台。重力式墩台的主要特点是靠自身重量

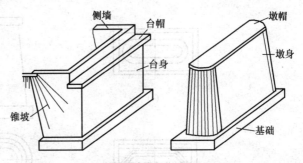

图 12-30 桥梁墩（台）组成

来平衡外力而保持其稳定，因此，墩身、台身比较厚实，可以不用钢筋，而用天然石材或片石混凝土砌筑。它适用于地基良好的大、中型桥梁，或流冰、漂浮物较多的河流中，在砂石料方便的地区，小桥也往往采用重力式墩台。其主要缺点是圬工体积较大，因而其自重和阻水面积也较大。轻型墩台所用的建筑材料大都以钢筋混凝土为主，其刚度小，受力后允许在一定的范围内发生弹性变形。由于钢筋混凝土材料具有较好的抗弯拉能力，而且可以浇筑出各种形状，因此轻型墩台体量小，造型美观，是目前桥梁墩台的主要形式。

1. 桥墩

桥墩的构造形式非常多，大致可分为重力式桥墩和具有各种外观形状的轻型桥墩。

（1）重力式桥墩

重力式桥墩由墩帽、墩身和基础构成。如图 12-31 所示。

墩帽是桥墩顶端的传力部分，它通过支座承托着上部结构，并将相邻两孔桥上的恒载和活载传到墩身上，因此，墩帽的强度要求较高，一般都用 C20 以上的混凝土做成。另外，在一些桥面较宽、墩身较高的桥梁中，为了节省墩身及基础的圬工体积，常常利用挑出的悬臂或托盘来缩短墩身横向的长度。悬臂式或托盘式墩帽一般采用 C20 或 C25 钢筋混凝土。墩帽长度和宽度视上部结构的形式和尺寸、支座的布置等要求而定。在支座下面墩帽内应设置钢筋网，对墩帽集中受荷处予以加强。

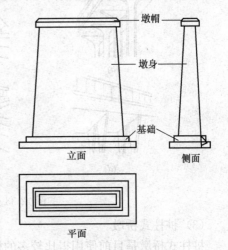

图 12-31 实体桥墩组成

墩身是桥墩的主体。重力式桥墩墩身通常由块石、浆砌块石、片石混凝土、混凝土或钢筋混凝土等材料建造。墩身平面可以做成圆端形或尖端形。在有强烈流水或大量漂浮物的河道上，桥墩的迎水面应做成破冰棱体。如图 12-32 所示。

基础是介于墩身与地基之间的传力结构，其作用是把荷载扩散入地基土中。基础的种类很多，重力式桥墩下的基础主要采用设置在天然地基上的刚性扩大基础。它一般采用片石混凝土或用浆砌块石砌筑而成。基础的平面尺寸较墩身底截面尺寸略大，四周放大的尺寸每边约为 0.25～0.75m。基础可以做成单层的，也可以做成 2～3 层台阶式的。基础的埋置深度，除岩石地基外，应在天然地面或河底以下不少于 1m。

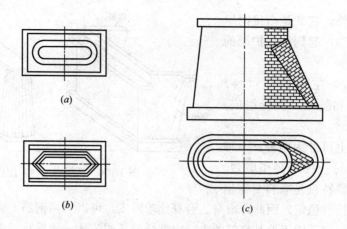

图 12-32　重力式桥墩墩身示意图
(a) 圆端形桥墩；(b) 尖端形桥墩；(c) 破冰棱体

(2) 轻型桥墩

对于城市桥梁，对下部结构的造型美观上比一般公路桥梁有更高的要求，近年来，国内外涌现出了各种造型的轻型桥墩，如图 12-33 所示。

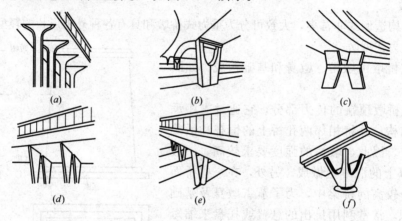

图 12-33　各种造型的轻型桥墩

(3) 桩柱式桥墩

桩柱式桥墩是目前使用得比较多的桥墩，其结构特点是由分离的两根或多根立柱（或桩柱）所组成。它的外形美观，圬工体积少，适用性较广，并可与桩基配合使用，因此是目前公路桥梁中广泛采用的桥墩形式之一，特别是在较宽较大的城市桥和立交桥中应用广泛。

桩柱式桥墩的墩身沿桥横向常由 1～4 根立柱组成，柱身为 0.6～1.5m 的大直径圆柱，当墩身高度大于 6～7m 时，可设横系梁加强柱身横向联系。

桩柱式桥墩一般由承台、柱式墩身和盖梁组成。常用的型式有独柱式、双柱式、哑铃式以及混合双柱式四种。如图 12-34 所示。

目前我国常采用钻孔灌注桩双柱式桥墩，如图 12-35 所示，该桥墩由钻孔灌注桩、柱与钢筋混凝土盖梁组成。柱与桩直接相连，当墩身桩的高度大于 1.5 倍的桩距时，通常就在桩柱之间布置横系梁，以增加墩身的侧向刚度。钻孔桩柱式桥墩适合于许多场合和各种

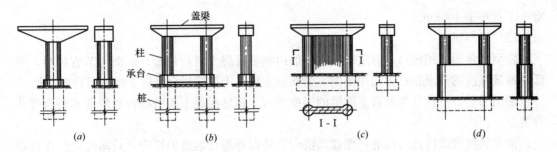

图 12-34 桩柱式桥墩

(a) 独柱式；(b) 双柱式；(c) 哑铃式；(d) 混合双柱式

地质条件。通过增大桩径、桩长或用多排桩加建承台等措施，也能适用于更复杂的软弱地质条件以及较大跨径和较高的桥墩。

2. 桥台

桥台可分为重力式桥台和轻型桥台。

（1）重力式桥台

重力式桥台的常用型式是 U 型桥台，它由台帽、台身和基础三部分组成。台后的土压力主要靠自重来平衡，故台身多由石砌、片石混凝土或混凝土等圬工材料建造，并用就地砌筑或浇筑的方法施工。

图 12-36 所示是 U 型桥台，因其台身是由前墙和两个侧墙构成的 U 字形结构而得名。其优点是构造简单，可以用

图 12-35 钻孔灌注桩双柱式桥墩实物图

混凝土或片石、块石砌筑，适用于填土高度在 8~10m 以下或跨度稍大的桥梁；缺点是桥台体积和自重较大，也增加了对地基的要求。

桥台的两个侧墙之间填土容易积水，所以宜用渗水性较好的土夯填，为了排除桥台前墙后的积水，应于侧墙间略高于高水位的平面上铺一层向路堤方向倾斜的夯实黏土作为防水层，并在黏土层上铺一层碎石，将积水引向设于台后路堤的盲沟内。

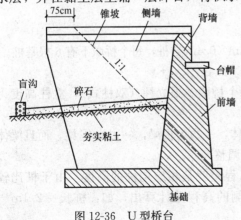

图 12-36 U 型桥台

U 型桥台前墙正面多采用 10∶1 或 20∶1 的斜坡，侧墙与前墙结合成一体，兼有挡土墙和支撑墙的作用。侧墙正面一般是直立的，其长度视桥台高度和锥坡坡度而定。前墙的下缘一般与锥坡下缘相齐，侧墙尾端，应有不小于 0.75m 的长度伸入路堤内，以保证与路堤有良好的衔接。台身的宽度通常与路基的宽度相同。台帽厚度一般不小于 400mm，中小桥梁也不应小于 300mm。前墙及侧墙的顶宽，对于片石砌体不宜小于 500mm；对于块石、料石砌体和混

凝土不宜小于 400mm。

(2) 轻型桥台

轻型桥台的体积轻巧、自重较小，一般由钢筋混凝土材料建造，从而可节省材料，降低对地基强度的要求和扩大应用范围，为在软土地基上修建桥台开辟了经济可行的途径。

常用的轻型桥台分为设有支撑梁的轻型桥台、钢筋混凝土薄壁桥台和埋置式桥台等几种类型。

常见的埋置式桥台的构造：埋置式桥台是将台身埋在锥形护坡中，只露出台帽在外以安置支座及上部构造。当路堤填土高度超过 6～8m 时，可采用埋置式桥台，利用台前锥坡的土压力来抵消台后的土压力，这样，桥台所受的土压力大为减小，桥台的体积也就相应地减少。

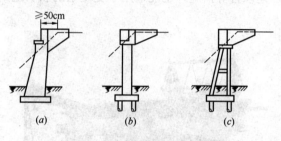

图 12-37　埋置式桥台
(a) 重力式；(b) 桩柱式；(c) 框架式

埋置式桥台由台帽、耳墙、台身和基础组成。

按台身的结构形式，埋置式桥台可以分为：重力式埋置桥台、桩柱式埋置桥台和框架式埋置桥台，如图 12-37 所示。

重力式埋置桥台的台身可用混凝土、片石混凝土或浆砌块石筑成，耳墙用钢筋混凝土做成。台身常做成向后倾斜，这样可减小台后土压力和基底合力偏心距。但施工时应注意桥台前后均匀填土，以防倾倒。

桩柱式埋置桥台和框架式埋置桥台，均较重力式桥台轻巧，常采用钢筋混凝土材料浇筑而成，能节约大量圬工。

桩柱式埋置桥台对于各种土壤地基都适宜，其结构与桩柱式桥墩类似，施工相对方便，因此使用非常广泛。根据桥宽和地基承载能力可以采用双柱、三柱或多柱的型式。柱与桩基础相连的称桩柱式，柱子嵌固在普通扩大基础之上的称为立柱式，完全由一排钢筋混凝土桩和桩顶盖梁联结而成的称为桩式埋置桥台。

3. 识读桩柱式桥墩构造图

×桥桥墩构造如图 12-38 所示。

识读要点：

(1) 该桥桥墩形式为桩柱式桥墩。

(2) 基础为打入桩基础，基桩截面尺寸为 0.4m×0.4m 方桩，每个桥墩下有 6 根基桩。

(3) 该桥墩承台厚 1.5m，平面尺寸为 6.0m×2.4m。

(4) 承台上立柱为 1.2m×1.2m 的方柱，每个桥墩 2 根立柱（双柱式），立柱高度为 3.07m。

(5) 立柱上部为盖梁，由于该桥墩支承的梁体，一边为板梁，一边为 T 梁，而且梁体的梁高不同，因此盖梁的截面形状为 L 形，用于调整高差。

(6) 立面图、侧面图左侧标注的是高程，高程差就是相应构件的高度。由于桩比较长，图中用到了截断线，此时桩长可以通过左侧的高程差计算出，如：桩长＝2.1m－(－25.00m)＝27.1m。

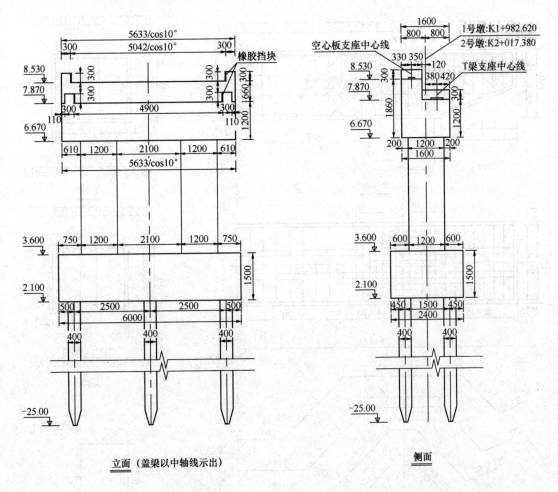

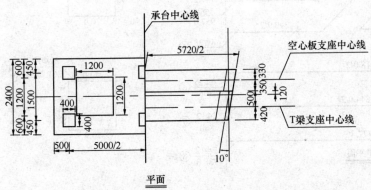

图 12-38 ×桥桥墩构造图（单位：mm，高程单位：m）

(7) 本桥在平面上有 10°的斜交，因此盖梁在平面上也有 10°的斜交角度。

4. 识读桩柱式桥墩配筋图

如图 12-39、图 12-40 所示×桥桥墩配筋。

识读要点：

(1) 该桥桥墩为桩柱式桥墩，立柱为直径 1m 的圆柱。

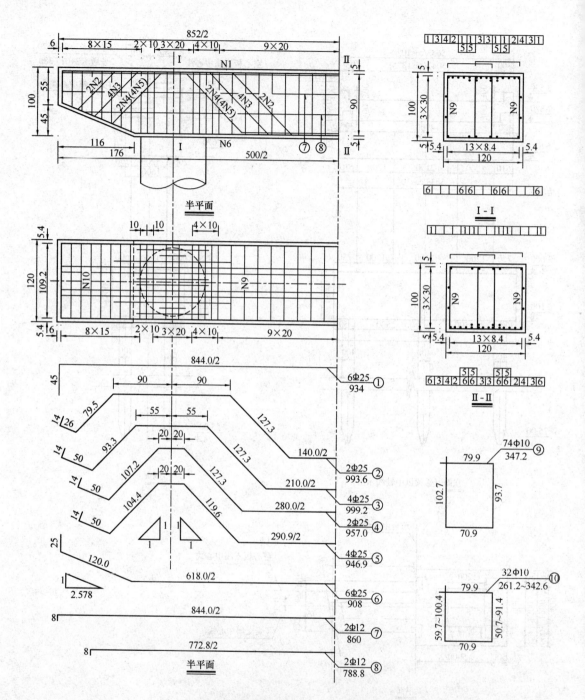

图12-39 盖梁配筋图（单位：cm，钢筋直径：mm）

（2）图12-39为桩柱式桥墩盖梁的配筋图。盖梁钢筋从①～⑩号，共10种钢筋。①号钢筋为架立钢筋；②～⑤号钢筋为弯起钢筋，在柱顶与盖梁衔接处由盖梁下部弯入上部，用于承受负弯矩；⑥号钢筋为纵向主筋，兼具和①号架立钢筋焊接形成钢筋大片的功能；⑦号、⑧号钢筋为水平分布钢筋，用于钢筋骨架侧面定型及盖梁侧面混凝土的防裂。

（3）图12-40为桩柱式桥墩立柱的配筋图。立柱钢筋从①～⑩号，共10种钢筋。①号、⑤号、⑥号钢筋为立柱纵向钢筋，①号钢筋进入盖梁部分形成喇叭形，用于增强立柱

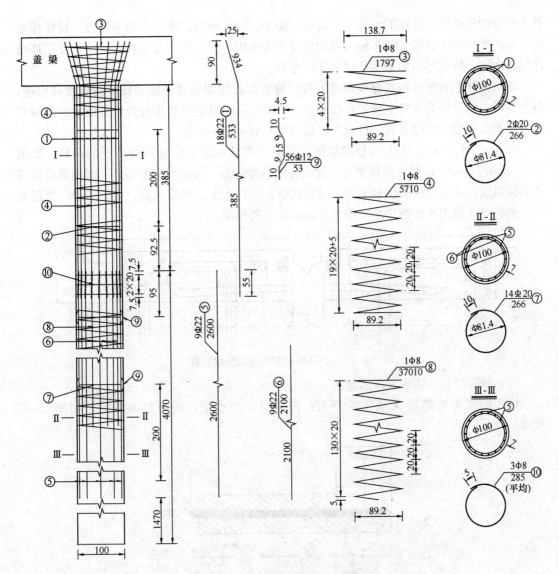

图 12-40 桩柱配筋图（单位：cm，钢筋直径：mm）

与盖梁的连接；③号、④号、⑧号钢筋为螺旋箍筋；②号、⑦号、⑩号为加强箍筋，每2m设一道，位于箍筋骨架的内侧；⑨号钢筋为定位钢筋，每2m设一组，每组围绕钢筋骨架外围均匀设置4根，用于保证钢筋骨架的保护层厚度。

(4) 识读配筋图注意：根据钢筋的编号进行识读，如：图中N2、②均表示编号为2的钢筋。图中1φ8 表示1根直径为8mm的一级钢筋（光圆钢筋）。

12.3.2.5 识读桥梁桥面系及附属结构工程图

桥面系是桥梁桥跨体系上部许多附属设施的统称，主要包括：桥面铺装，人行道，栏杆或护栏，伸缩装置等设施。

1. 桥梁桥面系及附属结构工程图

(1) 桥梁伸缩装置

桥梁伸缩装置又称为伸缩缝，其主要用途是满足桥梁上部结构的变形；此外，还必须具备良好的平整度，足够的承载力，防水、防尘，经久耐用，便于更换等特点。桥梁伸缩装置在桥梁结构中直接承受车轮荷载的反复冲击作用，而且长期暴露在大气中，使用环境比较恶劣，是桥梁结构中最易受到破坏的部分。

常用的伸缩装置有板式橡胶伸缩装置、梳齿板式伸缩装置。随着技术的研发和引进，各种各样的新型伸缩装置出现了，特别是各种型号的异型钢梁和橡胶带组合而成的单缝式伸缩装置、模数式伸缩装置，已成为目前桥梁伸缩装置的主流。

GQF-C型、GQF-MZL型桥梁伸缩装置是该类伸缩装置中使用较广泛的两种。如图 12-41 所示为 GQF-C 型伸缩装置是单缝式伸缩装置，由一条橡胶密封条，一组钢质边梁及锚固件组成，具有与桥面接合平顺，结构简单，密封止水、伸缩灵活，行车平稳，使用寿命长的特点，适用于伸缩量小于等于 80mm 的各种桥梁。

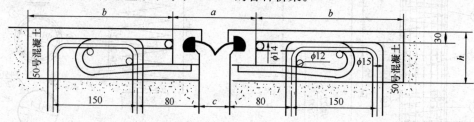

图 12-41　GQF-C 型单缝式伸缩装置

（2）桥面铺装、防水及排水设施

桥面的常见构造层次从上至下有：铺装层，防水层，现浇桥面板等。如图 12-42 所示。

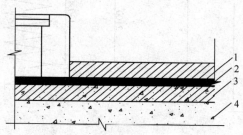

图 12-42　桥面铺装构造层次示意图
1—铺装层；2—防水层；3—现浇桥面板；4—主梁

（3）栏杆、护栏

栏杆和护栏是设置于桥梁两边或中央分隔带的结构物，但两者在功能上有所区别。栏杆主要设置于城市桥梁，既防止行人和非机动车辆掉入桥下，又兼具装饰性，通常不具有防止失控车辆越出桥外的功能。护栏设置于高速公路、一级汽车专用公路、城市快速路等，主要在于防止车辆冲出桥梁所设。

1）栏杆构造

栏杆常用混凝土、钢筋混凝土、花岗岩、金属或金属与混凝土制作。由立柱、扶手、栏杆板（柱）等组成。栏杆的形式多样，具体构造可参考相应的图集。

2）护栏构造

桥梁护栏常用的有波形梁护栏、钢筋混凝土墙式护栏、组合式护栏等。如图 12-43 所示。

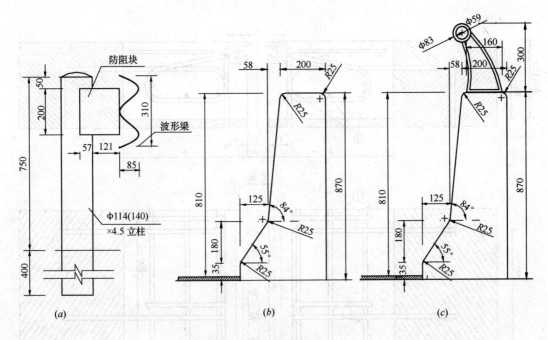

图 12-43 护栏构造图（单位：mm）
(a) 波形梁护栏；(b) 钢筋混凝土护栏；(c) 组合式护栏

①波形梁护栏。波形梁护栏由波形横梁、立柱、防阻块组成。如图 12-43（a）所示。波形梁由钢板或带钢经冷弯加工成型而成。立柱常用形式为薄壁管状断面和薄壁开口槽型断面，皆为型钢制造。防阻块是波形梁与立柱间的承力部件，可以减少立柱对车轮的拌阻，吸收车辆冲击能量。按防撞等级波形梁护栏分为 A 级和 S 级，A 级适用于高速公路和一级公路，S 级适用于特别危险、需要加强保护的路段。护栏立柱的中心距 A 级为 4m，S 级为 2m。

②钢筋混凝土墙式护栏。钢筋混凝土墙式护栏截面构造如图 12-43（b）所示。其有基本型（NJ 型）和改进型（F 型）两种。两者外形相似，只有个别尺寸不同。使用中，护栏正面的截面形状不得随意改变，背面可根据实际情况采用合适形状。为了保证护栏的防撞性，钢筋保护层厚度不小于 50mm。

③组合式护栏。组合式护栏是钢筋混凝土墙式护栏和金属制梁柱式护栏的组合形式。它兼具墙式护栏坚固和梁柱式护栏美观的优点，被广泛用于我国汽车专用公路桥梁上。组合式桥梁护栏的构造如图 12-43（c）所示。钢筋混凝土护栏顶部预埋钢板和螺栓，用以连接混凝土护栏上的铸钢支承架，支承架按一定间距布置，中间穿有钢管。

2. 识读 GQF-C 型伸缩装置施工图

图 12-44 所示为某 GQF-C 型伸缩装置的施工图。图中可以看到中间部分打阴影线的是型钢边梁，两侧编号为①的是伸缩装置自带的锚固钢筋，编号为②的是桥台（桥面系）中的预埋钢筋，用来和伸缩装置进行焊接，编号为③的是横穿的水平钢筋，也是用来和①、②号钢筋连接用的。伸缩装置两侧搭接钢筋范围需要灌入高强度等级混凝土。图中 GQF-C80 表示该伸缩装置是 GQF-C 型异型钢单缝式伸缩装置，其最大变形量为 80mm。

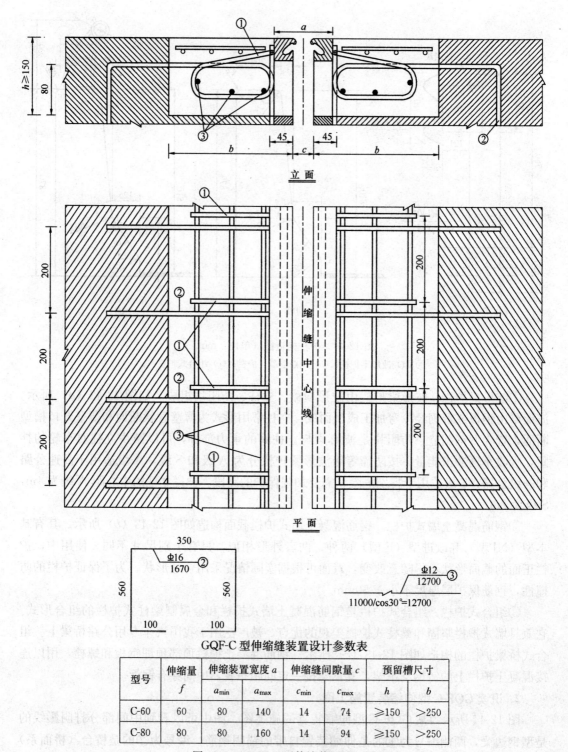

图 12-44 GQF-C 型伸缩装置施工图

思 考 题

1. 识读市政工程图应注意哪些问题?
2. 公路路线工程图包括哪些内容?
3. 路线纵断面图的图示方法是什么?
4. 城市道路横断面图组成部分有哪些?
5. 桥梁的基本组成是什么?
6. 桥梁施工图由哪几部分组成?
7. 桥位平面图中包含哪些信息?桥位平面图有什么用途?
8. 桥梁总体布置图中有哪些内容?如何识读,有什么原则?
9. 试说明桥墩的组成。
10. 桥梁下部结构组成是怎样的?公路桥梁桥台的主要形式有哪些?

第 13 章 编制竣工图

内 容 提 要

竣工图是建设工程在施工过程中所绘制的一种"定型"图样。它是建筑物、施工结果在图纸（或图形数据）上的反映，是最真实的记录，是城建档案的核心。本章主要介绍了竣工图的概念、编制竣工图的意义、编制竣工图的要求和方法以及编制竣工图的注意事项等内容。

13.1 竣工图概述

13.1.1 竣工图的概念

竣工图是真实反映建设工程施工结果的图样，是各种地上地下建筑物、构筑物等情况的真实记录，是工程交工验收、维护、改建、扩建的依据，是工程档案的重要组成部分。

竣工图最基本的特征是图物相符。所谓图物相符即依据在施工过程中确已实施的图纸会审记录、设计修改变更通知单、工程洽商联系单以及隐蔽工程验收或对工程进行的实测实量等形成的有效记录进行编制的工程图样。

13.1.2 竣工图与施工图

13.1.2.1 竣工图与施工图关系

一个工程项目的建成，都要经过一个较长的施工过程，在这个过程中，人们逐渐将图纸上的东西变为现实中的建筑或构筑物。施工图是以工程制图原理为基础，按照国家规定的建筑制图标准和有关设计规范，将设计的建筑物、构筑物等建设工程的结构、尺寸、标高、用料等准确、详细地表示出来的，并在建筑工程设计最后阶段形成的，用以指导工程施工的图纸。作为体现人们设计意图的工程设计是否能够顺利变为现实，会受到设计、施工、技术等诸多方面因素的影响，有人为主观方面的因素（如设计单位、建设单位提出变更），也有客观条件（如地质情况、材料情况等）的制约，整个工程一点没有变更完全"按图施工"是很少的，只不过是变更多少、大小不同而已，变更大的如平面改动、工艺改动等，变更小的诸如钢筋代换、门窗材质及装饰材料变更等。工程变更在基本建设过程中是很正常的现象，但是当工程变更后，作为原来的施工图设计就不能反映工程建设的真实情况，就必须对原施工图进行修改和重绘，使之转变为竣工图。

13.1.2.2 竣工图与施工图的区别

竣工图与施工图之间的区别在于：首先施工图是建设工程施工前产生的，是指导施工的依据；竣工图是建设工程施工过程中形成的完全反映工程施工结果的图纸，是工程建成后的真实写照。其次施工图与竣工图是两个不同阶段的图纸，一个是施工阶段的图纸，在施工前形成；一个是竣工阶段的图纸，编制各种竣工图，必须在施工过程中（不能在竣工后），按照这一规定竣工图的编制必须一边施工，一边编制。在施工过程中最少先编制一份与实际情况相符的竣工图，工程验收完成后，依据此份竣工图为母本，根据实际需要的套数再复制所需的套数，这样做的目的在于避免因建设工期时间长，有关机构、人事的变化等因素而引起的忘记或责任不清造成竣工图不准确，给以后的使用造成隐患。再者施工图是编制竣工图的基础，施工图纸和施工时的设计变更、工程洽商记录等对施工图的修改是编绘竣工图的依据，竣工图是施工图实施后的记录，是施工图的事实结果，同时二者作用和保存价值也不同。具体区别综合见表13-1。

竣工图与施工图的区别　　　　　　　　　表13-1

区　　别	施工图	竣工图
编制单位不同	设计单位	施工单位
意图表达不同	设计构思（虚构思图）	建筑实体（实定型图）
编制时间不同	施工前	施工过程中
作用不同	施工依据（照图施工）	交工验收及改扩建依据
保存价值不同	保存一定时期	永久保存

13.1.3　编制竣工图的意义

13.1.3.1　竣工图是进行管理维修、改扩建的技术依据

20世纪80年代以前，竣工图的编制工作在社会上一直没有引起足够的重视，在市政基础设施工程上，线路、管道被挖断的现象层出不穷，屡见不鲜，人们戏称的城市"拉链工程"就是对市政工程乱开挖，不编绘竣工图的极大讽刺。随着建筑物使用年限的延长，原来的电线电缆、给排水管线等将逐步老化或者为了对原有容量小的进行维修增容，这时首先要搞清原有的管线走向位置、管沟大小等；其次因使用功能上的需要，如办公楼改建成住宅楼或者办公楼改建成商业用门面房等须对建筑物结构进行改变，那么就必须弄清楚它的结构形式，完整准确的竣工图作用至关重要。

13.1.3.2　竣工图是城市规划、建设审批等活动的重要依据

竣工图另一个重要作用就是城市规划、建设审批的重要依据，特别是对城市的地下空间的规划非常重要，随着城市服务功能增加，地下建筑和管线越来越多，合理的安排新建地下建筑物和地下管线的布置，同样离不开完整准确的竣工图。2000年冬季发生在西安莲湖路天然气地沟爆炸事故，就是因为天然气管道与电力通信线路规划的安全距离不够，因天然气泄露后浓度的增加，电力通信线路的放电火花引起地沟爆炸。类似问题还有管线位置变更没有改绘标注，新的管线又规划在同一位置，施工时经常发生挖断光缆、电力电缆、输水管线的重大事故和人身伤亡。2003年，中华人民共和国行业标准《城市地下管线探测技术规程》CJJ 61—2003、J271—2003发布，其中6.2、6.3两节对专业地下管线编绘及综合地下管线图编绘，作出详细规定。各城市地下管线图必须依照这个技术规程进行绘制。

13.1.3.3　竣工图是司法鉴定裁决的法律凭证

竣工图具有司法鉴定裁决的法律凭证作用，对于一个重大的工程质量事故的技术鉴定，首先要对工程图纸进行核对，检查施工单位是否严格按图施工，有变更的部位是否经

过设计同意，签字手续是否完备，其次才是对设计计算、原材料是否合格、施工过程是否符合规范要求的检查。如著名的四川彩虹桥倒塌事件等都是血的教训。最后的司法量刑竣工图的法律凭证作用不可忽视。历经20多年的认识和发展，到2002年，竣工图编制融入了国家标准之中，在国标《建设工程文件归档整理规范》GB/T 50328—2001中，在原竣工图编制制度的基础上，规定更加明确，要求更加严格。

13.1.3.4 竣工图是抗震防灾、战后恢复重建的重要保障

完整准确的竣工图对于抗震救灾、战后恢复重建具有雪中送炭之功效，当地震等灾害发生后，及时恢复灾区通信、供电、供水、交通（桥梁、隧涵）等基础设施工程是燃眉之急，完整准确的灾区地下管线工程、地下构筑物工程竣工图将会发挥重大的作用。因此，完整、准确的竣工图与城镇居民的正常生活及生命财产息息相关，必须以高度的职业道德和责任感做好这一工作。

13.1.3.5 竣工图是规范化管理的要求

2005年住建部印发了《城市地下管线工程档案管理办法》，该办法分别对建设单位、施工单位、规划、设计、测量及地下管线专业管理单位和城建档案馆都提出非常具体的要求。例如：建设单位在领取工程规划许可证及施工许可证前，必须到城建档案馆查询地下管线的现状资料，竣工后必须向城建馆移送整套的技术文件及竣工图，这样就从法规上保证了地下管线的完整性和准确性。国家关于竣工图编制法规性文件的不断完善，为我们搞好竣工图编制工作提供了有效的法律依据，为城建档案规范化管理提出更高的要求。

竣工图的编制，不仅标志着工程已经竣工，建筑实体已经落成，更标志着反映建筑实体的档案文件亦已编绘完成，竣工图及其工程技术文件将伴随建筑物和构筑物保存下去。搞好竣工图的编绘工作，不仅维护了工程建设的真实面貌，而且为交工竣工验收及其今后的使用管理，工程维修提供了依据。它是一项利在当代，功在千秋的重要工作，具有非常深远的意义。

13.1.4 编制竣工图的现状及问题

13.1.4.1 编制竣工图的现状

在《编制基本建设工程竣工图的几项暂行规定》印发后，经过不断完善和提高，编制竣工图的工作有了长足的进步。工程项目一般在验收时，都能编制好竣工图，特别是一些重要建设项目及地下管线工程，工程竣工都重新绘制了竣工图，为日后维护管理提供了重要依据。

13.1.4.2 编制竣工图存在问题

实践中编制竣工图仍然存在不容忽视的问题，大体归纳如下：

1. 修改图纸不是新蓝图，计算机出图中有复印图，图面不清洁，字迹不清楚。
2. 变更不修改或修改不完全。
3. 变更修改不规范，表现为绘图不符合国家制图标准，用铅笔、红笔改图，改图后未注明变更依据，对已出变更图的原施工图未加注明变更注记仍加盖竣工图章，使竣工图章形同虚设，失去竣工标志的意义。
4. 乱盖竣工图章，不仅位置不对，还与原图图形、文字重叠，甚至对已作废图纸仍加盖竣工图章，视竣工图编制这项极其严肃的工作如同儿戏。

5. 签字手续不完备,代签现象严重,有的图标签字甚至为一人所为。

13.2 编制竣工图的要求和方法

竣工图编制工作,就是按照国家关于编绘竣工图的有关规定,在工程建设施工过程中对原施工图进行注记、补充、修改或按实际情况重新绘制的工作。

13.2.1 编制竣工图的要求

13.2.1.1 竣工图的绘制工作

由绘制单位工程技术负责人组织、审核、签字并承担技术责任。由设计单位绘制的竣工图,需施工单位技术负责人审查、核对后加盖竣工图章。所有竣工图均需施工单位在竣工图章上签字认可后才能作为竣工图。

13.2.1.2 遵守工程制图的规范和标准

无论是利用施工蓝图改图或重新绘制的竣工图,都不能违反国家制图的原则和规定。图幅、图例、图形,比例、线型、字体、图标等都要满足工程制图的绘制要求,严禁随意绘制。

13.2.1.3 竣工图的内容要与建筑实体的内容相符

图形、说明、注记要准确,能真实反映施工结果,为保证竣工图修改来源的真实性,利用蓝图修改的竣工图必须加注变更依据。

13.2.1.4 图面整洁、线性准确、字迹清楚

利用蓝图修改竣工图的图纸图面不能糊涂不清,一定要清晰,做到无污染、无破损、无覆盖,不允许有涂抹、补贴现象。

13.2.1.5 设置竣工图标志

重新绘制的(包括电脑绘制的)竣工图,图签栏中的图号应清楚带有"建竣、结竣、水竣、电竣……"或"竣工版"等字样,制图人、审核人、负责人签名俱全,并注明修改出图日期及版数后由施工单位加盖竣工图章。

1. 竣工图章

竣工图章的尺寸为50mm×80mm长方形,章内设置施工单位、编制人、审核人、技术负责人及监理单位、总监和现场监理签字之栏目。竣工图章示例见《建设工程文件归档整理规范》GB/T 50328—2001中4.2.8条。该竣工章用于施工蓝图,计算机绘图编制后签章。竣工图章示例参考如下:

竣 工 图			
施工单位			
编制人		审核人	
技术负责人		编制日期	
监理单位			
总 监		现场监理	

2. 竣工图图标

重新绘制的竣工图图标栏,除图名中应注明××××工程竣工图外,在原图标栏栏目

内还要增加竣工图所应设置的栏目，或者用原设计图标加盖竣工图章。

13.2.2 竣工图的编制方法

13.2.2.1 施工蓝图的修改方法

1. 纸质图纸修改方法

（1）杠划法：即在原施工图上将不需要的线条用粗直线或叉线划去，重新编制竣工图的真实情况。此法是竣工图编制工作中最常用的一种基本方法。其特点是被划去的内容和重新绘制的内容都一目了然，且编制竣工图的工作量较小，不足的是当变更较大或较多时，图面易乱，表达不清。

（2）刮改法：即在原施工底图上刮去需要更改的部分，重新绘制竣工后的真实情况，再复晒竣工蓝图。此法的特点是必须具备施工底图方可进行，对于大型工程和重要建筑物，考虑到目前蓝图不利于长期保存，最好编制竣工底图，或者利用现代复印设备，先制作施工底图，再利用刮改法做竣工底图。

（3）贴图更改法：原施工图由于局部范围内文字、数字修改或增加较多，较集中，影响图面清晰，或线条、图形在原图上修改后使图面模糊不清，宜采用贴图更改法。即将需修改的部分，用别的图纸书写绘制好，然后粘贴到被修改的位置上。粘贴时，必须与原图的行列、线条、图形相衔接。在粘贴接缝处要加盖编制人印章。重大工程不宜采用贴图更改法，整张图纸全面都有修改的，也不宜用贴图更改法，应该重绘竣工图。

（4）注记修改法：此法是用一条粗直线将被修改部分划去。因为注记修改基本上不涉及图纸上线条修改的内容，而用文字、符号加以注释，因此，此法仅适用于原施工图上仅用文字注释的内容。如建筑、结构施工图的总说明、材料代用、门窗表的修改等变更。

2. 编绘竣工图的标注符号说明

（1）扛改线：有直扛"—"和斜扛"/"，用于扛改图形尺寸和文字说明。如图13-1。

（2）叉线：有单叉线"×"、多叉线"×××"或圆叉线，用于划掉图形和图线。

（3）引出标注线：包括直线型引出线和折线型引出线两种，用于图形的注记说明。

（4）索引符号与引出。

图上各种引出说明应与图框平行，引出线不交叉，不遮盖其他线条。必须在更改处加引出线注明更改依据（盖章方式），如设计变更单的名称、编号、变更日期及洽商记录等文件编号；无法在图纸上表达清楚的，应在标题栏上方或左侧用文字说明。一张更改通知单涉及多图的，如果图纸不在同一卷册的，应将复印件附在有关卷册中，或在备考表中说明。

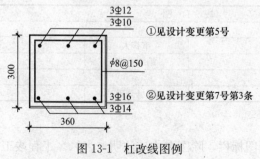

图 13-1 杠改线图例

13.2.2.2 底图的修改

对于重点工程或具有重大经济、政治影响的工程除了保存竣工蓝图外,还要保存竣工底图。竣工底图的修改方法,在硫酸纸上把需要部分添上或用刀片把取消部分刮掉。

13.2.2.3 在二底图上修改的竣工图

所谓二底图是利用原设计施工图或蓝图用复印机制成的底图（硫酸纸图）,一般在二底图上修改由设计人员来完成,当工程变更文件下达后,即进行修正,修改方法同底图——刮改法。用修改后的二底图晒制成蓝图用于施工,同样二底图修改也应绘修改备考表。利用二底图修改完成的竣工图底图或由其晒制的蓝图必须加盖竣工图章。

13.2.2.4 重新绘制竣工图

凡结构形式改变、工艺改变、平面布置改变、项目改变以及其他重大改变,或者在一张图纸上改动部分大于40%以及修改后图面混乱、分辨不清的图纸均需重新绘制。重绘方法与施工图设计是一样的,一般在工程竣工后进行,分整套工程重新绘制或局部重新绘制两种。重新绘制整套工程的竣工图工作量大、用时长、时间紧、花费多,除地下管线因质量要求高使用此法较多外,一般的建设工程全套重新绘制还是较少的,部分图纸采取重绘较普遍。

13.2.3 计算机编制竣工图

许多设计单位利用工程设计软件在计算机上绘制施工图,或者利用相应的软件将施工图扫描到计算机中,在计算机上根据修改依据对图纸进行修正,输出修正后的图纸,并在图纸上加盖竣工图章,便形成在计算机上修改输出的竣工图。与蓝图修改不同的是修改工作是在计算机上完成的,修改方法用删除或增加相关内容的方法,其修改内容必须与实物一致。为保证其修正的内容的准确性,计算机修改必须做修改备考表,以备修改内容与修改依据相对照。

修 改 备 考 表

序号	修改内容	修改依据	修改人	日期	备注

13.3 编制竣工图原则、依据和步骤

13.3.1 编制原则

13.3.1.1 凡完全按图施工,工程没有变动的,由施工单位在原施工图上加盖竣工图章标志,施工图就变成了竣工图。

13.3.1.2 施工中有一般性变更,可在原施工图上修改补充后,注明变更依据,加盖竣工图章,变更后的施工图即变成了竣工图。

13.3.1.3 工程项目、结构形式、工艺、平面布置等发生重大改变，不宜再在原施工图上修改补充，或修改内容超过1/3幅面的，应重新绘制改变后的竣工图。

上述13.3.1.1、13.3.1.2两条，由施工单位完成，第13.3.1.3条重新绘制改变后的竣工图，如果变更后由于设计原因造成的，由设计单位负责重新绘制竣工图，但是设计单位一般出示的都是变更图，仍需施工单位加盖竣工图章；如果变更原因是由施工原因造成的，由施工单位重新绘图；由于业主变更或其他原因造成的，由建设单位自行绘图或委托设计单位绘图，施工单位负责在新图上加盖竣工标志，并附以有关记录和说明作为竣工图。

13.3.2 竣工图的编制依据

13.3.2.1 设计施工图

建设单位提供的作为工程施工的全部施工图，包括所附的文字说明，以及有关的通用图集、标准图集或施工图册。

13.3.2.2 图纸会审记录或设计交底。

13.3.2.3 设计变更，即设计单位发出的变更通知单和修改图。

13.3.2.4 技术核定单（工程洽商单），即在施工过程中，建设单位与施工单位提出的设计修改，变更项目内容的技术核定文件。

13.3.2.5 隐蔽工程验收记录及材料代换签证记录。

13.3.2.6 竣工测量记录和变形、定位测量记录。

13.3.2.7 质量事故报告及处理记录。

施工单位向上级和建设单位反映工程质量事故报告，鉴定处理意见、实施措施和验证书。

13.3.3 编制竣工图的步骤

13.3.3.1 收集和整理各种依据性文件资料

在施工过程中，应及时做好隐蔽工程检验记录，收集好设计变更文件，以确保竣工图质量。在正式编制竣工图前，应完整地收集和整理好施工图和设计变更文件。施工图是编制竣工图的基础，有一张施工图，就应编制一张相应的竣工图（若施工图取消则例外）。设计变更文件是编制竣工图的依据，它是所有原设计施工图变更的图纸、文件、有关资料的总称。一般由设计单位提供的设计变更文件有：设计变更单、补充设计图、修改设计图、技术交底图纸会审会议记录、各种技术会议记录、其他涉及设计变更的文件资料等。由施工单位提供的设计变更文件有：隐蔽工程验收单、工程联系单、技术核定单、材料代用单、其他涉及设计变更的文件资料等。

13.3.3.2 分阶段编制竣工图

竣工图是工程实体实际情况的反映。为确保竣工图的编制质量，要做到边建设边编制竣工图，也就是说以单项工程为单位，以每个单项工程中的各单位工程为基础，分阶段地编制竣工图。一般来说，在每个单项工程中，竣工图绘制与工程交工验收的时间差，应不大于一个单位工程的施工进程（例：当结构工程完成后，基础竣工图应绘制完毕；当安装工程完成后，结构竣工图应在一个月内绘制完毕，以此类推）。在每个单项工程交工后，施工单位应在一个月内绘制完毕该单项工程的全部竣工图，并提供给建设单位予以复核、检查。建设单位和上级主管部门应对施工单位绘制竣工图的情况进行监督、检查，发现问题及时指正，确保竣工图的完整性、准确性、规范化、标准化。

13.3.3.3 竣工图的审核

竣工图编制完毕后，监理单位应督促和协助各设计、施工单位负责检查其竣工图编制情况，发现不准确或缺漏时要及时修改和补齐。承担施工的项目技术负责人还应逐张予以审核签认。如果是总包与分包的建设项目，应由各施工单位负责编制所承包工程的竣工图，汇总整理工作由总包单位负责。竣工图的审核重点是能否准确反映工程施工实际状况。审核竣工图的内容主要包括：

1. 所有修改点是否都已经修改到位。
2. 图与图之间相关之处是否都已作相应修改（平面、立面、剖面等）。
3. 所有修改处是否都标注了修改依据。
4. 所有修改依据是否都已经手续齐全。

13.3.3.4 竣工图的签名

竣工图编制后，应将"竣工图"标记章逐页加盖在图纸正面右下角的标题栏上方空白处或适当空白的位置，以达到图纸折叠装订后"标记章"能显露在右下角的目的。"竣工图"标记章由编制人、技术负责人（审核人）及监理负责人签名或盖章，以示对竣工图编制负责。

13.3.3.5 建设单位技术负责人或责成有关专业技术人员，对施工单位移交的竣工图应逐张予以复核，把好质量关。

13.3.3.6 国外引进项目、引进技术或由外方承包的建设项目，外方提供的竣工图应由外方签字确认。

13.4 编制竣工图的范围、内容和审核

13.4.1 编制竣工图的范围

在《关于编制基本建设工程竣工图的几项暂行规定》第二条规定："各项新建、扩建、改建、迁建的基本建设项目都要编制竣工图。特别是建设项目中的基础、地下建筑、管线、结构、井巷、峒室、桥梁、隧道、港口、水坝以及设备安装等工程，都要编制竣工图。"要求所有上述规定范围内的工程项目都要编制竣工图，特别是工程的隐蔽部位要重点做好竣工图的编制工作。

其中建设工程的定义是指土木工程、建筑工程、线路管道和设备安装工程及装修工程。《城市地下管线工程档案管理办法》中华人民共和国建设部令第136号中，城市地下管线是指城市新建、扩建、改建的各类管线（含城市供水、排水、燃气、热力额、电力、电信、工业等）及相关的人防、地铁等工程。

13.4.2 竣工图编制内容

13.4.2.1 总体部分

1. 项目总平面布置图、位置图及地形图；

2. 设计图总目录；
3. 设计总说明；
4. 总体工程图；
5. 各单项工程图。

13.4.2.2 专业部分

竣工图按专业分，包括土建工程（含建筑、结构）竣工图；给排水安装工程竣工图；电力、照明电气和弱电（包括通讯、避雷、接地、电视等）安装工程竣工图；暖通工程（包括采暖、通风、空调）竣工图；煤气（以及氧气、乙炔气、蒸气、压缩空气等等）工程竣工图；设备及工艺流程竣工图；装饰竣工图。具体图纸内容有：图纸目录；竣工图说明；平面图；立面图；剖面图；大样节点图等。按专业举例具体内容有：

1. 建筑：封面；建筑竣工图目录；说明；建筑构造作法一览表；总平；建筑平面图；立面图；剖面图；楼梯；部分平面；建筑详图。
2. 结构：封面；结构竣工图目录；说明；基础平面图；基础详图；地下室结构图；（人防图纸）；地下室结构详图；楼面结构布置；楼面配筋图；梁、柱、板、楼梯详图；结构构件详图。
3. 给排水：封面；给排水竣工图目录；说明；总图；平面图（自下而上）；详图；给水、消防、排水、雨水系统图。
4. 电气：封面；电气竣工图目录；说明；主要设备材料表；平面图；详图；系统图；控制线路图。大型工程应按强电、弱电、火灾报警及其智能系统分别设置目录。
5. 暖通空调：封面；暖通竣工图目录；说明；主要设备材料表，平面图；剖面图；详图；系统图。
6. 景观：封面；景观竣工图目录；说明；总图；竖向图；放线图；索引图；分区图；节电详图；铺装详图。
7. 绿化：封面；绿化竣工图目录；说明；苗木材料表；总图；乔木种植图；灌木种植图；地被种植图。

图别是反映工程所处某一阶段的图纸，竣工图的图别指工程项目中的各专业在工程竣工阶段所形成的图物相符专业图纸简称。如：建竣、结竣、水竣、电竣。

竣工图使用质量标准主要是所用纸张，折叠，分卷装订，书写、盖章印泥印色等材料质量应符合档案长期安全保管要求。

13.4.3 竣工图的审核

13.4.3.1 审核文件是否为原件

归档的文件应该为原件，原件是工程档案作为凭证最有力的依据。在工程建设过程中往往避免不了会出现一些复印件、传真件，这些复印件一旦归档，既不利于档案的长期保管，也会给今后的提供利用造成不必要的麻烦与损失。因此，工程档案人员应该认真检查，杜绝复印件、传真件的归档。

13.4.3.2 审核文件内容是否填写完整

施工技术文件中的内容直接反映了工程建设的实际情况，是评定工程质量的重要依据。首先一些项目仅注重阶段性文件资料的收集，往往不注重建设项目全过程文件资料的完整归档，特别容易忽略工程建设后期形成的交工验收文件资料、缺陷责任期等方面的材料，使得项目档案的成套性完整性欠缺。其次由于施工技术人员存在着重外轻内的思想意识，往往会造成施工技术文件的内容填写不完整，无法反映工程施工过程的详细情况。如在原材料试验记录中，只填写试验数据，没有结论意见；复试报告和各项技术数据的填写是不翔实等等。审核时必须针对不完整的填写内容，要求相关技术人员应该根据实际情况重新核对，补充完整。

13.4.3.3 审核文件的签名、盖章手续是否完备

签名、盖章完整与否，会影响工程文件使用的合法有效性，在工程建设活动中形成的各种试验记录、施工记录以及往来的报批文件，如出现的漏签名、漏盖章甚至盖假章现象，应该各项签字盖章齐全，具备法律效力，绝对不允许代签名。目前我国已实行建设工程质量终身负责制，文件中的签名与盖章意味着参与工程建设的单位和个人对工程质量的责任。

13.4.3.4 审核文件中数据是否存在涂改现象

工程文件具有动态性，工程技术人员会随着工程建设情况的变化对文件中数据进行更改时，会出现使用涂改液涂改或用刀片刮改等不规范更改的情况。这些现象，都会影响工程档案日后的使用，应该由相关人员进行整改，以保证工程规范和文件中数据的准确性。

13.4.3.5 审核文件中是否存在不耐久字迹现象

在工程文件编制过程中，许多工程施工人员、技术人员的存在随意性行为习惯，会造成相当一部分文件用红墨水、纯蓝墨水、圆珠笔、铅笔、复写纸等不耐久字迹书写，这些不耐久字迹会随着时间的不断推移而容易褪色，不利于工程档案的长期保存。因此一旦发现有不耐久字迹书写的现象，应该及时采取补救措施。

13.4.3.6 审核竣工图的编制是否符合规范要求

工程竣工图是建筑物、构筑物工程施工结果在图纸上的反映，是真实的原始记录，更是工程竣工验收以及今后维护改扩建的重要依据。但在竣工图的编制过程中，往往存在着编制不符合规范要求的现象，使得竣工图无法真实地反映工程建设的实际情况，主要表现在：

1. 一些项目的竣工图归档不完整，一些竣工图的修改不到位，造成竣工图与工程实际不相符；竣工图中相关责任人审核签署经常漏缺不全；有些竣工图编制不规范、标识不统一，无设计与竣工数量对照表；由于变更执行程序的不规范，也极易导致竣工图误差和失实。

2. 图纸没有按实际变更通知更改或更改不到位，更改的符号与说明不符合标准要求，没有加盖竣工图章等等。

所以工程竣工图必须按照国家有关规定要求进行编制，审查，做到图物相符、技术数据可靠、签字真实、准确地反映工程竣工时的实际情况。

13.4.3.7 审核文件用纸格式是否符合标准

对于一个单位工程内施工资料、图纸的各项内容应配套完整、整洁美观。工程文件的书写纸格式及竣工图的图幅格式，各参建单位使用统一的文件书写格式，做到文件标准化、规范化，以保证归档文件的整齐统一。

13.4.3.8 审核声像材料是否能够有效使用

在工程建设活动中还会产生一些与纸质不同载体的文件：如照片、录音、录像及电子磁盘、光盘等，针对这些特殊载体的材料应检查其存储格式是否符合国家有关规范要求，

以保证今后的有效长期使用。

13.5 编制竣工图注意事项和竣工图折叠要求

13.5.1 编制竣工图注意事项

13.5.1.1 竣工图的编制质量

竣工图编制工作是一项利在当代，惠及子孙的千秋事业，必须树立正确的指导思想。工程变后，一定要进行修改或重绘，使之与实物相符，绝不能有松懈、麻痹和侥幸之心理，应严肃认真、一丝不苟地对待竣工图的编制工作。对竣工图的编制质量应做到完整、准确和及时。完整的具体要求是竣工图的编制范围、内容、数量应与施工图一致；准确的具体要求是竣工图必须有相关人员签章，增删、修改必须做到标注依据清楚，文字、数字准确工整，图形清晰，编制要规范化、标准化，做到图物相符；及时的具体要求是要及时做好竣工图编制的基础工作，在施工过程中，及时收集和整理资料，注意保管好设计变更文件，及时作好记录。竣工图编制必须注意以下事项：

1. 编制竣工图的图纸必须是新蓝图。计算机出图必须清晰，不得使用复印件。

2. 竣工图编制必须符合国家制图规范，切忌随意性。无论是蓝图修改或重绘，都要使用碳素墨水或钢笔，不得用铅笔、圆珠笔及其他易于褪色的墨水绘制。做到线条均匀、字体工整、清晰、严禁错别字和草字。

3. 竣工图修改要全面。要互相对应，不能只改其一不改其二，涉及建筑、结构、水电及其他专业变动的都要做相应修改，使其与变更相吻合。不允许只用文字说明代替绘图修改，更不允许在图纸上抄录洽商记录或改变依据附于图纸之上。

4. 对于已有变更图的原施工图处理，应根据变更情况区别对待。若变更图完全取代原施工图，变更说明中已注明原施工图作废，此时原施工图可不再归档，只需在图纸目录中剔除即可；若变更图只是局部修改，仍有部分按图施工，此时原施工图不仅要归档，而且要在变更处注明"此处有变更，详见×××变更图"字样，绝不允许不标注变更就加盖竣工图章的行为发生。

5. 在施工蓝图上改绘竣工图，不得采用刮改及涂抹的方法，既要保持设计原貌又要体现变更后的情况。

6. 变更修改以后，必须注明变更依据。且经审核人、技术负责人、监理单位、总监及现场监理审核并分别签字，以示责任。

7. 加盖竣工图章，竣工图章应使用不易褪色的红印泥，一般加盖在原图标栏上方空白处，避免与原图形、文字相重叠，若原图标周围无空白处，可找一内容较少且醒目的位置加盖。整套图工程图纸均需加盖竣工图章。

8. 竣工图要具备完善的图纸目录，重新绘制的竣工图不得再用笔进行修改。

9. 各种市政管线、道路、桥、涵、隧道工程竣工图，应有严格按比例绘制的平面图和纵断面图。平面图应标明工程中线起始点、转角点、交叉点、设备点等平面要素点的位置坐标及高程。沿路管线工程还应标明工程中线与现状道路或规划道路中线的距离。

13.5.1.2 竣工图的份数

建设单位与施工单位签订施工合同时，应明确规定竣工图的编制套数，在此情况下竣工图的编制套数应不少于施工合同的约定。如施工合同中没有约定，大中型建设项目和城市住宅小区建设项目的竣工图不得少于两套，一套移交建设单位保管，另一套交城建档案馆长期保存。关系到全国性特别重要的建设项目（如首都机场、南京长江大桥等），应增交一套给国家档案馆保存。小型建设项目的竣工图不得少于一套，移交建设单位保管。

13.5.1.3 竣工图编制的时间要求

编制各种竣工图，必须在施工过程中（不能在竣工后）。对编制竣工图的时间做出这样规定的主要原因是编制竣工图的工作呈现以下特点：

1. 工程建设周期一般较长，竣工后再编制竣工图，原始记录不易收集齐全，事后许多问题要靠回忆进行整理，由于当事人记不清楚，造成编制的竣工图不准确。

2. 施工中往往会出现管理组织，管理人员的变动和交替现象，特别是施工单位的人员变动，都会对竣工后编制竣工图有直接影响，容易出现责任不清或互相扯皮现象。

3. 由于有些施工单位承包的工程项目较多，而技术力量又不足，一个技术人员要负责几项工程，前面的工程刚接近收尾，新的工程又跟着上，全部精力主要用在工程建设上，竣工图编制工作形成"老帐未了，新帐又来"的局面。随着时间的推移，竣工的项目越来越多，编制竣工图也就显得更困难了。

4. 有些施工单位本来技术人员有限，再加上竣工后要整理移交资料，势必牵制一部分技术力量和需要一定的时间，既影响交工验收，又影响新项目的开工。

因此把编制竣工图具体时间应该跟随施工进度进行编制，做到细水长流，把繁重的工作量分散，可以克服技术力量不足的困难；同时跟随施工进度编制，工程情况看得清，摸得准，观测清楚，编制准确；另外工程质量检查人员，能及时核对竣工资料与实物的误差，以保证竣工图的质量。如：基础竣工图编制时间安排在基础结构验收后一个月内；主体结构竣工图的编制时间安排在主体结构验收后一至三个月内完成。

13.5.1.4 编制竣工图的单位和费用

1. 编制竣工图的单位

原国家建委关于编制基本建设工程竣工图的几项暂行规定〔82〕建发施字50号规定："施工单位在施工中做好施工记录、检查记录，整理好变更文件，并及时做好竣工图，保证竣工图质量，对竣工图及竣工文件的验收是工程验收的内容之一。"这一规定明确编制工程竣工图是施工单位必须履行的职责，以施工单位为主编制竣工图对落实编制竣工图任务和确保竣工图的质量非常必要。因此编制竣工图是施工单位的任务。

（1）按照基本建设程序，建设工程都要经过计划审批、划拨建设用地、土地征用和建设地址确定、委托设计和审批、组织施工和竣工验收等过程。那么在施工过程中发生的技术变更，一般多是施工或建设单位提出，然后同设计部门协同处理，而设计部门提出变更的极少。因此除了设计变更较大，需要重新绘图的由设计部门负责外，一般的变更，则由施工单位完成竣工图的编制任务。

（2）编制竣工图所依据的文件如：图纸会审纪要、隐蔽验收记录、技术变更通知单、建（构）筑物定位测量资料、施工检查测量资料及竣工测量资料等，基本上是施工部门形成的。

（3）施工单位是项目产品的直接建造者，对工程变化最熟悉，尤其是对隐蔽部位有实测检验记录，可以保证编制的竣工图符合实际情况。

（4）工程竣工后，施工单位应按国家规定向建设单位提交准确的竣工等文件材料，作为交工验收的依据。

2. 编制竣工图的费用

编制整理竣工图所需的费用，凡属于设计原因造成的，由设计单位解决施工单位负责编制的费用，由施工单位在建筑安装工程造价中解决；建设单位负责编制和需要复制的费用，由建设单位在基建投资中解决；建成使用以后需要复制补制的费用，由使用单位负责解决。

13.5.1.5 竣工图的组卷和汇总整理

1. 竣工图的组卷

竣工图应按专业、系统分类进行组卷。竣工图组卷包括以下内容：建筑总平面布置图、总图（室外）工程竣工图、建筑竣工图、结构竣工图、装修、装饰竣工图（机电专业）、幕墙竣工图、给排水竣工图、消防竣工图、燃气竣工图、电气竣工图、弱电竣工图（包括各弱电系统，如楼宇自控、保安监控、综合布线、共用电视天线、停车场管理等系统）、采暖竣工图、通风空调竣工图、电梯竣工图、工艺竣工图等。

2. 竣工图的汇总整理工作，按下列情况区别对待：

（1）建设项目实行总包的，各分包单位应负责编制分包范围内的竣工图，总包单位除编制好自行施工的竣工图外，还应该负责汇总整理各分包单位编制的竣工图。总包单位在交工时，应向建设单位提交总包范围的各项完整、标准的竣工图。

（2）建设项目由建设单位或工程指挥部分别包给几个施工单位承担的，各个施工单位应该负责编制所承包工程的竣工图，建设单位或工程指挥部负责汇总整理。

（3）建设项目在签订承包合同时，应明确规定竣工图的编制、检验的交接问题。

13.5.2 竣工图的折叠

竣工图可参照《技术用图复制图的折叠方法》GB/T 10609.3—1989 折叠。

13.5.2.1 一般要求

1. 图纸折叠前要按裁图线裁剪整齐，图幅符合国标规定；
2. 图向折向内，成手风琴风箱式。
3. 折叠后幅面尺寸应以 4# 图纸基本尺寸（297mm×210mm）为标准。
4. 图标和竣工图章露在外面。
5. 3#0# 图纸在装订边 297mm 处折一三角或剪一缺口，折进装订边。

13.5.2.2 工具使用

图纸折叠前，准备好一块略小于 4 号图纸尺寸（一般为 292mm×205mm）的模板。折叠时先把图板放在定位线上，然后按照折叠方法的编号顺序依次折叠（先横向、再纵向）。

13.5.2.3 折叠方法

1. 4 号图纸不折叠；
2. 3 号图纸折叠如图 13-2（图中序号表示折叠次序，虚线表示折叠的部分，以下同）；
3. 2 号图纸折叠如图 13-3；

4. 1号图纸折叠如图 13-4；
5. 0号图纸折叠如图 13-5。

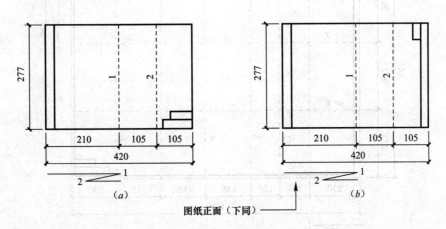

图 13-2　3号图纸折叠示意

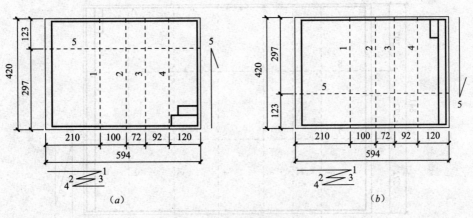

图 13-3　2号图纸折叠示意

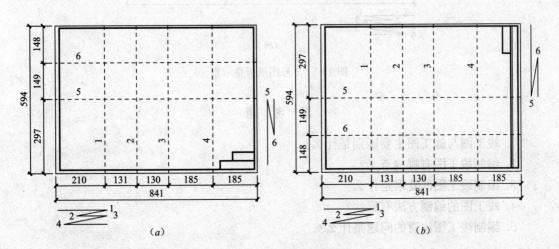

图 13-4　1号图纸折叠示意

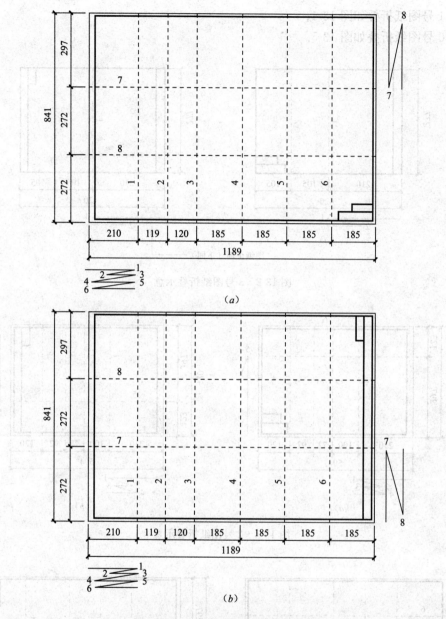

图 13-5　0 号图纸折叠示意

思 考 题

1. 竣工图与施工图主要区别是什么？
2. 编制竣工图有哪些意义？
3. 编制竣工图的要求是什么？
4. 竣工图的编制方法有哪些？
5. 编制竣工图注意的问题是什么？

附录 A 城市建设档案管理规定

（1997年12月23日建设部令第61号发布，根据2001年7月4日《建设部发布关于修改〈城市建设档案管理〉的决定》修正）

第一条 为了加强城市建设档案（以下简称城建档案）管理，充分发挥城建档案在城市规划、建设、管理中的作用，根据《中华人民共和国档案法》、《中华人民共和国城乡规划法》、《建设工程质量管理条例》、《科学技术档案工作条例》，制定本规定。

第二条 本规定适用于城市内（包括城市各类开发区）的城建档案的管理。

本规定所称城建档案，是指在城市规划、建设及其管理活动中直接形成的对国家和社会具有保存价值的文字、图纸、图表、声像等各种载体的文件材料。

第三条 国务院建设行政主管部门负责全国城建档案管理工作，业务上受国家档案部门的监督、指导。

县级以上地方人民政府建设行政主管部门负责本行政区域内的城建档案管理工作，业务上受同级档案部门的监督、指导。

城市的建设行政主管部门应当设置城建档案工作管理机构或者配备城建档案管理人员，负责全市城建档案工作。城市的建设行政主管部门也可以委托城建档案馆负责城建档案工作的日常管理工作。

第四条 城建档案馆的建设资金按照国家或者地方的有关规定，采取多种渠道解决。城建档案馆的设计应当符合档案馆建筑设计规范要求。城建档案的管理应当逐步采用新技术，实现管理现代化。

第五条 城建档案馆重点管理下列档案资料：

（一）各类城市建设工程档案：

1. 工业、民用建筑工程；
2. 市政基础设施工程；
3. 公用基础设施工程；
4. 交通基础设施工程；
5. 园林建设、风景名胜建设工程；
6. 市容环境卫生设施建设工程；
7. 城市防洪、抗震、人防工程；
8. 军事工程档案资料中，除军事禁区和军事管理区以外的穿越市区的地下管线走向和有关隐蔽工程的位置图。

（二）建设系统各专业管理部门（包括城市规划、勘测、设计、施工、监理、园林、风景名胜、环卫、市政、公用、房地产管理、人防等部门）形成的业务管理和业务技术档案。

（三）有关城市规划、建设及其管理的方针、政策、法规、计划方面的文件、科学研究成果和城市历史、自然、经济等方面的基础资料。

第六条 建设单位应当在工程竣工验收后三个月内，向城建档案馆报送一套符合规定的建设工程档案。凡建设工程档案不齐全的，应当限期补充。

停建、缓建工程的档案，暂由建设单位保管。

撤销单位的建设工程档案，应当向上级主管机关或者城建档案馆移交。

第七条 对改建、扩建和重要部位维修的工程，建设单位应当组织设计、施工单位据实修改、补充和完善原建设工程档案。凡结构和平面布置等改变的，应当重新编制建设工程档案，并在工程竣工后三个月内向城建档案馆报送。

第八条 列入城建档案馆档案接收范围的工程，建设单位在组织竣工验收前，应当提请城建档案管理机构对工程档案进行预验收。预验收合格后，由城建档案管理机构出具工程档案认可文件。

第九条 建设单位在取得工程档案认可文件后，方可组织工程竣工验收。建设行政主管部门在办理竣工验收备案时，应当查验工程档案认可文件。

第十条 建设系统各专业管理部门形成的业务管理和业务技术档案，凡具有永久保存价值的，在本单位保管使用一至五年后，按本规定全部向城建档案馆移交。有长期保存价值的档案，由城建档案馆根据城市建设的需要选择接收。

城市地下管线普查和补测补绘形成的地下管线档案应当在普查、测绘结束后三个月内接收进馆。地下管线专业管理单位每年应当向城建档案馆报送更改、报废、漏测部分的管线现状图和资料。

房地产权属档案的管理，由国务院建设行政主管部门另行规定。

第十一条 城建档案馆对接收的档案应当及时登记、整理，编制检索工具。做好档案的保管、保护工作，对破损或者变质的档案应当及时抢救。特别重要的城建档案应当采取有效措施，确保其安全无损。

城建档案馆应当积极开发档案信息资源，并按照国家的有关规定，向社会提供服务。

第十二条 建设行政主管部门对在城建档案工作中做出显著成绩的单位和个人，应当给予表彰和奖励。

第十三条 违反本规定有下列行为之一的，由建设行政主管部门对直接负责的主管人员或者其他直接责任人员依法给予行政处分；构成犯罪的，由司法机关依法追究刑事责任：

（一）无故延期或者不按照规定归档、报送的；

（二）涂改、伪造档案的；

（三）档案工作人员玩忽职守，造成档案损失的。

第十四条 建设工程竣工验收后，建设单位未按照本规定移交建设工程档案的，依照《建设工程质量管理条例》的规定处罚。

第十五条 省、自治区、直辖市人民政府建设行政主管部门可以根据本规定制定实施细则。

第十六条 本规定由国务院建设行政主管部门负责解释。

第十七条 本规定自1998年1月1日起施行。以前发布的有关规定与本规定不符的，按本规定执行。

附录 B 规范性文件

（一）国务院办公厅法规性文件

国务院办公厅关于加强基础设施工程质量管理的通知（国发办〔1999〕16号）

（二）住房和城乡建设部规范性文件

1. 国家建委、国家城建总局关于加强城市基本建设档案工作的通知（1980年12月9日颁发）

2. 国家基本建设委员会、国家城市建设总局、国家档案局关于进一步加强城市基本建设档案工作的通知（〔82〕建发办字21号）

3. 国家基本建设委员会关于编制基本建设工程竣工图的几项暂行规定（〔82〕建发施字50号）（1982年2月8日颁发）

4. 城乡建设环境保护部关于颁发《城乡建设档案密级划分暂行规定》和《城乡建设档案保管期限暂行规定》的通知（〔88〕城办字第29号）

5. 建设部关于进一步加强城建档案工作的通知（建办〔1992〕141号）

6. 建设部办公厅关于印发《城市建设档案分类大纲》（修订稿）的通知（建办档〔1993〕103号）

7. 建设部关于做好开发区城建档案管理工作的通知（建办〔1995〕267号）

8. 《建设工作中国家秘密及其密级具体范围的规定》（建办〔1997〕49号）

9. 建设部、国家统计局关于认真做好城市市政公用设施普查资料归档工作的通知（建办〔1997〕142号）

10. 关于国家公布取消第二批行政事业性收费项目后有关行业管理经费问题的通知（建综〔1998〕203号）

11. 建设部办公厅关于进一步加强城建档案工作的通知（建办档〔1999〕10号）

12. 建设部关于认真贯彻国务院办公厅（国办发〔1999〕16号）文件精神，做好城市基础设施建设档案工作的通知（建办〔1999〕50号）

13. 建设部办公厅关于对建设工程项目前期文件收集问题的复函（建办档函〔1999〕80号）

14. 建设部关于认真贯彻国务院第279号令和建设部第78号令切实加强工程档案管理工作的通知（建办〔2001〕103号）

15. 建设部关于建设工程项目前期文件原件归档问题的复函（建法函〔2002〕21号）

16. 关于转发《国家发展改革委办公厅关于城建档案馆技术咨询服务收费性质问题的复函》的通知（建办综〔2003〕33号）

17. 建设部办公厅关于印发《全国城建档案信息化建设规划与实施纲要》的通知（建办档〔2004〕39号）

18. 建设部办公厅关于加强地下管线档案信息管理的通知（建办档〔2004〕42号）

19. 关于认真学习贯彻《中国人居环境奖申报和评选办法》等文件精神做好建设档案工作的通知（建办档函［2006］321号）

20. 建设部办公厅关于印发《全国城乡建设档案事业"十一五"规划》的通知（建办档［2006］45号）

21. 建设部关于加强中小城市城乡建设档案工作的意见（建办［2007］68号）

22. 住房和城乡建设部办公厅关于对拟定的城建档案管理办法中有关问题的复函（建办档函［2008］353号）

23. 住房和城乡建设部办公厅关于进一步加强城建档案管理工作的意见（建办档函［2008］490号）

24. 住房和城乡建设部办公厅关于积极防御地震等自然灾害充分发挥城建档案作用的通知（建办档［2008］39号）

25. 住房和城乡建设部、监察部关于加强建设用地容积率管理和监督检查的通知（建规［2008］227号）（2008年1月7日）

26. 住房和城乡建设部关于完善房地产开发企业一级资质核定工作的通知（建房［2009］101号）（2009年6月9日）

27. 建设部办公厅关于加强大型公共建筑质量安全管理的通知（建办质［2004］35号）（2004年6月12日）

28. 建设部关于印发《既有建筑幕墙安全维护管理办法》的通知（建质［2006］291号）（2006年12月5日）

29. 住房和城乡建设部关于加强工程勘察质量管理工作的若干意见（建质［2008］231号）（2008年12月30日）

30. 住房和城乡建设部关于进一步加强城市地下管线保护工作的通知（建质［2010］126号）（2010年8月5日）

主要参考文献

[1] 住房和城乡建设部. CJJ/T 158-2011. 城建档案业务管理规范. 北京：中国建筑工业出版社，2011.
[2] 国家质量监督检验检疫总局. GB/T 11821-2002. 照片档案管理规范. 北京：中国标准出版社，2002.
[3] 建设部，国家质量技术监督局. GB/T 50323-2001. 城市建设档案著录规范. 北京：中国建筑工业出版社，2001.
[4] 国家档案局. DA/T 15-1995. 磁性载体档案管理与保护规范，1996.
[5] 住房和城乡建设部. CJJ/T 117-2007. 建设电子文件与电子档案管理规范. 北京：中国建筑工业出版社，2007.
[6] 建设部政策法规司. 工程建设与建筑业法规知识读本. 北京：知识产权出版社，2002.
[7] 建设部政策法规司. 城乡规划与建设法规知识读本. 北京：知识产权出版社，2002.
[8] 建设部政策法规司. 住宅与房地产法规知识读本. 北京：知识产权出版社，2002.
[9] 王淑珍，周正德. 城建档案工作概论. 北京：中国建筑工业出版社，1993.
[10] 刘巨普. 城建档案管理的理论与实践. 北京：中国档案出版社，1994.
[11] 邓绍兴，陈智为. 新编档案管理学. 北京：中国档案出版社，1986.
[12] 陈兆祦，和宝荣，王英玮. 档案管理学基础. 北京：中国人民大学出版社，2005.
[13] 储伯欣，李淦明. 档案事业管理学. 北京：中国商业出版社，1995.
[14] 马正林. 中国城市历史地理. 济南：山东教育出版社，1999.
[15] 蓝勇. 中国历史地理学. 北京：高等教育出版社，2002.
[16] 刘耿生. 档案文献编纂. 北京：中国人民大学出版社，2007.
[17] 陈兆祦，沈正乐. 现代档案工作实务. 北京：中国档案出版社，2001.
[18] 宫晓东，贺真，张越. 科技档案编研. 北京：中国人民大学出版社，2000.
[19] 国家档案局. 档案编研概论. 北京：中国档案出版社，1994.
[20] 葛荷英. 档案编研的理论与方法. 南京：南京大学出版社，1993.
[21] 杜晓宇. 档案编研评估体系研究. 桂林：广西师范大学出版社，2007.
[22] 刘家真等. 电子文件管理——电子文件与证据保留. 北京：科学出版社，2009.
[23] 冯惠玲. 电子文件管理教程. 北京：中国人民大学出版社，2001.
[24] 董永昌，何嘉荪. 电子文件与档案管理. 上海：百家出版社，2001.
[25] 王萍，宋雪雁. 电子档案管理基础. 北京：清华大学出版社，2006.
[26] 刘家真. 电子文件管理理论与实践. 北京：科学出版社，2003.
[27] 张小平. 建筑识图与房屋构造. 武汉：武汉理工大学出版社，2005.
[28] 郑贵超，赵庆双. 建筑构造与识图，北京：北京大学出版社，2009.
[29] 高竟. 怎样阅读建筑施工图. 北京：中国建筑工业出版社，1998.
[30] 陆文华. 建筑电气识图教程. 上海：上海科学技术出版社，1997.
[31] 乐嘉龙. 学看暖通空调施工图. 北京：中国电力出版社，2002.
[32] 赵研. 建筑识图与构造. 北京：中国建筑工业出版社，2004.
[33] 高霞，杨波. 建筑施工图识读技法. 合肥：安徽科学技术出版社，2007.
[34] 王强，张小平. 建筑工程制图与识图. 北京：机械工业出版社，2003.
[35] 王立信. 安全与管理及竣工图技术文件. 北京：中国建筑工业出版社，2009.